Kommunale Selbstverwaltung in den USA

SCHRIFTEN ZUM STAATS- UND VÖLKERRECHT

Herausgegeben von Gilbert Gornig,
Burkhard Schöbener und Winfried Bausback

Begründet von Dieter Blumenwitz

Band 124

Peter Lang
Frankfurt am Main · Berlin · Bern · Bruxelles · New York · Oxford · Wien

Björn Hoppenstedt

Kommunale Selbstverwaltung in den USA

Im Lichte europäischer Standards

Peter Lang
Europäischer Verlag der Wissenschaften

Bibliografische Information der Deutschen Nationalbibliothek
Die Deutsche Nationalbibliothek verzeichnet diese Publikation in der Deutschen Nationalbibliografie; detaillierte bibliografische Daten sind im Internet über <http://www.d-nb.de> abrufbar.

Zugl.: Würzburg, Univ., Diss., 2005

Gedruckt auf alterungsbeständigem,
säurefreiem Papier.

D 20
ISSN 0172-7796
ISBN 978-3-631-54936-0

Printed in Germany 1 2 3 4 5 7

www.peterlang.de

Meinen Eltern

Vorwort

Die vorliegende Arbeit ist im Wintersemester 2004 / 2005 von der Juristischen Fakultät der Bayerischen Julius-Maximilians Universität Würzburg als Dissertation angenommen worden.

Mein größter Dank gilt meinem Doktorvater Prof. Dr. Franz-Ludwig Knemeyer. Seine herausragende Betreuung, seine Hilfsbereitschaft und Anregungen haben ganz entscheidend zum Gelingen der Arbeit beigetragen.

Dankbar bin ich auch Prof. Dr. Dieter Blumenwitz für die zügige Erstellung des Zweitgutachtens. Leider konnte Prof. Blumenwitz die Veröffentlichung der Arbeit nicht mehr miterleben.

Außerordentliche Unterstützung habe ich auch von Prof. Jack Beermann von der Boston University School of Law erfahren, der mir in unzähligen Gesprächen Fragen zum US-amerikanischen Kommunalrecht beantwortet hat.

Ich möchte auch Privatdozent Dr. Winfried Bausback für die Aufnahme der Arbeit in die Reihe Schriften zum Staats- und Völkerrecht sehr herzlich danken.

Inhaltsverzeichnis

7. Kapitel: Finanzmittel der kommunalen Gebietskörperschaften 160

Abkürzungsverzeichnis

A.	Atlantic Reporter
a.A.	andere Ansicht
Abs.	Absatz
A.L.R.	American Law Reports
Am. B. Found. Res. J.	American Bar Foundation Research Journal
Am. J. Police	American Journal of Police
Am. L. Rev.	American Law Review
Ann.	Annotated
App.	Appeals
Art.	Artikel / Article
Ass'n	Association
BauGB	Baugesetzbuch
BauNVO	Baunutzungsverordnung
BayFAG	Bayerisches Finanzausgleichsgesetz
BayGLKrWG	Bayerisches Gemeinde- und Landkreiswahlge-
setz	
BayGO	Bayerische Gemeindeordnung
BayKommZG	Bayerisches Gesetz über kommunale Zusam-
menarbeit	
BayVBl.	Bayerische Verwaltungsblätter
Brook. L. Rev.	Brooklyn Law Review
BV	Bayerische Verfassung
BVerwG	Bundesverwaltungsgericht
Cal.	California
Cal.Govt.Code	California Government Code
Cal.Rptr.	California Reporter
Ch.	Chapter
Chap. L. Rev.	Chapman Law Review
Colo.	Colorado
Columb. L. Rev.	Columbia Law Review
Co.	Company
Comp.	Compiled

Com'rs	Commissioners
Corp.	Corporation
Del. Stat. Ann.	Delaware Statutes Annotated
Dist.	District
EKC	Europäische Charta der kommunalen Selbstverwaltung
F.	Federal Reporter
F. Supp.	Federal Supplement
Fla. Stat. Ann.	Florida Statutes Annotated
Fla. St. U. L. Rev.	Florida State University Law Review
Ga. L.	Georgia Laws
Gen. Stat.	General Statutes
G.L.c.	General Laws chapter
Govt.	Government
HARV. J.L. & PUB. POL'Y	Harvard Journal of Law and Public Policy
Harv. L. Rev.	Harvard Law Review
Ill. Rev. Stat.	Illinois Revised Statutes
Inc.	Incorporation
i.V.m.	in Verbindung mit
JLPOL	Journal of Law and Policy
J. Pol. Econ.	Journal of Political Economy

Ky. Rev. Stat.	Kentucky Revised Statutes
L.Ed.	Lawyer's Edition
LKrO	Landkreisordnung
Mass.	Massachusetts
Mich	Michigan
Miss. Code Ann.	Mississippi Code Annotated
Minn. L. Rev.	Minnesota Law Review
Minn. Stat. Ann.	Minnesota Statutes Annotated
NLC	National League of Cities
MNLR	Minnesota Law Review
M.R.S.A.	Maine Revised Statutes Annotated
MT ST	Montana Statutes
Mun.	Municipal
N.C.	North Carolina
NC Gen. Stat.	North Carolina General Statutes
N.E.	North Eastern Reporter
Neb.	Nebraska
NJ	New Jersey
N.W.	North Western Reporter
N.Y.S.	New York Supplement
P.	Pacific Reporter
Par.	Paragraph
Pub. Utils. Comm'n	Public Utilities Commission
Pub. Serv. Comm'n	Public Service Commission

Rn.	Randnummer
s.	section
S. Ct.	Supreme Court
S.E.	South Eastern Reporter
Sec.	Section
So.	Southern Reporter
Stan. L. Rev.	Stanford Law Review
Stat. Ann.	Statutes Annotated
Sub.	Subsection
S.W.	South Western Reporter
Tit.	Title
TMPLR	Temple Law Review
TRANLJ	Transportation Law Journal
U.C.A.	Utah Code Annotated
U. Chi. L. Rev.	University of Chicago Law Review
U. Det. Mercy L. Rev.	University of Detroit Mercy Law Review
U. Pa. L. Rev.	University of Pennsylvania Law Review
Urban Law.	Urban Lawyer
U.C.A.	Utah Code Annotated
UDTMLR	University of Detroit Mercy Law Review
U.S.C.	United States Code
U.S.C.A.	United States Code Annotated
v.	versus
VALR	Virginia Law Review

Vand. L. Rev.	Vanderbilt Law Review
VLLR	Villanova Law Review
Vt. Stat. Ann.	Vermont Statutes Annotated
WALR	Washington Law Review
WFLR	Washington Family Law Reporter
Wis. L. Rev.	Wisconsin Law Review
Wm & Mary L. Rev.	William and Mary Law Review
Wm. Mitchell L. Rev.	William Mitchell Law Review
z.B.	zum Beispiel

Einleitung

Kommunale Selbstverwaltung ist der Inbegriff bürgernaher Demokratie. Sie ist Bindeglied zwischen Bevölkerung und Politik. Auf kommunaler Ebene ist die Bürgernähe der politischen Vertreter am stärksten ausgeprägt, hier besteht am ehesten die Möglichkeit der Partizipation der Bürger am politischen Leben. Somit wirkt eine ausgeprägte kommunale Selbstverwaltung Technokratie entgegen und kann eine Entfremdung von Bürger und Staat verhindern. Auf kommunaler Ebene kann sich jeder Bürger am leichtesten einbringen und somit „Teil" der Politik werden. Kommunale Selbstverwaltung ist daher Ausgangspunkt für einen bürgernahen Staat, sie sichert den Bürgern ein Recht auf Selbstbeteiligung am politischen Leben.

Auch wenn ein Großteil der wichtigen Entscheidungen auf Bundes- und EU-Ebene fällt, so wird nach wie vor ein großer Anteil der Verwaltungsaufgaben von den Kommunen erfüllt, was die Tatsache unterstreicht, dass die Kommunen als ein Kernpunkt unseres Staatssystems angesehen werden und wesentlicher Bestandteil des demokratischen Systems sind. Die Kommunen bilden das „Fundament des Staates" (Art. 11 Abs. 4 BV)[1] und gelten somit als Garant für staatliche Stabilität.

Im Missverhältnis zu der Bedeutung der kommunalen Selbstverwaltung in Deutschland steht jedoch der Schutz dieses Systems auf europäischer Ebene. Die einzige europäische Institution, von deren Seite eine Stärkung der kommunalen Selbstverwaltung unterstützt wird, ist der Europarat – eine von der EU unabhängige zwischenstaatliche Organisation. Eines der wichtigsten von dem Europarat geschaffenen Vertragswerke ist die Europäische Charta der kommunalen Selbstverwaltung (EKC), die mittlerweile von fast allen Europaratsstaaten ratifiziert wurde.

Das deutsche Kommunalrecht diente als eine wesentliche Grundlage der EKC. Somit verwundert es nicht, dass an vielen Stellen der EKC die Handschrift des deutschen Kommunalrechts wiederzuerkennen ist.

Allerdings halten die Bemühungen, kommunale Selbstverwaltung zu stärken und diese rechtlich anzuerkennen, nicht an Europas Grenzen inne. Es ist die Rede von der „Globalisierung lokaler Demokratie."[2] Die Weltversammlung der Städte und Gemeinden versucht in Zusammenarbeit mit den Vereinten Nationen eine Weltcharta der kommunalen Selbstverwaltung zu verfassen. Für den bisher existierenden Entwurf dieser Weltcharta stand die EKC Pate, so dass die beiden Chartas große Ähnlichkeit aufweisen.

Die internationalen Bestrebungen zur Stärkung der kommunalen Selbstverwaltung zeigen, dass es sich hierbei längst nicht mehr um ein Themengebiet

---

[1] Knemeyer, Bayerisches Kommunalrecht, Rn 4.

[2] Heinrich Hoffschulte, Globalisierung der Lokalen Demokratie, Seite 85 ff, insbesondere Seite 95.

handelt, welches nur unter nationalen Vorzeichen zu sehen ist. Um die unterschiedlichen Ansätze, wie kommunale Selbstverwaltung gestaltet werden kann, zu verstehen, müssen wir uns mit den anderen Systemen beschäftigen.

Die Standards der kommunalen Selbstverwaltung in Europa und die Bestrebung der Ausweitung dieser Standards durch eine weltweite Charta der kommunalen Selbstverwaltung legen es nahe, die Situation in der mächtigsten Demokratie der Welt, den Vereinigten Staaten, zu untersuchen. Wie sieht es mit der kommunalen Selbstverwaltung – einem Garant staatlicher Stabilität, da durch sie die Staatsgewalten dezentral organisiert werden – aus? Wie stark ist diese ausgebildet und gegen Machteinflüsse durch die Bundesstaaten und des Bundes geschützt? Können sich die Kommunen auf umfangreiche Garantien berufen? Wie stark sind die Möglichkeiten der Kommunen, örtliche Angelegenheiten selbständig zu regeln?

Eine Untersuchung der kommunalen Selbstverwaltung und deren Ausprägung gibt Aufschluss darüber, wie stark die Demokratie mit ihren Bürgern verwurzelt ist, wie ausgeprägt diese auf kommunaler Ebene ist und ob sich die vertikale Gewaltenteilung in den Vereinigten Staaten lediglich auf zwei Ebenen – die der Bundesstaaten und die des Bundes – aufteilt oder ob auch auf die Kommunen ein fest umrissener Teil der Staatsgewalt fällt.

Das Prinzip der kommunalen Selbstverwaltung ist in der US-Bundesverfassung nicht verankert. Da die Verfassung dem Enumerationsprinzip folgt und somit die US-Staatsorgane nur dann zum Handeln berechtigt sind, wenn dies durch die Verfassung legitimiert ist, wird das Kommunalrecht nicht durch den Bund, sondern durch die Bundesstaaten geregelt. Dort ist die kommunale Selbstverwaltung entweder in den Landesverfassungen verankert oder / und einfachgesetzlich kodifiziert. Somit variiert das Kommunalrecht stark von Bundesstaat zu Bundesstaat.

Die vorliegende Arbeit soll in erster Linie einen Überblick über das System in den Vereinigten Staaten geben. Aufgrund der vielfältigen unterschiedlichen Ausprägungen in den einzelnen Bundesstaaten kann sich somit die Untersuchung nicht mit einzelnen Fragen der kommunalen Selbstverwaltung in den Vereinigten Staaten befassen und nicht Teilgebiete – etwa nur einzelne Bundesstaaten – betrachten. Vielmehr sollen die grundsätzlichen Tendenzen, die verschiedenen Theorien und Modelle und die systematischen Zusammenhänge aufgezeigt und diese anhand von Beispielen erläutert werden. Nur so ist es möglich, einen umfassenden Überblick über das System der kommunalen Selbstverwaltung in den Vereinigten Staaten zu geben.

Am Beginn der Untersuchung steht eine Einführung in das US-amerikanische Kommunalrecht (1. Kapitel). Den Schwerpunkt der Arbeit bildet die sich anschließende Untersuchung des US-amerikanischen Kommunalrechts unter Berücksichtigung der Kernvorschriften der EKC (2. bis 9. Kapitel). Art. 12 EKC bestimmt, an welche Vorschriften sich die Vertragsparteien zu binden haben, wenn sie der Charta beitreten wollen. Dabei können sie aus 14 dort genannten Vorschriften zehn auswählen. Die in Art. 12 EKC genannten Vorschriften bilden somit den Kernbereich der Charta, der dem US-amerikanischen Recht gegenüber gestellt wird. Der Schwerpunkt der Untersuchung liegt auf dem amerikanischen Recht. Der Inhalt der EKC-Vorschriften wird weitestgehend als bekannt vorausgesetzt. Im letzten Kapitel wird auf die Weltcharta der kommunalen Selbstverwaltung eingegangen, um die Ausweitung der Standards der EKC und die Beziehung der Vereinigten Staaten zu der Weltcharta darzulegen.

Die EKC definiert den Begriff der kommunalen Selbstverwaltung wie folgt: „Kommunale Selbstverwaltung bedeutet das Recht und die tatsächliche Fähigkeit der kommunalen Gebietskörperschaften, im Rahmen der Gesetze einen wesentlichen Teil der öffentlichen Angelegenheiten in eigener Verantwortung zum Wohle ihrer Einwohner zu regeln und zu gestalten“ (Art. 3 Abs. 1 EKC). Dieser abstrakte Definitionsversuch wird durch die nachfolgenden Vorschriften der EKC näher bestimmt und ausgefüllt.[3] Die Arbeit will versuchen, eine Antwort auf die Frage zu geben, inwieweit der amerikanische Ansatz zur kommunalen Selbstverwaltung mit dem europäischen in Einklang steht und wo grundlegende Unterschiede vorhanden sind.

[3] Galette, Europäische Aspekte der kommunalen Selbstverwaltung, Seite 1097 ff.

1. Kapitel: Einführung in das US-amerikanische Kommunalrecht

A) Kommunalrecht: Recht der Bundesstaaten

Die US-Verfassung folgt dem Enumerationsprinzip, wonach der Bund nur über die Gesetzgebungskompetenzen verfügt, die ihm durch die Verfassung zugewiesen sind. Enthält die Verfassung keine Zuweisung in Bezug auf ein bestimmtes Aufgabengebiet, so ist dieses für die Bundesstaaten reserviert. Der Grundsatz der *enumerated powers* ergibt sich aus dem zehnten Zusatzartikel der US-amerikanischen Verfassung:

> „The powers not delegated to the United States by the Constitution, nor prohibited by it to the States, are reserved to the States respectively, or to the people."

Art. 1 § 8 der US-Verfassung listet die Kompetenzen des Bundes beziehungsweise des Kongresses auf. Hierin sind keine kommunalrechtlichen Kompetenzen enthalten. Auch besteht keine implizite Regelungskompetenz, die es dem Bund erlauben würde, die kommunalrechtliche Struktur zu beeinflussen. Auch wenn der Bund durch eine Vielzahl von Programmen immer mehr Einfluss auf die kommunalen Gebietskörperschaften nimmt, ist das Kommunalrecht in den Vereinigten Staaten den Bundesstaaten überlassen. Sie bestimmen über die rechtliche Ausgestaltung der kommunalen Gebietskörperschaften, die allein ihrer direkten Kontrolle unterliegen.[4]

Die rechtliche Kontrolle der Bundesstaaten über die kommunalen Gebietskörperschaften bedeutet gleichzeitig, dass es keine einheitlichen Regelungen über das Kommunalrecht und somit auch nicht über das Recht der kommunalen Selbstverwaltung[5] gibt. Hierin wird in den Vereinigten Staaten oftmals eine außerordentlich schwache Stellung der kommunalen Gebietskörperschaften gesehen.[6] Jeder Bundesstaat hat demnach seine eigenen Regelungen ent-

---

[4] Reynolds, Local Government Law, § 45.

[5] Wird im Folgenden der Begriff der Selbstverwaltung in Bezug auf das US-amerikanische Kommunalrecht verwendet, so ist stets zu berücksichtigen, dass das System kommunaler Selbstverwaltung, wie es in den Vereinigten Staaten verstanden wird, erheblich von dem abweichen kann, wie es im Rahmen der EKC anerkannt ist. So wird in Bezug auf das amerikanische Recht der Begriff der kommunalen Selbstverwaltung benutzt, ohne dass zwangsläufig EKC-Maßstäbe erfüllt werden oder Selbstverwaltung nach deutschem Rechtsverständnis vorliegt.

[6] Siehe allgemein zu dem oft kritisierten mangelnden Einfluss US-amerikanischer kommunaler Gebietskörperschaften: Frug: The City as a Legal Concept, 93 Harv. L. Rev. 1057; Frug: Empowering Cities in a Federal System, 19 Urb. Law. 553; Frug: Property and Power: Hartog on the Legal History of New York City, 1984 Am. B. Found. Res. J. 673, 678ff.

worfen, so dass fünfzig verschiedene Ausgangssituationen vorhanden sind. Natürlich gibt es viele Gemeinsamkeiten, allerdings auch grundlegende Unterschiede. Da es den Rahmen dieser Arbeit spränge, auf alle fünfzig bundesstaatlichen Regelungen im Einzelnen einzugehen, werden die wesentlichen Gemeinsamkeiten und Unterschiede kommunaler Selbstverwaltung im Lichte der EKC untersucht.

Auch wenn das Bundesrecht keine kommunalrechtlichen Regelungen enthält, so existiert auf Bundesebene die *Advisory Commission on Intergovernmental Relations*. Ihr Ziel ist es, Repräsentanten des Bundes, der Bundesstaaten und der kommunalen Gebietskörperschaften zusammenzuführen, um Themen wie die Gewährung von Finanzmitteln, die Aufgabenverteilung zwischen Bund, Bundesstaaten und kommunalen Gebietskörperschaften zu diskutieren oder Beratung in Fragen von Verwaltung und Gesetzgebung und deren Auswirkung auf das föderale System anzubieten.[7]

Ebenso auf Bundesebene ist eine Interessenvertretung der kommunalen Gebietskörperschaften vorhanden, die *National League of Cities* (kurz: *NLC*). Die *NLC* sieht es unter anderem als ihre Hauptaufgabe an, die Kommunalverwaltung bei der Ausübung ihrer Aufgaben zu unterstützen, indem sie den Dialog zwischen der Bundesregierung und den kommunalen Gebietskörperschaften fördert und sich für eine Stärkung der Finanzmittel der kommunalen Gebietskörperschaften einsetzt. Die *NLC* setzt sich auch für die Durchsetzung der Rechte kommunaler Gebietskörperschaften ein und bietet dementsprechend Rechtsbeistand an.[8] In 49 Bundesstaaten ist die *NLC* auch auf bundesstaatlicher Ebene organisiert, um dort für die gleichen Ziele einzutreten.

B) Einheiten kommunaler Verwaltung

In den Vereinigten Staaten von Amerika gibt es ein vielschichtiges System von *local governments*, von „lokalen Regierungen", vergleichbar mit der deutschen Terminologie der Kommunalverwaltung.

Allerdings ist nicht das gesamte Land in kommunale Gebietskörperschaften untergliedert, sondern es gibt eine große Anzahl gemeindefreier Gebiete.[9] Hierbei handelt es sich oft um nur sehr dünn besiedelte Landstriche der Vereinigten Staaten. Eine Ausnahme bilden lediglich einige Neu-Englandstaaten wie zum Beispiel Massachusetts, in denen die gesamte Fläche in kommunale Gebietskörperschaften unterteilt ist.

---

[7] Siehe U.S.C. Title 42 Chapter 53 Section 4271 ff, insbesondere Section 4272.

[8] Siehe Website der National League of Cities: www.nlc.org.

[9] Curran, Forms of Municipal Government and Methods of Governance, MLI MA-CLE 2-1, § 2.1.

Sind kommunale Gebietskörperschaften vorhanden, so lässt sich grundsätzlich eine Einteilung in zwei verschiedene Gruppen vornehmen: Es kann zwischen *municipal corporations* und *municipal quasi-corporations* unterschieden werden.[10] Als Beispiele für *municipal corporations* können *cities* und *towns* genannt werden. Sie besitzen klar definierte Grenzen mit einer mehr oder weniger zusammenhängenden Siedlungsstruktur.[11] Typische Beispiele für *municipal quasi-corporations* sind *counties*, *townships* und *New England towns*. Diese beiden Kategorien der Kommunalverwaltung unterscheiden sich dadurch, dass die *municipal quasi-corporations* – zumindest ursprünglich – lediglich als verlängerter Arm des jeweiligen Bundesstaates fungieren und somit nur künstliche, von den Bundesstaaten geschaffene Verwaltungseinheiten darstellen, die primär bundesstaatliche Aufgaben erfüllen.[12] Im Gegensatz hierzu dienen die *municipal corporations* nicht übergeordneter, staatlicher, sondern in erster Linie örtlicher Aufgabenerfüllung.[13] Zumindest im direkten Vergleich mit den *municipal quasi-corporations* besitzen sie ein höheres Maß an Eigenständigkeit und bundesstaatlicher Unabhängigkeit, so dass häufig nur die *municipal corporations* als kommunale Gebietskörperschaften im engeren Sinn bezeichnet werden. Sie werden daher auch als selbstverwaltend und die *municipal quasi-corporations* als in erster Linie verwaltend bezeichnet.[14] Auf die *municipal corporations* bezieht sich auch nur das amerikanische Kommunalrecht im engeren Sinn. Das Maß an Eigenständigkeit, das die *municipal corporations* genießen, ist stark von der Verfassung und den Gesetzen des Bundesstaates abhängig, in dem sie gelegen sind. Teilweise besteht eine große Unabhängigkeit der kommunalen Gebietskörperschaften von den jeweiligen Bundesstaaten, oftmals jedoch erscheinen die Selbstverwaltungsstandards in einem gänzlich anderem Licht als in der EKC.

Ein weiterer Unterschied zwischen den Gruppen liegt darin, dass es sich bei den *municipal quasi-corporations* um so genannte unfreiwillige kommunale Gebietskörperschaften handelt,[15] deren Existenz sich entweder auf die Verfassung des jeweiligen Bundesstaates oder dessen einfachgesetzliche Vorschriften stützt. Im Gegensatz hierzu werden *municipal corporations* als freiwillige kommunale Gebietskörperschaften bezeichnet,[16] da sie oftmals aufgrund der Initiative der dort lebenden Bürger gegründet wurden.[17] In vielen Fällen wur-

---

[10] Die Terminologie ist nicht einheitlich, oft wird auch das Begriffspaar „public corporation" und „public quasi-corporation" verwendet, s. Reynolds, Local Government Law, § 6.
[11] Reynolds, Local Government Law, § 6.
[12] McQuillin, The Law of Municipal Corporations, § 1.24.
[13] Reynolds, Local Government Law, § 6.
[14] Sands and Libonati, Local Government Law, § 2.08.
[15] Im Englischen auch als „unvoluntary corporation" bezeichnet.
[16] Im Englischen als „voluntary corporation" bezeichnet.
[17] Reynolds, Local Government Law, § 6.

den kommunale Gebietskörperschaften durch Wahlen oder Petitionen der Bürger, die in dem zu gründenden Gemeindegebiet wohnten, ins Leben gerufen. Gleiches geschieht auch noch heute, wenn neue kommunale Gebietskörperschaften auf gemeindefreien Gebieten gegründet werden.

Eine strikte Trennung zwischen *municipal corporations* und *municipal quasi-corporations* ist jedoch nicht mehr zeitgemäß. Zwar erfüllt die erste Kategorie kommunaler Gebietskörperschaften nach wie vor in erster Linie selbstverwaltende Aufgaben und die zweite primär staatliche Aufgaben, allerdings werden die Grenzen immer unklarer, da mittlerweile auch *municipal quasi-corporations* Selbstverwaltungsrechte besitzen können, abhängig von der bundesstaatlichen Rechtslage. Der in der grundlegenden *Hunter v. City of Pittsburgh*-Entscheidung des US-Supreme Court aufgestellte Grundsatz, dass die bundesstaatlichen Gesetzgeber frei von Beschränkungen des Bundes Aufgaben, Rechte und Pflichten der kommunalen Gebietskörperschaften bestimmen können, unabhängig ob es sich um *municipal corporations* oder *municipal quasi-corporations* handelt, relativiert den Unterschied zwischen den beiden Kategorien ohnehin. Die meisten kommunalen Gebietskörperschaften stellen eine Mischung dar, die sowohl Selbstverwaltungsaufgaben wahrnehmen als auch staatliche Aufgaben erfüllen.[18]

Hieraus ergibt sich, dass in Abhängigkeit von der bundesstaatlichen Gesetzgebung zwei Ebenen kommunaler Selbstverwaltung bestehen können, nämlich dann, wenn neben den *municipal corporations* auch die *municipal quasi-corporations* über Selbstverwaltungsrechte verfügen.

I. *Municipal corporations*

1. *Cities, towns* und *villages*

Die Bezeichnungen *cities*, *towns* und *villages* indizieren die Größe der jeweiligen kommunalen Gebietskörperschaft. *Cities* (Städte) stehen für große, urbane und dicht besiedelte Gebiete, *towns* für kleinere Ballungszentren und *villages* für kleine Ortschaften. Als Oberbegriff für diese drei Arten von *municipal corporations* wird oftmals das Wort *municipality* gewählt. In den einzelnen Bundesstaaten können Variationen in der Terminologie auftreten.

Cities, *towns* und *villages* liegen meistens innerhalb größerer Bezirke, wie zum Beispiel einem *county*.[19]

[18] Sands and Libonati, Local Government Law, § 2.08.
[19] McQuillin, The Law of Municipal Corporations § 1.33.

a) Cities

Als *city* wird eine selbstverwaltende Einheit bezeichnet, die eine Verwaltungseinheit mit der Fähigkeit zum Handeln ist,[20] eine öffentliche Einrichtung für Selbstverwaltung darstellt,[21] ein klar definiertes Gebiet umfasst[22] und ihre Rechte von dem jeweiligen Bundesstaat ableitet,[23] dessen Gesetzgeber über sie bestimmen kann.[24] Das *Demonstration Cities and Metropolitan Development* Gesetz von 1966 definiert den Begriff der *city* wie folgt: „Eine Stadt ist eine örtliche Gebietskörperschaft (oder zwei oder mehrere örtliche Gebietskörperschaften, die gemeinschaftlich handeln) oder jedes *county* oder andere öffentliche Anstalt (oder zwei oder mehrere, die gemeinschaftlich handeln), die generelle Regierungsbefugnisse besitzen."[25]

b) *Towns* und *villages*

Anders als in der Bundesrepublik Deutschland, wo die Bezeichnung „Stadt" durch die Bundesländer verliehen werden kann, wenn die kommunale Gebietskörperschaft der Einwohnerzahl, Siedlungsform und ihren kulturellen und wirtschaftlichen Verhältnissen nach der Bezeichnung entspricht,[26] ist der Hauptunterschied zwischen *cities*, *towns* und *villages* ein formaler. Er liegt in der Regel lediglich in der territorialen Größe und der Anzahl der Einwohner.[27] Wann eine örtliche Gebietskörperschaft *city*, *town* oder *village* ist, hängt zumeist von gesetzlichen Bestimmungen des jeweiligen Bundesstaates ab. So bestimmt die Verfassung des Bundesstaates Idaho:

---

[20] Sands and Libonati, Local Government Law, § 2.09.

[21] Sands and Libonati, Local Government Law, § 2.09; Florida: Loeb v. City of Jacksonville, 101 Fla 429, 134 So 205 (1931); zur Zitierweise US-amerikanischer Gerichtsentscheidungen siehe Blumenwitz, Einführung in das anglo-amerikanische Recht, Seite109 ff; siehe hierzu auch ausführlich Dickerson, ALWD Citation Manual, Seite 55 ff.

[22] Sands and Libonati, Local Government Law, § 2.09; Tennessee: O'Connor v. Memphis, 6 Leea 730.

[23] Sands and Libonati, Local Government Law, § 2.09; Michigan: Marxen v. Saginaw, 270 Mich 256, NW 627 (1935).

[24] Sands and Libonati, Local Government Law, § 2.09; City of Worcester v. Worcester Consol Street Ry. Co., 196 U.S. 539, 49 L Ed 591, 25 S Ct 327 (1905).

[25] 42 U.S.C. 3312(3).

[26] Art. 3 I BayGO; Gern, Deutsches Kommunalrecht, Rn. 130.

[27] Sands and Libonati, Local Government Law, § 2.10; Illinois: People ex rel. Hatfield v. Grover, 258 Ill 124, 101 NE 216 (1913).

„The legislator shall provide by general laws for the incorporation, organization and classification of the cities and towns, in proportion to the population . . .“[28]

Das Gesetz in Mississippi enthält folgende Regelung:

„The municipal corporations existing in this state are divided into three classes, to wit: cities, towns and villages. Those having two thousand inhabitants or more shall be classed as cities; those having less than two thousand and not less than three hundred inhabitants shall be classed as towns; and those having less than three hundred shall be classed as villages.“[29]

Die Aufgabenerfüllung der *towns* und *villages* ist ansonsten der der *cities* sehr ähnlich. Eine Stadt besitzt nicht zwangsläufig umfangreichere Rechte als ein *town* oder ein *village*.[30] Deutlich wird das am Gesetzestext des Bundesstaates Massachusetts, in dem es heißt:

„Cities and towns shall be bodies corporate, and, except as otherwise expressly provided, shall have the powers, exercise the privileges and be subject to the duties and liabilities provided in the several acts establishing them and in the acts relating thereto. Except as otherwise expressly provided, cities shall have all the powers of towns and such additional powers as are granted to them by their charters or by general or special law, and all laws relative to towns shall apply to cities.“

Auch aus der Verfassung von Massachusetts ergibt sich, dass bei der Anerkennung von Selbstverwaltungsrechten nicht zwischen der Größe und Klassifizierung einer kommunalen Gebietskörperschaft unterschieden wird.[31]

[28] Idaho Constitution Art. XII Section 1, weitergehende, einfachgesetzliche Regelungen finden sich unter Idaho Statutes, Title 50 Chapter 7.
[29] Mississippi Code Ann. § 21-1-1.
[30] Curran: Forms of Municipal Government and Forms and Methods of Governance, MLI MA-CLE 2-1.
[31] Massachusetts Constitution amend. Art. II §§ 1-9, Art. LXXIX, auch als *Home Rule Article* bezeichnet, beinhaltet Rechte, die eine Gleichstellung von allen kommunalen Gebietskörperschaften vorsehen: „Section 2. Local Power to adopt, revise or amend Charter--Any city or town shall have the power to adopt or revise a charter or to amend its existing charter through the procedures set forth in sections three and four. The provisions of any adopted or revised charter or any charter amendment shall not be inconsistent with the constitution or any laws enacted by the general court in conformity with the powers reserved to the general court by section eight.“

2. Weitere örtliche Gebietskörperschaften

Aufgrund der Verschiedenheit und der mangelnden Einheitlichkeit des amerikanischen Kommunalrechts gibt es eine Vielzahl von weiteren Begriffen für örtliche Gebietskörperschaften, wie z.B. *borough* oder *hamlet*. *Borough* ist in einigen östlichen Bundesstaaten eine gängige Bezeichnung für *town*, in anderen Bundesstaaten wird es nur zur Bezeichnung eines Stadtteils benutzt, wie zum Beispiel in New York City. Der Begriff *hamlet* wird manchmal benutzt, um eine nicht rechtsfähige oder nicht eingetragene Siedlung zu bezeichnen.[32]

II. *Municipal quasi-corporations*

Municipal quasi-corporations gelten oftmals nicht als kommunale Gebietskörperschaften im engeren Sinn, da sie zumindest aus historischer Sicht bloße Verwaltungseinrichtungen der Bundesstaaten darstellen und als verlängerter Arm der Bundesstaaten dienen. Allerdings werden sie nach allgemeiner Ansicht dennoch zu den *local governments* gezählt.

1. *Counties*

Ihren geschichtlichen Ursprung haben die *counties* im englischen *shire*. Ein *county* wird als eine Verwaltungseinheit eines Bundesstaates angesehen, die den Staat bei der Verwaltung unterstützt und vom Bundesstaat an das *county* übertragene Aufgaben wahrnimmt.[33] Ein *county* handelt in der Regel nur als Vertretung des Bundesstaates und wird daher bloß als dessen Instrument angesehen. Das *county* unterliegt – wie jede andere kommunale Gebietskörperschaft, ob *municipal corporation* oder *municipal quasi-corporation* – der Kontrolle des Gesetzgebers des jeweiligen Bundesstaates.[34] Etwas anderes gilt nur, wenn die bundesstaatlichen Verfassungen Regelungen enthalten, die diese Kontrolle einschränken. Werden in einem Bundesstaat den *counties* Selbstverwaltungsrechte eingeräumt, so besitzen sie eine Doppelfunktion: Es stellt dann zum einen eine bloße Verwaltungseinheit des Bundesstaates dar, zum anderen ist es aber eine mit Selbstverwaltungsrechten ausgestattete kommunale Gebietskörperschaft.[35] So können beispielsweise nach der Verfassung des Bun-

[32] Sands and Libonati, Local Government Law, § 2.10.
[33] McQuillin, The Law of Municipal Corporations, § 1.24.
[34] McQuillin, The Law of Municipal Corporations, § 1.24.
[35] McQuillin, The Law of Municipal Corporations, § 1.28.

desstaates Pennsylvania auch *counties* als Selbstverwaltungseinheiten fungieren.[36] In der Verfassung des Bundesstaates Oregon steht:

> „The Legislative Assembly shall provide by law a method whereby the legal voters of any county, by majority vote of such voters voting thereon at any legally called election, may adopt, amend, revise or repeal a county charter. A county charter may provide for the exercise by the county of authority over matters of county concern."[37]

Nach dieser Verfassungsnorm können die Bewohner der *counties* in einer Wahl darüber entscheiden, ob *counties* Selbstverwaltungsrechte erhalten sollen.

In vielen Bundesstaaten bilden die *counties* die primären Verwaltungseinheiten unterhalb der bundesstaatlichen Ebene. Daher werden *counties* oftmals als die wichtigsten *municipal quasi-corporations* angesehen,[38] die in fast allen Bundesstaaten der Vereinigten Staaten bestehen, wenn auch in unterschiedlichen regionalen Ausprägungen.[39] In den meisten Bundesstaaten umfasst das Gebiet der *counties* alle in ihrem Gebiet gelegenen kommunalen Gebietskörperschaften.[40] Ursprünglich waren die *counties* nur mit geringen Rechten und Finanzmitteln ausgestattet und stellten lediglich territoriale Untereinheiten der Bundesstaaten dar.[41] Nach und nach haben sie jedoch an Einfluss gewonnen und viele Aufgaben von den *municipalities* als Selbstverwaltungsaufgaben übernommen, so dass sie als zweite Ebene kommunaler Selbstverwaltung fungieren.[42]

Zu den ursprünglichen Aufgaben der *counties*, zu denen die Verwaltung des Gerichtssystems, Aufbewahrung von öffentlichen Dokumenten, die Unterhaltung von Highways und das Erheben der Grundsteuer gehörten, sind solche wie das Betreiben von Flughäfen, Krankenhäusern und Gefängnissen, die Organisation von Gesundheitsprogrammen und der Feuerschutz hinzugekommen.[43] Allerdings gibt es auch noch viele Bundesstaaten, in denen die Handlungsmöglichkeiten der *counties* nach wie vor sehr stark eingeschränkt sind, da sie oft über keine Exekutivorgane verfügen und somit auf eine enge Zusam-

---

[36] Pennsylvania Constitution Art. IX § 4: „ [. . .] Provisions for county government in this section shall apply to every county except a county which has adopted a home rule charter or an optional form of government."

[37] Oregon Constitution Art. VI Section 10: „County home rule under county charter."

[38] Reynolds, Local Government Law, § 8.

[39] In Louisiana zum Beispiel werden sie *parishes* genannt, in Alaska *boroughs*.

[40] Reynolds, Local Government Law, § 8; als Ausnahme hierzu kann Virginia genannt werden, wo *counties* nur gemeindefreie Gebiete umfassen.

[41] Sands and Libonati, Local Government Law, § 2.13.

[42] Reynolds, Local Government Law, § 8.

[43] Reynolds, Local Government Law, § 8; McQuillin, The Law of Municipal Corporations, § 1.28.

menarbeit mit den Bundesstaaten und den *municipalities* und deren Exekutivorganen angewiesen sind.

Eine generelle Aussage über die Aufgaben und Kompetenzen der *counties* kann jedoch nicht getroffen werden, da die von ihnen ausgeführten Funktionen nicht nur stark von Bundesstaat zu Bundesstaat schwanken, sondern auch innerhalb der Bundesstaaten nicht zwangsläufig einheitlich sind.[44]

2. *Townships*

Ein *township* ist eine *municipal quasi-corporation*, die überwiegend als eine Verwaltungseinheit der Bundesstaaten fungiert und in dieser Funktion entweder selbständig oder einem *county* mit angeschlossen ist.[45]

Historisch hatten die *townships* ihre größte Bedeutung in den nördlichen Bundesstaaten der Vereinigten Staaten und im mittleren Westen.[46] Mit der Besiedelung weiter westlich gelegener Regionen verbreiteten sich auch die *townships* weiter. In vielen Bundesstaaten umfassten die *townships* ein Gebiet von einheitlich 36 Quadratmeilen. Der Unterschied zwischen den oben genannten *towns* und den *townships* ist, dass in den meisten Fällen die *townships* nur als geographische Untereinheiten der *counties* dienten und die *towns* in erster Linie selbstverwaltend waren und sind.[47] Die Hauptaufgabe der *townships* war, das öffentliche Schulwesen zu fördern, indem sie eine bestimmte Fläche innerhalb ihres Gebietes für die Errichtung von öffentlichen Schulen bereitstellen mussten.[48]

In einigen Bundesstaaten spielen die *townships* heute keine bedeutende Rolle mehr. In anderen hingegen haben sie als Verwaltungseinheiten überlebt und ihre Aufgabenkreise vergrößern können,[49] so dass sie nicht nur im Bereich der Bildung eine Rolle spielen, sondern auch in Programme involviert sind, die dem Polizei- und Feuerschutz, dem Gesundheits- und Versorgungswesen dienen.[50]

---

[44] Sands and Libonati, Local Government Law, § 2.13.
[45] Sands and Libonati, Local Government Law, § 2.14.
[46] Reynolds, Local Government Law, § 9.
[47] Sands and Libonati, Local Government Law, § 2.14.
[48] Sands and Libonati, Local Government Law, § 2.14.
[49] So zum Beispiel im Bundesstaat Michigan.
[50] Reynolds, Local Government Law, § 9.

3. *New England Towns*

In Neu-England Bundesstaaten gibt es die so genannten *New England Towns*, in die die gesamte Fläche dieser Bundesstaaten aufgeteilt ist, so dass es dort keine gemeindefreien Gebiete gibt. Sie ähneln in vielerlei Hinsicht den *counties* in anderen Bundesstaaten, da auch sie als Verwaltungseinheiten der Bundesstaaten genutzt werden. Allerdings besitzen sie schon seit jeher weitergehende Rechte und Zuständigkeiten als die übrigen *municipal quasi-corporations* und verfügen über ein höheres Maß an staatlicher Unabhängigkeit.[51] Die Funktionen, die die *New England Towns* ausführen, sind oftmals die, die in anderen Bundesstaaten von den *municipalities* ausgeführt werden. Hierzu gehören Versorgungswesen, Müllentsorgung, Polizei- und Feuerschutz.[52] Zusätzlich erfüllen die *New England Towns* solche Aufgaben, die in anderen Bundesstaaten von den counties ausgeführt werden – wie zum Beispiel die Unterhaltung von Highways und die Verwaltung von Wohltätigkeitsprogrammen – und bilden somit eine Mischung aus *municipal corporation* und *municipal quasi-corporation*.[53] Dementsprechend erfüllen sie sowohl Selbstverwaltungsaufgaben als auch bundesstaatliche Aufgaben.

4. *Special function districts*

Neben den genannten Einheiten kommunaler Gebietskörperschaften gibt es eine Vielzahl von so gen annten *special function districts* (kurz: *special districts*).[54] Von den ungefähr 83.000 in den Vereinigten Staaten existierenden *local governments* sind fast 30.000 als solche *special districts* einzuordnen.[55] Die gesetzliche Definition von einem *special district* ist die folgende:

> "Special purpose unit of local government" means any special district, public-purpose corporation, or other limited-purpose political subdivision of a State, but shall not include a school district.[56]

Die Besonderheit von *special districts* ist, dass ihnen nicht umfangreiche Aufgabenbereiche zugewiesen sind, sondern sie vielmehr nur die Zuständigkeit

---

[51] Reynolds, Local Government Law, § 10.
[52] Reynolds, Local Government Law, § 10.
[53] Reynolds, Local Government Law, § 10.
[54] Die Bezeichnung *special function district* ist nicht einheitlich; zur Umschreibung dieser lokalen Gebietskörperschaften werden auch Begriffe wie *special districts* oder *ad hoc units* verwendet.
[55] Reynolds, Local Government Law, § 11.
[56] US Code Title 42, 3338(8).

über ein bestimmtes Sachgebiet besitzen. So sind sie innerhalb ihres Gebiets nur für die Versorgung der Bevölkerung mit einem bestimmten Gut oder einer bestimmten Serviceleistung beauftragt. Probleme bei der Abgrenzung zwischen *special districts* und kommunalen Gebietskörperschaften mit umfangreichen Zuständigkeiten (sog. *general purpose municipalities*) können sich ergeben, wenn *special districts* Zuständigkeit über mehrere Angelegenheiten eingeräumt wurde. Sich hieraus ergebende Probleme werden an späterer Stelle behandelt.

Nach amerikanischem Recht sind *special districts* unter den Begriff der *local governments* bzw. der *municipal quasi-corporations* zu fassen. Nach deutscher Rechtsauffassung hingegen könnten sie nicht als Gebietskörperschaften[57] definiert werden, da sie weder Gebietshoheit in Bezug auf die örtlichen Angelegenheiten[58] ausüben können noch über die Herrschaftsgewalt der in dem Gebiet befindlichen Menschen verfügen.[59] *Special districts* sind am ehesten vergleichbar mit Zweckverbänden im deutschen Recht, die im Gegensatz zu einer Verwaltungsgemeinschaft auch nur zur Erfüllung einzelner Aufgaben geschaffen werden.[60] Ebenso wie Zweckverbände werden *special districts* auch regelmäßig gegründet, um unternehmerischen Tätigkeiten nachzugehen, zum Beispiel auf dem Gebiet der Energieversorgung. Hier lassen sich auch Parallelen zu deutschen Kommunalunternehmen ziehen.[61] Im Unterschied hierzu sind aber *special districts* vollkommen losgelöst von kommunalen Gebietskörperschaften. Auch in finanzieller Hinsicht bestehen keine Verbindungen zu kommunalen Gebietskörperschaften, so dass für sie – anders als bei den deutschen Kommunalunternehmen – auch keine Gewährträgerhaftung besteht. *Special districts* sind nicht an Grenzen anderer *local governments* gebunden. Sie können vielmehr Grenzen von *towns*, *cities*, *counties* oder sogar Bundesstaaten überschreiten oder nur Teile von Gebietskörperschaften abdecken.[62] In sehr dünn besiedelten Landstrichen der Vereinigten Staaten stellen sie häufig die einzige Form kommunaler Verwaltung dar. Dementsprechend gering ist daher auch die Anzahl der in diesen Gebieten vorhandenen kommunalen Leistungen.

---

[57] Nach der Definition des Bundesverfassungsgerichts sind „Gebietskörperschaften solche Körperschaften des öffentlichen Rechts, bei denen sich die Mitgliedschaft aus dem Wohnsitz im Gebiet der Körperschaft ergibt und die mit Gebietshoheit ausgestattet sind. Sie werden von allen Bewohnern eines abgegrenzten Teils des Staatsgebiets getragen. Die Mitgliedschaft wird durch Wohnsitz – evtl. in Verbindung mit dessen Dauer und Staatsangehörigkeit – begründet. Jedermann, der sich auf ihrem Gebiet aufhält, wird der Herrschaftsgewalt der Körperschaft unterworfen (BVerfGE 52, 95, 117 f.).

[58] Stober, Kommunalrecht in der Bundesrepublik Deutschland, S. 76 f.

[59] Siehe Vogelgesang (Hrsg.), Kommunale Selbstverwaltung, Rn. 91.

[60] Siehe z.B. Art. 17 Abs. 1 BayKommZG.

[61] Auf Zweckverbände, die auf unternehmerisches Tätigwerden abzielen, finden die Vorschriften über Kommunalunternehmen Anwendung, siehe Art. 40 Abs. 1 BayKommZG, Art. 86 ff BayGO.

[62] Reynolds, Local Government Law, § 11.

Die Aufgaben, die von den *special districts* übernommen werden können, sind nahezu unbegrenzt. Zu den häufigsten Aufgaben zählen Wasser- oder Abwasserversorgung, Energieversorgung, Entwässerung, Hochwasserschutz, der Unterhalt von Parks und Erholungsgebieten, der Bau und Unterhalt von Highways etc.[63] Das zeigt, dass in den Aufgabenbereich eines *special district* auch solche Aufgaben fallen können, die traditionell von *municipalities* oder *municipal quasi-corporations* wahrgenommen werden.

Die Anzahl der *special districts* ist steigend. So kommt es vor, dass gerade in großstädtischen Ballungszentren die Bevölkerung einer Vielzahl von solchen *districts* unterliegt, was häufig zu Konfusionen bezüglich der Zuständigkeit und Verantwortung über bestimmte lokale Aufgaben führt.[64] *Special districts* werden oftmals gegründet, um einen bestimmten Bereich aus dem Zuständigkeitsbereich einer bereits existierenden kommunalen Gebietskörperschaft herauszulösen und einer neu geschaffenen Einheit zu übertragen. Der Grund hierfür liegt nicht selten darin, dass kommunale Gebietskörperschaften nur in einem bestimmten Maße Schulden aufnehmen dürfen. Daher werden besonders kostenintensive Bereiche der Kommunalverwaltung herausgelöst und dem Aufgabenbereich eines *special districts* zugeführt. So können die von den Bundesstaaten vorgegebenen Schuldengrenzen umgangen werden.

5. *School districts*

School districts dienen der Aufrechterhaltung des Systems des öffentlichen Schulwesens in den Vereinigten Staaten. Teilweise werden sie als Untereinheit der *special function districts* angesehen, allerdings weisen sie einige Unterschiede auf, die es rechtfertigen, sie als eine eigene Kategorie von Gebietskörperschaften anzusehen. Zum einen existieren in vielen Gebieten der Vereinigten Staaten *school districts* bereits viel länger als *special districts* oder kommunale Gebietskörperschaften. Auch nachdem kommunale Gebietskörperschaften entstanden waren, wollte man das Bildungswesen von der Politik getrennt halten. Zum anderen sind *school districts* häufig so eingerichtet, dass jeder Teil eines Bundesstaates in einen solchen *district* eingeschlossen ist. Hierdurch soll dafür Sorge getragen werden, dass auch in gemeindefreien Gebieten ein öffentliches Schulwesen vorhanden ist. Außerdem nehmen die *school districts* schon allein wegen ihrer großen Anzahl eine Ausnahmestellung ein.[65]

---

[63] Reynolds, Local Government Law, § 11.

[64] Reynolds, Local Government Law, § 11; teilweise kommt es gerade in städtischen Gebieten vor, dass sechs oder noch mehr „Schichten" von Gebietskörperschaften für die Bürger zuständig sind.

[65] Ungefähr die Hälfte der *special function districts* sind *school districts*; siehe für *school districts* Reynolds, Local Government Law, § 12.

III. Zusammenschlüsse von *municipal corporations* und *municipal quasi-corporations*

In der jüngeren Vergangenheit wurden neue Formen der Kommunalverwaltung durch den Zusammenschluss unterschiedlicher kommunaler Gebietskörperschaften geschaffen, um die Lösung urbaner Probleme herbeizuführen. Die Zusammenschlüsse kommunaler Gebietskörperschaften können dabei zwei Ausprägungen haben. Zum einen kann durch die Verschmelzung zweier oder mehrerer kommunaler Gebietskörperschaften eine neue Einheit entstehen, die die Gesamtheit der politischen und verwaltungsrechtlichen Funktionen ausübt, die zuvor von den einzelnen kommunalen Gebietskörperschaften ausgeübt wurden.[66] Beispielhaft für diese *metropolitan* oder *metro*-Form genannte Neuorganisation kommunaler Gebietskörperschaften ist das Miami-Dade County, auch Florida Metro genannt.[67] Vergleichbar ist das mit der Schaffung der Region Hannover nach Verschmelzung der Stadt Hannover mit dem Landkreis Hannover.

Häufiger hingegen ist die so genannte *city-county consolidation*, bei der nicht die Gesamtheit aller Selbstverwaltungsrechte, die ein *county* oder eine *city* besitzt, auf eine neu geschaffene kommunale Verwaltungsebene übergeht, sondern nur bestimmte Selbstverwaltungsrechte auf diese übertragen werden. So wurden bereits in zahlreichen Bundesstaaten *cities* mit einem oder mehreren angrenzenden *counties* zu einer Einheit verschmolzen. Beispielhaft für diese *consolidations* sind Indianapolis-Marion County, Indiana und Nashville-Davidson County, Tennessee und Jacksonville-Duval County, Florida.[68]

IV. Regionale Unterschiede

Bei der Betrachtung der unterschiedlichen Formen kommunaler Selbstverwaltung beziehungsweise der bundesstaatlichen Verwaltung ist stets zu beachten, dass es in den Vereinigten Staaten kein einheitliches System gibt. Es werden oftmals eine Vielzahl von Begriffen für identische oder zumindest ähnliche Verwaltungseinheiten verwendet, zugleich aber auch dieselben Begriffe für Verwaltungseinheiten, die in anderen Regionen ganz andersartige Aufgaben besitzen und über einen ganz anderen Umfang von Zuständigkeiten verfügen. Daher kann für jede der oben genannten Ebenen der Verwaltung, sei es *village*, *town*, *city*, *township*, *parish*, *borough*, *hamlet* oder *county*, keine einheitliche

---

[66] Rhyne, The Law of Local Government Operations, § 1.7.
[67] Siehe hierzu State v. Dade County, 142 So.2d 79 (1962).
[68] Rhyne, The Law of Local Government Operations, § 1.7.

und allgemeingültige Definition gefunden werden. Vielmehr hängt der Umfang der Aufgaben und der Rechte von einer Vielzahl von Faktoren ab, die von der Gesetzeslage und deren Auslegung in dem jeweiligen Bundesstaat bestimmt werden.[69]

C) Innere Kommunalverfassung

Nicht nur die „Einheiten" der Kommunen, sondern auch die Ausübung der Aufgaben der Gebietskörperschaften folgt durch unterschiedliche Verwaltungsstrukturen keinem einheitlichen Muster. Man unterscheidet hauptsächlich zwischen der *mayor-council-*, der *commission-* und der *city manager*-Rechtsform. Eine weitere Besonderheit findet man in den Neu-England Bundesstaaten. In den meisten Bundesstaaten bestimmen Gesetze, welche Rechtsform anzuwenden ist.[70] In einigen bundesstaatlichen Gesetzen ist es den kommunalen Gebietskörperschaften freigestellt, welcher Rechtsform sie folgen.[71]

I. Die *mayor-council*-Rechtsform

Bei der *mayor-council*-Rechtsform handelt es sich um die ursprüngliche Form von lokalen Regierungen in den Vereinigten Staaten. Auch heute spielt sie als die am zweithäufigsten vorkommende Form noch eine wichtige Rolle in der Kommunalverwaltung. Auch wenn teilweise die größten Städte wie New York und Chicago dieser Rechtsform folgen, so sind es doch überwiegend kleine Gebietskörperschaften, in denen die *mayor-council*-Rechtsform zur Anwendung gelangt.[72] Die Bevölkerung wählt den so genannten *council* – den Rat – und in der Regel auch den Bürgermeister. Die Wahl des Bürgermeisters kann jedoch auch dem *council* obliegen. Während die politischen Richtlinien von dem Rat entschieden werden und diesem auch die Satzungsbefugnis zusteht, ist der Bürgermeister der Verwaltungschef der Gebietskörperschaft. Die Stärke der Position des Bürgermeisters ist abhängig davon, ob innerhalb der *mayor-council*-Rechtsform dem *weak-mayor* oder dem *strong-mayor*-Modell gefolgt wird. Bei dem erstgenannten Modell besitzt der Bürgermeister – wenn überhaupt – nur sehr eingeschränkte Vetorechte bei der Verabschiedung kommunaler Satzungen. Die Referatsleiter werden entweder direkt von der Bevölkerung gewählt oder von dem Rat ernannt. Dieses Modell steht im Widerspruch zu

[69] Reynolds, Local Government Law, § 9.
[70] Reynolds, Local Government Law, § 18.
[71] Siehe beispielsweise Mississippi Code Ann. § 21-5, § 21-7, § 21-8, § 21-9.
[72] Reynolds, Local Government Law, § 19.

dem amerikanischen Grundsatz, welcher den Exekutivorganen im Vergleich zu den Legislativorganen in der Regel eine besonders starke Stellung einräumt. Nach dem *strong-mayor*-Modell nimmt der Bürgermeister die Stellung eines mit einer Vielzahl von Rechten ausgestatten Verwaltungschefs ein, der umfangreiche Kontrollrechte besitzt,[73] indem er Referatsleiter ernennen und entlassen kann, Vetorechte bei der Verabschiedung kommunaler Satzungen besitzt[74] und den Haushaltsplan der Kommune genehmigen muss.[75]

Dem Grundsatz nach beruhen alle anderen Formen der lokalen Regierungen auf der *mayor-council*-Rechtsform.

II. Die *commission*-Rechtsform

Die *commission*-Rechtsform lokaler Regierungen ist aus dem *mayor-council*-Modell heraus entstanden. Ziel war es, effektiver handelnde lokale Regierungen zu schaffen. Dieser Gedanke wurde aus der Notwendigkeit des schnellen Handelns nach einschneidenden Ereignissen wie zum Beispiel Naturkatastrophen entwickelt. Bei der *commission*-Rechtsform sind die Versammlung und der Bürgermeister zu einer Einheit – der *commission* – verschmolzen. Diese Kommission übt daher die gesetzgebende und verwaltende Kontrolle zugleich aus. Die Kommission besteht zumeist aus fünf hauptberuflichen Mitgliedern, die gemeinsam die Funktion der Versammlung ausüben und darüber hinaus einzeln als Referatsleiter fungieren.[76] Diese Form von lokalen Regierungen wurde zu Beginn des 20. Jahrhunderts eingeführt und erlebte ihre Blüte in den zwanziger Jahren. Heute jedoch hat dieses Modell aus mehreren Gründen an Popularität verloren. Zum einen ist es nicht mit dem Prinzip der Gewaltenteilung, welches in den Vereinigten Staaten einen sehr hohen Stellenwert einnimmt, zu vereinbaren. Das *checks and balances*-Prinzip, welches der gegenseitigen Überwachung der staatlichen Gewalten dienen soll, läuft hier aufgrund der Vereinigung der legislativen und exekutiven Gewalt ins Leere. Dies wurde stets kritisiert, auch wenn das Prinzip der Gewaltenteilung auf kommunaler Ebene nach der herrschenden Ansicht, auch in der Rechtsprechung, keine Berücksichtigung finden muss. Zum anderen bewirkt zwar die kleine Anzahl

---

[73] Das Gesetz in Mississippi enthält beispielsweise folgende Formulierung: „He [the mayor] shall supervise all of the departments of the municipal government [. . .]" Mississippi Code Ann. § 21-8-17 (1).

[74] So bestimmt das Gesetz in Mississippi: „Ordinances adopted by the council shall be submitted to the mayor and he shall , [. . .] , either approve the ordinance [. . .] or return it to the council [. . .] . No ordinance or item or part thereof shall take effect without mayor's approval [. . .]" Mississippi Code Ann. § 21-8-17 (2).

[75] McQuillin, The Law of Municipal Corporations, § 9.10.

[76] Reynolds, Local Government Law, § 20.

von Personen, die die Kommission bilden, eine effektive Arbeitsweise. Allerdings wird argumentiert, dass fünf Kommissare nicht eine gesamte Gebietskörperschaft repräsentativ vertreten können.[77] Drittens ist es problematisch, qualifizierte Menschen für die Kommission zu finden, die kompetent die einzelnen Verwaltungseinheiten leiten können. Insbesondere kleinere Kommunen haben Probleme, angemessene Gehälter für entsprechend qualifizierte Kräfte zu zahlen.[78] Ferner tendieren die einzelnen Kommissare aufgrund ihrer Spezialisierung in einem bestimmten Verwaltungsbereich dazu, das Gesamtwohl der Gebietskörperschaft aus den Augen zu verlieren, was aber für die Festlegung einer richtungweisenden Politik für die gesamte Gebietskörperschaft notwendig ist. Aufgrund der genannten Kritikpunkte wurde die *commission*-Rechtsform in vielen Gebieten von der als nächstes dargelegten Form, der *city manager*-Rechtsform verdrängt.

Zwar gibt es bei der *commission*-Rechtsform auch die Position eines Bürgermeisters, der jedoch zumeist nur eine schwache Stellung einnimmt und dessen Aufgaben meist nur repräsentativer Natur sind. Der Posten des Bürgermeisters kann unter Umständen auch auf einen Kommissar entfallen.[79]

Heute folgen nur noch mit rund drei Prozent die wenigsten kommunalen Gebietskörperschaften der *commission*-Rechtsform.[80]

III. Die *city manager*-Rechtsform

Die *city manager*-Rechtsform ist aus der *commission*-Rechtsform entstanden. Der wesentliche Unterschied zwischen diesen Formen besteht darin, dass die Mitglieder der Versammlung bei der *city manager*-Rechtsform nur legislative und politische Entscheidungen treffen. Sie partizipieren nicht an der Ausübung administrativer Aufgaben, so dass keine Konflikte mit dem Grundsatz der Gewaltenteilung auftreten. Die Ursprünge dieser Regierungsform gehen auf den Beginn des 20. Jahrhunderts zurück.[81] Mittlerweile handelt es sich um die am weitesten verbreitete Form, die bei rund der Hälfte der US-amerikanischen Kommunen zur Anwendung gelangt.[82] Zusätzlich zu der Versammlung gibt es den *city manager*, der als Verwaltungschef die Aufsicht über die einzelnen Verwaltungsbereiche einer Kommune führt. Der *city manager* wird von der Versammlung gewählt und erfüllt die Aufgabe eines hauptamtlichen *managers*,

[77] Reynolds, Local Government Law, § 20.
[78] Reynolds, Local Government Law, § 20.
[79] Reynolds, Local Government Law, § 20.
[80] Reynolds, Local Government Law, § 20.
[81] Erstmals kam diese Form von lokaler Regierung 1908 in Staunton, Virginia, zur Anwendung, die erste große Stadt mit der *city manager form* war Dayton, Ohio, im Jahr 1914.
[82] Reynolds, Local Government Law, § 21.

der teilweise einer professionellen Ausbildung unterliegt. Er muss in der Regel nicht Bürger der Kommune sein, sondern kann von außerhalb angeworben werden.[83] Zusätzlich zu dem *city manager* gibt es den Bürgermeister, der aber aufgrund der starken Position des *city managers* nur eine untergeordnete Rolle spielt. Da der größte Teil der Verwaltungsaufgaben bei dem *city manager* liegt, beschränken sich die Funktionen des Bürgermeisters auf die Wahrnehmung repräsentativer Aufgaben und auf den Vorsitz der Ratsversammlungen.

Die Zahl der Kommunen, die die *city manager*-Rechtsform angenommen haben, ist weiter steigend.[84]

IV. Besonderheit der *New England Towns*

Eine Besonderheit der *New England Towns* ist, dass es zusätzlich zu einem Rat die so genannten *town meetings* gibt. Diese finden einmal jährlich statt. Handelt es sich um eine kommunale Gebietskörperschaft mit einer kleineren Einwohnerzahl, so bilden alle wahlberechtigten Bewohner gemeinsam das *town meeting*. Handelt es sich um eine größere Stadt, besteht das *town meeting* aus gewählten Repräsentanten, deren Anzahl je nach Rechtslage und Größe der Stadt zwischen ca. 50 und 470 schwanken kann. In diesen Versammlungen kann über Hebesätze von Steuern oder die Aufnahme von Schulden abgestimmt werden, Verwaltungsbeamte können gewählt oder kommunale Satzungen erlassen werden.[85]

V. Sonstige Formen

Die oben genannten Formen lokaler Regierungen stellen nur die Regel, die Ausgangsposition dar. Es gibt eine Vielzahl von Abwandlungen dieser Formen. So wird versucht, die Vorteile einzelner Modelle miteinander zu verbinden. Es gibt beispielsweise Kommunen, die zwar grundsätzlich dem *city manager*-Modell folgen, die aber die Stellung des Bürgermeisters dadurch stärken, dass sie ihm den *city manager* unterstellen. Diese Unterschiede lassen sich nicht nur im Vergleich der einzelnen Bundesstaaten untereinander erkennen. Auch in-

---

[83] Reynolds, Local Government Law, § 21.

[84] Reynolds, Local Government Law, § 21.

[85] Siehe Curran, Forms of Municipal Government and Methods of Governance, MLI-MA-CLE 2-1, § 2.1.1; beispielhaft für den rechtlichen Rahmen von *town meetings* kann das Gesetz in Massachusetts genannt werden, Massachusetts General Laws Annotated Part I, Title VII, Chapter 39 § 9 (G.L. c. 39 § 9).

nerhalb eines Bundesstaates können sie bei den kommunalen Gebietskörperschaften auftauchen.[86]

D) Kommunale Aufgaben

Die Aufgaben kommunaler Gebietskörperschaften in den Vereinigten Staaten können sehr vielschichtig sein. Kann es vorkommen, dass in einigen Bundesstaaten die Anzahl der kommunalen Aufgaben sehr gering ist, so können in anderen Bundesstaaten kommunale Gebietskörperschaften über eine große Aufgabenvielfalt verfügen. Die wichtigsten kommunalen Aufgaben sollen im Folgenden kurz dargestellt werden. Dabei sei jedoch betont, dass auf der einen Seite nicht jede US-amerikanische kommunale Gebietskörperschaft über die dargestellten Aufgaben verfügen kann, auf der anderen Seite kommunale Gebietskörperschaften im Einzelfall auch darüber hinausgehende Aufgaben wahrnehmen können. Ein einheitliches Bild kann nicht einmal innerhalb eines Bundesstaates dargestellt werden. Die Verwaltungsaufgaben der kommunalen Gebietskörperschaften können ebenso wie im deutschen Recht auch in leistende bzw. gewährleistende Verwaltung und in ordnende Verwaltung eingeteilt werden.

I. Die kommunale Leistungsverwaltung

Die Leistungen, die kommunale Gebietskörperschaften ihren Einwohnern anbieten, können höchst unterschiedlich sein.

Grundsätzlich sind kommunale Gebietskörperschaften nicht verpflichtet, bestimmte Leistungen anzubieten. Dies gilt auch für grundlegende Leistungen wie zum Beispiel dem Feuerschutz.[87] Entscheidet sich eine Gebietskörperschaft jedoch, einen bestimmten Aufgabenbereich wahrzunehmen, so muss dies in einer Weise geschehen, die nicht diskriminierend ist, sondern allen Einwohnern die gleichen Zugangsvoraussetzungen einräumt.[88]

Local governments unterscheiden sich durch ein unterschiedliches Angebot von Gütern und Leistungen, die sie den Einwohnern anbieten. Ähnlich wie in der privaten Wirtschaft wird teilweise sogar von einem „Markt" für kommunale Leistungen gesprochen.[89] Da die kommunalen Gebietskörperschaften nur

---

[86] Reynolds, Local Government Law, § 22.

[87] Veach v. City of Phoenix, 427 P.2d 335 (1967): „ [. . .] under the rule we have adopted a municipality has no absolute duty to provide water for fire protection purposes to its inhabitants."

[88] Veach v. City of Phoenix, 427 P.2d 335 (1967).

[89] Gillette/Baker, Local Government Law, Seite 375.

über begrenzte Mittel verfügen, müssen sie sich entscheiden, bei welchen Aufgabengebieten sie Schwerpunkte setzten. So sind zum Beispiel einige kommunale Gebietskörperschaften bekannt für ihre guten öffentlichen Schulen, andere hingegen für ihre großzügigen Grünanlagen oder öffentlichen Golfplätze, dritte für umfangreiche Wohlfahrtseinrichtungen. Somit entsteht im Bereich der Kommunen Angebot und Nachfrage. Für Familien sind daher in erster Linie solche Gebietskörperschaften interessant, in denen gute öffentliche Schulen vorhanden sind. Ältere Menschen hingegen, die einen Wohnsitz für den Ruhestand suchen, werden eine Gebietskörperschaft bevorzugen, die ihre Mittel nicht für Bildungspolitik aufwendet, sondern für ein ausgeprägtes Gesundheitswesen. Manche Bürger legen Wert auf ein gut ausgebautes Infrastrukturnetz, andere legen großen Wert auf eine starke Präsenz örtlicher Polizei.[90] Im Idealfall bietet eine Gebietskörperschaft ihren Einwohnern das bestmögliche „Paket" von kommunalen Leistungen.

Für die kommunalen Gebietskörperschaften besteht also die Möglichkeit, sich durch ihr Angebot von kommunalen Leistungen zu „individualisieren." Da die Kommunen daran interessiert sind, ihren Einwohnern ein möglichst maßgeschneidertes Angebot von Leistungen anzubieten, hängt – wenn auch nur indirekt – das Angebot von den Interessen der Einwohner ab. Dies kann zur Folge haben, dass der Zuzug von Bevölkerungsschichten mit anderen Bedürfnissen erschwert wird. So werden sich die Ausgaben einer Kommune, die in Florida gelegen ist und als Alterssitz für viele Personen dienen soll, für öffentliche Schulen oder andere Bildungseinrichtungen auf einem Minimum belaufen und örtliche Bausatzungen den Bau von Wohnhäusern, die eine größere Zahl von Menschen beherbergen können und somit für Familien geeignet wären, untersagen. Hierdurch wird es jungen, kinderreichen Familien erschwert, ihren Wohnsitz in diese Gebietskörperschaft zu verlegen.

Als Beispiele kommunaler Leistungsverwaltung können die bereits oben genannten Bereiche wie das Gesundheitswesen mit dem Unterhalt von kommunalen Krankenhäusern genannt werden, ebenso wie der Unterhalt von öffentlichen Grünanlagen oder Bildungseinrichtungen. Hinzu kommen regelmäßig das Feuerwehrwesen, die Daseinsvorsorge, zum Beispiel mit der Wasserversorgung und –entsorgung. Auch öffentliche Verkehrsunternehmen sind vielerorts zu der kommunalen Leistungsverwaltung zu zählen, ebenso wie sozialpolitische Aspekte, etwa der soziale Wohnungsbau.

---

[90] Tiebout, A Pure Theory of Local Expenditures, 64 J. Pol. Econ. 416; siehe in Bezug auf diesen Aufsatz auch: Briffault, The Rise of Sublocal Structures in Urban Governance, 82 MNLR 503; siehe auch Vickie Been: "Exit" as a Constraint on Land Use Exactions: Rethinking the Unconstitutional Conditions Doctrine, 91 Columb. L. Rev. 473, 514 – 518.

II. Die kommunale Ordnungsverwaltung

Die kommunale Ordnungsverwaltung dient der guten Ordnung des Gemeinwesens, sie wirkt einschränkend auf die Einwohner einer kommunalen Gebietskörperschaft und auf all diejenigen, die der Gewalt der kommunalen Gebietskörperschaft unterworfen sind.[91] Meist stellt sich die Ordnungsverwaltung als Eingriffsverwaltung dar. Die Ordnungsverwaltung wird in den Vereinigten Staaten als Instrument der Umsetzung politischer Entscheidungen auf lokaler Ebene angesehen.[92] Das Recht einer kommunalen Gebietskörperschaft, im Bereich der Ordnungsverwaltung tätig zu werden, wird in der Regel in den bundesstaatlichen Verfassungen oder Gesetzen festgelegt. Der Umfang der Rechte im Bereich der Ordnungsverwaltung variiert stark, auch innerhalb der einzelnen Bundesstaaten. Auch die Anerkennung kommunaler Rechte im Bereich der Ordnungsverwaltung ist unterschiedlich. So können in einigen Bundesstaaten die einzelnen Eingriffsrechte ausdrücklich in Gesetzen oder der bundesstaatlichen Verfassung anerkannt sein, in anderen Bundesstaaten hingegen kann eine Anerkennung dieser Rechte durch allgemein formulierte Klauseln erfolgen, die zum Beispiel die Formulierung enthalten, dass kommunale Gebietskörperschaften im Bereich der öffentlichen Sicherheit über Satzungsbefugnis verfügen.[93] Allen bundesstaatlichen Rechtsordnungen gemein ist jedoch, dass eine Anerkennung dieser Rechte für die kommunalen Gebietskörperschaften erfolgen muss, da diese im Ursprung bei den Bundesstaaten liegen.

Rechte, die die kommunale Eingriffsverwaltung betreffen, werden häufig mit dem Oberbegriff *police power* bezeichnet. Somit kann zwischen *police power* im engeren Sinn, die die Organisation und Befugnisse der örtlichen Polizei zum Gegenstand hat, und *police power* im weiteren Sinn, die die Ordnungsverwaltung insgesamt zum Gegenstand hat, unterschieden werden.

1. Örtliche Polizei – *police power* im engeren Sinn

Ein wichtiges Gebiet der kommunalen Ordnungsverwaltung ist das Polizeirecht. In den Vereinigten Staaten ist die Polizei nicht nur auf Bundes- oder bundesstaatlicher Ebene organisiert. Die Polizei auf der lokalen Ebene spielt eine wesentliche Rolle. Dies ergibt sich bereits aus der Personalstärke der örtlichen Polizeien, die wesentlich über der der Bundespolizei oder der Polizeien

[91] Wolf, Bachof, Stober, Verwaltungsrecht Band I, Seite 54.
[92] Sands and Libonati, Local Government Law, § 14.01.
[93] Sands and Libonati, Local Government Law, § 14.02.

der Bundesstaaten liegt.[94] Die Polizeien auf kommunaler Ebene lassen sich in drei unterschiedliche Gruppen einteilen. Zum einen gibt es die *municipal* oder *city police*, zum anderen die *Sheriffs 's Departments* und zuletzt die *county police*. Die Zuständigkeitsbereiche lassen sich nicht klar voneinander trennen, da erhebliche Überschneidungen vorzufinden sind.[95]

Viele kommunale Gebietskörperschaften verfügen über eine *city* oder *municipal police*. Die durchschnittliche *city* oder *municipal police* verfügt über zehn Polizeibeamte.[96] Die Polizeibehörden großer urbaner Zentren jedoch verfügen über einen umfangreichen Personalstand. So umfasst die städtische Polizei von New York City ca. 30.000 Polizisten.[97]

Die *county police* verfügt über die örtliche Zuständigkeit eines *county*, wenn die Einwohnerzahl so groß ist, dass die Aufgaben von dem *Sheriff's Department* allein nicht mehr wahrgenommen werden können. Die *county police* untersteht ebenso wie die *municipal police* der örtlichen Kommunalverwaltung. In dünn besiedelten Landstrichen der Vereinigten Staaten spielt die *county police* keine Rolle, da ihre Aufgaben dort entweder von den *Sheriffs* oder von der jeweiligen bundesstaatlichen Polizei wahrgenommen werden.[98]

Bei den so genannten *Sheriffs* handelt es sich um von der Bevölkerung gewählte Ordnungshüter, die primär der Kriminalitätsbekämpfung dienen, aber auch als Gerichtsdiener und Gefängnischefs fungieren. Dabei werden nicht zwangsläufig alle der drei genannten Aufgabengebiete von jedem *Sheriff's Department* ausgeübt. Somit übernehmen zwar einige *Departments* alle polizeilichen Aufgaben, viele besitzen jedoch nur gerichtsbezogene Aufgaben, andere dienen in erster Linie der Durchsetzung der allgemeinen Gesetze.[99] Da die *Sheriffs* direkt von der Bevölkerung gewählt werden, verfügen sie über ein großes Maß an Unabhängigkeit und stehen damit nicht in direktem Zusammenhang mit den kommunalen Gebietskörperschaften und deren Selbstverwaltungsrechten. Sie finden hier nur der Vollständigkeit halber Erwähnung, da sie zu den örtlichen Polizeien zu zählen sind.

Innerhalb kommunaler Gebietskörperschaften kann es weitere Polizeien geben. So haben beispielsweise eine Reihe von Universitäten eigene Polizeien, wie zum Beispiel die *Boston University Police*.[100] Auch diese stehen nicht im

---

[94] So zählen zu der Bundespolizei ca. 65.000 Personen, zu der Länderpolizei 77.000, zu den Sheriffs 204.000 und zu der Gemeinde bzw. Stadtpolizei ca. 460.000 Personen; siehe Gaines, Policing in America, S.35.
[95] Gehring, „Innere Sicherheit – USA", Seite 54.
[96] Walker, The Police in America, Seite 53.
[97] Siehe Gehring, „Innere Sicherheit – USA", Seite 54.
[98] Siehe Gehring: „Innere Sicherheit – USA", Seite 56.
[99] Gehring, „Innere Sicherheit – USA", Seite 55.
[100] Siehe allgemein hierzu: Sloan, The Modern Campus Police, American Journal of Police 11, No 2, 85.

Zusammenhang mit Selbstverwaltungsrechten kommunaler Gebietskörperschaften.

2. Ordnungsverwaltung – *police power* im weiteren Sinn

Im Rahmen der *police power* im weiteren Sinn verfügen die Kommunen über eine große Anzahl von Befugnissen im Bereich der Ordnungsverwaltung. Die wichtigsten Bereiche sollen im Folgenden aufgezeigt werden.

a) Verbrechensverhinderung auf kommunaler Ebene

Der Verhinderung von Verbrechen dient nicht allein die *police power* im engeren Sinn, sondern auch die *police power* im weiteren Sinn. In erster Linie ist der Kampf gegen das Verbrechen zwar von überörtlichem und somit von bundesstaatlichem Interesse und fällt primär in den Aufgabenbereich der bundesstaatlichen Gesetzgeber. Von daher können kommunale Gebietskörperschaften nur die Aufgaben wahrnehmen, die ihnen ausdrücklich von den Bundesstaaten zuerkannt wurden. Dennoch ist ein großer Teil der Verantwortung von den Bundesstaaten auf die kommunalen Gebietskörperschaften übertragen worden.

Um den kommunalen Gebietskörperschaften ein wirksames Mittel zur Verbrechensbekämpfung an die Hand zu geben, ist in vielen Bundesstaaten anerkannt, dass örtliche, strafrechtliche Satzungen erlassen werden können, nach denen bestimmtes Handeln oder Verhalten mit Strafen geahndet werden kann. Beispielhaft kann der Besitz, Verkauf[101] oder Erwerb von Schusswaffen genannt werden, der in vielen kommunalen Gebietskörperschaften untersagt ist.[102] Auch können Einschränkungen vorhanden sein, die das Tragen von Waffen in der Öffentlichkeit verbieten[103] oder den Besitz an die Voraussetzung der Registrierung der Waffen knüpfen.[104] Auch wenn die Gesetzgebung des Bundes auf dem Gebiet der Feuerwaffen immer umfangreicher wird, ist in den Bundesgesetzen ausdrücklich anerkannt, dass es sich nicht um ausschließliche Gesetzgebung des Bundes handelt.[105] So bleibt in vielen Fällen Raum für kommunale

[101] Township of Chester v. Panicucci, 299 A.2d 385 (1973).
[102] State v. Horn, 250 N.W.2d 912 (1977).
[103] City of St. Paul v. Kekedakis, 199 N.W.2d 151 (1972).
[104] Kalodimos v. Village of Morton Grove, 470 N.E.2d 266 (1984).
[105] 18 U.S.C.A. § 927.

Satzungen, solange der Bundesstaat nicht Regelungen getroffen hat, die keinen Raum für kommunales Tätigwerden lassen.[106]

b) Planung auf kommunaler Ebene

(1) *Zoning*

Eines der wichtigsten Felder kommunaler Ordnungsverwaltung ist das so genannte *zoning*, vergleichbar mit dem Bauplanungsrecht.[107] Als Teil der örtlichen Polizeigewalt im weiteren Sinn regelt und beschränkt es die Landnutzung, zum Teil auch die architektonischen und statischen Voraussetzungen für den Gebäudebau. Auch wenn es bereits im 17. Jahrhundert Einschränkungen der Bebaubarkeit von Land gab, gilt das Jahr 1916 als die Geburtsstunde des modernen *zoning*, als die Stadt New York eine entsprechende Verordnung erließ.[108] Die Verordnung beinhaltete folgende, auch heute noch oft in *zoning ordinances* enthaltene, Regelung: Zum einen wurde eine Klassifizierung der Grundstücksnutzungen vorgenommen, so dass eine Einteilung in Wohngebiete, Gewerbegebiete etc. erfolgte. Diese Klassifizierung ist etwa vergleichbar mit der, die in der Baunutzungsverordnung im deutschen Recht vorgenommen wird.[109] Des Weiteren enthielt die Verordnung Beschränkungen bezüglich der zulässigen Größe und Höhe von Gebäuden.

Rechtliche Grundlage für frühere *zoning* Verordnungen war das Enteignungsrecht (*eminent domain*). In Missouri gelten auch heute noch bauplanungsrechtliche Einschränkungen als Enteignung, so dass dies mit beachtlichem finanziellen Aufwand für die kommunalen Gebietskörperschaften verbunden ist.[110] Ganz überwiegend jedoch wird das Bauplanungsrecht als Teil der Polizeigewalt kommunaler Gebietskörperschaften aufgefasst, so dass Entschädigungen für eine nur eingeschränkt mögliche Nutzung von Grundstücken nicht vorgesehen sind.[111]

---

[106] Siehe zum Beispiel Galvan v. Superior Court, 452 P.2d 930 (1969); Siehe allgemein hierzu „Record Number Ask Gun Permits in New York City“, New York Times, 16. März 1981.

[107] Siehe Briffault, Our Localism: Part I – The Structure of Local Government Law, 90, Columb. Law Rev. 1, 3.

[108] Lefcoe, An Introduction to American Land Law, Seite 218 f; Juergensmeyer & Roberts, Land Use and Planning & Control Law, 1998; Urban Planning & Land Development Control Law, 2. Auflage 1986.

[109] Siehe § 1 Abs. 2 BauNVO.

[110] Kansas City v. Kindle, 446 S.W.2d 807 (1969).

[111] Reynolds, Local Government Law, § 116.

Eine der grundlegenden *zoning*-Entscheidungen des US-Supreme Court ist der Fall *Village of Euclid v. Ambler Realty Co.* aus dem Jahr 1926.[112] Der Supreme Court sah es als rechtmäßig an, dass eine kommunale Gebietskörperschaft ihr Gebiet in geometrische Flächen aufteilte und diese in unterschiedliche Kategorien einordnete (Wohngebiete, kommerziell genutzte Flächen, Industriegebiete und unbeschränkte Gebiete). Dabei war nur die höchste Einstufung (die Einstufung als Wohngebiet) ausschließlich, in den unteren Klassifizierungen hingegen waren „höherwertige" Nutzungen erlaubt. Die in diesem Fall aufgestellten Prinzipien gelten im Grundsatz auch noch heute.

In nachfolgenden Fällen arbeitete der US-Supreme Court zwei Voraussetzungen für die Rechtmäßigkeit von *zoning ordinances* heraus: Zum einen müssen danach die bauplanungsrechtlichen Vorschriften angemessen sein, indem sie eine ausreichende Verbindung zu örtlichen Belangen wie Gesundheit, Sicherheit oder allgemeine Wohlfahrt haben.[113] Zum anderen ist Voraussetzung, dass das Recht des *zoning* den kommunalen Gebietskörperschaften von den jeweiligen Bundesstaaten zugesprochen wurde. Dies ist notwendig, da das Bauplanungsrecht als Teil der Polizeigewalt den Bundesstaaten obliegt und somit eine Delegation dieses Rechts auf die kommunalen Gebietskörperschaften erfolgen muss.[114] Die Anerkennung des Rechts kommunaler Gebietskörperschaften, bauplanungsrechtliche Vorschriften zu erlassen, ist heute in allen Bundesstaaten – wenn auch in unterschiedlichen Ausprägungen – vorhanden.[115] Ebenso ist jedoch anerkannt, dass die einzelnen bundesstaatlichen Regierungen und auch die Bundesregierung Immunität vor diesen örtlichen Bauplanungsvorschriften genießen, so dass sie nicht an diese gebunden sind und Gebäude – wie zum Beispiel staatliche Universitäten oder Verwaltungsgebäude – ohne Rücksicht auf die örtlichen Regelungen errichten können.[116]

Waren es früher nur große urbane Metropolen, die *zoning* betrieben, so ist es mittlerweile üblich, dass auch kleinere kommunale Gebietskörperschaften eigene bauplanungsrechtliche Satzungen erlassen.[117]

Die Begründung für das Erlassen von *zoning ordinances* kann auf mehrere Ziele gestützt werden, damit die Satzungen gültig sind. Zum einen ist ein zuläs-

---

[112] Village of Euclid v. Ambler Realty Co., 272 U.S. 365 (1926).
[113] City of New Orleans v. La Nasa, 88 So.2d 224, 230 La. 289 (1956); Town of Lexington v. Simeone, 134 N.E.2d 123 (1956).
[114] Boozer v. Johnson, 98 A.2d 76 (1953); State v. Owen, 88 S.E.2d 832 (1955).
[115] Reynolds, Local Government Law, § 117.
[116] United States v. Chester, 144 F.2d 415 (3d Cir. 1944); Rutgers, The State University v. Piluso, 60 N.J. 142, 286 A.2d 697 (1972); auch die kommunalen Gebietskörperschaften selbst genießen in der Regel Immunität vor ihren eigenen bauordnungsrechtlichen Regelungen. Dies gilt jedoch nicht für die privatrechtliche Nutzung von Gebäuden, die von kommunalen Gebietskörperschaften errichtet werden: Cf. Glascock v. Baltimore County, Maryland, 581 A.2d 822 (1990).
[117] Reynolds, Local Government Law, § 117.

siges Ziel örtlicher Bausatzungen, die Werte einer Kommune zu konservieren und zu erhalten.[118] Weiterhin kann Ziel derartiger Satzungen sein, bestimmte Stadt- oder Gemeindegebiete zu homogenisieren. Auch kann das Erlassen von bauplanungsrechtlichen Satzungen ein übermäßiges Wachsen einer Kommune verhindern, indem zum Beispiel nur der Bau von Einfamilienhäusern zulässig ist, nicht jedoch der Bau von Mehrfamilienhäusern oder Wohnblocks.[119] Weiterhin wird das kommunale Bauplanungsrecht auch als Mittel der Denkmalpflege verwendet.[120]

(2) Der *master plan*

Die Planung der kommunalen Entwicklung beschränkt sich jedoch nicht nur auf das *zoning*. Für die geordnete Entwicklung einer Kommune wird in der Regel von einer örtlichen *planning commission* ein so genannter *master plan* erstellt.[121] Allerdings müssen die Planungsrechte der kommunalen Gebietskörperschaften von den Bundesstaaten ausdrücklich anerkannt sein.[122] Der *master plan* beinhaltet die Aussichten auf geplante Entwicklungen und Empfehlungen der Kommission für die Zukunft der kommunalen Gebietskörperschaft und deren Wachstum. Gegenstand der Planungen können die Nutzung von Baugebieten sein (ähnlich dem Flächennutzungsplan in Deutschland) oder die Festlegung von Infrastrukturmaßnahmen wie die Versorgung mit Wasser, Elektrizität oder Gas. Weiterhin können Aussagen über die Entwicklung der Bevölkerungszahlen in dem Plan enthalten sein. Der Plan setzt sich meist aus Karten, schriftlichen Vorschlägen und Voraussagen über die Entwicklung der Kommune zusammen.[123] Hat die Planungskommission einer kommunalen Gebietskör-

---

[118] Addison-Wesley Publishing Co. v. Town of Reading, 236 N.E.2d 188 (1968).

[119] Reynolds, Local Government Law, § 118; Die Zulässigkeit von nur Einfamilienhäusern oder Häusern, die nur von einer wohlhabenden Bevölkerungsschicht erbaut werden können, wird als *exclusionary zoning* bezeichnet. Derartige Satzungen können verfassungswidrig sein, wenn z.B. Rassendiskriminierung die Folge sind; siehe Note, Exclusionary Zoning and Equal Protection, 84 Harv. L.Rev. 1645.

[120] Maher v. City of New Orleans, 371 F.Supp. 653; Baurechtliche Beschränkungen, die jedoch nur ästhetische Ziele verfolgen, können jedoch unzulässig sein, siehe Reynolds, Local Government Law, § 118.

[121] Teilweise existieren auch einzelne Entwicklungspläne für öffentliche Transportmittel, Straßenverkehr, Parkanlagen etc., siehe Juergensmeyer & Roberts, Land Use Planning and Control Law 24 f (1998); für Stadtentwicklung allgemein siehe Kushner, Smart Growth: Urban Growth Management and Land-Use Regulation Law in America, 32 Urban Law. 211.

[122] Shanbour v. Oklahoma City, 422 P.2d 444 (1967); In re Environmental Planning Commission, 531 P.2d 949 (1974).

[123] Siehe hierzu ausführlich: Sullivan, The Role of the Comprehensive Plan, 31 Urban Law. 915.

perschaft einen *master plan* erstellt, so muss dieser von dem Rat angenommen werden. In der Regel wird aber dem Plan auch nach Annahme durch den Rat nur ein deklaratorischer Charakter zugesprochen, der lediglich eine Absichtserklärung der Kommune darstellt. Ein regelnder Effekt hingegen wird ihm nur dann zugesprochen, wenn in ihm *zoning* vorgenommen wird.[124]

Der Zweck eines *master plans* besteht darin, die Entwicklung einer kommunalen Gebietskörperschaft zu leiten und gegebenenfalls zu beschränken und somit als Planungselement einer Kommune zu fungieren. Es kann auch in einigen Bundesstaaten geboten sein, die *zoning ordinances* aus dem *master plan* zu entwickeln. Hier sind Parallelen zu dem in § 8 Abs. 2 Satz 1 BauGB enthaltenen Entwicklungsgebotes des Bebauungsplanes aus dem Flächennutzungsplan zu erkennen.

c) Regulierung des örtlichen Handels

Eine weitere wichtige kommunale Aufgabe im Bereich der Ordnungsverwaltung ist die Regulierung des örtlichen Handels und Geschäftslebens. Auch dies ist Teil der Polizeigewalt, die die kommunalen Gebietskörperschaften regelmäßig von den Bundesstaaten zugesprochen bekommen.[125] Die Beschränkung des örtlichen Handels dient der öffentlichen Sicherheit, Gesundheit und der allgemeinen Wohlfahrt. Hierbei handelt es sich um Begriffe, die sehr weitreichende Definitionen besitzen können, so dass kommunales Satzungsrecht in diesem Bereich sehr umfangreich sein kann. Viele dieser Satzungen haben den Verbraucherschutz, insbesondere den Schutz vor betrügerischen Handlungen oder vor Ausnutzung von monopolartigen Stellungen (so genanntes *price gouging*) zum Gegenstand. Hieraus können sich in einzelnen Kommunen strikte Beschränkungen für die Zulassung einzelner Geschäftszweige ergeben.[126] Voraussetzung für eine derartige Zulassung kann beispielsweise der Nachweis der charakterlichen Eignung sein.[127] Eine Beschränkung der örtlichen Satzungsbefugnis auf diesem Gebiet ergibt sich jedoch aus der Tatsache, dass dieser Bereich auch der Gesetzgebungskompetenz der Bundesstaaten unterliegt, so dass die örtlichen Satzungen nicht im Widerspruch zu bundesstaatlichem Recht stehen dürfen.[128]

---

[124] Reynolds, Local Government Law, § 143.

[125] Reynolds, Local Government Law, § 151 (und die von den Bundesstaaten natürlich auch wieder beschränkt werden kann, siehe Priddy v. City of Tulsa, 882 P.2d 81 (1994).

[126] Siehe zum Beispiel: City of Hobbs v. Biswell, 473 P.2d 917 (1970): Strickte Beschränkungen für Personen, die das Gewerbe eines Pfandleihers ausüben wollen.

[127] Liberman v. Cervantes, 511 S.W.2d 835 (1974).

[128] Lakewood Pawnbrokers, Inc. v. City of Lakewood, 517 P.2d 834 (1973).

Im Mittelpunkt der einschränkenden Regelungen des örtlichen Handels steht die öffentliche Gesundheit und Sicherheit. So werden von kommunalen Gebietskörperschaften häufig unter gesundheitspolitischen Aspekten Einschränkungen beim öffentlichen Verkauf von Speisen und Getränken vorgenommen. Zum Beispiel unterliegt die Kontrolle oder Lizensierung von Restaurants oftmals kommunalen Gebietskörperschaften.[129]

Auch die Öffnungszeiten von Geschäften oder Restaurants werden regelmäßig von kommunalen Gebietskörperschaften eingeschränkt. Kommunale Satzungen, die derartige Einschränkungen enthalten, bewegen sich in der Regel dann im Rahmen der kommunalen Satzungsbefugnis, wenn dem Schutz der Gesundheit, der Minimierung der Kriminalität oder der Vermeidung von Lärm für die Umgebung gedient ist.[130] So wurden beispielsweise Beschränkungen von Restaurant-Öffnungszeiten für rechtmäßig erachtet, wenn sie der Durchsetzung von Gesetzen in Verbindung mit dem Ausschank von Alkohol dienten oder geeignet waren, die Kriminalität in bestimmten Stadtteilen zu senken.[131] Die Beschränkung von Öffnungszeiten, die Geschäfte betreffen, von denen weder Lärm noch Gefahr ausgehen, ist auf kommunaler Ebene in der Regel unzulässig.[132] Zusammenfassend kann gesagt werden, dass derartige Beschränkungen dann gültig sind, wenn zum einen ein angemessener Bezug zu der örtlichen Polizeigewalt besteht und zum anderen keine Diskriminierung bestimmter Geschäfte oder Geschäftszweige erfolgt.[133]

d) Örtliche Umwelt- und Lärmschutzsatzungen

Jüngere Probleme wie Wasser- und Luftverschmutzung werden zwar in weiten Teilen von der Bundesregierung geregelt, allerdings besitzen auch die kommunalen Gebietskörperschaften Regelungsbefugnis auf diesen Gebieten.[134] Adressaten örtlicher Vorschriften über Wasser- und Luftverschmutzung sind in erster Linie innerhalb des Gemeindegebiets angesiedelte Unternehmen.[135] Kommunalen Gebietskörperschaften wird in der Regel das Recht zugesprochen, örtliche Satzungen zu erlassen und durchzusetzen, deren Ziel es ist, die Umweltverschmutzung in dem Gemeindegebiet zu reduzieren. Damit örtliche Satzungen über die Einschränkungen von Umweltverschmutzung Gültigkeit

---

[129] Reynolds, Local Government Law, § 152.

[130] In Bezug auf die Lärmvermeidung siehe City of Burlington v. Jay Lee, Inc., 290 A.2d 23 (1972); siehe allgemein Reynolds, Local Government Law, § 153.

[131] The Other Place of Miami, Inc. v. City of Hialeah Gardens, 353 So.2d 861 (1977).

[132] Reynolds, Local Government Law, § 153.

[133] Reynolds, Local Government Law, § 153.

[134] Siehe Sands and Libonati, Local Government Law, § 14.22.

[135] Reynolds, Local Government Law, § 154.

besitzen, muss die handelnde kommunale Gebietskörperschaft eine Autorisierung von dem jeweiligen Bundesstaat, in dem sie gelegen ist, vorweisen können. Weiter ist Voraussetzung, dass die Formulierung der Regelung angemessen ist, um das angestrebte Ziel zu erreichen.[136] Ist keine ausschließliche bundesstaatliche Gesetzgebung auf diesem Gebiet vorhanden, so können kommunale Gebietskörperschaften derartige örtliche Satzungen erlassen, die angemessene und hinreichend klare Einschränkungen der Umweltverschmutzung enthalten und Erfolg versprechend sind.[137] Hierbei handelt es sich um eine über Jahrzehnte anerkannte Aufgabe kommunaler Gebietskörperschaften,[138] die höchstrichterliche Anerkennung gefunden hat.[139] In vielen größeren kommunalen Gebietskörperschaften sind mittlerweile umfangreiche Luftverschmutzungs-Satzungen erlassen worden.

Eine Vielzahl von kommunalen Gebietskörperschaften hat Satzungen erlassen, die bestimmte Grenzen für Lärmemissionen festsetzen. Meist werden durch diese Vorschriften Mindestwerte für Lärmemissionen festgesetzt, die von industriellen Anlagen ausgehen.[140]

e) *Public order*

Umfangreiche Rechte im Bereich der Ordnungsverwaltung kommen den kommunalen Gebietskörperschaften im Rahmen der *public order* – der öffentlichen Ordnung – zu.[141] Auch hierbei handelt es sich um den Bereich der *police power* im weiteren Sinn. Schwerpunkt örtlicher Satzungen im Bereich der *public order* ist die Wahrung von Sitte und Anstand in den Kommunen.

Vielerorts haben kommunale Gebietskörperschaften Regelungen getroffen, die den Verkauf von Alkohol beschränken oder gänzlich untersagen (sog. *dry counties*). Allerdings gilt auch in diesem Bereich, dass einige Bundesstaa-

---

[136] Westwood Forest Estates, Inc. v. Village of South Nyack, 244 N.E.2d 700 (1969).

[137] Hudson Valley Light Weight Aggregate Corp. v. Schovel, 316 N.Y.2d 477 (1970); es wurde geurteilt, dass dieses Rechtsgebiet nicht der ausschließlichen Regelungsbefugnis des Bundes unterliegt, Houston Compressed Steel Corp. v. State, 456 S.W.2d 768 (1970). Allerdings können sich die Bundesstaaten auf ausschließliche Gesetzgebungsbefugnis berufen, so dass u.U. den kommunalen Gebietskörperschaften keine Regelungsbefugnis mehr verbleibt, siehe Village of Union v. Southern California Chemical Co., 375 N.E.2d 489 (1978).

[138] So urteilte bereits im Jahr 1910 ein Gericht, dass Kommunen den Ausstoß umweltverschmutzender Stoffe aus industriellen Schornsteinen innerhalb der Stadtgrenzen beschränken können, City of Rochester v. Macauley-Fien Milling Co., 92 N.E. 641 (1910).

[139] Huron Portland Cement Co. v. City of Detroit, 362 U.S. 440 (1960); auch können kommunale Gebietskörperschaften die Luftverschmutzung durch Kraftfahrzeuge beschränken und gewisse Standards festsetzen, City of St. Louis v. Eskridge, 486 S.W.2d 648 (1972).

[140] Reynolds, Local Government Law, § 160.

[141] Siehe Sands and Libonati, Local Government Law, § 14.07.

ten Regelungen getroffen haben, die örtliche Satzungen diesbezüglich nicht mehr zulassen.[142] Sind jedoch Gesetzeslücken auf bundesstaatlicher Ebene vorhanden, so bleibt oftmals Raum für örtliche Regelungen, nicht nur aufgrund der Aufrechterhaltung der öffentlichen Moral, sondern auch aufgrund des Schutzes der Gesundheit und öffentlichen Sicherheit.[143] So können Restaurants oder Geschäfte, in denen Alkohol verkauft wird, verpflichtet werden, eine Lizenz hierfür erwerben zu müssen.[144] Auch kann die Ausübung dieser Geschäfte in bestimmten Gebieten – z.B. in der Nähe von Schulen oder Kirchen – untersagt werden.

Auch der Verkauf oder Genuss von Tabakwahren wird teilweise von Kommunen beschränkt. So existiert zum Beispiel in New York City ein generelles Rauchverbot in allen öffentlichen Restaurants und Bars.[145]

Unter die *public order* Gewalt kommunaler Gebietskörperschaften fällt auch die Befugnis, Veröffentlichungen mit „unmoralischen" – meist pornographischen – Inhalten innerhalb ihres Gemeinde- oder Stadtgebiets zu zensieren oder ganz aus ihr zu verbannen. Hier stellt sich regelmäßig die Frage, in welchem Umfang kommunale Gebietskörperschaften zu derartiger Zensur befugt sind, die Beeinträchtigungen des Rechts auf freie Rede – im ersten Zusatzartikel der US-Verfassung verankert – beinhalten. In einem weit anerkannten Fall aus dem Jahr 1957 entschied der US-Supreme Court, dass kommunale Gebietskörperschaften den Verkauf von Materialien, die obszöne Inhalte besitzen, verbieten können.[146] In dem Urteil bestimmte das Gericht, dass ein solches Verbot dann zulässig ist, wenn das Interesse an den in Frage stehenden Veröffentlichungen lediglich von „unzüchtiger" Natur sei. Allerdings betonte das Gericht, dass alle Inhalte, die auch nur ansatzweise von sozialer Wichtigkeit seien, durch den ersten Zusatzartikel der US-Verfassung geschützt seien. Im Jahr 1973 modifizierte das höchste Gericht der Vereinigten Staaten die Voraussetzungen geringfügig, indem es drei Bedingungen für die Einschränkungen der Veröffentlichung obszöner Materialien nannte: Zum einen müssen die Inhalte – insgesamt betrachtet – „unzüchtige", sexuelle Interessen ansprechen, zum zweiten muss der beanstandete Inhalt in sehr offensiver Art und Weise dargestellt sein und zum dritten müssen die Inhalte jeglichen ernsten literarischen, künstle-

---

[142] Seven-Eleven, Inc. v. McCain, 422 P.2d 455 (1967).

[143] Wagner, Validity of Municipal Regulation More Restrictive than State Regulation as to Time for Selling or Serving Intoxicating Liquor, 51 A.L.R.3d 1061.

[144] Weeks, Issuing or Revoking Liquor Licenses: State and Local Authority under Recent Federal Decisions, 15 Urban Law. 379; Cf. Gas 'N Shop v. Nebraska Liquor Control Comm'n, 427 N.W.2d 784 (1988).

[145] Allgemein hierzu siehe Hermer, Municipal Home Rule in New York: Tobacco Control at the Local Level, 65 Brooklyn L. Rev. 321.

[146] Roth v. United States, 354 U.S. 476 (1957).

rischen, wissenschaftlichen oder politischen Ansatzes entbehren.[147] Das Gericht betonte, dass bei der Beurteilung, ob die drei Voraussetzungen erfüllt seien oder nicht, die örtlichen und zeitlichen Maßstäbe, die in der jeweiligen kommunalen Gebietskörperschaft vorherrschen, zu berücksichtigen seien.

Innerhalb der dargestellten Grenzen kann eine Kommune daher Satzungen erlassen, die auf den Verkauf solcher Artikel bzw. Veröffentlichungen einschränkende Wirkung haben, vorausgesetzt, der jeweilige Bundesstaat hat durch seine Gesetzgebung den Bereich nicht schon für örtliche Regelungen ausgeschlossen.[148] Die gleichen Voraussetzungen gelten auch für den Verkauf oder die öffentlichen Aufführungen von Filmen.[149]

Auch unter den *public moralty*-Aspekt der Polizeigewalt fallen örtliche Satzungen, die die Ausübung der Prostitution in kommunalen Gebietskörperschaften verbieten. Solche Regelungen werden von den Gerichten zumeist aufrechterhalten.[150] So wurden beispielsweise örtliche Satzungen für rechtsgültig erachtet, die die Öffnungszeiten von Massagepraxen regulierten, um die öffentliche Gesundheit und Moral zu schützen.[151] Mit der gleichen Begründung werden in einigen kommunalen Gebietskörperschaften die Öffnungszeiten von Pool und Billard Bars beschränkt oder deren Eröffnung vollständig verboten, da erfahrungsgemäß hier der Prostitution nachgegangen wird.[152] Auch gibt es kommunale Satzungen, die das Glückspiel innerhalb der Kommune verbieten, wobei hierüber die Bundesstaaten oftmals über ausschließliche Gesetzgebungskompetenz verfügen.

---

[147] Miller v. California, 413 U.S. 15 (1973).

[148] Pierce v. City and County of Denver, 565 P.2d 1337 (1977).

[149] Salt Lake City v. Piepenburg, 571 P.2d 1299 (1977).

[150] City of Seattle v. Slack, 784 P.2d 494 (1989); FW/PBS, Inc. v. City of Dallas, 493 U.S. 215 (1990).

[151] Pollard v. Cockrell, 578 F.2d 1002 (1978).

[152] Siehe beispielsweise State ex rel. Baer v. City of Milwaukee, 148 N.W.2d 21 (1967); siehe für die Ungültigkeit einer derartigen Regelung Callaway v. City of Edmond, 791 P.2d 104 (1990).

2. Kapitel: Kommunale Selbstverwaltung: Begriff, Umfang und Verankerung

A) Begriff und Umfang der kommunalen Selbstverwaltung

Die Art. 2 bis 4 der Europäischen Charta der kommunalen Selbstverwaltung, die mit den Überschriften Verfassungsmäßige und rechtliche Grundlage (Art. 2), Begriff (Art. 3) und Umfang der kommunalen Selbstverwaltung (Art. 4) betitelt sind, bilden eine Sinneinheit und sind daher nicht unabhängig voneinander auszulegen und zu untersuchen.[153] In Art. 3 Abs. 1 EKC wird mit den Worten „Kommunale Selbstverwaltung bedeutet das Recht und die tatsächliche Fähigkeit der kommunalen Gebietskörperschaften, im Rahmen der Gesetze einen wesentlichen Teil der öffentlichen Angelegenheiten in eigener Verantwortung zum Wohle ihrer Einwohner zu regeln und zu gestalten“ versucht, kommunale Selbstverwaltung zu definieren. Diese Worte sagen „alles und gleichzeitig nichts“,[154] denn erst durch die nachfolgenden Chartavorschriften wird dem Definitionsversuch Inhalt und Leben verliehen. Dennoch kann der Wortlaut des Art. 3 Abs. 1 EKC als Ausgangspunkt für die Untersuchung des Begriffs der kommunalen Selbstverwaltung in den Vereinigten Staaten dienen.

Die Frage nach dem Recht und der tatsächlichen Fähigkeit der kommunalen Gebietskörperschaften, einen wesentlichen Teil der öffentlichen Angelegenheiten in eigener Verantwortung zu erfüllen (Art. 3 Abs. 1 EKC) und der – wenn auch eingeschränkten – Allzuständigkeit (Art. 4 Abs. 2 EKC) ist aufgrund der bundesstaatlichen Kontrolle über die kommunalen Gebietskörperschaften nicht einheitlich zu beantworten. Um Aufschluss über Begriff und Umfang der kommunalen Selbstverwaltung in den Vereinigten Staaten zu erhalten, müssen die unterschiedlichen Ansätze erläutert werden, nach denen die Verantwortungsbereiche und Zuständigkeiten von den Bundesstaaten den kommunalen Gebietskörperschaften zugewiesen werden und muss untersucht werden, ob Garantien für die kommunalen Zuständigkeiten vorhanden sind.

I. Historische Entwicklung

Das Maß kommunaler Autonomie in den Vereinigten Staaten hat sich im Laufe der Geschichte verändert. Von großem Einfluss war stets die Rechtspre-

---

[153] Weiß, Einführung und Umsetzung der Europäischen Charta der kommunalen Selbstverwaltung in Deutschland, Seite 100.
[154] Weiß, Einführung und Umsetzung der Europäischen Charta der kommunalen Selbstverwaltung in Deutschland, Seite 103.

chung. Die von Richtern entwickelten Doktrinen, nach denen Selbstverwaltungsrechte auszulegen sind, haben noch heute großen Einfluss auf das Recht der US-amerikanischen Kommunen. Daher soll zunächst ein kurzer Überblick über die geschichtliche Entwicklung der kommunalen Selbstverwaltung gegeben werden.

Die Ursprünge des US-amerikanischen Kommunalrechts liegen im englischen Recht.[155] Frühe Siedler übertrugen das *common law* System auf die Vereinigten Staaten.[156] Die ersten kommunalen Gebietskörperschaften wurden im 17. und 18. Jahrhundert gegründet. Die Funktionen, die die Gebietskörperschaften zu damaliger Zeit erfüllten, waren von sehr begrenztem Umfang. Viele heute als selbstverständlich geltende Aufgaben waren damals nicht für die Kommunen reserviert. So gehörte es beispielsweise am Ende des 18. Jahrhunderts zu den einzigen Aufgaben der Stadt Philadelphia, das öffentliche Marktwesen zu regeln und das Registergericht zu unterhalten. Die Satzungsbefugnis der Kommunen war sehr beschränkt und umfasste oftmals nur Sachverhalte wie die Straßenbenutzung und die Regulierung des öffentlichen Lebens in der Kommune, zum Beispiel das Verbot von sonntäglichen Vergnügungen. Kommunale Satzungen mussten zum einen mit dem Recht der Provinz, in der die Gebietskörperschaft gelegen war, und zum anderen mit englischem Recht übereinstimmen.[157]

Mit der wachsenden Bevölkerung an der Ostküste begannen die dort entstehenden Städte, der Regulierung von Handel und Gewerbe zu dienen. Sie konnten im Lauf der Zeit ein großes Maß an staatlicher Unabhängigkeit erlangen, da die ihnen zustehenden Rechte nicht einseitig von der Kolonialverwaltung abgeändert werden konnten, sondern hierzu das Einverständnis der Städte Voraussetzung war. Sie waren daher mehr als nur bloße Verwaltungseinheiten innerhalb der englischen Kolonie. Ihnen stand das Recht zu, Gebühren auf die Einfuhr von Gütern oder auf die Vergabe von Lizenzen zu erheben.[158] Weiterhin oblag es den Städten, Preise für bestimmte Güter festzusetzen, Qualitätsstandards aufzustellen und Monopole von Kaufleuten zu sichern.[159] Die Zuständigkeiten der Städte waren stark auf wirtschaftliche Aspekte bezogen.

Die Zeit der bundesstaatlichen Kontrolle über die kommunalen Gebietskörperschaften begann nach der Unabhängigkeit der Vereinigten Staaten von England. Waren es in der Kolonialzeit noch die Gouverneure der Provinzen, die den Kommunen ihre Aufgaben übertrugen, so wurden von nun an die Aufgaben durch die gesetzgebende Gewalt der Bundesstaaten festgesetzt. Die bundesstaatlichen Gesetzgeber schränkten die Unabhängigkeit der kommunalen

[155] McQuillin, The Law of Municipal Corporations Volume 1 § 1.08.
[156] Yokley, Municipal Corporations, Volume 1 § 4.
[157] McQuillin, The Law of Municipal Corporations Volume 1 § 1.09.
[158] Sands and Libonati, Local Government Law, § 1.04.
[159] Teaford, The Municipal Revolution in America, ch. 2.

Gebietskörperschaften stark ein, indem jede Änderung der Zuständigkeiten von den Gesetzgebern der Bundesstaaten einseitig vorgenommen werden konnte.[160] Die kommunalen Gebietskörperschaften wurden als *creatures of the state* angesehen.[161] Sie stellten Verwaltungseinheiten der Bundesstaaten dar, die als geeignetes „Werkzeug" dieser angesehen wurden, um die Phase des Wachstums und der Ausdehnung der Vereinigten Staaten im 19. Jahrhundert zu bewältigen.[162] Sowohl die Anzahl der kommunalen Aufgaben als auch die Anzahl der kommunalen Gebietskörperschaften war sehr gering. Die großen Metropolen von heute, wie Philadelphia und New York, bekamen ihre Stadtrechte erst im Jahr 1820. Auch wenn die Gründung der Stadt Boston bereits auf das Jahr 1630 datiert wird, so wurden auch ihr erst 1822 Stadtrechte zugesprochen.[163]

Die *inherent home rule*-Doktrin

Zum Ende des 19. und zu Beginn des 20. Jahrhunderts wurde die Stellung der kommunalen Gebietskörperschaften wieder gestärkt. Dies geschah durch die Rechtsprechung einiger Gerichte, insbesondere im mittleren Westen der Vereinigten Staaten. Sie schufen die Doktrin der *inherent home rule*, die den kommunalen Gebietskörperschaften ein immanentes Selbstverwaltungsrecht zusprach.[164] Der erste Bundesstaat, in dem sich diese Doktrin im Jahr 1871 durchsetzen konnte, war Michigan.[165] Später folgten unter anderem die Bundesstaaten Indiana,[166] Iowa[167] und Kentucky.[168]

[160] Teaford, The Municipal Revolution in America, Seite 79.
[161] Siehe: Barron, The Promise of Cooley's City: Traces of Local Constitutionalism, 147 U. PA. L. REV. 487, 506.
[162] Sands and Libonati, Local Government Law § 1.05.
[163] McQuillin, The Law of Municipal Corporations Volume 1 § 1.18.
[164] People ex rel. Le Roy v. Hurlbut, 24 Mich. 44 (1871); City of Detroit v. Detroit & Howell Plank-Road Co., 43 Mich. 140, 5 N.W. 275 (1880); Reynolds, Local Government Law § 25.
[165] People ex rel. Le Roy v. Hurlbut, 24 Mich. 44 (1871). Das Gericht urteilte in diesem Fall: "But when we recur to the history of the country, and consider the nature of our institutions, and of the government provided for by this constitution, the vital importance which in all the states has so long been attached to local municipal governments by the people of such localities, and their rights of self-government, as well as the general sentiment of hostility to everything in the nature of control by a distant central power in the mere administration of such local affairs, and ask ourselves the question, whether it was probably the intention of the convention in framing, or the people in adopting, the constitution, to vest in the legislature the appointment of all local officers, or to authorize them to vest it elsewhere than in some of the authorities of such municipalities, and to be exercised without the consent, and even in defiance of the wishes of the proper officers who would be accountable rather to the central power than to the people over whose interests they are to preside--thus depriving the people of such localities of the most essential benefits of self-government enjoyed by other political divisions of the state--when we take all these matters into consideration, the conclusion be-

Bei dieser Doktrin unterschied man zwischen Angelegenheiten örtlicher und überörtlicher Natur. Unabhängig von bundesstaatlichen Gesetzen oder Verfassungen hatten die kommunalen Gebietskörperschaften ein ihnen innewohnendes Recht, Angelegenheiten von örtlichem Charakter eigenverantwortlich zu gestalten, ohne dass es den Bundesstaaten zustand, sich in diese Angelegenheiten einzumischen. In Angelegenheiten von überörtlicher Natur behielten die Bundesstaaten die Regelungsbefugnis. Die *inherent home rule*-Doktrin wurde von den Gerichten geschaffen, um die kommunalen Gebietskörperschaften vor den bundesstaatlichen Gesetzgebern zu schützen, die sich nicht in örtliche Angelegenheiten einmischen sollten.[169]

Allerdings war die Epoche, in der kommunalen Gebietskörperschaften immanente Selbstverwaltungsrechte zugesprochen wurden, nur von kurzer Dauer. Die Gerichte rückten schnell wieder von ihrem Standpunkt ab und sprachen den Gesetzgebern der Bundesstaaten die oberste Gewalt zu, selbst wenn Angelegenheiten von rein örtlicher Natur involviert waren.[170] So entschied das höchste Gericht in Michigan in einer Grundsatzentscheidung, dass bundesstaatliches Recht auch dann kommunalen Satzungen vorgehe, wenn es sich um rein örtliche Angelegenheiten handle.[171] Weiterhin urteilte das Gericht, dass die einzigen Selbstverwaltungsrechte, die eine kommunale Gebietskörperschaft besitzen könne, solche seien, die in der Verfassung oder den Gesetzen eines Bundesstaates anerkannt sind. Somit wurde den kommunalen Gebietskörperschaften ein bis dahin durch die *inherent home rule* immanent zustehendes Recht auf Selbstverwaltung abgesprochen. Dies entspricht auch noch der heutigen Ansicht, welche die Bundesstaaten als *creator* („Schöpfer") der kommunalen Ge-

---

comes very strong that nothing of this kind could have been intended by the provision. And this conviction becomes stronger when we consider the fact that this constitution went far in advance of the old one, in giving power to the people which had formerly been exercised by the executive, and in vesting, or authorizing the legislature to vest, in municipal organizations a further power of local legislation than had before been given to them. We cannot, therefore, suppose it was intended to deprive cities and villages of the like benefit of the principle of local self-government enjoyed by other political divisions of the state.
The convention must be supposed to have recognized to some extent existing things, and to have had reference to cities and villages with substantially such organizations, or upon such principles of self-government as had generally become customary."

[166] City of Logansport v. Public Service Commission, 202 Ind. 523, 177 N.E. 249 (1931).

[167] State ex rel. White v. Barker, 116 Iowa 96, 89 N.W. 204 (1902).

[168] City of Lexington v. Thompson, 113 Ky. 540, 68 S.W. 477 (1902).

[169] State v. Denny, 118 Ind 449, 21 N.E. 274 (1889); State v. Barker, 116 Iowa 96, 89 N.W. 204 (1902); Lexington v. Thompson (1902), 113 Ky 540, 68 S.W. 477; People v. Hurlbut, 22 Mich 44 (1871).

[170] Coyle v. Gray, 12 Del. 44, 30 A. 728 (1884); siehe McQuillin, Limitations of Legislative Control of Municipal Corporations, 34 Am. L.Rev. 505, 510-15.

[171] City of Highland Park v. Fair Employment Practices Commission, 364 Mich. 508, 111 N.W.2d 797 (1961).

bietskörperschaften und dementsprechend die Kommunen als die von den Bundesstaaten abhängigen *creatures* („Geschöpfe“) sieht. Nach dieser Auffassung haben die bundesstaatlichen Gesetzgeber – in Abwesenheit verfassungsrechtlicher Vorschriften – uneingeschränkte Kontrolle über die Kommunen. Die kommunalen Gebietskörperschaften werden lediglich als verlängerter Arm der Bundesstaaten angesehen.[172] Inwieweit die kommunalen Gebietskörperschaften von den bundesstaatlichen Gesetzgebern mit Selbstverwaltungsrechten ausgestattet werden, liegt in deren Ermessen.

II. Aktuelle Rechtslage in den Vereinigten Staaten

Heute gibt es in den Vereinigten Staaten zwei Doktrinen, unter denen die Bundesstaaten den kommunalen Gebietskörperschaften ihre Aufgaben zuweisen. Die ältere von beiden, nach der die Gebietskörperschaften weniger umfangreiche Rechte besitzen, ist die *Dillon's Rule*. Die zweite, jüngere Doktrin ist die *home rule*, durch die den kommunalen Gebietskörperschaften grundsätzlich ein größeres Maß an Selbstverwaltungsrechten zugesprochen wird. Es ist allein Sache der Bundesstaaten, welche Doktrin zur Anwendung gelangt.

1. *Dillon's Rule*

Bis Mitte des 19. Jahrhunderts räumten die Verfassungen der Bundesstaaten den Kommunen ein erhebliches Maß an Einfluss ein. Dies geschah zum einen dadurch, dass sie ihre örtlichen Angelegenheiten in eigener Zuständigkeit und Verantwortung regeln konnten und zum anderen, dass die Vertreter der kommunalen Gebietskörperschaften als Repräsentanten an der gesetzgebenden Gewalt der Bundesstaaten teilhatten. Mitte des 19. Jahrhunderts wurde dieser erhebliche Einfluss kritisiert, da er oftmals mit Korruption einherging.[173] Die Gerichte gingen daher zu einer engeren Auslegung der Rechte der Kommunen über, um so ihren Einfluss zu mindern. Einer der führenden Richter auf diesem Rechtsgebiet und eine prägende Persönlichkeit für das US-amerikanische Kommunalrecht war Judge Dillon. Er setzte sich mit Nachdruck für die Minimierung der kommunalen Selbstverwaltungsrechte ein.[174] In seinem Buch *The Law on Municipal Corporations*, welches in der zweiten Hälfte des 19. Jahrhunderts in den Vereinigten Staaten ein führendes Werk für das Kommunal-

---

[172] Siehe McQuillin, The Law of Municipal Corporations, Volume 1 § 1.42.

[173] Virginia Law Review Association, Dillon's Rule: The Case for Reform, 68 Vand. L.Rev. 693, 705.

[174] Siehe Williams: The Constitutional Vulnerability of American Local Government: The Politics of City Statutes in American Law, 1986 Wis. L. Rev. 83, 83.

recht wurde, beschrieb er die Rechte kommunaler Gebietskörperschaften wie folgt:

> „It is a general and undisputed proposition of law that a municipal corporation possesses and can exercise the following powers and no others: First, those granted in express words; second, those necessarily or fairly implied in or incident to the powers expressly granted; third, those essential to the declared objects and purposes of the corporation, not simply convenient, but indispensable. Any fair, reasonable doubt concerning the existence of the power is resolved by the courts against the corporation, and the power is denied."[175]

Diese Grundsätze bilden den Kern der *Dillon's Rule.*[176]

Die hinter diesen Thesen stehende Ansicht war, dass es der Kommunalverwaltung an Kompetenz fehle. Judge Dillon war überzeugt, dass diejenigen, die die Intelligenz, Erfahrung und den Charakter besäßen, angemessene Lokalpolitik zu betreiben, nicht auf kommunaler Ebene, sondern in höheren Positionen auf der Ebene der Bundesstaaten oder des Bundes tätig waren.[177] Wegen des in der zweiten Hälfte des 19. Jahrhunderts vorherrschenden Misstrauens aufgrund weitreichender Korruption in den kommunalen Gebietskörperschaften war das Verlangen nach einer starken Aufsicht und Bevormundung der Kommunen groß. Dillon forderte, dass die Bundesstaaten das Recht haben müssten, kommunale Gebietskörperschaften nach freiem Ermessen zu gründen, abzuändern, aufzuteilen und sogar abzuschaffen, wenn dies im öffentlichen Interesse angezeigt sei.[178] Den Gerichten sprach Dillon dabei folgende Rolle zu:

> „[. . .] to show a plain and clear grant for the authority they assume to exercise; to lean against constructive powers, and, with firm hands, to hold them and their officers within chartered limits."[179]

Auch wenn heute die Anzahl der Bundesstaaten, in denen die *Dillon's Rule* zur Anwendung gelangt, rückläufig ist, so folgt die Aufgabenzuweisung in einigen Bundesstaaten dennoch der *Dillon's Rule.* Als Beispiel kann hier der Bundesstaat Virginia angeführt werden, wo sich die Gerichte weigern, den kommunalen Gebietskörperschaften umfangreiche Rechte zuzusprechen, indem sie die Gesetze, die den Kommunen die Aufgaben zuweisen, in einer Art und

---

[175] Dillon, The Law of Municipal Corporations, § 237.
[176] Siehe hierzu auch: Briffault, Our Localism: Part I – The Structure of Local Government Law, 90 Columb. L. Rev. 1, 8.
[177] Dillon, The Law of Municipal Corporations, § 9.
[178] Dillon, The Law of Municipal Corporations; § 9.
[179] Dillon, The Law of Municipal Corporations, § 9.

Weise auslegen, die den kommunalen Gebietskörperschaften nur ein Minimum an kommunalen Selbstverwaltungsrechten zukommen lässt.[180]

Die *Dillon's Rule* kann auf zwei verschiedenen Stufen angewendet werden. Zum einen kann sie bei der Festlegung kommunaler Aufgaben (erste Stufe), zum anderen bei der Auslegung kommunaler Aufgaben (zweite Stufe) zur Anwendung gelangen.

Gelangt die *Dillon's Rule* bei der Festlegung kommunaler Aufgaben zur Anwendung, so muss jedes Handeln einer kommunalen Gebietskörperschaft auf eine spezielle gesetzliche Legitimation zurückzuführen sein. Kann eine kommunale Gebietskörperschaft auf keine ausdrückliche, gesetzliche Grundlage verweisen oder steht ihr Handeln auch nicht in unmittelbarem Zusammenhang mit einer gesetzlichen Grundlage, ist sie nicht berechtigt, eine Handlung vorzunehmen.

In anderen Bundesstaaten wird die *Dillon's Rule* liberaler ausgelegt, in dem der Gesetzgeber die kommunalen Gebietskörperschaften nicht nur einzeln zum Handeln gesetzlich autorisiert, sondern kommunale Aufgaben auch durch Generalklauseln festlegt, so dass umfangreichere und allgemeiner formulierte Aufgabenbereiche entstehen. Beispielhaft hierfür kann der in einigen Verfassungen oder Gesetzen der Bundesstaaten genannte *general welfare clause* angeführt werden. Hierbei handelt es sich um eine Generalklausel, nach der eine kommunale Gebietskörperschaft Regelungsbefugnis über die Angelegenheiten besitzt, die dem Allgemeinwohl der Einwohner der Kommune dienen. Der Aufgabenbereich kann mitunter sehr weitreichend sein und kann sicherheitsrechtliche, sozialrechtliche, gesundheitspolitische und ähnliche Aufgaben umfassen. In einem solchen Fall kommt die *Dillon's Rule* nicht bereits bei der Bestimmung kommunaler Aufgaben, sondern erst bei der Auslegung dieser zur Anwendung. Die von den Bundesstaaten festgelegten kommunalen Aufgabenbereiche, die den Anschein erwecken, den Kommunen allgemeine Aufgaben zuzuweisen, werden dann durch die Gerichte sehr eng ausgelegt.

Die *Dillon's Rule* lässt im Ansatz Parallelen zum deutschen Landkreisrecht erkennen: Im Gegensatz zu den Gemeinden besitzen die deutschen Landkreise keine verfassungsrechtlich garantierte Allzuständigkeit, vielmehr werden ihnen die Aufgaben durch Gesetz zugewiesen.[181] Allerdings geht das deutsche Landkreisrecht weiter als das amerikanische Recht, indem es den Landkreisen das Recht auf Einräumung eines bestimmten Umfangs von Aufgaben zuspricht, in deren Rahmen eine effiziente Selbstverwaltung möglich ist.[182] Eine derartige Zusicherung ist im Rahmen der *Dillon's Rule* nicht vorhanden.

---

[180] Virginia Law Review Association, Dillon's Rule: The Case for Reform, 68 VALR 693, 1982.

[181] Lissack, Bayerisches Kommunalrecht, § 2 I Rn.1; a.A.: BVerwG 6, 23.

[182] Knemeyer, Bayerisches Kommunalrecht, Rn. 61.

Im Folgenden soll die *Dillon's Rule* und ihre Auswirkung auf den Aufgabenumfang von kommunalen Gebietskörperschaften anhand von Beispielsfällen erläutert werden.

Der erste Fall, bei dem es sich um eine Gerichtsentscheidung aus dem Bundesstaat Rhode Island handelt,[183] verdeutlicht, wie begrenzt in *Dillon's Rule*-Bundesstaaten zum einen die Anerkennung von Zuständigkeiten kommunaler Gebietskörperschaften ist und zum anderen wie eng die Auslegung dieser Vorschriften sein kann. Eine kommunale Satzung bestimmte, dass Eigentümer von Mietshäusern verpflichtet waren, in den öffentlichen Fluren und Treppenhäusern elektrisches Licht zu installieren. Außerdem wurde den Eigentümern auferlegt, in den einzelnen Wohnungen Warmwasser zu installieren. Dabei stützte die Kommune die Satzung auf ein Gesetz des Bundesstaates, welches es der Kommune erlaubte, Mindeststandards für Wohnungen zu schaffen, um die allgemeine Gesundheit, Sicherheit und Wohlfahrt zu fördern. Das Gesetz hatte folgenden Wortlaut:

> „The City Council of the City of Providence is authorized to pass, ordain, establish and amend ordinances, rules and regulations for the establishment and enforcement of minimum standards for dwellings."[184]

Weiter hieß es:

> "Without limiting the generality of the foregoing, such ordinances, rules and regulations may include: (a) Minimum standards governing the conditions, maintenance, use and occupancy of dwellings and dwelling premises deemed necessary to make said dwellings and dwelling premises safe, sanitary and fit for human habitation."[185]

Das Gericht kam zu der Überzeugung, dass die Stadt zwar die Befugnis hatte, eine Regelung bezüglich des Lichts in den Fluren und Treppenhäusern zu treffen, sah die Vorschriften bezüglich des Warmwassers jedoch nicht von der Satzungsbefugnis der Stadt gedeckt.[186] Einen Zusammenhang zwischen den

---

[183] Early Estate, Inc. v. Housing Board of Review of City of Providence, 174 A.2d 117 (1961).

[184] Rhode Island Public Laws 1956, chapter 3715 Art 4 sect 7.

[185] Rhode Island Public Laws 1956, chapter 3715 Art 4 sect 8.

[186] Das Gericht urteilte in Early Estate Inc., v. Housing Board of Review of City of Providence, 174 A.2d 117, 118 (1961): „. . . it is our opinion that the enabling act clearly vests the council with power to legislate on the subject of lighting for common hallways and stairways. The legislature therein declared in art. 2, sec. 2, that 'the establishment for minimum standards for dwellings is essential to the protection of the public health, safety, morals and

Warmwasser-Anschlüssen und der Gesundheit der Bevölkerung konnte das Gericht – trotz vorliegender Gutachten, die das Gegenteil bestätigten – nicht feststellen und auch nicht von dem gesetzgeberischen Willen des Bundesstaates mit umfasst ansehen. So urteilten die Richter:

> „[. . .] the act contains no language indicating a legislative intent to create such duty or to vest the council with power to enact an ordinance requiring the installation of hot water facilities. The requirement of those facilities is not necessarily related to sanitation or public health and welfare, nor is such requirement reasonably necessary to make dwellings and dwelling premises fit for human habitation."[187]

Dieser Fall verdeutlicht, wie schwierig die Einschätzung unter der *Dillon's Rule* sein kann, ob eine Gebietskörperschaft eine bestimmte Aufgabe für sich verbuchen kann oder nicht. Die *Dillon's Rule* gibt den Gebietskörperschaften nur geringe Anhaltspunkte, welche Gebiete in ihren Aufgabenbereich fallen. Die von den Gerichten gezogene Grenze zwischen Zuständigkeit und Unzuständigkeit ist oftmals nicht klar. Ergebnis ist, dass es in vielen Fällen die Gerichte sind, die in Einzelfallentscheidungen über Zuständigkeit bzw. Unzuständigkeit einer kommunalen Gebietskörperschaft entscheiden.

Die enge Auslegung nach der *Dillon's Rule* einer an sich relativ allgemein gehaltenen Formulierung eines bundesstaatlichen Gesetzes, welches kommunale Aufgabenzuweisungen enthielt, zeigt eine Entscheidung des Supreme Court von Virginia.[188] Während eine baurechtliche Satzung von einer Gebietskörperschaft in Vorbereitung war, beschloss die Kommune in der Zwischenzeit ein Moratorium zu verabschieden. Die Gebietskörperschaft berief sich auf den vorhandenen *general welfare clause* und begründete ihr Vorgehen damit, dass die allgemeine Wohlfahrt durch das Moratorium gefördert werden könne, da so das Entstehen von nicht baurechtskonformen Bauten verhindert werden könne. Das einschlägige bundesstaatliche Gesetz beinhaltete folgenden Wortlaut:

> „Zoning ordinances shall be for the general purpose of promoting the health, safety or general welfare of the public and the objectives of s. 15.1 - -427."[189]

---

general welfare.' Such language clearly indicates a legislative intent to vest on the council power to require minimum standards dealing with the factors relating to safety."

187 Early Estate, Inc., v. Housing Board of Review of City of Providence, 174 A.2d 117, (1961).

188 Board of Supervisors v. Horne, 216 VA 113, 215 S.E.2d 435 (1975).

189 Rhode Island Public Laws, Code 15.1 - -489.

Weiter hieß es:

> "This chapter is intended to encourage local governments to improve public health, safety, convenience or welfare and to plan for the future development of communities to the end that transportation systems be carefully planned; that new community centers be developed with adequate highway, utility, health, educational, and recreational facilities; that the needs of agriculture, industry and business be recognized in future growth; that residential areas be provided with healthy surrounding for family life; and that the growth of the community be consonant with the efficient and economical use of public funds."[190]

Trotz dieser umfassend formulierten Ermächtigung, kommunale Satzungen zu erlassen, verweigerte das Gericht der Gebietskörperschaft, die Satzung ihrem Aufgabenbereich einzuordnen. Es urteilte:

> „We believe that it is peculiarly a function of the General Assembly to determine, subject to constitutional restraints, what revisions in the statutes may be required to maintain the appropriate balance between these important but frequently conflicting interests."[191]

---

[190] Rhode Island Public Laws, Code 15.1 - -427.

[191] Board of Supervisors v. Horne, 216 VA 121, 215 S.E.2d 435 (1975). Ein weiteres Beispiel für die Anwendung der *Dillon's Rule* bei der Auslegung von Gesetzen, die die Zuständigkeitsbereiche der kommunalen Gebietskörperschaften beschreiben, ist der Fall Hylton Enterprise, Inc. v. Board of Supervisors, 220 VA 435, 258 S.E. 2d 577 (1979). Eine Gebietskörperschaft erließ eine Satzung, die Bauunternehmer verpflichtete, Straßen auszubessern, die sie aufgrund der direkten Nähe zu ihren Bauhöfen verstärkt benutzten. Die Kommune stützte ihre Satzung auf ein Gesetz, welches ihr folgende Rechte übertrug:
"[Municipalities may apply to or adopt ordinances:]
(c) For the coordination of streets within and contiguous to the subdivision with other existing or planned streets within the general area as to location, widths, grades and drainage;
(e) For the extent to which and the manner in which streets shall be graded, graveled or otherwise improved . . . ;
(f) For the acceptance of dedication for public use of any right-of-way located within any subdivision which has constructed therein, or proposed to be constructed therein, any street . . . "

Trotz des erbrachten Beweises, dass die auszubessernden Straßenschäden durch die Bauunternehmer verursacht wurden, urteilte das Gericht, dass die Kommune nicht die Befugnis hatte, eine derartige Satzung zu erlassen. Das Gericht folgerte aus dem Umstand, dass der Gesetzgeber anderen Gebietskörperschaften durch ausdrückliche Ermächtigungsgesetze die Befugnis für die Koordinierung und Begrenzung von Straßennutzungen und für bestimmte Straßenarbeiten eingeräumt hatte, es nicht die Absicht des Gesetzgebers gewesen sei, der Gebietskörperschaft solche Aufgaben wie Satzungsbefugnis über Straßenausbesse-

Wie unterschiedlich die kommunalen Zuständigkeiten allerdings auch innerhalb der *Dillon's Rule* sein können, zeigt der Vergleich der voran dargestellten Fälle mit dem folgenden, den der Supreme Court von Utah im Jahr 1980 zu entscheiden hatte. Eine Gebietskörperschaft hatte eine Satzung erlassen, die die Offenlegung von Wahlkampfspenden anordnete.[192] Das Gericht bestätigte diese Satzung und befand, dass sie sich im Rahmen des Zuständigkeitsbereichs der kommunalen Gebietskörperschaften bewege. Als Rechtsgrundlage für die Satzung ließ der Supreme Court von Utah einen *general welfare clause* ausreichen, der folgende Formulierung beinhaltete:

> „The board of county commissioners may pass all ordinances [. . .] not repugnant to law [. . .] necessary and proper to provide for the safety, and preserve the health, promote the prosperity, improve the morals, peace and good order, comfort and convenience of the county and the inhabitants thereof, [. . .]"[193]

Das Gericht legte in seiner Begründung dar, dass zwar die Anerkennung kommunaler Aufgaben durch den Bundesstaat im Rahmen der *Dillon's Rule* vorgenommen wird, so dass jedem kommunalen Handeln eine spezielle gesetzliche Legitimation zu Grunde liegen müsse. Sei jedoch eine gesetzliche Legitimation – in diesem Fall das oben angeführte bundesstaatliche Gesetz mit dem Wortlaut „promote the prosperity, improve the morals, peace and good order" – vorhanden, so kann diese weit ausgelegt werden, um so einen möglichst breiten Handlungsspielraum für die Kommunen zu schaffen. Vergleicht man den vorliegenden Fall mit dem aus dem Bundesstaat Rhode Island, so wird der Unterschied zwischen der Auslegung der kommunalen Zuständigkeiten in *Dillon's Rule* Bundesstaaten deutlich: Wird die Warmwasser-Versorgung in einzelnen Wohnungen von Mietshäusern als nicht geeignet angesehen, die öffentliche Gesundheit zu fördern, so würde man kaum zum Schluss gelangen, dass ein Gericht in einem *Dillon's Rule* Bundesstaat zum Ergebnis kommt, dass eine

---

rung zuzuweisen. Dies mache deutlich, dass der Gesetzgeber nur die Absicht habe, einer Gebietskörperschaft diejenige Satzungsbefugnis zuzusprechen, die er ausdrücklich genehmigt habe. Diesen gesetzgeberischen Willen konnte das Gericht – trotz der allgemein gehaltenen Formulierung in dem Ermächtigungsgesetz – nicht erkennen: "But there was no express grant of authority to require an applicant to construct improvements in public highways as a prerequisite to rezoning."). Das Gericht verlangte eine ausdrückliche gesetzliche Ermächtigungsgrundlage, eine implizite Ermächtigung hielt es für nicht ausreichend. Das Gericht sagte: „[The state has] legislative intent that only provisions explicitly approved by the General Assembly may be included in local subdivision ordinances."

[192] State of Utah v. Hutchinson, 624 P.2d 1116 (1980).

[193] Section 17-5-77, U.C.A. (1953).

kommunale Gebietskörperschaft eine Satzung verabschieden darf, die die Offenlegung von Wahlkampfspenden anordnet, um die öffentliche Moral und Ordnung zu fördern. So legte das Gericht die generalklauselartige Festlegung kommunaler Aufgaben für *Dillon's Rule* Maßstäbe sehr weit aus.

Das Gericht drückte ungewöhnlich klar seinen Willen aus, möglichst viele Aufgaben in den Verantwortungsbereich der kommunalen Gebietskörperschaften zu legen, in dem es darlegte:

> „The more local the unit of government is that can deal with a political problem, the more effective and efficient the exercise of power is likely to be [. . .]"[194]

Eine enge Auslegung der in bundesstaatlichen Gesetzen enthaltenen kommunalen Zuständigkeiten verurteilten die Richter als archaisch, unrealistisch und unverantwortlich, die den Interessen und Bedürfnissen sowohl des Bundesstaates als auch der kommunalen Gebietskörperschaften entgegenlaufe.[195]

Das Gericht kam auch zu der Überzeugung, dass ein *general welfare clause* als Generalklausel eine unabhängige Quelle von kommunalen Aufgaben darstellen kann, ohne dass eine ausdrückliche Auflistung dieser notwendig sei. Hiermit widersprach das oberste Gericht Utahs ausdrücklich vorangegangenen Entscheidungen.[196]

Zum einen zeigt die Entscheidung, dass auch in einem *Dillon's Rule* Bundesstaat das Prinzip der Einzelermächtigung nicht uneingeschränkt bei der Bestimmung kommunaler Aufgaben zur Anwendung gelangt, sondern auch durch Generalklauseln allgemeine Aufgabenbereiche den kommunalen Gebietskörperschaften zugewiesen werden können. Zum anderen ist die Entscheidung repräsentativ für eine ganz allgemeine Tendenz im amerikanischen Kommunalrecht. Sie verdeutlicht, dass eine liberalere Auslegung von solchen Gesetzen, die den Kommunen ihre Aufgaben zuweisen, wünschenswert ist, auch wenn grundsätzlich noch das Prinzip der Einzelermächtigung in dem jeweiligen Bundesstaat besteht.

Eine liberale Anwendung der *Dillon's Rule* stellt häufig nur einen Zwischenschritt zum Übergang zur *home rule* dar. So repräsentiert auch die Entscheidung des Supreme Court von Utah diesen Schritt, denn mittlerweile folgt der Bundesstaat der *home rule*, die nunmehr in dessen Verfassung verankert ist.[197] Art. XI § 5 der Verfassung von Utah enthält folgenden Wortlaut:

---

[194] State of Utah v. Hutchinson, 624 P.2d 1116, 1121 (1980).
[195] State of Utah v. Hutchinson, 624 P.2d 1116, 1118 (1980).
[196] State of Utah v. Hutchinson, 624 P.2d 1116, 1119 (1980); a. A. in: American Fork City v. Robinson, 292 P. 249 (1930).
[197] Utah Constitution Art XI, § 5.

„Each city forming its charter under this section shall have, and is hereby granted, the authority to exercise all powers relating to municipal affairs, and to adopt and enforce within its limits, local police, sanitary and similar regulations not in conflict with the general law, and no enumeration of powers in this constitution or any law shall be deemed to limit or restrict the general grant of authority hereby conferred; [. . .]"[198]

a) Gestaltung eines wesentlichen Teils der öffentlichen Aufgaben bei Anwendung der *Dillon's Rule*?

Die *Dillon's Rule* widerspricht den Grundzügen der kommunalen Selbstverwaltung, wie sie in der EKC aufgefasst werden. Dass es sich hierbei – zumindest in ihrer ursprünglichen Form – gar nicht um Selbstverwaltung handelt, geht bereits aus der begrifflichen Unterscheidung zu der zweiten, nachfolgend dargestellten Doktrin hervor, die *home rule* genannt wird. *Home rule* kann – ebenso wie *self-government* – mit dem Begriff „Selbstverwaltung" übersetzt werden. Die Existenzberechtigung der kommunalen Gebietskörperschaften besteht in Bundesstaaten, die der *Dillon's Rule* folgen, lediglich darin, diese bei ihren Verwaltungsaufgaben zu unterstützen. Eigene Rechte, die es erlauben würden, überhaupt erst von Selbstverwaltung zu sprechen, sind nicht in einem Maß vorhanden, welches den kommunalen Gebietskörperschaften die Gestaltung eines wesentlichen Teils der öffentlichen Aufgaben garantieren könnte. Die kommunalen Gebietskörperschaften können zwar in der Lage sein, die ihnen eingeräumten Aufgaben nach eigenem Ermessen durchzuführen, so dass die kommunalen Aufgaben in eigener Verantwortung geregelt und gestaltet werden können (Art. 3 Abs. 1 EKC). In *Dillon's Rule*-Bundesstaaten verhindert allerdings die enge Auslegung der Zuständigkeiten, die einzeln und ausdrücklich von dem bundesstaatlichen Gesetzgeber aufgeführt werden müssen, dass die kommunalen Gebietskörperschaften einen wesentlichen Teil der öffentlichen Angelegenheiten regeln und gestalten können (Art. 3 Abs. 1 EKC). Hinzukommt, dass der Bundesstaat die Aufgaben, die die kommunalen Gebietskörperschaften ausführen, jederzeit an sich ziehen kann, so dass keinerlei Garantien für einen bestimmten oder bestimmbaren Aufgabenkreis für die kommunalen Gebietskörperschaften bestehen.

Die Auslegung der Gesetze, die die Zuständigkeiten der Kommunen festsetzen, erfolgt so eng, dass eine Unterscheidung zwischen jenen Befugnissen,

[198] Im Weiteren werden zum einen Aufgabenbereiche von den kommunalen Gebietskörperschaften ausgeschlossen und zum anderen Aufgabenbereiche, die den kommunalen Gebietskörperschaften zustehen, explizit aufgeführt.

die von dem Gesetz gedeckt sind und solchen, die nach Ansicht der Rechtsprechung nicht mehr vom gesetzgeberischen Willen umfasst sind, kaum noch nachvollziehbar ist. Ist das der Fall und ist die Frage, ob eine bestimmte Aufgabe in den Zuständigkeitsbereich einer kommunalen Gebietskörperschaft fällt oder nicht, von dem Wohlwollen der Gerichte abhängig, wird die Regelung und Gestaltung eines *wesentlichen* Teils der öffentlichen Aufgaben damit ausgeschlossen.

b) Allzuständigkeit der kommunalen Gebietskörperschaften bei Anwendung der *Dillon's Rule*?

In *Dillon's Rule*-Bundesstaaten herrscht das Prinzip der Einzelermächtigung. Für jede Aufgabe, die den kommunalen Gebietskörperschaften zugewiesen wird, bedarf es einer expliziten, gesetzlichen Befugnis des bundesstaatlichen Gesetzgebers. Das Subsidiaritätsprinzip findet daher nicht im Verhältnis zwischen den kommunalen Gebietskörperschaften und den Bundesstaaten, sondern nur zwischen Bund und Bundesstaaten Anwendung. Somit können Kommunen nur dann Aufgaben erfüllen, wenn dies ausdrücklich gesetzlich erlaubt ist. Hierin ist ein weiterer wesentlicher Unterschied zur EKC zu sehen, die sich in Art. 4 Abs. 2 EKC, der mit Art. 3 Abs. 1 EKC in engem inhaltlichem Zusammenhang steht, ausdrücklich für die Allzuständigkeit kommunaler Gebietskörperschaften ausspricht. Bei der Formulierung der EKC hat man sich gegen die Anwendung der Ultra-vires-Doktrin entschieden, die eine ausdrückliche, gesetzliche Ermächtigung voraussetzen würde.[199] Die in Art. 4 Abs. 2 EKC verbürgte Forderung, kommunalen Gebietskörperschaften das Recht einzuräumen, sich mit allen Angelegenheiten zu befassen, die nicht gesetzlich ausgeschlossen sind, bedeutet eine Allzuständigkeit der kommunalen Gebietskörperschaften. In den Bundesstaaten, in denen der *Dillon's Rule* gefolgt wird, wird als grundlegender Unterschied zur EKC dieses Recht aber gerade den Kommunen abgesprochen.

c) Zwischenergebnis

Aus den Ausführungen ergibt sich, dass mit der *Dillon's Rule* im amerikanischen Recht ein ganz anderer Ansatz als in der EKC gewählt wurde. Anders als die EKC, die kommunale Gebietskörperschaften als eigenständige, politische Einheiten und Basis der Demokratie betrachtet, geht die *Dillon's Rule* davon aus, dass es sich bei den kommunalen Gebietskörperschaften um reine

[199] Siehe Hyltoft, Die Arbeit des Europarats-Ausschusses für lokale Strukturen, Seite 50.

Verwaltungseinheiten der Bundesstaaten handelt. Die *Dillon's Rule* geht nicht vom Prinzip der kommunalen Selbstverwaltung aus, sondern sieht in den kommunalen Gebietskörperschaften lediglich Untereinheiten der Bundesstaaten, die diese bei ihren Verwaltungsaufgaben unterstützen. Der Gesetzgeber kann frei über die kommunalen Aufgaben, die rechtliche Ausgestaltung und sogar über die Existenz von kommunalen Gebietskörperschaften verfügen. Hieraus ergibt sich, dass „eigene“ Aufgaben im Sinne der EKC nicht vorhanden sind. Dies würde voraussetzen, dass ein zu verteidigender Kernbereich kommunaler Aufgaben existieren würde, wovon aber gerade nicht ausgegangen werden kann, wenn der bundesstaatliche Gesetzgeber unbegrenzt in kommunale Aufgaben eingreifen kann.

2. *Municipal home rule*

Municipal home rule (kurz: *home rule*) wird jene Doktrin genannt, unter der die kommunalen Gebietskörperschaften grundsätzlich ein größeres Maß an Unabhängigkeit genießen.[200] Die *home rule*-Doktrin wurde erstmals in der Verfassung des Bundesstaates Missouri von 1875 verankert.[201] Die *home rule* wurde wie folgt definiert:

> „Home rule is a state constitutional provision or legislative action providing city or county government with a greater[202] measure of self-government.“[203]

Den kommunalen Gebietskörperschaften soll durch die *home rule* die

[200] Briffault, Voting Rights, Home Rule, and Metropolitan Governance: The Secession of Staten Island as a Case Study in the Dilemmas of Local Self-Determination, 92 Columb. L. Rev. 775, 805; allerdings gehen Kritiker davon aus, dass die *home rule* an sich nicht dazu beiträgt, den kommunalen Gebietskörperschaften umfangreichere Selbstverwaltungsrechte zu übertragen, siehe Frug: The City as a Legal Concept, 93 Harvard Law Review 1057, 1117; Frug schreibt dort: „[home rule] has not successfully created an area of local autonomy protected from state control“.

[201] Reynolds, Local Government Law, § 35; Antieau on Local Government Law, § 3.00.

[202] Das Wort „greater” impliziert, dass ein gewisses Maß an kommunaler Selbstverwaltung bereits vorhanden gewesen sein muss. Hierunter sind jedoch lediglich die Aufgaben zu verstehen, die den kommunalen Gebietskörperschaften im Rahmen der *Dillon's Rule* zuerkannt wurden. Wie bei der *Dillon's Rule* erörtert handelt es sich hierbei jedoch nicht um kommunale Selbstverwaltung wie sie nach EKC-Maßstäben definiert werden kann.

[203] Timmons, Grant, Popp, Westby, County Home Rule Comes to Minnesota, 19 Wm.Mitchell L.Rev.811.

„[. . .] possibility of truly independent municipal self-government, free from continuing legislative intervention and control“[204]

eingeräumt werden. Die Wurzeln dieser Doktrin gehen auf die Traditionen angloamerikanischen Rechts zurück. Bereits in der Zeit vor der Magna Charta übertrug die Krone Rechte auf bestimmte Beamte, die ihnen die Zuständigkeiten über rein lokale Angelegenheiten gaben.[205] Sinn der Doktrin ist es, allgemeine Zuständigkeitsbereiche der kommunalen Gebietskörperschaften zu schaffen, um so die bundesstaatliche Kontrolle über die Gebietskörperschaften zu reduzieren und ein höheres Maß an Eigenverantwortlichkeit zu schaffen.

Der Unterschied zwischen der *home rule*- und der *inherent home rule*-Doktrin liegt darin, dass bei der zuletzt genannten den kommunalen Gebietskörperschaften Selbstverwaltungsrechte immanent sind. Im Gegensatz hierzu ist bei der *home rule* eine Anerkennung von kommunalen Selbstverwaltungsrechten von den Bundesstaaten – entweder durch die Verfassung oder durch Gesetz – notwendig. Das bedeutet, dass es – vergleichbar mit dem deutschen Landkreisrecht[206] – grundsätzlich keine ursprünglichen, den kommunalen Gebietskörperschaften immanente Aufgaben gibt.[207] Der Unterschied zur *Dillon's Rule* liegt darin, dass keine explizite gesetzliche Ermächtigung für jede einzelne Aufgabe einer Gebietskörperschaft vorhanden sein muss, sondern vielmehr umfangreiche Aufgabenbereiche den Gebietskörperschaften zugesprochen werden können. Mittlerweile hat die Mehrzahl der Bundesstaaten in den Vereinigten Staaten die *home rule*-Doktrin übernommen, nur noch eine geringe Anzahl folgt der *Dillon's Rule.*[208]

---

[204] Tennessee: Civil Service Merit Bd. Of Knoxville v. Burson, 816 S.W.2d 725, 727 (1991).
[205] People ex rel. Metropolitan St. R.R. v. Tax Commissioners, 417, 67, 70, 71 (1903); bestätigt in 199 U.S. 1, 25 S. Ct. 705, 50 L. Ed. 65 (1905): "The principle of home rule, or the right of local self-government as to local affairs, existed before we had a constitution. Even prior to Magna Charta some cities, boroughs and towns had various customs and liberties, which had been granted by the crown, or had subsisted through longer user, and among them was the right to elect certain local officers from their own citizens and, with some restrictions, to manage their own purely local affairs. These customs and liberties, with other rights, have been so often trampled upon by the King as to arose deep hatred of centralization of power; and we find among the many grants of the Great Charta that, the City of London shall have all its ancient liberties and its free custioms as well by land as by water. Furthermore, we will and grant that all other cities and boroughs and towns . . . shall have all their liberties and free customs.' "
[206] Siehe hierzu Dols, Plate, Kommunalrecht, Rn. 397; Knemeyer, Bayerisches Kommunalrecht, Rn 61; ausführlich Masson / Samper, Bayerische Kommunalgesetze, Art. 4 LKrO Rn. 4 ff.
[207] Sands and Libonati, Local Government Law, Vol. I § 4.01.
[208] Reynolds, Local Government Law, §§ 26, 35; Bundesstaaten mit gesetzlicher oder verfassungsrechtlicher *home rule* sind: Alaska, Arizona, Arkansas, California, Colorado, Connecticut, Delaware, Florida, Georgia, Hawaii, Idaho, Illinois, Indiana, Iowa, Kansas, Ken-

Zu Beginn der Doktrin im Jahr 1875 stand der Gedanke, den kommunalen Gebietskörperschaften die volle Souveränität über örtliche Angelegenheiten zu geben und somit die Kommunen als ein eigenständiges, drittes Glied – neben den Bundesstaaten und dem Bund – in den Staatsaufbau der Vereinigten Staaten einzufügen.[209] Aber der Grad an kommunaler Souveränität, der sich seit Einführung der Doktrin gebildet hat, ist wesentlich geringer geblieben.[210]

Ebenso wie unter der *Dillon's Rule* gibt es auch in *home rule*-Bundesstaaten kein einheitliches Maß an kommunaler Unabhängigkeit und Selbstverwaltung, das eine allgemeingültige Darstellung erlauben würde. Sowohl die Ausgestaltung der *home rule*-Rechte als auch deren Auslegung durch die Rechtsprechung sind in den einzelnen Bundesstaaten zu unterschiedlich.

Der Grundsatz der kommunalen Selbstverwaltung, die Anerkennung der *home rule*-Rechte und die grundlegenden kommunalen Zuständigkeitsbereiche können bei der *home rule* durch verfassungsrechtliche bzw. einfachgesetzliche Vorschriften festgeschrieben werden. Gesetzliche oder verfassungsrechtliche Regelungen, die *home rule*-Rechte gewähren, können zum einen so formuliert sein, dass durch die entsprechenden Vorschriften die Rechte der kommunalen Gebietskörperschaften aufgezählt werden.[211] In diesem Fall stellen die *home rule*-Rechte eine positive Gewährung von Selbstverwaltungsrechten dar. Will eine Gebietskörperschaft einen bestimmten Zuständigkeitsbereich für sich in Anspruch nehmen, so muss sie zwar nicht eine ausdrückliche, gesetzliche oder verfassungsrechtliche Aufgabenzuweisung vorweisen (wie in einem *Dillon's Rule*-Bundesstaat), jedoch muss zumindest eine bundesstaatliche Vorschrift vorhanden sein, von der sich der beanspruchte Aufgabenbereich ableiten lässt. Werden die zugesprochenen Rechte eng ausgelegt, ist der Unterschied zu der *Dillon's Rule* nur marginal. Der ursprüngliche Zweck der *home rule*, nämlich den kommunalen Gebietskörperschaften ein größtmögliches Maß an Selbstän-

---

tucky, Louisiana, Maine, Maryland, Massachusetts, Michigan, Minnesota, Missouri, Montana, Nebraska, Nevada, New Hampshire, New Jersey, New Mexico, New York, North Dakota, Ohio, Oklahoma, Oregon, Pennsylvania, Rhode Island, South Dakota, Tennessee, Texas, Utah, Washington, West Virginia, Wisconsin (siehe Antieau on Local Government Law, § 3.00).

[209] Reynolds, Local Government Law, § 35; siehe Valente, McCarthy, Local Government Law, Seite 110.

[210] Reynolds, Local Government Law, § 35.

[211] Utley v. St. Petersburg, 106 Fla 692, 144 So 53, 55 (1932); Philson v. Omaha, 167 Neb 360, 93 N.W.2d 13 (1958); Consumers' Coal Co. v. Lincoln, 109 Neb 51, 189 N.W. 643 (1922); Sapulpa v. Land, 101 Okla 22, 223 P 640 (1924); Harder v. City of Springfield, 192 Ore 676, 236 P.2d 432 (1951); State v. City of Milwaukee, 190 Wis 633, 209 N.W. 860 (1926); City of La Grande v. Municipal Court of City of La Grande, 120 Ore 109, 251 P 308, 310 (1926) (A municipality cannot enact a charter or legislation of any kind merely because it is not expressly forbidden).

digkeit in Bezug auf kommunale Angelegenheiten zuzusprechen, ist in einem solchen Fall nicht mehr erfüllt.

Zum anderen können Vorschriften, die *home rule*-Rechte zuweisen, so formuliert sein, dass sie den Gebietskörperschaften nicht einzelne Aufgabengebiete zuerkennen, sondern ihnen grundsätzlich alle Aufgaben des örtlichen Bereichs aufgeben und diese Allzuständigkeit dann durch bestimmte Vorschriften einschränken. Diese *home rule*-Vorschriften fungieren dann als Beschränkung der ansonsten umfassenden Selbstverwaltungsrechte und der Allzuständigkeit. Einschränkungen sind in der Regel in den Verfassungen oder den *charters* enthalten.[212] *Home rule*-Rechte werden hier als eine allgemeine Anerkennung von Rechten angesehen, nur durch explizit genannte Einschränkungen begrenzt.[213]

Somit kann bei der *home rule* entweder die Ultra-vires-Doktrin zur Anwendung gelangen und eine ausdrückliche, wenn auch generalklauselartige, Anerkennung kommunaler Aufgaben notwendig sein. Mit dieser in der EKC vergleichbar ist der Ansatz, nach dem kommunalen Gebietskörperschaften im Rahmen der *home rule* eine Allzuständigkeit zugesprochen wird. Ob kommunale Gebietskörperschaften eines Bundesstaates umfangreiche Aufgabenbereiche für sich in Anspruch nehmen können, hängt somit zu einem Großteil von der Ausgestaltung und Auslegung der *home rule*-Rechte ab.

Begriff und Umfang kommunaler Selbstverwaltung nach der *home rule*-Doktrin

Es gibt zwei herrschende Theorien, nach denen der Umfang der Aufgaben von *home rule*-Gebietskörperschaften definiert werden kann. Zum einen handelt es sich um das *imperium in imperio*-Modell, zum anderen um das Modell der *National League of Cities* (kurz: *NLC*-Modell).

---

[212] City of Glendale v. Trondsen, 48 Cal.2d 93, 308 P.2d 1 (1957); Sands and Libonati, Local Government Law § 4.15;
Delaware: City of Wilmington by and through Water Dept. v. Lord (Del Super), 340 A.2d 182 (1975);
City of McMinniville v. Howenstine, 56 Ore 440, 109 P. 81 (1910); City of Houston v. Reyes (Tex Civ App), 527 S.W.2d 489 (1975).

[213] Gallup v. City of Saginaw, 170 Mich 195, 135 N.W. 1060 (1912).

a) Das *imperium in imperio*-Modell

Nach dem *imperium in imperio*-Modell[214] (kurz: *imperium*-Modell) besitzen die kommunalen Gebietskörperschaften in *home rule*-Bundesstaaten Autonomie über alle örtlichen Angelegenheiten, sie stellen ein „Königreich innerhalb eines Königreiches", einen „Staat innerhalb des Staates" dar.[215] Dieses Modell wurde erstmals 1893 in dem Fall *St. Louis v. Western Union Tel. Co.* entwickelt.[216] Zwar wird das *imperium in imperio*-Modell noch immer angewendet, aber es hat die vorherrschende Stellung, die es früher besaß, eingebüßt. Bei dem *imperium*-Modell werden die kommunalen Zuständigkeitsbereiche in der Regel in verfassungsrechtlichen Vorschriften genannt. Die genauere Ausgestaltung der *home rule*-Rechte erfolgt oftmals in einfachgesetzlichen Vorschriften.

Handelt es sich um überörtliche Angelegenheiten, so haben die kommunalen Gebietskörperschaften grundsätzlich keine Zuständigkeit. In vielen Bundesstaaten hingegen, die dieser Regel folgen, ist der Bereich der örtlichen Angelegenheiten nicht ausschließlich für die kommunalen Gebietskörperschaften reserviert und garantiert. So steht zwar in vielen bundesstaatlichen Verfassungen geschrieben, dass die kommunalen Gebietskörperschaften das Recht haben, sich mit den örtlichen Angelegenheiten zu befassen, allerdings schließen sich oftmals sogenannte *saving clauses* an, die es den bundesstaatlichen Gesetzgebern erlauben, auch in dem Bereich der örtlichen Angelegenheiten tätig zu werden.

(1) Bestimmung von örtlichen und überörtlichen Angelegenheiten

Ein Großteil der Kritik an dem *imperium*-Modell konzentriert sich darauf, dass sich eine Entscheidung, ob eine Gebietskörperschaft Zuständigkeit über ein bestimmtes Rechtsgebiet besitzt, danach richtet, ob es sich um eine örtliche oder überörtliche Angelegenheit handelt. Ähnlich wie in der Bundesrepublik Deutschland[217] ist es nicht gelungen, eine klare Abgrenzung zwischen diesen

[214] Siehe hierzu: Briffault: Our Localism: Part I – The Structure of Local Government Law, 90 Columb. L. Rev. 1, 10.
[215] Vanlandingham, Constitutional Municipal Home Rule Since the AMA (NLC) Model, 17 Wm & Mary L. Rev. 1, 1-29.
[216] Der vorsitzende Richter war Justice Brewer, City of St. Louis v. Western Union Tel. Co., 149 U.S. 468 (1893).
[217] Siehe Knemeyer, Bayerisches Kommunalrecht, Rn. 146; siehe hierzu auch Schneider, Kommunaler Einfluss, Seite 62.

Begriffen herbeizuführen.[218] Man sieht sich mit einer Unzahl von Einzelfallentscheidungen konfrontiert, die Gerichte haben es nicht geschafft, eine Trennlinie zwischen örtlichen und überörtlichen Angelegenheiten zu ziehen, sondern sind vielmehr zu der Ansicht gelangt, dass sich beide Bereiche erheblich überschneiden und eine Abwägung von Fall zu Fall vorzunehmen ist.[219]

Grundsätzlich kann man davon ausgehen, dass es sich um Angelegenheiten des örtlichen Bereichs handelt, wenn das Ergebnis des Handelns nur die örtliche Bevölkerung betrifft, während es sich um überörtliche Angelegenheiten handelt, wenn das Handeln über die Grenzen der kommunalen Gebietskörperschaft hinaus einen bedeutenden Effekt auf eine Vielzahl von Menschen hat.[220] So entschied der Supreme Court von Ohio wie folgt:

> „The power of local self-government granted to municipalities [. . .] relates solely to the government and administration of the internal affairs of the municipality, and, in the absence of statute conferring a broader power, municipal legislation must be confined to that area. Where a proceeding is such where it affects not only the municipality itself but the surrounding territory beyond its boundaries, such proceeding is no longer one which falls within the sphere of local self-government but is one which must be governed by the general law of the state."[221]

Angelegenheiten von überörtlichem Charakter sind demnach all diejenigen, bei denen eine für das bundesstaatliche Gebiet einheitliche Lösung notwendig oder anstrebenswert ist.[222] Dass es jedoch keine klare Unterscheidung zwischen ört-

---

[218] So enthält zwar die bayerische Verfassung in Art. 83 einen Katalog, der den Wirkungskreis der Gemeinden umreißt, allerdings ist dieser nicht abschließend.

[219] Antieau on Local Government Law., § 21.05, Beispielsfälle sind: Village of Beachwood v. Board of Elections, 148 N.E.2d 921, 923 (1958). Das Gericht urteilte: "Where a proceeding is such that it affects not only the municipality itself but the surrounding territory beyond its boundaries, such proceeding is no longer one which falls within the sphere of local self-government but is one which must be governed by the general law of the state." Weiter hieß es: "the result of such legislation or the result of the proceedings thereunder must be considered. If the result affects only the municipality itself, with no extra-territorial effects, the subject is clearly within the power of local self-government and is a matter for the determination of the municipality. However, if the result is not so confined it becomes a matter for the General Assembly."
Marsland v. First Hawaiian Bank, 764 P.2d 1228, 1231 (1988); Bridgman v. Korzen 295 N.E.2d 9 (1972); Kaulakis v. Boyd, 138 So.2d 505 (Fla. 1962); Sate ex rel. Carrol v. King County, 474 P.2d 877 (1970); Hawaii Government Employees Assossiation v. Maui, 576 P.2d 1029 (1978); State v. Brautigan, 224 So.2d 688 (Fla. 1969); National Adver. Co. v. Monterey County, 464 P.2d 33; 398 U.S. 26 L. Ed 286 (1970).

[220] Antieau on Local Government Law, § 21.05 (1).

[221] Village of Beachwood v. Board of Elections, 148 N.E.2d 921 (1958).

[222] In re Public Serv. Elec. & Gas Co., 173 A.2d 233, 239 (1961).

lichen und überörtlichen Angelegenheiten gibt, wird von allen Gerichten gleichermaßen vertreten. Beispielhaft hierfür kann das Urteil eines kalifornischen Gerichts angeführt werden:

> „A precise rule of the distinction between 'municipal' and 'general' is obviously impossible to formulate."[223]

Als typische örtliche Angelegenheiten von *home rule*-Gebietskörperschaften werden von der Rechtsprechung die folgenden angesehen: örtliche Polizei,[224] Regulierung von Herstellung und Verkauf alkoholischer Getränke,[225] Wasserversorgung,[226] Besteuerung für kommunale Zwecke,[227] *zoning*[228] und das Festsetzen von Strafen bei Verstoß gegen örtliche Satzungen.[229]

Teilweise werden zur Abgrenzung auch historische Argumente ins Feld geführt, so dass die Zuständigkeit einer Kommune eher angenommen wird, wenn es sich um eine Aufgabe handelt, die traditionell in den Aufgabenbereich der kommunalen Gebietskörperschaften fällt.[230] Auch hier lassen sich Parallelen zu dem deutschen Kommunalrecht ziehen, da der nicht abschließende Katalog der Gemeindeaufgaben, zum Beispiel gemäß Art. 83 Abs. 1 der Bayerischen Verfassung i.V.m. Art. 7, 57 BayGO, von der Entwicklung der kommunalen Gebietskörperschaften geprägt ist und sogar von den örtlichen Eigenheiten und unterschiedlichen örtlichen Gegebenheiten abhängig ist.[231]

(2) Fähigkeiten der kommunalen Gebietskörperschaften, überörtliche Aufgaben wahrzunehmen

Teilweise wird im Rahmen des *imperium*-Modells den Gebietskörperschaften die Fähigkeit zugesprochen, sich mit überörtlichen Angelegenheiten zu befassen. Dabei spielt es keine Rolle, ob die *home rule*-Rechte verfassungsrechtlich verankert oder nur einfachgesetzlich festgeschrieben sind. So haben Gerichte Kommunen das Recht zugesprochen, auch allgemeine, nicht auf die

[223] Sports Comm. v. San Bernardino County, 113 Cal.App.3d 155 (1980).
[224] Hawaii Gov't Employees Ass'n v. Maui, 576 P.2d 1029 (1978).
[225] Hawaii Gov't Employees Ass'n v. Maui, 576 P.2d 1029 (1978); Patch Enters. v. McCall, 447 F.Supp. 1075 (1978).
[226] Hawaii Gov't Employees Ass'n v. Maui, 576 P.2d 1029 (1978).
[227] Budget Rent-a-Car of Washington-Oregon, Inc. v. Multnomah County, 597 P.2d 1232 (1979).
[228] Georgia: Matthews v. Fayette County, 210 S.E.2d 758 (1974).
[229] Washington: State v. Larson, 299 P.2d 568 (1956).
[230] Antieau on Local Government Law, § 21.05 (1); Osborn v. Cohen, 4 N.E.2d 189, (1936).
[231] Knemeyer, Bayerisches Kommunalrecht, Rn. 146.

örtliche Gemeinschaft beschränkte Regelungen zu treffen, wenn es nicht durch die *charter*, die Verfassung oder Gesetze verboten ist[232] und die kommunalen Satzungen nicht im Widerspruch zu bundesstaatlichen Regelungen stehen.[233] Als Argument wird angeführt, dass der Bundesstaat – wolle er dies verhindern – gesetzgeberisch tätig werden könne. Unterlasse er das aber, so spräche nichts dagegen, den Kommunen diese Regelungsbefugnis zuzusprechen. Kommunen sind nach dieser Ansicht frei, im bundesstaatlichen Recht vorhandene Gesetzeslücken zu schließen, solange örtliche Satzungen nicht mit bundesstaatlichen Rechtsvorschriften kollidieren.[234] So hat zum Beispiel der Supreme Court von Pennsylvania den kommunalen Gebietskörperschaften eine nicht nur auf den örtlichen Bereich beschränkte Allzuständigkeit sondern auch eine über die Grenzen der kommunalen Gebietskörperschaft hinausgehende Regelungsbefugnis eingeräumt:

> „They [municipalities] may exercise any power or perform any function".[235]

Auch das oberste Gericht in Kalifornien teilt diese Auffassung und räumt den Gebietskörperschaften eine allumfassende, über die Grenzen einer kommunalen Gebietskörperschaft hinausreichende, Regelungsbefugnis ein, solange durch Verfassung oder Gesetze nicht etwas anderes bestimmt ist.[236] Sprechen Gerichte den Kommunen derart umfangreiche Aufgabenbereiche zu, drohen die Grenzen zwischen dem *imperium in imperio*-Modell und dem nachfolgend dargestelltem *NLC*-Modell zu verwischen.

Die überwiegende Anzahl der Gerichte vertritt jedoch die gegenteilige Ansicht. Danach können nach dem *imperium*-Modell kommunale Gebietskörperschaften keine überörtlichen Aufgaben wahrnehmen. So urteilte der Supreme Court von Wisconsin:

> „The powers of municipalities cannot by its charter deal with matters which are of state-wide concern."[237]

Probleme tauchen auf, wenn es sich um Angelegenheiten handelt, die sowohl den örtlichen als auch den überörtlichen Bereich betreffen. Hier besitzen sowohl die Kommunen als auch die bundesstaatlichen Gesetzgeber Regelungsbefugnis.

---

232 Antieau on Local Government Law, § 21.05 (2).
233 State ex rel. Heinig v. City of Milwaukee, 373 P.2d 680, (1962).
234 Antieau on Local Government Law, § 21.05 (2).
235 Pennsylvania Const. Art IX, § 2.
236 Ex Parte Galusha, 195 P. 406, (1921).
237 Van Gilder v. City of Madison, 267 N.W. 25, (1936).

Teilweise wird den Kommunen in solchen Fällen die Aufgabe zugesprochen, ergänzende Regelungen für den örtlichen Bereich zu treffen.[238] So ist es in einigen Bundesstaaten den kommunalen Gebietskörperschaften möglich, sich auch mit überörtlichen Zuständigkeiten zu befassen, wenn bundesstaatenweite Regelungen für einen bestimmten Sachverhalt getroffen sind, diese jedoch einzelne Fragen offen lassen.[239] Eine Kommune kann somit für dieses verbleibende Teilgebiet Zuständigkeit für sich in Anspruch nehmen, soweit die kommunalen Satzungen nicht in Widerspruch zu den überörtlichen Regelungen stehen. Hierbei handelt es sich jedoch nicht um eine allgemeine Regel. So kommt es auch vor, dass in einigen Bundesstaaten Gebietskörperschaften nicht das Recht haben, sich mit überörtlichen Angelegenheiten zu befassen, auch wenn ihr Handeln nicht im Widerspruch zu bundesstaatenweiten Regelungen stände.

(3) Zwischenergebnis

Allein die Bezeichnung *imperium in imperio* lässt darauf schließen, dass unter diesem Modell – im Gegensatz zur *Dillon's Rule* – die kommunalen Gebietskörperschaften über eine Allzuständigkeit verfügen. Die kommunalen Gebietskörperschaften sind demnach grundsätzlich zuständig für alle Angelegenheiten innerhalb ihres örtlichen Bereichs. Ob aber bei dem *imperium in imperio*-Modell der gleiche Ansatz wie in Art. 4 Abs. 2 EKC gewählt wurde und die kommunalen Gebietskörperschaften eine begrenzte Allzuständigkeit besitzen, hängt von den jeweiligen gesetzlichen oder verfassungsrechtlichen Vorschriften ab, die die Selbstverwaltungsrechte für die Kommunen festlegen. Handelt es sich um Vorschriften, die von einer Zuständigkeit der kommunalen Gebietskörperschaften über alle örtlichen Angelegenheiten ausgehen, so sind die EKC-Standards mit denen des amerikanischen Rechts vergleichbar. Werden jedoch die Aufgaben der kommunalen Gebietskörperschaften so zugewiesen, dass die Verfassung oder Gesetze des jeweiligen Bundesstaates einzelne Aufgabenzuweisungen an die kommunalen Gebietskörperschaften beinhalten und somit kommunale Zuständigkeiten nur durch ausdrückliche, gesetzliche Legitimation

---

[238] So urteilte der Supreme Court von Kalifornien in Mann v. Scott, 182 P. 281, 283 (1919): „Where the Legislature has assumed to regulate a given course of conduct by prohibitory enactments, a municipality with subordinate power to act in the matter may make such new and additional regulations in aid and furtherance of the purpose of the general laws as may seem fit and appropriate to the necessities of the particular locality, and which are not in themselves unreasonable."

[239] Oregon: State ex rel. Heinig v. City of Milwaukie, 373 P.2d 680 (1962).

begründet werden können, so handelt es sich um die Anwendung der Ultra-vires-Doktrin.[240] Diese jedoch steht im Widerspruch zu Art. 4 Abs. 2 EKC.[241]

Haben die Kommunen Regelungs- und Gestaltungsbefugnis in Bezug auf die örtlichen Angelegenheiten, so ist ihnen die Möglichkeit gegeben, einen wesentlichen Teil der öffentlichen Angelegenheiten in eigener Verantwortung zum Wohle ihrer Einwohner zu regeln. In Hinblick auf die Schwierigkeit der Definition der kommunalen Aufgaben wurde in der EKC darauf verzichtet, diesen Begriff mit „örtlichen" oder „eigenen Angelegenheiten" zu umschreiben.[242] Auch wenn daher die EKC nicht zwischen örtlichen und überörtlichen Angelegenheiten unterscheidet, so ist es ihr immanent, dass die eigenen Aufgaben der kommunalen Gebietskörperschaften gebietsbezogen sind. Dies zeigt auch die Ratifizierung des Art. 3 Abs. 1 EKC durch die Bundesrepublik Deutschland, denn das Grundgesetz hat in Art. 28 Abs. 2 den Aufgabenbereich der „Angelegenheiten der örtlichen Gemeinschaft" für die kommunalen Gebietskörperschaften reserviert und unterscheidet somit auch zwischen örtlichen und überörtlichen Angelegenheiten.[243]

b) Das Modell der *National League of Cities*

Das Modell der *National League of Cities* – kurz *NLC*-Modell – wählt einen anderen Ansatz bei der Entscheidung, welche Aufgaben in den Verantwortungsbereich der kommunalen Gebietskörperschaften fallen. Die Anerkennung kommunaler Zuständigkeiten geschieht im Schwerpunkt durch die Gesetzgebung, nicht durch die Verfassungen der einzelnen Bundesstaaten.[244] Daher wird das *NLC*-Modell auch als *legislative home rule* bezeichnet.[245] Das *NLC*-Modell geht davon aus, dass die vom Gesetzgeber zugewiesenen Aufgaben allumfassend sind – unabhängig ob es sich um Angelegenheiten örtlicher oder überörtlicher Natur handelt – solange der bundesstaatliche Gesetzgeber nicht etwas anderes bestimmt hat.

---

240 Hyltoft, Die Arbeit des Europarat-Ausschusses für lokale Strukturen, Seite 50.

241 Hyltoft, Die Arbeit des Europarat-Ausschusses für lokale Strukturen, Seite 50; ähnlich verhält es sich aufgrund des strickten Legalitätsgrundsatzes in Österreich, so dass auch hier ein Widerspruch zur EKC gesehen wird; siehe Binder, Kotzmann: Länderbericht Österreich, Seite 64 f.

242 Weiß, Einführung und Umsetzung der Europäischen Charta der kommunalen Selbstverwaltung in Deutschland, Seite 106.

243 Zur Garantie der kommunalen Selbstverwaltung nach Art. 28 Abs. 2 GG im deutschen Recht siehe Knemeyer, Wehr, Die Garantie der kommunalen Selbstverwaltung nach Art. 28 Abs. 2 GG in der Rechtsprechung des Bundesverfassungsgerichts, VerwArch 2001, 339 ff.

244 Vanlandingham, Constitutional Municipal Home Rule Since the AMA, 17 Wm. & Mary L. Rev. 1, 1 ff.

245 Sands and Libonati, Local Government Law, Vol. I § 4.01.

Beispielhaft kann die einschlägige verfassungsrechtliche Vorschrift aus dem Bundesstaat South Dakota zitiert werden:

> „A municipal corporation which adopts a home-rule charter may exercise any power or perform any function which the legislature has power to grant to non home rule charter municipal corporations by statute [. . .] Charter provisions with respect to municipal executive, legislative and administrative structure, organization, personnel and procedure are of superior authority to statute [. . .]"

Eine ähnliche Aussage trifft die Verfassung des Bundesstaates Pennsylvania:

> „A municipality which has a home rule charter may exercise any power or perform any function not denied by this Constitution, by its home rule charter or by the General Assembly any time."[246]

Kommunale Gebietskörperschaften besitzen demnach Allzuständigkeit über grundsätzlich alle Aufgaben, jedoch mit der Einschränkung, dass bundesstaatliche Gesetze immer – abgesehen von den in der Verfassung aufgezählten Bereichen – den Vorrang besitzen.

Das *NLC*-Modell ist als Konsequenz aus der Kritik an dem *imperium in imperio*-Modell heraus entstanden. Absicht des *NLC*-Modells ist es, die schwierige und oftmals unklare Unterscheidung zwischen örtlichen und überörtlichen Angelegenheiten zu umgehen und somit die Entscheidung über die kommunalen Aufgabenbereiche nicht den Gerichten zu überlassen. Vielmehr soll es den Gesetzgebern der jeweiligen Bundesstaaten überlassen sein, über die Zuständigkeitsgebiete der kommunalen Gebietskörperschaften zu entscheiden, indem sie entweder ein bestimmtes Rechtsgebiet nicht regeln und es somit den Gebietskörperschaften überlassen oder eine bundesstaatenweite, einheitliche Regelung eines bestimmten Rechtsgebietes treffen und somit den kommunalen Gebietskörperschaften die Zuständigkeit entziehen.

Der Nachteil dieses Modells ist, dass es dem Gesetzgeber obliegt – abgesehen von eventuell vorhandenen verfassungsrechtlichen Garantien – inwieweit er Regelungen trifft und somit die Aufgabengebiete der Kommunen einschränkt. Legt sich ein bundesstaatlicher Gesetzgeber eine strikte Selbstbe-

---

[246] Pennsylvania Constitution Art. IX Sect. 2; siehe auch Washington Constitution Art. XI Sect. 11; in der Georgia Constitution wird dem Gesetzgeber eingeräumt, auch über rein örtliche Angelegenheiten Regelungsbefugnis auszuüben: „Art. IX Paragraph I. Home rule for counties. (a) The governing authority of each county shall have legislative power to adopt clearly reasonable ordinances, resolutions, or regulations relating to its property, affairs, and local government for which no provision has been made by general law and which is not inconsistent with this Constitution or any local law applicable thereto."

schränkung auf, so können den kommunalen Gebietskörperschaften große Zuständigkeitsbereiche bleiben. Auf der anderen Seite ist es dem Gesetzgeber durch seine Eingriffsrechte in kommunale Aufgaben möglich, die Kommunen selbst aus ihren traditionellen Aufgabenbereichen zu verdrängen und über örtliche Angelegenheiten zu bestimmen. Die Frage, ob eine Kommune die Zuständigkeit über ein bestimmtes Gebiet besitzt, ist also davon abhängig, ob die Legislative des Bundesstaates bereits gesetzgeberisch tätig geworden ist und somit die Kommunen von diesem Gebiet ausschließt oder ob durch Untätigkeit des bundesstaatlichen Gesetzgebers die Gebietskörperschaften noch Regelungsbefugnis besitzen.

Es gibt daher keinen geschützten Kernbereich kommunaler Aufgaben. Zwar können auch nach EKC-Maßstäben kommunale Aufgaben durch den Gesetzgeber eingeschränkt werden, jedoch beinhaltet die Forderung nach der tatsächlichen Fähigkeit kommunaler Gebietskörperschaften, einen wesentlichen Teil der öffentlichen Aufgaben regeln und gestalten zu können, dass den Kommunen ein Kernbereich verbleiben muss. Ein derartiges Aushöhlungsverbot ist in *NLC*-Bundesstaaten nicht vorhanden. Hierin ist daher ein wesentlicher Unterschied zu den Standards der EKC zu sehen.

Die Kommunen können auf drei unterschiedliche Art und Weisen von der Zuständigkeit über ein bestimmtes Rechtsgebiet ausgeschlossen sein: Zum einen kann der Ausschluss ausdrücklich erfolgen, wenn in einem bundesstaatlichen Gesetz direkt diese Problematik zum Ausdruck gebracht wird. Zum anderen gibt es den impliziten Ausschluss: Hier kann zwischen *conflict pre-emption* und *field pre-emption* unterschieden werden. *Conflict pre-emption* liegt vor, wenn zwei unterschiedliche Gesetze – ein bundesstaatliches Gesetz und eine kommunale Satzung – dasselbe Rechtsgebiet regeln und sich dabei nicht miteinander vereinbaren lassen. Anders als nach dem *imperium in imperio*-Modell hat hier die bundesstaatliche Regelung Vorrang, unabhängig davon, ob es sich um eine örtliche oder überörtliche Angelegenheit handelt.[247] Eine kommunale Gebietskörperschaft hat auch dann keine Satzungsbefugnis, wenn ein gesamtes Rechtsgebiet (*field pre-emption*) bereits durch den bundesstaatlichen Gesetzgeber okkupiert ist. Letztlich handelt es sich hier auch um eine Form der *conflict pre-emption*, da alles, was eine Gebietskörperschaft zusätzlich zu bundesstaatlichen Regelungen normieren will, im Konflikt mit den bundesstaatlichen Normen steht. Hat der Gesetzgeber ein Rechtsbereich detailliert und umfassend geregelt, so tendieren die Gerichte dazu, in diesem Bereich eine *field preemption* anzunehmen mit der Folge, dass die kommunalen Gebietskörperschaften nicht mehr auf diesem Gebiet tätig werden können, auch wenn es sich um rein örtliche Angelegenheiten handelt.

[247] Zu beachten sind stets verfassungsrechtliche Ausnahmen, durch die die kommunalen Gebietskörperschaften einen umfassenderen Schutz erfahren können.

(1) Fließende Grenzen zwischen dem *NLC* und *imperium*-Modell

In der Realität sind die Grenzen zwischen dem *NLC* und dem *imperium in imperio*-Modell nicht so klar wie in der Theorie. Die beiden Modelle werden oftmals in den Vorschriften, die Selbstverwaltungsrechte anerkennen, miteinander kombiniert,[248] so dass die Grundsätze beider Modelle zum Teil ineinander überlaufen. Hat zum Beispiel ein Gericht zu entscheiden, ob in einem *NLC*-Bundesstaat ein bestimmter Bereich schon von der Zuständigkeit einer kommunalen Gebietskörperschaft durch ein bundesstaatliches Gesetz ausgeschlossen ist, so kann es sein, dass es bei der Abwägung die Frage mit einbezieht, ob es sich um ein Gebiet handelt, welches primär örtlicher oder überörtlicher Natur ist. Somit kann auch die Abgrenzung zwischen örtlichen und überörtlichen Angelegenheiten in *NLC*-Bundesstaaten notwendig sein. Unklar sind die Grenzen auch dann, wenn *imperium*-Gebietskörperschaften (teilweise) Satzungsbefugnis über Angelegenheiten von überörtlichem Charakter haben.[249]

(2) Zwischenergebnis

Nach dem *NLC*-Modell besitzen die kommunalen Gebietskörperschaften in der Regel Zuständigkeit über alle Angelegenheiten, so dass dieser Ansatz mit dem EKC-Grundsatz der Allzuständigkeit (Art. 4 Abs. 2 EKC) zunächst vergleichbar ist. Die Allzuständigkeit zieht nach sich, dass die Gebietskörperschaften die Möglichkeit haben, einen wesentlichen Teil der öffentlichen Angelegenheiten in eigener Verantwortung zu erledigen. Dass es dem Gesetzgeber möglich ist, Einschränkungen dieses Rechts vorzunehmen, entspricht im Ansatz dem in Art. 4 Abs. 2 EKC enthaltenen Vorbehalt, dass kommunale Allzuständigkeit „im Rahmen der Gesetze" stattfindet.

Der wesentliche Unterschied zwischen dem *NLC*-Modell und den Grundsätzen der kommunalen Selbstverwaltung nach Maßgabe der EKC liegt jedoch darin, dass es im Ermessen der Gesetzgeber der Bundesstaaten steht, in denen das *NLC*-Modell zur Anwendung gelangt, die Zuständigkeitsbereiche der kommunalen Gebietskörperschaften ohne Grenzen zu beschränken und an sich zu ziehen. Eine Vergleichbarkeit der amerikanischen Standards mit den europäischen ist daher nur gegeben, wenn sich die bundesstaatlichen Gesetzgeber selbst Beschränkungen auferlegen und den Kommunen ausreichende Freiräume

---

248 Envirosafe Service of Idaho, Inc. v. County of Owyhee, 735 P.2d 998, (Idaho 1987).

249 Siehe: Fähigkeiten der kommunalen Gebietskörperschaften, überörtliche Aufgaben wahrzunehmen, Kapitel 2, A) II. 2. a) (2).

gewähren. Dies ist aber nicht immer der Fall, so dass die Bundesstaaten in Bereiche vordringen, die den ureigensten Zuständigkeiten kommunaler Gebietskörperschaften zuzuordnen sind. Zwar zieht die EKC selbst keine deutliche Grenze, was genau unter einem wesentlichen Teil der öffentlichen Angelegenheiten im Sinne von Art. 3 Abs. 1 zu verstehen ist oder wie weit der in Art. 4 Abs. 2 EKC enthaltene Gesetzesvorbehalt gehen darf. Allerdings kann der in der EKC verfolgte Ansatz mit dem amerikanischen Modell dann nicht mehr vergleichbar sein, wenn die Möglichkeit besteht, dass der Gesetzgeber, auch wenn es „nur“ der Gesetzgeber eines einzelnen Gliedstaates ist, nach Belieben in kommunale Zuständigkeiten eingreifen und diese somit aushöhlen kann.

Teilweise sind kommunale Kernbereiche in bundesstaatlichen Verfassungen definiert und geschützt. Handelt es sich jedoch um rein legislative *home rule*-Rechte, die keinem verfassungsrechtlichen Schutz unterliegen, ist das Ausdruck des Grundsatzes, dass die amerikanischen kommunalen Gebietskörperschaften in erster Linie als Verwaltungseinheiten den Bundesstaaten dienen.

B) Verankerung des Grundsatzes der Kommunalen Selbstverwaltung in innerstaatlichen Rechtsvorschriften oder in der Verfassung

I. Verankerung auf Bundesebene

Art. 2 EKC bestimmt, dass der Grundsatz der kommunalen Selbstverwaltung in innerstaatlichen Rechtsvorschriften – nach Möglichkeit in der Verfassung – verankert sein muss. Die Bundesverfassung der Vereinigten Staaten schafft einen zweigliedrigen Staatsaufbau, bestehend aus dem Bund und den Bundesstaaten. Kommunale Gebietskörperschaften finden in der Bundesverfassung keine Erwähnung, weder *municipal corporations* noch *municipal quasi-corporations*.[250] In einem Urteil des US-Supreme Court wurde dies mit folgenden, deutlichen Worten zum Ausdruck gebracht:

> „Ours is a dual system of government which has no place for sovereign cities.“[251]

Aufgrund fehlender Kompetenz des Bundesgesetzgebers findet auch in Bundesgesetzen der Grundsatz der kommunalen Selbstverwaltung keine Erwähnung.

---

[250] Siehe 1. Kapitel A.

[251] Justice Brennan in dem Fall Community Communications Co., Inc. v. City of Boulder, Colorado, 455 U.S. 40, 53 (1982).

Es ist ständige Rechtsprechung von den Bundesgerichten der Vereinigten Staaten, dass die kommunalen Gebietskörperschaften und mit ihnen auch die Grundsätze der kommunalen Selbstverwaltung nicht dem Schutz irgendeiner bundesstaatlichen Instanz unterliegen. Besonders deutlich wird dies in einem für das US-amerikanische Kommunalrecht grundlegenden und oft in diesem Zusammenhang zitierten Fall *Hunter v. City of Pittsburgh*. Der US-Supreme Court stellte klar, dass es allein die Bundesstaaten sind, die über die rechtliche Ausgestaltung der kommunalen Gebietskörperschaften bestimmen können, in dem er urteilte:

> „Municipal corporations are political subdivisions of the State, created as convenient agencies for exercising such of the governmental powers of the State as may be entrusted to them. [. . .] The number, nature and duration of the powers conferred upon these corporations [. . .] rests in the absolute discretion of the State."[252]

Auch wenn die Entscheidung bereits zu Beginn des 20. Jahrhunderts von dem Supreme Court gefällt und oftmals kritisiert, in einigen Bereichen von dem Gericht auch wieder abgeändert wurde, so wurde der Teil der *Hunter*-Entscheidung, dass die Bundesstaaten die rechtliche Kontrolle über die kommunalen Gebietskörperschaften ausüben, in vielen Urteilen bestätigt: so zum Beispiel in dem Fall *Holt Civic Club v. City of Tuscaloosa*, in dem der US-Supreme Court urteilte:

> „[Hunter] continues to have substantial constitutional significance in emphasizing the extraordinarily wide latitude that states have in creating the various types of political subdivisions and conferring authority upon them."[253]

Aufgrund der verfassungsrechtlichen Ausgangssituation ist der Grundsatz der kommunalen Selbstverwaltung nicht auf Bundesebene normiert. Diese Ausgangssituation ist zumindest in den Ansätzen mit der Verfassungslage in der Schweiz, die die EKC mittlerweile unterzeichnet hat, bis zur Änderung der Bundesverfassung im Jahr 1999 zu vergleichen. Auch dort hatte der Bund keinerlei Befugnisse, kommunalrechtliche Regelungen zu treffen. Dieser Bereich lag allein im Zuständigkeitsbereich der Kantone.[254]

---

[252] Hunter v. City Pittsburgh, 207 U.S. 161 (1907).
[253] Holt Civic Club v. City of Tuscaloosa, 439 U.S. 60 (1978).
[254] Die 1999 eingefügte entsprechende Passage in der Bundesverfassung der Schweiz lautet: „Die Gemeindeautonomie ist nach Maßgabe des kantonalen Rechts gewährleistet. Der Bund beachtet bei seinem Handeln die möglichen Auswirkungen auf die Gemeinden. Er nimmt

II. Verankerung auf Ebene der Bundesstaaten

Wie die Ausführungen zur *home rule* zeigen, ist aber dennoch Raum für kommunale Selbstverwaltung in den Vereinigten Staaten vorhanden. Nur überlässt die US-Verfassung das Feld der kommunalen Gebietskörperschaften und der kommunalen Selbstverwaltung allein den Bundesstaaten. In deren Händen liegt es, ob und in welchem Umfang das Prinzip der kommunalen Selbstverwaltung ausgestaltet und rechtlich verankert ist.[255] Die Verankerung des Grundsatzes der kommunalen Selbstverwaltung kann daher nur auf der Ebene der Bundesstaaten zu finden sein.

1. Verankerung in *Dillon's Rule*-Bundesstaaten

In *Dillon's Rule*-Bundesstaaten kann, wie oben gesehen, nicht von einem System der kommunalen Selbstverwaltung gesprochen werden. Auch wenn die kommunalen Zuständigkeiten, die einzeln in den Gesetzen aufgeführt werden, in der Summe ein beträchtliches Maß an Eigenverantwortung der kommunalen Gebietskörperschaften schaffen können, ist weder in der Verfassung noch in den Gesetzen der Bundesstaaten, die dieser Regel folgen, der Grundsatz der kommunalen Selbstverwaltung verankert.

2. Verankerung in *home rule*-Bundesstaaten

In *home rule*-Bundesstaaten kann die Verankerung des Grundsatzes der kommunalen Selbstverwaltung durch unmittelbar oder mittelbar geltende verfassungsrechtliche oder einfachgesetzliche bundesstaatliche Vorschriften erfolgen.[256]

Die unterschiedlichen Formen der Verankerung wirken sich nicht auf den Umfang der zuerkannten Aufgaben aus, jedoch auf den Schutz, der den kommunalen Gebietskörperschaften in Bezug auf ihre Selbstverwaltungsrechte zusteht.

---

dabei Rücksicht auf die besondere Situation der Städte und der Agglomerationen sowie der Berggebiete." Siehe Art. 50 (I-III) BV.

[255] In einigen Bundesstaaten sind Regelungen über die kommunale Selbstverwaltung in der Verfassung enthalten, in anderen besteht dieser verfassungsrechtliche Schutz nicht, und es sind nur einfachgesetzliche Normierungen vorhanden. Hierzu wird später detailliert Stellung genommen.

[256] Antieau on Local Government Law, §§ 21.03, 21.04.

a) Verfassungsrechtliche Verankerung von *home rule*-Rechten

(1) Unmittelbar anwendbare verfassungsrechtliche *home rule*-Rechte

In vielen Bundesstaaten ist der Grundsatz der kommunalen Selbstverwaltung in unmittelbar anwendbaren verfassungsrechtlichen Vorschriften enthalten. Diese bedürfen keiner Umsetzung durch den Gesetzgeber, damit sich die kommunalen Gebietskörperschaften auf den Grundsatz der kommunalen Selbstverwaltung berufen können. Die Selbstverwaltungsrechte können die Gebietskörperschaften direkt aus der Verfassung des jeweiligen Bundesstaates ableiten.[257] Unmittelbar geltende verfassungsrechtliche *home rule*-Vorschriften sind unter anderem in den Verfassungen von Arizona, Kalifornien, Colorado, Idaho, Missouri, Nebraska, New Mexico, Oklahoma, Ohio, Tennessee, Texas, Utah, Washington and Wisconsin enthalten.[258]

Eine typische verfassungsrechtliche Formulierung zur Verankerung des Grundsatzes der kommunalen Selbstverwaltung ist die folgende:

> „[Home rule units] may exercise any power and perform any function pertaining to its government and affairs including, but not limited to, the power to regulate for the protection of the public health, safety, morals and welfare; to license; to tax; and to incur debt."[259]

In der Verfassung von Illinois sind die *home rule*-Rechte für *counties* wie folgt verankert:

> „Counties are granted home rule power and authority, not inconsistent with the laws of the General Assembly, to determine their local affairs and government, except that they shall not have power to levy any tax unless expressly authorized by the General Assembly."[260]

Die Verfassung von Iowa trifft folgende Aussage:

> „Municipal Corporations are granted home rule powers and authority, not inconsistent with the laws of the general assembly, to determine their local affairs and government except that they shall not have power to levy any tax unless expressly authorized by the general assembly.

---

[257] Antieau on Local Government Law, §§ 21.03, 21.04.
[258] Siehe Antieu on Local Government Law, § 21.03.
[259] Illinois Constitution, Art. 7 § 6(a).
[260] Iowa Constitution, Art. 3 Section 38A.

The rule or proposition of law that a municipal corporation possesses only those powers granted in express words is not a part of the law of this state."[261]

In der Verfassung von Iowa wird somit ausdrücklich von der Anwendung der *Dillon's Rule* Abstand genommen.

Bundesstaaten mit unmittelbar geltenden *home rule*-Vorschriften folgen in der Regel dem *imperium in imperio*-Modell, so dass die kommunalen Gebietskörperschaften über eine Allzuständigkeit der örtlichen Aufgaben verfügen.[262]

(2) Verankerung von *home rule*-Rechten in *charters*

Eine Reihe von Verfassungen beinhalten keine Vorschriften, aus denen sich direkt die kommunale Selbstverwaltung als ein allgemeingültiger Grundsatz ableiten ließe. Oftmals sind in ihnen daher nur Regelungen enthalten, die es den Gebietskörperschaften erlauben, eigene *charters* zu verfassen.[263] Eine *charter* ist ein Schriftstück – eine Art Vertrag – durch das bestimmte Privilegien und Rechte von dem Bundesstaat der jeweiligen kommunalen Gebietskörperschaft zugesprochen werden.[264] Erst unter dieser *charter* kann die kommunale Gebietskörperschaft ihre Selbstverwaltungsrechte ausüben, ihre Pflichten erfüllen. Besitzt eine kommunale Gebietskörperschaft eine *charter*, so hat diese die Bedeutung einer „Mini-Verfassung" für die jeweilige Gebietskörperschaft. Der Grundsatz der kommunalen Selbstverwaltung in den Verfassungen solcher Bundesstaaten ist in dem Sinn unmittelbar anwendbar, dass es keines Gesetzes bedarf, welches es den kommunalen Gebietskörperschaften erlaubt, sich auf den Grundsatz der kommunalen Selbstverwaltung berufen zu dürfen.

Die Verfassung enthält somit keine materiellen Selbstverwaltungsrechte, jedoch sind die Vorschriften, die den Kommunen *charter*-Rechte einräumen, unmittelbar anwendbar. Somit können die Kommunen direkt auf diese Verfassungsvorschriften als Rechtsgrundlage für das Verfassen einer *charter* zurückgreifen.[265] Die Verfassungen enthalten dann nur eine Formulierung, die es den kommunalen Gebietskörperschaften erlaubt, eine *charter* zu verfassen. Die kommunalen Selbstverwaltungsrechte werden dann in den *charters* selbst formuliert.[266]

---

[261] Kansas Constitution, Art. 12, § 5.

[262] Antieau on Local Government Law, § 21.03; State ex rel. Gordon v. Rhodes, 100 N.E.2d 225 (1951); State ex rel. Dade County v. Brautigam, 224 So.2d 688 (1969).

[263] Antieau on Local Government Law, § 3.03(1).

[264] McQuillin, The Law of Municipal Corporations, Vol. 2A, § 9.02.

[265] Sands and Libonati, Local Government Law, Vol. 1 § 4.04.

[266] Antieau on Local Government Law, § 21.03.

(3) Mittelbar anwendbare verfassungsrechtliche *home rule*-Rechte

Einige bundesstaatliche Verfassungen enthalten nur mittelbar anwendbare Selbstverwaltungsvorschriften für die kommunalen Gebietskörperschaften. Zu deren Umsetzung muss der Gesetzgeber legislativ tätig werden, damit die in der Verfassung genannten Rechte auf die kommunalen Gebietskörperschaften übergehen können.[267] Mittelbar geltende verfassungsrechtliche *home rule*-Rechte sind beispielsweise in den Verfassungen der Bundesstaaten Michigan, [268] New York [269] und Oregon[270] enthalten. In diesen Bundesstaaten findet zwar das Prinzip der kommunalen Selbstverwaltung Erwähnung, ist aber ohne eine gesetzliche Umsetzung bedeutungslos. So überlässt es die Verfassung von Oregon dem bundesstaatlichen Gesetzgeber und den Einwohnern eines jeden *county*, den Grundsatz der kommunalen Selbstverwaltung für *counties* zur Anwendung gelangen zu lassen:

> „The Legislative Assembly shall provide by law a method whereby the legal voters of any county, by majority vote of such voters voting thereon at any legally called election, may adopt, amend, revise or repeal a county charter. A county charter may provide for the exercise by the county of authority over matters of county concern."[271]

Erst ein entsprechendes Gesetz verschafft dem Grundsatz der kommunalen Selbstverwaltung für die *counties* in diesem Bundesstaat Wirksamkeit, indem es den *counties* die Souveränität über Angelegenheiten im eigenen, örtlichen Bereich gewährleistet:

> „The county charter and legislative provisions [. . .] are deemed to be matters of county concern and shall prevail over any conflicting provisions [. . .] and other state statutes unless otherwise specifically provided by conflicting state statutes ."[272]

[267] Antieau on Local Government Law, § 21.04.
[268] Michigan Constitution Art. VII, § 2; Mich. Comp. Laws §§ 45.501-45.521.
[269] New York Constitution Art. XI, § 1; New York Mun. Home Rule Law, § 30ff.
[270] Oregon Constitution Art. VI, § 10; Oregon Rev. Stat. §§ 203.710-203.810.
[271] Oregon Constitution, Art. VI Section 10.
[272] Oregon Rev. Stat. § 203.720.

b) Verankerung der *home rule*-Rechte in bundesstaatlichen Gesetzen

Wird nicht in einer bundesstaatlichen Verfassung der Grundsatz der kommunalen Selbstverwaltung anerkannt oder Bedarf es zur Wirksamkeit dieses Grundsatzes der Umsetzung durch den Gesetzgeber, ist er in *home rule*-Bundesstaaten in einfachgesetzlichen Vorschriften normiert. Das ist regelmäßig in solchen Bundesstaaten der Fall, in denen sich das *NLC*-Modell durchgesetzt hat. Oftmals wird auch hier den Kommunen durch Gesetz das Recht eingeräumt, *charters* zu verfassen, über die sie Selbstverwaltungsrechte ausüben können. Bei New Hampshire,[273] West Virginia, Pennsylvania und Georgia handelt es sich um Bundesstaaten, in denen die kommunalen Gebietskörperschaften gesetzlich verankerte Selbstverwaltungsrechte besitzen. Grundsätzlich verbleibt den Gesetzgebern in diesen Bundesstaaten die komplette, uneingeschränkte Kontrolle über die Zuständigkeiten der Gebietskörperschaften. Beispielhaft für eine solche gesetzliche Verankerung von *home rule*-Rechten ist eine Vorschrift aus dem Bundesstaat Connecticut:

> „Any municipality, in addition to such powers as it has under the provisions of the general statutes or any special act, shall have the power to (1) adopt and amend a charter which shall be its organic law and shall supersede any existing charter, including amendments thereto, and all special acts inconsistent with such charter or amendments, which charter or amended charter may include the provisions of any special act concerning the municipality but which shall not otherwise be inconsistent with the constitution or general statues, provided nothing in this section shall be construed to provide that any special act relative to any municipality is repealed solely because such special act is not included in the charter or amended charter".[274]

Das *home rule*-Gesetz im Bundesstaat New York enthält folgende Formulierung:

> „In addition to powers granted in the constitution, the statute of local governments or any other law, (i) every local government shall have power to adopt and amend local laws not inconsistent with the provisions of the constitution or not inconsistent with any general law relating to its property, affairs or government [. . .]"[275]

---

[273] New Hampshire Rev. Stat. Ann. § 49-B.
[274] Connecticut Gen. Stat. § 7-188(a).
[275] New York Municipal Home Rule Law Chapter 36-a Art. 2 Section 10.

In New York enthält zwar die Verfassung eine Auflistung kommunaler Zuständigkeiten, die Verankerung des Grundsatzes der kommunalen Selbstverwaltung hingegen erfolgt durch das *home rule*-Gesetz.

Fehlen verfassungsrechtliche Regelungen, die den kommunalen Gebietskörperschaften das Recht zubilligen, *charters* zu verfassen, wurde die Rechtmäßigkeit der Anerkennung von Selbstverwaltungsrechten durch den Gesetzgeber eines Bundesstaates angezweifelt, da der Gesetzgeber gewisse Rechte und Funktionen nicht an andere Stellen delegieren könne, sondern selbst ausführen müsse.[276] Diese Ansicht hat sich jedoch nicht durchgesetzt, so dass die Befugnis, überhaupt *home rule*-Rechte den Gebietskörperschaften anzuerkennen, in der Regel dem bundesstaatlichen Gesetzgeber zugesprochen wird.[277] Der Supreme Court von Colorado hat hierzu entschieden:

> „The system which allows a state to delegate legislative power to municipal corporations and which permits the general assembly to find that it is necessary and appropriate to delegate the authority violates neither the Constitution nor any substantive principle."[278]

c) Einschränkung der *home rule*-Rechte

In der Regel ist die Anerkennung von *home rule*-Rechten an Voraussetzungen geknüpft. Dies gilt sowohl für unmittelbar anwendbare, verfassungsrechtliche oder gesetzliche *home rule*-Rechte, als auch für die Fähigkeit kommunaler Gebietskörperschaften, eine *charter* zu verfassen. Folge ist, dass bei weitem nicht alle Gebietskörperschaften, die in einem Bundesstaat gelegen sind, in dem die *home rule* zur Anwendung gelangt, auch derartige Rechte geltend machen können. Handelt es sich um nur mittelbar anwendbare *home rule*-Rechte, sind diese Vorschriften erst Ausgangspunkt für kommunale Selbstverwaltung.

Voraussetzung für die Übertragung von unmittelbar anwendbaren *home rule*-Rechten ist in vielen Fällen, dass die kommunalen Gebietskörperschaften eine Mindesteinwohnerzahl aufweisen können. So bestimmt die Verfassung des Bundesstaates Illinois, dass die *home rule*-Vorschriften nur in Bezug auf kom-

---

[276] Larcom v. Olin, 160 Mass 102, 35 N.E. 113 (1893); Elliot v. Detroit, 121 Mich 611, 84 N.W. 820 (1899); siehe State v. City of Orange (NJ) 36 A 706 (1897); State ex rel. Mueller v. Thompson, 149 Wis 488, 137 N.W. 20 (1912).

[277] Del Code Ann Tit 22, §§ 801-836; Fla Stats Ann §§ 166.01-166.15; Ky Rev Stats 83.011-83.012; Miss Code Ann § 3374-109-111; NJ Stat Ann §§ 40:69A-29-30; NC Gen Stat ch 160, §§ 353-363; Vt Stats Ann Tit 24, § 702(a).

[278] Davis v. City & County of Denver, 342 P.2d 674, (1959).

munale Gebietskörperschaften mit einer Mindestbevölkerung von 25.000 Einwohnern unmittelbar anwendbar sind.[279]

Die Voraussetzungen, unter denen eine Kommune sich selbst eine *charter* geben kann, sind in den einzelnen Bundesstaaten nicht einheitlich geregelt, allerdings haben sich hier ähnliche Voraussetzungen herauskristallisiert.[280] So werden häufig Mindesteinwohnerzahlen verlangt, die zwischen 2.000 und 10.000 Einwohnern schwanken.[281] Auch fordern einige bundesstaatliche oder verfassungsrechtliche Vorschriften eine Prüfung und Bestätigung der *charter* durch den bundesstaatlichen Gesetzgeber.

Verfasst eine kommunale Gebietskörperschaft keine *charter*, so besitzt sie keine *home rule*-Rechte, sondern nur jene Rechte und Aufgaben, die ihr ausdrücklich durch andere Rechtsquellen zugesprochen wurden und jene, die notwendig sind, um die Aufgaben zu erfüllen, die in den ausdrücklich genannten Rechten impliziert sind. Eine solche Kommune – *general law municipality* genannt, unterscheidet sich nicht von *Dillon's Rule* Gebietskörperschaften.[282] Die Verankerung der grundlegenden Zuständigkeiten solcher *general law municipalities* sind meist einfachgesetzlich normiert,[283] auch wenn ihre Zuständigkeiten in einigen Bundesstaaten in der Verfassung festgeschrieben sind.

Anhand dieser Voraussetzungen ergibt sich, dass es eine große Anzahl von Gebietskörperschaften gibt, die die Voraussetzungen – insbesondere die der Mindesteinwohnerzahl – nicht erfüllen können. Für diese Gebietskörperschaften gibt es keine Möglichkeit, umfangreiche Selbstverwaltungsrechte zu erhalten. Auf der anderen Seite gibt es eine Anzahl von kommunalen Gebietskörperschaften, die zwar die Voraussetzungen erfüllen, jedoch auf die *home rule*-Rechte verzichten, da sie die mit diesen Rechten einhergehende Verantwortung nicht übernehmen wollen. Ebenso mit einem gewählten Rat ausgestattet unterscheiden sich diese kommunalen Gebietskörperschaften von den *home rule*-Gebietskörperschaften durch ein wesentlich geringeres Maß an Selbstverwaltungsrechten.

Die genannten Einschränkungen der Selbstverwaltungsrechte stellen einen wesentlichen Unterschied zur EKC dar. An keiner Stelle lässt die Charta Zweifel an der Allgemeingültigkeit ihrer grundlegenden Vorschriften aufkommen. Art. 13 Satz 1 EKC bestimmt ausdrücklich, dass die in der Charta enthaltenen Grundsätze auf alle Arten kommunaler Gebietskörperschaften anzuwenden sind. Durch die oftmals vorhandenen Voraussetzungen im amerikanischen Kommunalrecht, die kommunale Gebietskörperschaften erfüllen müssen, um sich auf Selbstverwaltungsrechte berufen zu können, werden auch in Bundes-

---

[279] Illinois Constitution Art VII, sec 6.
[280] Reynolds, Local Government Law, § 36.
[281] Siehe Fordham, Local Government Law, Seite 72.
[282] Antieau on Local Government Law, § 3.01.
[283] Siehe Dome Reality Inc. v. City of Paterson, 416 A.2d 334 (1980).

staaten, in denen grundsätzlich das Prinzip der kommunalen Selbstverwaltung anerkannt ist, zwei Kategorien von kommunalen Gebietskörperschaften geschaffen: Kommunen, die das Selbstverwaltungsprivileg erhalten und solche, denen diese Rechte aufgrund ihrer Größe oder anderer Kriterien nicht gewährt werden.

d) Umfang und Garantien der verfassungsrechtlichen *home rule*-Vorschriften

Verfassungsrechtlich gesicherte *home rule*-Rechte können in der Regel durch den Gesetzgeber nicht eingeschränkt werden. So urteilte ein Gericht:

> „Pursuant to that constitutional mandate, this court has held that municipalities are authorized to adopt local police, sanitary, and other similar regulations and derive no authority from and are subject to no limitations of the General Assembly, except that such ordinances shall not be in conflict with the general laws."[284]

Allerdings beinhalten viele bundesstaatliche Verfassungen Einschränkungen der örtlichen Autonomie. So bedeutet die Tatsache, dass *home rule*-Rechte in einer bundesstaatlichen Verfassung festgeschrieben sind, nicht zwangsläufig, dass sich eine kommunale Gebietskörperschaft in diesem Bundesstaat auf umfangreichere Rechte berufen kann als eine Gebietskörperschaft in einem Bundesstaat, in dem Selbstverwaltungsrechte lediglich einfachgesetzlich normiert sind. Entscheidend sowohl für den Umfang als auch für die Sicherung von Selbstverwaltungsrechten ist die Formulierung des Rechts in der Verfassung oder in den Gesetzen. So enthalten viele Verfassungen so genannte *saving clauses*, die es den Gesetzgebern ermöglichen, die legislative Kontrolle über die kommunalen Gebietskörperschaften aufrechtzuerhalten. Somit können bundesstaatliche Gesetzgeber Regelungen über rein örtliche Angelegenheiten treffen.[285] Beispielhaft hierfür steht die Verfassung des Bundesstaates South Dakota, die den kommunalen Gebietskörperschaften eine Allzuständigkeit zuspricht, solange die allgemeinen Gesetze nichts anderes bestimmen.[286] Somit kann der Gesetzgeber in Selbstverwaltungsrechte eingreifen, handelt dabei jedoch im Rahmen der Gesetze. Die Verfassung des Bundesstaates Connecticut beinhaltet folgende Formulierung:

---

[284] Cleveland v. Raffa, 13 Ohio St. 2d 112, 235 N.E.2d 138, 140 (1968).

[285] Antieau on Local Government Law 2d, § 21.05 (1); siehe *saving clauses* unter A II. 1. d in diesem Kapitel.

[286] South Dakota Constitution Art. IX § 2.

„The General Assembly shall by general law delegate such legislative authority as from time to time it deems appropriate to towns, cities and boroughs relative to the powers and organization, and form of government of such political subdivision."[287]

Solche verfassungsrechtlichen Klauseln gehen in der Regel Verfassungsvorschriften vor, die den Kommunen die Zuständigkeit über örtliche Angelegenheiten zuerkennen. Dies zeigt, dass solche Rechte und Aufgaben, die den Kommunen in der Verfassung zugesprochen werden, dennoch Gegenstand bundesstaatlicher Gesetzgebungskompetenz sein können.[288] Die Verfassung von Pennsylvania ist Beispiel für eine verfassungsrechtlich verankerte Allzuständigkeit der kommunalen Gebietskörperschaften, die allerdings noch in demselben Satz ausgehöhlt wird: Danach können kommunale Gebietskörperschaften jede Aufgabe erfüllen, es sei denn, dass die Befugnisse entweder durch die Verfassung, durch *charter* oder Gesetz ausgeschlossen sind.[289] Hierdurch wird aber zugleich deutlich, dass der Gesetzgeber, greift er in die kommunalen Zuständigkeitsbereiche ein, im Rahmen der Gesetze handelt. Teilweise werden solche Vorschriften aber auch so ausgelegt, dass die bundesstaatlichen Gesetzgeber nur dann Regelungen von rein örtlichem Charakter treffen können, wenn eine Kommune untätig geblieben ist. Hat die betreffende Gebietskörperschaft von ihrer Satzungsbefugnis Gebrauch gemacht, so ist die örtliche Satzung auch bundesstaatlichem Recht gegenüber vorrangig.[290]

Folge ist, dass in vielen *home rule*-Bundesstaaten die Selbstverwaltungsrechte durch den Gesetzgeber ausgehöhlt werden können. Allerdings geschieht dies im Rahmen der Gesetze und steht somit nicht im Widerspruch zu Art. 4 Abs. 2 EKC, zumindest dann nicht, wenn den kommunalen Gebietskörperschaften ein geschützter Kernbereich verbleibt.

e) Umfang und Garantien mittelbar anwendbarer verfassungsrechtlicher *home rule*-Vorschriften

Trotz der nur mittelbaren Anwendbarkeit Selbstverwaltungsrechte verleihender Vorschriften haben die obersten Gerichte dieser Bundesstaaten die Schlussfolgerung gezogen, dass die grundlegendsten kommunalen Aufgaben

---

[287] Connecticut Constitution Art X, § 1.
[288] Sands and Libonati, Local Government Law, § 4.13.
[289] Pennsylvania Constitution Art IX, § 2.
[290] Antieau on Local Government Law, § 21.05 (1). Der Supreme Court von Kalifornien urteilte in Bishop v. City of San Jo: "Nor is the legislature forbidden to legislate with respect to the local municipal affairs of a home rule municipality"

dennoch unmittelbar aus den verfassungsrechtlichen Vorschriften abgeleitet werden können, ohne dass es einer Umsetzung des Gesetzgebers bedarf. So entschied der Supreme Court von Michigan:

> „We may admit that the legal incorporation of a city for local governmental purposes necessarily invests it with certain primary police powers within the conceded sphere of such power fundamentally essential to the ends for which it was created."

Allerdings sind diese Rechte eng auszulegen, so dass in dem Urteil weiter zu lesen ist:

> "But beyond the comparatively narrow limits of such necessary implication, the police power, like any other power conferred on a municipality, must be expressly delegated by the constitution or legislature of the state."[291]

Die Schutzwirkung, die von nur mittelbar anwendbaren Verfassungsvorschriften über kommunale Selbstverwaltung ausgeht, ist also gering und geht nicht von einem wesentlichen Teil der öffentlichen Aufgaben aus, sondern lediglich von einem Minimum kommunaler Aufgaben, die meist den historisch gewachsenen und notwendigen Kernaufgaben der amerikanischen Kommunen entsprechen. Weitergehende, über dieses Minimum hinausreichende, umfassende Aufgaben werden den kommunalen Gebietskörperschaften in den bundesstaatlichen Gesetzen zuerkannt, so dass auch hier die kommunalen Zuständigkeiten umfangreich sind. Daher ist in der Regel der Umfang kommunaler Aufgaben in Bundesstaaten, deren Verfassungen nur mittelbar anwendbare *home rule*-Rechte enthalten, nicht geringer als in den Bundesstaaten, deren Verfassungen unmittelbare *home rule*-Rechte enthalten. Der Unterschied besteht daher nur in der Schutzwirkung, die die Verfassung eines jeweiligen Bundesstaates für die kommunale Selbstverwaltung ausstrahlt.

f) Umfang und Garantien gesetzlicher *home rule*-Vorschriften

Sind in den Verfassungen nicht die grundlegenden kommunalen Zuständigkeiten verankert, so befinden sich diese in einfachgesetzlichen Regelungen der Bundesstaaten. Bundesstaatliche Gesetze können auch die verfassungsrechtlichen Regelungen ergänzen, soweit in ihnen nur die Zuständigkeiten grob umrissen sind.

---

[291] Clements v. McCabe, 177 N.W. 722, (1920).

Der Umfang der kommunalen Selbstverwaltungsrechte ist nicht zwangsläufig geringer als der in jenen Bundesstaaten, in denen diese Rechte verfassungsrechtlich gesichert sind. In Abwesenheit von verfassungsrechtlichen Bestimmungen, die den kommunalen Gebietskörperschaften Schutz bieten könnten, steht es aber dem Gesetzgeber frei, die Rechte der Kommunen zu erweitern, einzuschränken oder an andere staatliche Stellen zu delegieren.

Ebenso wie bei den verfassungsrechtlich verankerten Selbstverwaltungsrechten können die gesetzlichen Bestimmungen unmittelbar die Selbstverwaltungsrechte anerkennen oder es den Gebietskörperschaften ermöglichen, *charters* zu verfassen, in denen die Rechte festgelegt werden.

C) Verfassungsrechtliche oder gesetzliche Festlegung der grundlegenden Zuständigkeiten

Ebenso wie bei der Verankerung des Grundsatzes der kommunalen Selbstverwaltung gilt auch hier, dass eine Festlegung der grundlegenden Zuständigkeiten nicht auf der Bundesebene, sondern in den Verfassungen oder Gesetzen der Bundesstaaten stattfindet. Wie die Festlegung der grundlegenden Zuständigkeiten in den einzelnen Bundesstaaten erfolgt, wird im Folgenden dargestellt.

I. Festlegung der grundlegenden Zuständigkeiten bei der *Dillon's Rule*

Die grundlegenden Zuständigkeiten der kommunalen Gebietskörperschaften sind in Bundesstaaten, die der *Dillon's Rule* folgen, in der Regel in Gesetzen enthalten.

Bis vor einiger Zeit waren es sogar häufig Einzelfallgesetze, die der Zuständigkeitsübertragung dienten. So wurden ganz bestimmte Zuständigkeiten durch einzelne, nur auf bestimmte Gebietskörperschaften anwendbare Gesetze zugewiesen. Bis auf die Neu-England Bundesstaaten, in denen Einzelfallgesetze immer noch zulässig sind, sind in fast allen anderen Bundesstaaten der Vereinigten Staaten solche Gesetze verboten.[292] Eine Festlegung der grundlegenden Zuständigkeiten auf Bundesebene, sogar bereits die Festlegung in den bun-

[292] Oftmals versuchen jedoch die Gesetzgeber in den Bundesstaaten das Verbot der Einzelfallgesetze zu umgehen, indem sie den Anwendungsbereich des Gesetzes an ganz bestimmte Voraussetzungen knüpfen. So wurde zum Beispiel versucht, die Gültigkeit eines Gesetzes auf eine einzelne Stadt zu beschränken, indem das Gesetz nur in Bezug auf solche Städte für anwendbar erklärt wurde, die über eine ganz bestimmte Anzahl von Einwohnern verfügten. Das Gesetz wurde für rechtswidrig erachtet, da es tatsächlich nur eine Stadt in dem Bundesstaat gab, auf die die Voraussetzung zutraf.

desstaatlichen Verfassungen, würde ebenso der Intention der *Dillon's Rule* widersprechen wie die Auferlegung von Selbstbeschränkungen der bundesstaatlichen Gesetzgeber, sich nicht in örtliche Angelegenheiten einzumischen. Diese sollen gerade frei von anderen Einflüssen die Kontrolle über die kommunalen Gebietskörperschaften und deren Zuständigkeiten ausüben, deren Funktion sich auf die Unterstützung der Bundesstaaten bei der „Verwaltung vor Ort" beschränkt.

II. Festlegung der grundlegenden Zuständigkeiten bei der *home rule*

Ebenso wie bei der Verankerung des Grundsatzes der kommunalen Selbstverwaltung kann die Festlegung der grundlegenden Zuständigkeiten in *home rule*-Bundesstaaten durch unmittelbar und mittelbar anwendbare Verfassungsnormen, durch Gesetz oder *charters* erfolgen.

1. Unmittelbar geltende verfassungsrechtliche oder einfachgesetzliche *home rule*-Zuständigkeiten

So enthält eine Reihe von bundesstaatlichen Verfassungen oder Gesetzen neben der Verankerung des Grundsatzes der kommunalen Selbstverwaltung auch die Festlegung kommunaler Zuständigkeiten. Sind diese Zuständigkeiten unmittelbar anwendbar, so können die kommunalen Gebietskörperschaften ihr Tätigwerden direkt auf diese Vorschriften stützen.

Oft werden in den Verfassungen die Aufgabenbereiche nur grob umrissen und exemplarisch dargestellt. Die genauere Ausgestaltung der kommunalen Aufgaben erfolgt dann durch Gesetze oder *charters*. Teilweise erfolgt die verfassungsrechtliche Festlegung der kommunalen Aufgaben aber auch sehr detailliert. So enthält die Verfassung von New York eine *bill of rights* für die kommunalen Gebietskörperschaften, in der die Zuständigkeitsbereiche klar umgrenzt werden.[293]

Bundesstaatliche Verfassungen, in denen das Prinzip der kommunalen Selbstverwaltung nur mittelbar verankert ist, können kommunale Zuständigkeiten enthalten, auf die sich die kommunalen Gebietskörperschaften unmittelbar berufen können. Die Verankerung des Grundsatzes der kommunalen Selbstverwaltung in der Verfassung von Michigan wie auch in New York bedarf beispielsweise der Umsetzung durch den bundesstaatlichen Gesetzgeber. Aller-

[293] Siehe New York Constitution, Art IX Section 1-3; ähnlich auch die Verfassung von Colorado, die in Art XX Section 6 eine Liste von kommunalen Zuständigkeiten enthält.

dings enthält die Verfassung von Michigan auch eine Vorschrift, die unmittelbar kommunale Zuständigkeiten anerkennt:

> „Any city or village may acquire, own, establish and maintain within or without its corporate limits, parks, boulevards, cemeteries, hospitals and all works which involve the public health and safety.“[294]

Die Gerichte legen sich unmittelbar aus den Verfassungen ergebende kommunale Zuständigkeiten in der Regel weit aus, um ihnen größtmögliche Wirksamkeit zu verschaffen und um zu verdeutlichen, dass es nicht in der Macht des Gesetzgebers liegt, diese Zuständigkeiten einzuschränken.[295]

2. *Home rule*-Zuständigkeiten durch *charters*

In vielen Fällen sind in den *charters* die grundlegenden Zuständigkeiten festgelegt. Ist in einer Verfassung den kommunalen Gebietskörperschaften das Recht eingeräumt, eine *charter* zu verfassen, so kann dies durch den Gesetzgeber des jeweiligen Bundesstaates nicht eingeschränkt werden.[296] Will eine kommunale Gebietskörperschaft eine *charter* verfassen, so kann sie darin grundsätzlich alle Zuständigkeiten für sich festlegen, solange diese nicht an anderer Stelle ausdrücklich verneint werden. Eine spezielle Ermächtigungsgrundlage für die in der *charter* genannten Rechte ist nicht erforderlich.[297]

Verfasst eine kommunale Gebietskörperschaft eine solche *charter*, so besitzt sie grundsätzlich alle Rechte, die nicht durch die *charter* ausgeschlossen sind. Die Verfassung von Texas beinhaltet beispielsweise die Vorschrift, dass jede Stadt seine eigene *charter* verfassen oder eine bereits vorhandene erweitern kann. Bezüglich der Legitimation der kommunalen Zuständigkeiten hat der Supreme Court von Texas entschieden:

> „The powers of such city are derived through the passage of the constitutional amendment. The amendment constitutes the rule of the local inhabitants of the city, and it is no longer necessary for the Legislature to confer powers upon them to act, or is it necessary to look at the acts of the Legislature for a grant of power.“[298]

---

[294] Michigan Constitution, Art VII, § 23; Sabaugh v. City of Dearborn, 167 N.W.2d 826 (1969).
[295] Colorado: City of Ft. Collins v. Public Utils. Comm'n, 195 P. 1099 (1921).
[296] Antieau on Local Government Law, § 3.04.
[297] Pitre v. Baker et al., 111 S.W.2d 359 (1937).
[298] Yellow Cab Transit Co. v. Tuck, 115 S.W.2d 455 (1938).

Die verfassungsrechtliche Vorschrift ist daher unmittelbar wirksam, eine gesetzliche Umsetzung muss nicht erfolgen. Einige Verfassungen sehen eine Bestätigung der *charter* durch den Gesetzgeber des jeweiligen Bundesstaates vor.

Besitzt eine kommunale Gebietskörperschaft eine *charter*, die auf die Verfassung gestützt ist, so können die darin festgelegten Rechte nicht durch den Gesetzgeber wieder entzogen werden. Eine Entscheidung aus Ohio brachte dies wie folgt zum Ausdruck:

> „by reasons of Sections 3 and 7 of art. XVIII of the Ohio Constitution,[299] a charter city has *all* powers of local self-government, except to the extent that those powers are taken from it or limited by other provisions of the Constitution or by statutory limitations on the powers of a municipality which the Constitution has authorized the General Assembly to impose."[300]

Kommunale Gebietskörperschaften in Bundesstaaten, die unmittelbar geltende Verfassungsnormen oder Gesetze mit grundlegenden kommunalen Zuständigkeiten enthalten, benötigen in der Regel keine *charters*, da durch diese ihnen nicht umfangreichere Rechte zugesprochen werden können, als ihnen ohnehin schon durch Verfassung oder Gesetz gewährt werden.[301] Dennoch können diese Gebietskörperschaften in der Regel *charters* verfassen. Meist dienen die *charters* dann der inneren Organisation der kommunalen Gebietskörperschaft.[302] So enthalten die Verfassungen der Bundesstaaten Arizona, Missouri, Nebraska und Texas Klauseln, die den kommunalen Gebietskörperschaften die Möglichkeit für das Verfassen einer *charter* einräumt.[303]

D) Zusammenfassung des 2. Kapitels

Begriff und Umfang der kommunalen Selbstverwaltung sind in den Vereinigten Staaten innerhalb der einzelnen Bundesstaaten sehr unterschiedlich ausgeprägt. Kommt in einem Bundesstaat die *Dillon's Rule* zur Anwendung, so

---

[299] Art. XVIII Section 3 der Verfassung von Ohio lautet: „Municipalities shall have the authority to exercise all powers of local self-government and to adopt and enforce within their limits such local police, sanitary and other similar regulations, as are not in conflict with general laws"; Section 7 lautet: „Home Rule. Any municipality may frame and adopt or amend a charter for its government and may, subject to the provision of section 3 of this article, exercise thereunder all powers of local self-government."

[300] Bazell v. Cincinnati, 13 Ohio St. 2d 63„ 233 N.E.2d 864 (1968).

[301] Perrysburg v. Ridgway 108 Ohio St. 245, 140 N.E. 595 (1923).

[302] Antieau on Local Government Law, § 3.02.

[303] Antieau on Local Government Law, § 3.03.

wird ein grundlegend anderer Ansatz als in der EKC gewählt. Es können zwar umfangreiche Rechte vorhanden sein, die nach eigenem Ermessen ausgeübt werden. Kommunale Aufgaben wie auch kommunales Ermessen können jedoch durch die bundesstaatlichen Gesetzgeber eingeschränkt werden. Eine Allzuständigkeit kommunaler Gebietskörperschaften ist nicht gewährleistet.

Folgt ein Bundesstaat der *home rule*, ist zu unterscheiden: Gelangt das *imperium in imperio*-Modell mit dem Prinzip der Allzuständigkeit zur Anwendung, kann von kommunaler Selbstverwaltung nach EKC-Maßstab ausgegangen werden. Ist jedoch eine ausdrückliche Zuweisung nach der Ultra-vires-Doktrin notwendig, ist dem Erfordernis der Allzuständigkeit nicht genüge getan. Im Rahmen des *NLC*-Modells verfügen zwar die kommunalen Gebietskörperschaften über eine Allzuständigkeit, jedoch steht es dem Gesetzgeber frei, sich in örtliche Angelegenheiten einzumischen. Zwar erfolgt dies im Rahmen der Gesetze, allerdings kann das Eindringen in den örtlichen Bereich so weit gehen, dass kommunale Selbstverwaltung nicht mehr gewährleistet ist. Es sind keine Mechanismen vorhanden, die ein zu starkes Eindringen der bundesstaatlichen Gesetzgeber in die rein örtlichen Angelegenheiten der kommunalen Gebietskörperschaften verhindern.

Insgesamt können sich in *home rule*-Bundesstaaten kommunale Gebietskörperschaften nur dann auf Selbstverwaltungsrechte berufen, wenn sie gewisse Voraussetzungen – wie zum Beispiel das Erreichen einer Mindesteinwohnerzahl – erfüllen. Solche Bedingungen sind der EKC fremd.

Eine Anerkennung des Grundsatzes der kommunalen Selbstverwaltung auf Bundesebene ist nicht vorhanden. In *Dillon's Rule*-Bundesstaaten ist der Grundsatz weder verfassungsrechtlich noch einfachgesetzlich kodifiziert. In *home rule*-Bundesstaaten ist oftmals die von der EKC bevorzugte verfassungsrechtliche Verankerung des Grundsatzes der kommunalen Selbstverwaltung gegeben. Hier ist zwischen unmittelbar und mittelbar anwendbaren *home rule*-Rechten zu unterscheiden. Bei der zweiten Möglichkeit ist eine Umsetzung durch den Gesetzgeber notwendig, damit sich kommunale Gebietskörperschaften vollumfänglich auf die verfassungsrechtlichen Vorschriften berufen können. In gesetzlichen *home rule*-Bundesstaaten erfolgt eine einfachgesetzliche Normierung des Grundsatzes der kommunalen Selbstverwaltung.

Die grundlegenden Zuständigkeiten kommunaler Gebietskörperschaften sind ebensowenig auf Bundesebene festgeschrieben wie der Grundsatz der kommunalen Selbstverwaltung. Auch das erfolgt je nach Bundesstaat in der Verfassung, den Gesetzen oder *charters*.

3. Kapitel: Übertragene Aufgaben

A) Allgemeines

Kommunale Aufgaben lassen sich in zwei Bereiche einteilen: Zum einen erfüllen kommunale Gebietskörperschaften eigene, zum anderen übertragene Aufgaben (sog. Aufgabendualismus[304]). Nach Art. 4 Abs. 4 EKC sollen die auf die kommunalen Gebietskörperschaften übertragenen Aufgaben umfassend und ausschließlich sein. Als übertragene Aufgaben im Sinn der EKC sind all diejenigen Aufgaben anzusehen, die originär staatliche Aufgaben sind und nicht solche, die naturgemäß den kommunalen Gebietskörperschaften zustehen. Es handelt sich um Aufgaben, die auf einer höheren Ebene als auf der kommunalen angesiedelt sind.[305]

Dieses in der EKC zum Ausdruck kommende Verständnis von eigenen und übertragenen kommunalen Aufgaben verdeutlicht einen ganz wesentlichen Unterschied zu dem amerikanischen Recht: Originär kommunale Aufgaben sind hier nicht vorhanden. In den Vereinigten Staaten wird grundsätzlich davon ausgegangen, dass alle Aufgaben, die von den kommunalen Gebietskörperschaften ausgeübt werden, von den Bundesstaaten auf die Kommunen übertragen werden müssen. Dabei kann, wie im vorangegangenen Kapitel dargestellt, unterschiedlich vorgegangen werden: In *Dillon's Rule*-Bundesstaaten muss eine ausdrückliche, gesetzliche Übertragung aller Aufgaben erfolgen, die von den kommunalen Gebietskörperschaften ausgeführt werden sollen bzw. dürfen. In *home rule*-Bundesstaaten geschieht das entweder auch ausdrücklich – wenn auch durch wesentlich weiter gefasste Vorschriften – oder es wird den kommunalen Gebietskörperschaften eine Allzuständigkeit zugesprochen. Aber auch wenn das der Fall ist, haben die Kommunen keine originären Rechte, da die Allzuständigkeit von dem bundesstaatlichen Gesetzgeber oder durch die bundesstaatliche Verfassung ausdrücklich anerkannt sein muss. Folgendes Urteil des US-Supreme Court verdeutlicht diese Ansicht:

> „A municipal corporation, in the exercise of all of its duties, including those most strictly local, is but a department of the State. The legislature may *give* [a local government] all the powers such a being is capable of receiving, making it a miniature state within its locality. Again, it may strip it of every power, leaving it a corporation in name only; and it may

[304] Siehe Knemeyer, Bayerisches Kommunalrecht, Rn. 142.
[305] Weiß, Einführung und Umsetzung der Europäischen Charta der kommunalen Selbstverwaltung in Deutschland, Seite 150; zu übertragenen Aufgaben im bayerischen Kommunalrecht siehe Widtmann, Grasser, Bayerische Gemeindeordnung, Art. 8 BayGO Rn. 1.

create or recreate these changes as often as it chooses, or it may itself exercise within the locality any or all the powers usually committed to a municipality. . . "[306]

Hierdurch wird deutlich, dass kommunale Gebietskörperschaften zwar über umfangreiche Aufgabenbereiche verfügen können, dass diese jedoch von den Bundesstaaten „gegeben“ (*give*) – also übertragen – werden müssen. Nur einige wenige Gerichte haben entschieden, dass bestimmte Aufgaben kommunalen Gebietskörperschaften immanent sind. Dabei kann es sich aber nie um weitreichende Selbstverwaltungsaufgaben handeln.

Hierdurch wird deutlich, dass die Trennung zwischen eigenen und übertragenen Aufgaben, wie sie von der EKC vorausgesetzt wird, in den Vereinigten Staaten nicht vorgenommen werden kann. Dennoch kann – zumindest in einem begrenzten Maß – zwischen Aufgaben, die auf kommunaler Ebene und solchen, die auf höheren Ebenen angesiedelt sind, unterschieden werden. Dabei ist ähnlich wie etwa im bayerischen Kommunalrecht an die Örtlichkeit bzw. Überörtlichkeit der jeweiligen Aufgabe anzuknüpfen.[307] Somit kann unter Umständen auch im amerikanischen Recht zwischen eigenen und übertragenen Aufgaben unterschieden werden, wenn auch die Begriffe „eigen“ und „übertragen“ nicht im Sinne der EKC ausgelegt werden können.

Bei der Frage, was in den Vereinigten Staaten als eigene Aufgaben und was als übertragene Aufgaben bezeichnet werden kann, ist zwischen den Doktrinen zu unterscheiden, nach denen den kommunalen Gebietskörperschaften die Aufgaben zuerkannt werden.

B) Übertragene Aufgaben im Anwendungsbereich der *Dillon's Rule*

Wie im vorangegangenen Kapitel dargestellt, werden die Ansprüche der EKC, die an den Begriff der kommunalen Selbstverwaltung gestellt werden, bei Anwendung der *Dillon's Rule* nicht erfüllt. Die Aufgaben können nicht als eigene Aufgaben im Sinne der EKC qualifiziert werden. Darüberhinaus würde der Begriff der eigenen Aufgabe im Sinn der EKC ein gewisses Maß an Eigenständigkeit bei Ausführung der Aufgaben nach sich ziehen. In der EKC verwendete Wortwendungen wie „das Recht und die Fähigkeit . . . einen wesentlichen Teil der öffentlichen Angelegenheiten . . . zu regeln und zu gestalten“ oder „das Recht, sich mit allen Angelegenheiten zu befassen“ sind im Rahmen der *Dillon's Rule* nicht denkbar. Die Kommunen können keine Rechte für sich in Anspruch nehmen, die sie vor einem Eindringen der Bundesstaaten in die

[306] Barnes v. District of Columbia, 91 U.S. 540 (1875).

[307] Siehe Art. 7 Abs. 1 i.V.m. Art. 57, Art. 83 BV und Art. 8 Abs. 1 i.V.m. Art. 58 BayGO.

von ihnen ausgeübten Aufgaben schützen könnten. Dies zeigt, dass es sich schon rein begrifflich nicht um eigene Aufgaben handeln kann. Aus dem Wort „eigen" ergibt sich, dass eine Abgrenzung zum Staat und dessen Aufgaben möglich sein muss. Kann aber in allen Bereichen, in denen die kommunalen Gebietskörperschaften tätig sind, der Bundesstaat Einfluss nehmen – wie es in *Dillon's Rule* Bundesstaaten der Fall ist – bleibt kein Raum für eigene Aufgaben der kommunalen Gebietskörperschaften. Die Gebietskörperschaften sind zum Handeln und zur Ausführung von bestimmten, begrenzten Aufgaben nur deswegen berufen, weil sie dem Bundesstaat dienen und diesen bei der Verwaltung des bundesstaatlichen Gebietes unterstützen sollen.

Dennoch kann eine Abgrenzung zwischen eigenen und übertragenen Aufgaben in Hinsicht auf die Örtlichkeit bzw. Überörtlichkeit kommunaler Aufgaben möglich sein. Dabei ist jedoch zu betonen, dass es niemals einen Kernbestand kommunaler Aufgaben geben kann, der vor Eingriffen der Bundesstaaten schützt. Grundsätzlich können den Kommunen alle Aufgaben übertragen werden, gleichzeitig können ihnen allerdings auch alle Aufgaben wieder entzogen werden. Die Übertragung einzelner Aufgaben an die kommunalen Gebietskörperschaften begründet daher kein Recht auf Erhalt dieser Aufgaben. Eine Trennung zwischen eigenen und übertragenen Aufgaben kann nur in der Hinsicht vorgenommen werden, dass zwischen Aufgaben unterschieden wird, die im örtlichen bzw. im überörtlichen Bereich wurzeln. Diese Unterscheidung hat jedoch keinerlei rechtliche Konsequenz für die kommunalen Gebietskörperschaften.

Die Aufgaben kommunaler Gebietskörperschaften in *Dillon's Rule* Bundesstaaten erfüllen auch nicht die Voraussetzungen, die die EKC an die übertragenen Aufgaben stellt. Zwar sind die Aufgaben oftmals umfassend und ausschließlich, jedoch gibt es keine Vorschriften, die hierfür Garantien aussprä: chen. Es besteht kein Schutz gegen Aushöhlung der übertragenen Aufgaben durch andere Stellen. Die in der EKC enthaltene Formulierung, dass eine Aushöhlung von übertragenen Aufgaben nicht zulässig sein soll, es sei denn, dass diese durch Gesetz vorgesehen ist, wird allgemein als redaktioneller Fehler gesehen, so dass auch eine Aushöhlung durch Gesetz nicht als EKC-konform angesehen werden kann.[308]

Eine Aushöhlung in der Form, dass kommunale Aufgaben aus dem Verantwortungsfeld der Gebietskörperschaften herausgelöst werden und an andere Stellen übertragen werden, ist nicht außergewöhnlich und wird regelmäßig durch die Rechtsprechung bestätigt. Den bundesstaatlichen Gesetzgebern steht es frei, neue Behörden zu gründen und Beamte hierfür zu ernennen. Diese Be-

[308] Blair, Vorbereitung der Charta im Rahmen des Europarats und gegenwärtiger Stand der Unterzeichnung und Ratifikation, Seite 45; Weiß, Einführung und Umsetzung der Europäischen Charta der kommunalen Selbstverwaltung in Deutschland, Seite 159.

hörden können sogar Aufgaben übernehmen, die nach unserem Verständnis dem Kernbereich der kommunalen Selbstverwaltung angehören. So wurde die Gründung von separaten Polizeibehörden[309] durch die Gerichte bestätigt, ebenso wie die von Behörden, die für die Verwaltung öffentlicher Anlagen – wie zum Beispiel von Parkanlagen – zuständig waren.[310] Auch wenn einige Gerichte dieser Ansicht nicht folgten,[311] wird es zumindest in *Dillon's Rule* Bundesstaaten als ureigenes Recht der bundesstaatlichen Gesetzgeber angesehen, auf diese Art die eigenen *und* übertragenen Zuständigkeitsbereiche der Gebietskörperschaften einzuschränken.[312] Die Gesetzgeber haben auch die Möglichkeit, Teile oder die Gesamtheit der kommunalen Zuständigkeiten an sich zu nehmen und selbst auszuüben.[313] Aushöhlung der übertragenen Aufgaben und Delegation an regionale oder zentrale Stellen sind daher ohne weiteres möglich.

C) Übertragene Aufgaben im Anwendungsbereich der *home rule*

Schwieriger ist die Differenzierung zwischen eigenen und übertragenen Aufgaben in Bundesstaaten, die der *home rule* folgen. In *home rule*-Bundesstaaten, in denen das *imperium in imperio*-Modell zur Anwendung gelangt, wird man zur Unterscheidung zwischen eigenen und übertragenen Aufgaben an die Örtlichkeit anknüpfen können, da hier Aufgaben des örtlichen Bereichs in den Zuständigkeitsbereich der kommunalen Gebietskörperschaften fallen. Je nach Ausgestaltung der – meist verfassungsrechtlichen – Vorschriften, die die Aufgaben den Kommunen zuteilen, ihnen bei der Ausübung Eigenständigkeit zusichern und es den Bundesstaaten verbieten, sich in diese örtlichen Angelegenheiten einzumischen, wird man bei den örtlichen Angelegenheiten von eigenen Aufgaben sprechen können.

Handelt es sich um einen *home rule*-Bundesstaat nach dem *NLC*-Modell, ist bei der Frage nach der Abgrenzung zwischen eigenen und übertragenen Aufgaben nicht an die Örtlichkeit bzw. Überörtlichkeit einer Aufgabe anzuknüpfen. Eine Abgrenzung hiernach ist nicht möglich, da Aufgaben dem Grundsatz nach nur dann in den Zuständigkeitsbereich der kommunalen Gebietskörperschaften fallen, solange diese nicht einer Regelung des bundesstaat-

---

[309] State v. Jost, 175 S.W. 591 (1915).

[310] Commonwealth v. Plaisted, 148 Mass 375 (1889).

[311] State v. Denny, 21 NE 274, 277 ff (1889) (Hierbei handelt es sich um Fälle, die aus der Zeit stammen, in der den Kommunen ein inhärentes Recht auf kommunale Selbstverwaltung zugesprochen wurde. Die Fälle besitzen daher heute keine Aktualität mehr.

[312] Sands and Libonati, Local Government Law § 3.03.

[313] Barnes v. District of Columbia, 91 U.S. 540 (1875); Town of Morehead City v. North Carolina Dept. Of Transportation, 327 S.E.2d 602 (1985); Town of Morristown v. Shelton, 1 Head 24 (1858).

lichen Gesetzgebers unterliegen. Es ist daher nicht ein eigener Wirkungskreis der kommunalen Gebietskörperschaften in dem Sinn vorhanden, dass ein fest definierbarer Bereich, sei es nach dem Kriterium der Örtlichkeit, der Gemeinschaft oder nach einem anderen, vorhanden wäre. Da hierdurch nur eingeschränkt die Voraussetzungen der kommunalen Selbstverwaltung erfüllt werden, kann auch nicht von eigenen Aufgaben im Sinne der EKC die Rede sein, da Voraussetzung hierfür auch eine Abgrenzbarkeit zu Staatsaufgaben und ein gewisser Schutz gegen Einflüsse des Staates bzw. der Bundesstaaten gegeben sein müsste. Es widerspricht dem Sinn des Wortes „eigen“, würde man die Abgrenzung zwischen eigenen und übertragenen Aufgaben nur nach dem Kriterium vornehmen, ob ein bundesstaatlicher Gesetzgeber einen Aufgabenbereich durch gesetzgeberisches Tätigwerden an sich gezogen hat. Eigener Aufgabenbereich muss auch bedeuten, dass zunächst der Aufgabenbereich definiert werden kann und dann entschieden wird, ob der bundesstaatliche Gesetzgeber Regelungsbefugnis über einen Aufgabenbereich hat. Verfährt man anders herum, in dem man den eigenen Aufgabenbereich einer kommunalen Gebietskörperschaft danach definiert, ob der bundesstaatliche Gesetzgeber dieses Gebiet für sich in Anspruch genommen hat, kann dies dem Sinn eines „eigenen“ Wirkungskreises nicht gerecht werden.

Dennoch kann man zwischen zwei Kategorien von Aufgaben unterscheiden, zwischen eigenen – wenn auch nicht EKC-konformen – und zwischen übertragenen. Diese Unterscheidung gilt gleichermaßen für das *NLC*- und für das *imperium in imperio*-Modell. So kommt es vor, dass kommunale Gebietskörperschaften bundesstaatliche Aufgaben erledigen, um eine effizientere und sachgerechtere Verwaltung, die die Vorteile des Vor-Ort-Seins nutzen kann, zu erreichen. So muss beispielsweise in Massachusetts vor jeder Hochzeit eine *marriage license* erteilt werden. Hierbei handelt es sich um eine bundesstaatliche Aufgabe, die jedoch von den kommunalen Gebietskörperschaften ausgeführt wird, um deren vorhandene Verwaltungsstrukturen zu nutzen. Allerdings gilt das gleiche wie in *Dillon's Rule*-Bundesstaaten oder *imperium in imperio home rule*-Bundesstaaten: Es sind keine Schutzmechanismen entwickelt worden, die den kommunalen Gebietskörperschaften weder den vollen Umfang und die Ausschließlichkeit der übertragenen Aufgaben noch den Schutz vor Aushöhlung dieser Aufgaben zusichern könnten. Sind in den Verfassungen der einzelnen Bundesstaaten keine entgegenstehenden Vorschriften enthalten, so gilt auch hier, dass es den Bundesstaaten frei steht, übertragene Aufgabenbereiche aus den Zuständigkeitsbereichen der kommunalen Gebietskörperschaften herauszulösen und diese an andere zentrale oder regionale Stellen zu übertragen. Der Supreme Court von Wyoming urteilte hierzu:

„In deed it is not at all unusual to have boards and commissions performing governmental functions as long as the taxing power and other purely municipal functions are not involved."

D) Zusammenfassung des 3. Kapitels

Je nach Rechtslage in den einzelnen Bundesstaaten ist eine Differenzierung zwischen eigenen und übertragenen Aufgaben teilweise gar nicht möglich. In *Dillon's Rule*-Bundesstaaten können alle kommunalen Aufgaben – unabhängig ob eigene oder übertragene – anderen regionalen oder zentralen Stellen übertragen werden. Ein Schutz gegen Aushöhlung ist hier sowohl bei eigenen als auch übertragenen Aufgaben nicht vorhanden.

In *home rule*-Bundesstaaten kann man – zum Teil nur mit Einschränkungen – zwischen eigenen und übertragenen Aufgaben der kommunalen Gebietskörperschaften im Sinne der EKC unterscheiden. Übertragene Aufgaben können durch den Gesetzgeber ohne weiteres an andere zentrale oder regionale Stellen übertragen werden. Ein Schutz oder Anspruch auf Erhalt der übertragenen Aufgaben der kommunalen Gebietskörperschaften besteht nicht.[314]

[314] Antieau on Local Government Law, § 13.03(1).

4. Kapitel: Verwaltungsaufsicht über kommunale Gebietskörperschaften

Werden den kommunalen Gebietskörperschaften Selbstverwaltungsrechte zugesprochen, so üben sie einen Teil der Staatsgewalt aus. Bei der Erfüllung der Selbstverwaltungsaufgaben muss daher sichergestellt sein, dass die Einhaltung des Rechts gegeben ist. Verwaltungsaufsicht ist nicht Bestandteil kommunaler Selbstverwaltung, sondern notwendiges Gegengewicht, um die staatliche Ordnung zu gewährleisten. Um den Bestand der Selbstverwaltungsrechte kommunaler Gebietskörperschaften sicherzustellen, darf jedoch die Verwaltungsaufsicht nur in bestimmten Grenzen ausgeübt werden. Es ist daher ein Gleichgewicht zwischen Umfang der Verwaltungsaufsicht zur Einhaltung der staatlichen Ordnung auf der einen Seite und Gewährleistung kommunaler Autonomie auf der anderen Seite herzustellen.[315] Die Themenkomplexe kommunale Aufgabenerfüllung, kommunale Selbstverwaltung und deren Begriffsbestimmung und Umfang sind daher mit dem Bereich der Verwaltungsaufsicht der Kommunen eng verbunden. Denn der Umfang kommunaler Autonomie wird auf der einen Seite durch die positive verfassungsrechtliche oder gesetzliche Gewährung der Selbstverwaltungsrechte, auf der anderen Seite durch die Möglichkeit der freien Ausübung dieser Rechte bestimmt, indem die staatliche Aufsicht über die kommunalen Gebietskörperschaften beschränkt ist. Aufgrund dieses Zusammenhangs zwischen der Verwaltungsaufsicht und dem Umfang der Selbstverwaltungsrechte bzw. der Selbstverwaltungsaufgaben wäre daher eine Betrachtung der Selbstverwaltungsrechte ohne die Untersuchung der Eingriffsrechte der Verwaltung in die kommunale Selbstverwaltung unvollständig.

In der Bundesrepublik Deutschland wird daher die staatliche Aufsicht als Korrelat zur Selbstverwaltung aufgefasst.[316] Es gilt der Grundsatz des möglichst geringen Eingriffs.[317] Neben repressiven Maßnahmen beinhaltet die Verwaltungsaufsicht auch eine Schutz- und Förderungsfunktion der kommunalen Gebietskörperschaften.[318] Die Aufsichtsbehörden sollen durch ihr Tätigwerden die Entscheidungskraft und Selbstverantwortung der kommunalen Gebietskörperschaften fördern und stärken.[319]

Auch die EKC will den Umfang kommunaler Autonomie nicht durch die staatliche Aufsicht beeinträchtigen und beschränkt daher die Möglichkeit des Staates, sich im Rahmen der Verwaltungsaufsicht in kommunale Angelegenheiten einzumischen. Zunächst ist nach Art. 8 Abs. 1 EKC die Verwaltungsauf-

---

[315] Siehe hierzu auch Knemeyer, Staatsaufsicht über Kommunen, JuS 2000, Seite 521, 522.
[316] BVerfGE 6; 104, 118, NVwZ 1989, 45; siehe auch Gern, Deutsches Kommunalrecht, Rn. 802.
[317] Knemeyer, Bayerisches Kommunalrecht, Rn. 400.
[318] Widtmann, Grasser, Art. 108 Rn. 1.
[319] Knemeyer, Bayerisches Kommunalrecht, Rn. 401.

sicht unter einen Gesetzesvorbehalt gestellt. Dabei spielt es keine Rolle, ob sich die Aufsicht auf eigene oder übertragene Angelegenheiten bezieht. Nach Art. 8 Abs. 2 Satz 1 EKC darf Verwaltungsaufsicht über kommunale Gebietskörperschaften nur bezwecken, die Einhaltung der Gesetze und Verfassungsgrundsätze sicherzustellen. Art. 8 Abs. 2 Satz 2 EKC bestimmt, dass bei übertragenen Aufgaben auch eine Zweckmäßigkeitskontrolle vorgenommen werden kann.

Im Folgenden soll untersucht werden, ob die Verwaltungsaufsicht über kommunale Gebietskörperschaften in den Vereinigten Staaten lediglich der Einhaltung der Gesetze bei der Ausübung kommunaler Selbstverwaltungsrechte dient – und somit mit den Grundsätzen der Verwaltungsaufsicht, wie sie in der EKC geregelt werden, vergleichbar ist – oder ob nicht die Aufsicht über kommunale Gebietskörperschaften auch der Möglichkeit der Einflussnahme und der Einmischung der Bundesstaaten in örtliche Angelegenheiten dient und daher eine Beeinträchtigung der zuvor erläuterten kommunalen Selbstverwaltung darstellt.

Eine dogmatische Trennung zwischen Rechtmäßigkeit und Zweckmäßigkeit verwaltungsrechtlicher Aufsicht über kommunale Gebietskörperschaften ist in den Vereinigten Staaten nicht vorhanden. Dennoch sind in einigen Bundesstaaten verfassungsrechtliche Vorschriften – so genannte *ripper clauses* – enthalten, die die verwaltungsrechtliche Aufsicht über kommunale Gebietskörperschaften einschränken. Allerdings liegt es allein im Ermessen der Bundesstaaten, ob solche Verfassungsvorschriften geschaffen werden. Hat sich ein Bundesstaat für eine derartige Restriktion entschieden, darf die verwaltungsrechtliche Aufsicht über kommunale Gebietskörperschaften diese nicht in der Ausübung ihrer Selbstverwaltungsrechte und Zuständigkeiten einschränken. Das kommt einem Verbot der verwaltungsrechtlichen Zweckmäßigkeitsprüfung gleich. In anderen Bundesstaaten darf hingegen die Verwaltung in kommunale Selbstverwaltungsrechte und Zuständigkeiten eingreifen.

A) Bundesstaatliche Verfassungen ohne *ripper clause*

Sind in einer bundesstaatlichen Verfassung keine Beschränkungen enthalten, so steht es dem Gesetzgeber frei, der Verwaltung das Recht einzuräumen, Aufsicht über kommunale Gebietskörperschaften zu führen. Die Verwaltungsaufsicht kann dann sowohl die Rechtmäßigkeit als auch die Zweckmäßigkeit kommunalen Handelns zum Gegenstand haben.

Es steht in der Macht der bundesstaatlichen Gesetzgeber, Verwaltungseinheiten zu schaffen und Aufgaben auf diese zu übertragen, die ursprünglich den kommunalen Gebietskörperschaften zuerkannt waren.[320] Hierdurch ist mehr als

[320] Sands and Libonati, Local Government Law, § 3.20; People v. Roth, 94 N.E. 953.

nur ein massiver Eingriff in kommunale Ermessensentscheidungen möglich, da die gesamte Entscheidung von vornherein auf eine andere Ebene übertragen werden kann.

Ein Gebiet, auf dem häufig durch verwaltungsrechtliche Aufsicht in Ermessensentscheidungen kommunaler Gebietskörperschaften eingegriffen wird, ist das der öffentlichen Versorgungsbetriebe. In vielen Bundesstaaten hat der Gesetzgeber so genannte *public utility commissions* geschaffen, die in Bezug auf kommunale Versorgungsbetriebe nicht nur beratend und unterstützend den kommunalen Gebietskörperschaften zur Seite stehen, sondern über weitgehende Regelungskompetenzen verfügen. So kann in einigen Bundesstaaten die Frage nach der Notwendigkeit und Dienlichkeit von Versorgungsbetrieben (zum Beispiel von Wasserversorgung, Müllentsorgung, öffentlichen Nahverkehr) durch diese übergeordneten Verwaltungseinheiten entschieden werden.[321] Auch kann die Genehmigung für die Errichtung eines kommunalen Versorgungsbetriebs dem Ermessen einer bundesstaatlichen oder überregionalen Verwaltungseinheit obliegen.[322] In einigen Bundesstaaten kann durch die Verwaltungsaufsicht die Höhe der Gebühren festgelegt werden, die für die Nutzung von Leistungen eines kommunalen Versorgungsbetriebs erhoben werden.[323] In New Jersey zum Beispiel können Verträge zwischen Versorgungsunternehmen und kommunalen Gebietskörperschaften durch entsprechende Aufsichtsbehörden abgeändert werden.[324]

---

[321] Antieau on Local Government Law, § 13.06.

[322] Newport Home Water Co. v. Pennsylvania Pub. Utils. Comm'n, 102 A.2d 221 (1954).

[323] So bestimmt zum Beispiel das Gesetz in Indiana (Indiana Code Ann. § 8-1-11.1-3): „The board of directors for utilities shall have, within and outside such city as provided in this chapter, the exclusive government, management, regulation, and control of all public utilities consisting of any waterworks, gasworks, electric light works, heating and power plants of any kind or character, telephone and other systems of communication, and local transportation systems of any kind operated upon, above, or below any street or territory within the city, or outside the city within the limits authorized by law, and all property held by and relating or belonging thereto. Any of which public utilities any such city may acquire or construct for the service of the public as consumers, users, or patrons, and including any public utility and all property which such city may hold as trustee for the benefit of the inhabitants of such city. Such board of directors may furnish and sell service and products of and make all necessary construction, reconstruction, repairs, renewals, enlargements, extensions, or additions to any such plant or property of any such public utility so owned or at any time so held in trust, which in the judgment of the board of directors is desirable or necessary for the proper conduct of such business and the proper serving of the inhabitants of the city and adjacent, contiguous, or suburban communities or territory within the county wherein such city is situated and served, or reasonably capable of being served, in any manner by or with respect to any such utility."

[324] Application of Borough of Saddle River, 362 A.2d 552 (1976).

Einschränkung: gesetzlich bestimmte Standards für das Verwaltungshandeln

Das Recht des Gesetzgebers, der Verwaltung Aufsichtsrechte über kommunale Gebietskörperschaften einzuräumen, ist nur durch den Grundsatz der Gewaltenteilung beschränkt. Legislative Befugnisse können nicht auf die Verwaltung übertragen werden, sondern müssen bei dem bundesstaatlichen Gesetzgeber verbleiben. Die Aufsicht muss von gesetzlichen Standards geleitet werden, die den Rahmen für die Verwaltungsaufsicht setzen.[325] Zudem muss verfahrensrechtliche Sicherheit darüber herrschen, dass die Verwaltungseinheit innerhalb ihres gesetzlichen Rahmens und Zwecks handelt. Ist das der Fall, können der Verwaltung umfangreiche Aufsichtsrechte über kommunale Gebietskörperschaften eingeräumt werden, auch solche, die die Zweckmäßigkeit des kommunalen Handelns überprüfen können.[326]

Die Grenze, dass der Verwaltungsaufsicht keine legislativen Befugnisse eingeräumt werden dürfen, ist daher nicht geeignet, die Verwaltungsaufsicht über eigene Aufgaben nur auf die Rechtmäßigkeitsprüfung kommunalen Handelns zu begrenzen, da im Rahmen der zu setzenden Standards der Verwaltung die Befugnis eingeräumt werden kann, die Ermessensentscheidungen kommunaler Gebietskörperschaften zu ersetzen.

B) Verfassungsrechtliche Einschränkungen: *ripper clause*

I. Verwaltungsaufsicht über örtliche Angelegenheiten

Enthalten bundesstaatliche Verfassungen die Einschränkung, dass die Verwaltung im Wege aufsichtsrechtlicher Maßnahmen nicht in kommunale Selbstverwaltungsangelegenheiten eingreifen darf (so genannte *ripper clause*), so wird auch hier nicht ausdrücklich zwischen Zweckmäßigkeit und Rechtmäßigkeit kommunalen Handelns unterschieden. Solche Verfassungsvorschriften enthalten lediglich den Grundsatz, dass die Verwaltung sich nicht in kommunale Zuständigkeiten einmischen oder kommunale Gebietskörperschaften beaufsichtigen darf. Im Ergebnis jedoch läuft das auf ein Verbot der Zweckmäßigkeitskontrolle durch die Verwaltung hinaus.

Die erste bundesstaatliche Verfassung, die eine Einschränkung der verwaltungsrechtlichen Aufsicht über kommunale Gebietskörperschaften beinhaltete, war die von Pennsylvania aus dem Jahr 1874. Sie war Vorbild für eine Reihe von anderen Verfassungen, die vergleichbare Einschränkungen der verwal-

[325] Hogan v. South Dakota State Bd. Of Transp., 245 N.W.2d 493 (1976).
[326] Westring v. James, 238 N.W.2d 695 (1976).

tungsrechtlichen Kontrolle über kommunale Gebietskörperschaften aufnahmen. Die Verfassungsvorschrift aus Pennsylvania enthält folgenden Wortlaut:

> „The General Assembly shall not delegate to any special commission, private corporation or association, any power to make, supervise or interfere with any municipal improvement, money, property or effects, whether held in trust or otherwise, or to levy taxes or perform any municipal functions whatever."[327]

Die Aufnahme solcher Klauseln in bundesstaatliche Verfassungen wird mit dem Schutz des Grundsatzes der kommunalen Selbstverwaltung begründet. Einschränkungen der verwaltungsrechtlichen Aufsicht sollen das Eindringen durch die Verwaltung in ureigene Selbstverwaltungsbereiche verhindern.[328] Dies erinnert an eine Entscheidung des Bayerischen Verfassungsgerichtshofs, dass die Rechtsaufsicht nicht in einer „Einmischungsaufsicht" münden dürfe.[329] Die verfassungsrechtlichen Klauseln wurden als Bekenntnis der Bundesstaaten zum Prinzip der kommunalen Selbstverwaltung[330] und als Reaktion auf das Verlangen der kommunalen Gebietskörperschaften nach bundesstaatlicher Unabhängigkeit betrachtet.[331] Dementsprechend wurde von einem kalifornischen Gericht der Zweck dieser Vorschrift wie folgt definiert:

> „[. . .] to prevent the state legislature from interfering with local governments by the appointment of its own special commissions for the control of purely local matters and to emancipate governments from the authority and control formerly exercised over them by the legislature."[332]

Bereits in dem Fall *Board of Park Commissioners of Detroit v. Common Council of New York*[333] wurde 1873 entschieden, dass verwaltungsrechtliches Handeln nicht unbeschränkt in kommunale Selbstverwaltungsrechte und Zuständigkeiten eingreifen könne. Der Fall gilt als Ursprung dieses Grundsatzes und genießt auch heute noch Aktualität. In Detroit oblagen die Schaffung und

---

[327] Pennsylvania Constitution Art. III § 31; siehe beispielsweise auch Colorado Constitution, Art. 5 § 35.

[328] In re Pfahler, 150 Cal 71, 88 P 270 (1906); Department of Public Works v. City of Los Angeles, 179 Cal.App.2d 558 (1960).

[329] Urteil vom 15. 12. 1988, BayVBl. 1989, Seite 237 ff.

[330] Logan City v. Public Utilities Commission, 271 P. 961 (1928); County Water System v. Salt Lake City, 278 P.2d 285 (1954).

[331] People v. City of Los Angeles, 4 Cal.Rptr. 531.

[332] People of the State of California v. City of Los Angeles, 179 Cal. App. 2d 558 (1960).

[333] Board of Park Commissioners of Detroit v. Common Council of Detroit, 28 Mich. 228 (1873).

der Unterhalt von Grünanlagen der Stadt bzw. dem Stadtrat. Durch ein bundesstaatliches Gesetz wurde eine Behörde geschaffen, die in das Ermessen des Stadtrats in Bezug auf städtische Grünflächen eingreifen konnte. Die Kompetenz der Behörde ging so weit, dass sie über den Kauf bestimmter Grünflächen für die Stadt entscheiden durfte. Bezüglich der städtischen Grünflächen wurden der Kommission allumfassende Kontrollrechte zugesprochen.

Auch wenn in dem Urteil anerkannt wurde, dass es dem bundesstaatlichen Gesetzgeber obliege, die Rechte des Stadtrats zu beeinträchtigen, war es nach Ansicht der Richter nicht die einzige Funktion einer kommunalen Gebietskörperschaft, dem Bundesstaat zu dienen. Vielmehr sei Zweck einer kommunalen Gebietskörperschaft, Angelegenheiten örtlicher Natur zu regeln, für die der Bundesstaat rechtlich nicht verantwortlich sei:

> „But we also endeavored to show [. . .], that though municipal authorities are made use of in State government, and as such are under complete State control, they are not created exclusively for that purpose, but have other objects and purposes peculiar local, and which the State at large, [. . .], is legally no more concerned than it is in the individual and private concerns of its several citizens."[334]

Das Gericht verglich den Eingriff in die kommunale Ermessensausübung mit dem Eingriff in Rechte von Privatpersonen. Eingriffe der Verwaltung in Angelegenheiten kommunaler Gebietskörperschaften seien dann nicht erlaubt, wenn es sich um rein örtliche Angelegenheiten handle. Ansonsten wäre die verfassungsrechtliche Garantie des Grundsatzes der kommunalen Selbstverwaltung sinn- und wertlos.

Aus vergleichbaren Entscheidungen lässt sich ableiten, dass die Gerichte eine Kontrolle kommunaler Aufgaben durch die Verwaltung unter einer *ripper clause* dann für nicht zulässig erachten, wenn diese Aufgabenerfüllung gewählten Kommunalpolitikern anvertraut ist.[335] So urteilte der Supreme Court von Wyoming, dass die Ausübung verwaltungsrechtlicher Aufsicht nach der *ripper*

---

[334] Board of Park Commissioners of Detroit v. Common Council of Detroit, 28 Mich. 228 (1873); Weiter urteilte der Supreme Court von Michigan:„ [. . .] while it is a fundamental principle of this State, recognized and perpetuated by express provision of the constitution, that the people of every hamlet, town and city of the State are entitled to the benefits of local self-government, the constitution has not pointed out the precise extent of local power and capacities, but has left them to be determined in each case by the legislative authority of the State, from considerations of the general policy, as well as those which pertain to the local benefit and local desires."

[335] Uhls v. State ex rel. City of Cheyenne, 429 P.2d 74 (1967); Stewart v. City of Cheyenne, 154 P.2d 355 (1944).

clause der bundesstaatlichen Verfassung[336] sich nicht auf örtliche Zuständigkeiten beziehen dürfe, wenn dies zur Folge habe, dass örtliche Angelegenheiten durch Verwaltungsbeamte ausgeübt werden, die nicht der Kontrolle der Einwohner der Kommune unterliegen.[337]

In einem anderen Fall unterlagen alle Handlungen einer kommunalen Gebietskörperschaft in Bezug auf ein kommunales Elektrizitätswerk der Genehmigungspflicht einer übergeordneten Behörde. Auch dies wurde als ein unzulässiger Eingriff in die Selbstverwaltungsrechte einer kommunalen Gebietskörperschaft angesehen, da die Kommune nicht mehr befugt war, ihr eigenes Ermessen auszuüben. Dies wurde angesehen als

> „ [. . .] a direct supervision over and an interference with the municipal improvements and property and the performance of municipal functions and affairs forbidden by the Constitution."[338]

II. Verwaltungsaufsicht in überörtlichen Angelegenheiten

Existiert ein derartiger verfassungsrechtlicher Schutz, so ist dieser nur auf die eigenen, örtlichen Aufgaben zu beziehen. Es steht den Bundesstaaten frei, das Ermessen kommunaler Gebietskörperschaften einzuschränken, wenn es sich um übertragene Aufgaben handelt.[339] Diesen Grundsatz brachte ein Gericht wie folgt zum Ausdruck:

> „Indeed it is not at all unusual to have boards and commissions performing governmental functions as long as the taxing power and other purely governmental functions are not involved."[340]

Hieraus ergibt sich, dass auch in den Vereinigten Staaten – ebenso wie in der EKC oder im deutschen Recht, z.B. in Art. 109 Abs. 1 und 2 BayGO – im Rahmen einer *ripper clause* zwischen eigenen und übertragenen Aufgaben unterschieden wird. Ein Eingriff in das kommunalrechtliche Ermessen ist nur bei Aufgaben des übertragenen Wirkungskreises möglich. Eine Einmischung durch die Verwaltungsaufsicht in eigene, rein örtliche Angelegenheiten wird bei dem Vorhandensein einer *ripper clause* nicht geduldet.

[336] Wyoming Constitution Art. III § 37.
[337] Uhls v. State ex rel. City of Cheyenne, 429 P.2d 74 (1967).
[338] Logan City v. Public Utility Commission of Utah, 271 P. 961 (1928).
[339] Antieau on Local Government Law, § 13.03(1); siehe zum Beispiel: People ex rel. S.F. Bay Conservation and Dev. Comm'n v. Town of Emeryville, 446 P.2d 790 (1968).
[340] State ex rel. Fire Fighters Local No. 946 v. City of Laramie, 437 P.2d 295 (1968).

Balancing of interest test

In einigen Bundesstaaten haben die Gerichte den so genannten *balancing of interest test* entwickelt, unter dem die Zulässigkeit verwaltungsrechtlicher Aufsicht in kommunale Zuständigkeiten im Rahmen der *ripper clause* abgewogen wird. Ein Eingreifen in kommunale Ermessensentscheidungen wird dann für erlaubt angesehen, wenn das hinter dem Verwaltungseingriff stehende bundesstaatliche Interesse überwiegt. So muss nach Ansicht des Supreme Court von Utah folgendes bei der Abwägung berücksichtigt werden:

> „[. . .] the relative abilities of the state of municipal governments to perform the function, the degree which the performance of the function affects the interests of those beyond the boundaries of the municipality, and the extent to which the legislation under attack will intrude upon the ability of the people within the municipality to control through their elected officials the substantive policies that affect them uniquely. This last factor should serve to ensure due deference to paramount purpose of the ripper clause, as it has been interpreted in Utah: to prevent interference with local self-government."[341]

Folglich können bundesstaatliche oder regionale Verwaltungseinheiten nur dann in kommunale Zuständigkeiten eingreifen, wenn ihr Interesse dem der kommunalen Gebietskörperschaften vorgeht. Diese Abwägung wiederum nahm das Gericht anhand der Unterscheidung vor, ob der Streitgegenstand eine Angelegenheit örtlicher oder überörtlicher Natur ist. Handle es sich um eine Angelegenheit örtlicher Natur, so könne nach der verfassungsrechtlichen *ripper clause* kein Eingriff in kommunales Ermessen von Seiten der Verwaltung erfolgen, da das Interesse der kommunalen Gebietskörperschaft überwiege. Habe die Angelegenheit jedoch Interesse über die Grenzen der kommunalen Gebietskörperschaft hinaus, so würde das Handeln der Verwaltung keinen unerlaubten Eingriff in das kommunale Selbstverwaltungsrecht darstellen. Damit läuft auch beim *balancing of interest test* die Abgrenzung, wann staatliches Eingreifen im Rahmen der Verwaltungsaufsicht zulässig ist, auf die Abgrenzung zwischen eigenen und übertragenen Angelegenheiten kommunaler Gebietskörperschaften hinaus. Handelt es sich um eigene Angelegenheiten, kann das kommunale Ermessen nicht angefochten oder ersetzt werden. Fachaufsicht durch die Verwaltung ist dann hingegen möglich, wenn es sich um überörtliche Angelegenheiten handelt.[342]

---

[341] City of West Jordan v. Utah State Retirement Board, 767 P.2d 530 (1988).
[342] City of West Jordan v. Utah State Retirement Board, 767 P.2d 530 (1988).

C) Zusammenfassung des 4. Kapitels

Ob die verfassungsrechtlich oder einfachgesetzlich zugesicherten Selbstverwaltungsrechte ohne Eingriffe und Beeinträchtigungen durch staatliche Aufsicht ausgeübt werden können und inwieweit sie Effektivität entfalten, hängt von dem Vorhandensein eines verfassungsrechtlichen *ripper clause* ab.

Beinhaltet eine bundesstaatliche Verfassung keine Grenzen des verwaltungsrechtlichen Aufsichtsrechts über kommunale Gebietskörperschaften, steht es dem Gesetzgeber frei, Verwaltungseinrichtungen mit Rechten auszustatten, die es diesen erlauben, sowohl die Rechtmäßigkeit als auch die Zweckmäßigkeit kommunalen Handelns zu überprüfen.

Bestimmt das bundesstaatliche Verfassungsrecht, dass die Verwaltung durch Aufsichtsmaßnahmen nicht in die Angelegenheiten kommunaler Gebietskörperschaften eingreifen kann, beinhaltet dies das Verbot der Zweckmäßigkeitskontrolle kommunalen Handelns, ähnlich wie es auch in Art. 8 Abs. 2 EKC enthalten ist. Art. 8 Abs. 2 Satz 1 EKC beinhaltet, dass jede Verwaltungsaufsicht nur die Einhaltung der Gesetze und Verfassungsgrundsätze sicherstellen darf. Satz 2 der Vorschrift sieht vor, dass durch die Verwaltungsaufsicht eine Zweckmäßigkeitskontrolle erfolgen darf, wenn es sich um die Erfüllung übertragener Aufgaben handelt. Wie in Deutschland und nach EKC bezieht sich die verfassungsmäßige Beschränkung der Verwaltungsaufsicht im Rahmen einer *ripper clause* nur auf die eigenen Aufgaben, nicht hingegen auf die übertragenen. Dabei zielt eine *ripper clause* ebenso wie Art. 8 Abs. 2 EKC darauf ab, dass die kommunalen Gebietskörperschaften ihre Aufgaben eigenverantwortlich erfüllen können.[343]

[343] Art. 8 Abs. 2 EKC steht somit in Zusammenhang mit Art. 3 Abs. 1 EKC, der als Teil der Definition der kommunalen Selbstverwaltung die Erfüllung öffentlicher Angelegenheiten durch die kommunalen Gebietskörperschaften „in eigener Verantwortung" beinhaltet.

5. Kapitel: Rechtsschutz der kommunalen Gebietskörperschaften

Die vorangegangenen Kapitel haben die unterschiedlichen Ausprägungen der kommunalen Selbstverwaltung in Hinsicht auf die Anerkennung des Prinzips der kommunalen Selbstverwaltung, dessen gesetzliche oder verfassungsrechtliche Verankerung und die grundlegenden Zuständigkeiten der Kommunen in den Vereinigten Staaten aufgezeigt. Im Folgenden soll sich nun der Frage gewidmet werden, inwieweit die Regelungen, die den Kommunen Selbstverwaltungsrechte zusprechen, auch durchsetzbar sind. Denn ebenso wichtig wie die Gewährung dieser Rechte ist für die kommunalen Gebietskörperschaften die Möglichkeit, die in den Verfassungen oder Gesetzen anerkannten Selbstverwaltungsrechte bei Verletzung dieser durchsetzen zu können, um sich so gegen rechtswidrige Eingriffe des Staates und der staatlichen Aufsicht zur Wehr zu setzen. Das ist nur in einem ausreichenden Maße möglich, wenn ihnen der Rechtsweg zu den ordentlichen Gerichten offen steht. Die Möglichkeit der gerichtlichen Durchsetzung kommunaler Selbstverwaltungsrechte ist daher ein wesentlicher Indikator dafür, ob es sich bei dem Prinzip der kommunalen Selbstverwaltung um einen innerhalb der staatlichen Ordnung anerkannten und in dieser verwurzelten Grundsatz handelt. Der zum Beispiel im vorangegangenen Kapitel behandelte verfassungsrechtliche Schutz eines *ripper clause* ist nur dann ein effektiver Schutz vor dem Eingriff der Verwaltung in Selbstverwaltungsrechte, wenn bei Verletzung dieser verfassungsrechtlichen Norm auch der betroffenen kommunalen Gebietskörperschaft die Möglichkeit gegeben ist, ihre Rechte gerichtlich einzufordern.

In diesem Kapitel wird sich der Frage gewidmet, inwieweit den US-amerikanischen kommunalen Gebietskörperschaften Rechtsschutz zusteht, wenn die in Verfassungen, Gesetzen oder *charters* anerkannten Zuständigkeiten und Selbstverwaltungsrechte verletzt werden. Steht ihnen ein vergleichbarer Rechtsschutz zu, wie er in Art. 11 EKC zum Ausdruck kommt?

Geht es um die gerichtliche Durchsetzbarkeit von Selbstverwaltungsrechten in den Vereinigten Staaten, ist der Schutz der Kommunen nur sehr schwach ausgeprägt. Die gerichtliche Durchsetzbarkeit von Rechten der kommunalen Selbstverwaltung ist in den Vereinigten Staaten zum einen auf Bundesebene und zum anderen auf der Ebene der Bundesstaaten denkbar.

Die Grundsätze der kommunalen Selbstverwaltung und die Ausübung der kommunalen Aufgaben können zum einen durch gesetzgeberisches Tätigwerden und zum anderen durch Verwaltungshandeln verletzt werden.

A) Rechtsschutz gegen Legislativakte

I. Bundesstaatliche Regelungen

1. Grundsatz

Im *common law* herrscht der Grundsatz, dass kommunale Gebietskörperschaften als Untereinheiten der Bundesstaaten kein immanentes Recht besitzen, welches ihnen Aktiv- oder Passivlegitimation überträgt. Nach dieser Regel kann eine Gebietskörperschaft nur dann klagen oder verklagt werden, wenn das eine Vorschrift in den Verfassungen oder den Gesetzen der Bundesstaaten oder in einer *charter* ausdrücklich bestimmt.[344]

Eine Minderzahl von Gerichten hingegen hat die gegenteilige Auffassung vertreten und dargelegt, dass kommunale Gebietskörperschaften ein immanentes Recht zu klagen besitzen.[345] Diese Gerichte haben geurteilt, dass die Aktivlegitimation kommunaler Gebietskörperschaften mit deren Existenz einhergeht.[346]

Unabhängig davon, welche Ansicht in einem Bundesstaat vorherrschend ist, wird den Gebietskörperschaften in den bundesstaatlichen Gesetzen oder Verfassungen sowohl die Aktiv- als auch Passivlegitimation übertragen.[347] So bestimmt zum Beispiel das Gesetz in Georgia:

> „Every county is a body corporate, with the power to sue and be sued in any court."[348]

In Mississippi sagt das Gesetz:

> „Every municipality of this state [. . .] shall have the power to sue and to be sued."[349]

---

[344] Antieau on Local Government Law § 71.01(1); Broward County v. Wickman, 195 F.2d 614 (1952), Kern County Land Co. v. Lake County, 375 P.2d 817 (1962).
[345] Antieau on Local Government Law § 71.01(1); Jersey City v. Hague, 115 A.2d 8, 16 (1955).
[346] Barlow v. Friendship Heights Citizens' Commission, 344 A.2d 415 (1975).
[347] Antieau on Local Government Law § 71.01(1); Fla. Stat. Ann. §§ 125.01(1)(b): "The legislative and governing body of a county shall have the power to carry on county government. To the extent not inconsistent with general or special law, this power includes, but is not restricted to, the power to: (b) provide for the prosecution and defense of legal causes in behalf of the county or state and retain counsel to set their compensation; § 125.15: The county commissioner shall sue and be sued in the name of the county of which they are commissioners [...]."
[348] Georgia Code Ann. § 36-1-3.
[349] Mississippi Code Ann. § 21-17-1 (1).

Ganz herrschende Ansicht ist jedoch, dass weder von derartigen allgemeinen Vorschriften noch von der Ansicht, die den Gebietskörperschaften ein immanentes Recht zum Klagen einräumt, das Recht umfasst ist, eine Klage gegen den Bundesstaat anstrengen zu dürfen, in dem die Gebietskörperschaft gelegen ist.

Da die Zuständigkeiten und Selbstverwaltungsrechte von den Bundesstaaten anerkannt werden, besitzen deren Gesetzgeber die Kontrolle über die kommunalen Gebietskörperschaften. Somit sind es auch nur die Bundesstaaten, die die Kommunen in der freien Ausübung ihrer Zuständigkeiten einschränken und Grundsätze der kommunalen Selbstverwaltung missachten können. Einschränkungen können sich zum einen durch tatsächliches Handeln oder vor allem durch gesetzgeberisches Tätigwerden der Bundesstaaten ergeben. Damit ist es den kommunalen Gebietskörperschaften dem Grundsatz nach unmöglich, die freie Ausübung ihrer Zuständigkeiten und die Achtung der Selbstverwaltungsgrundsätze, die ihnen an anderer Stelle zugesprochen wurden, gerichtlich durchzusetzen.

Selbst wenn Selbstverwaltungsrechte in der Verfassung eines Bundesstaates verankert sind, haben die kommunalen Gebietskörperschaften meist keine Möglichkeit, diese Rechte bei Verletzung gegen den Bundesstaat gerichtlich durchzusetzen. Erlassen die Bundesstaaten Gesetze, die die sich aus der Verfassung ergebenden Rechte beeinträchtigen, so sind die Gebietskörperschaften in den meisten Fällen machtlos, da sie die Verfassungsmäßigkeit eines Gesetzes vor Gericht nicht in Frage stellen können.[350] So urteilte der Supreme Court von Maryland:

> „A subdivision or other arm of the state does not, in general, have standing to contest the constitutionality, under either the federal or the state constitution, of any act of the state."[351]

Diese grundsätzliche Regel ist in fast allen Bundesstaaten gleichermaßen anerkannt.[352] Es handelt sich hierbei um die ganz vorherrschende Rechtsprechung der obersten Gerichte der Bundesstaaten.[353] Auf bestehende Ausnahmen wird später eingegangen. Das Richterrecht, welches sich in den vergangenen 100 Jahren hierzu gebildet hat, nimmt besonderen Einfluss auf dieses Rechtsgebiet und bremst die Fähigkeit der kommunalen Gebietskörperschaften, gerichtlich

350 Town of Black Brook v. State of New York, 362 N.E.2d 579 (1977).

351 Board of Education v. Secretary of Personnel, 562 A.2d 700 (1989).

352 Black River Regulating Dist. v. Adirondack League Club, 307 N.Y. 475 (1954).

353 Lawrence: Do "Creatures of the State" have Constitutional Rights? Standing for Municipalities to Assert Procedural Due Process Claims against the State, 47 VLLR 93.

gegen die Bundesstaaten vorzugehen, erheblich.[354] Handelt es sich nur um einfachgesetzlich niedergelegte Selbstverwaltungsrechte, so kann der Bundesstaat diese aufgrund des zuvor dargelegten Verhältnisses bei der Zuweisung von Kompetenzen zwischen Bundesstaat und Gebietskörperschaft durch erneute Gesetzgebung abändern oder zurückziehen, ohne an die vorherige Gesetzgebung gebunden zu sein. Ein Klagerecht der Gebietskörperschaften kommt hier gar nicht in Betracht.

2. Ausdrückliche gesetzliche Ermächtigung zum Rechtsschutz kommunaler Gebietskörperschaften

Für die gerichtliche Einforderung von Selbstverwaltungsrechten ergibt sich nur dann etwas anderes, wenn eine ausdrückliche gesetzliche Ermächtigung vorliegt, die es den Gebietskörperschaften ermöglicht, gegen den Bundesstaat vor Gericht zu ziehen.[355] Somit wird auf dem gesamten Bundesgebiet der Vereinigten Staaten die Frage, ob eine kommunale Gebietskörperschaft gerichtlich gegen den Bundesstaat, in dem sie gelegen ist, vorgehen kann, einheitlich mit der Anwendung der *Dillon's Rule* beantwortet. Dies ist grundsätzlich unabhängig davon, ob die Gebietskörperschaft ansonsten *home rule*-Rechte besitzt oder nicht.

3. *Charter*-Gebietskörperschaften

Auch für kommunale Gebietskörperschaften, die ihre Selbstverwaltungsrechte aus *charters* ableiten, gilt kein höheres Maß an gerichtlichem Schutz. Es wurde von Seiten der *charter*-Gebietskörperschaften argumentiert, die *charters* könnten als ein Vertrag zwischen den Kommunen und dem Bundesstaat angesehen werden, in dem die Kommunen die dort genannten Rechte zugesichert bekommen. Die Gerichte haben es den kommunalen Gebietskörperschaften jedoch verweigert, die Beeinträchtigung der in den *charters* genannten Rechte als eine Vertragsverletzung des Bundesstaates gegenüber einer kommunalen Gebietskörperschaft anzusehen und somit hiergegen gerichtlich vorgehen zu können. Daher kann eine Kommune auch aus ihrer *charter* keine Rechte ableiten, die sie zu gerichtlichen Schritten gegen den Bundesstaat, in dem sie gelegen ist, befugt. Auch die eigenen Aufgaben bleiben immer Gegenstand legislativer Kontrolle des Bundesstaates. So entschied ein New Yorker Gericht:

---

[354] Olson: Procedural Barriers to Suits against the State by Local Government, 62 Brook. L. Rev. 431.
[355] Albany County v. Hooker, 204 N.Y. 1 (1912).

„The rights and franchises of a municipal corporation, being granted for the purpose of government can never become vested rights as against the state that they cannot be taken away, nor does the charter of a municipality constitute a contract in the sense of the constitutional provision which prohibits the obligation of contracts being violated." [356]

Damit sind kommunale Gebietskörperschaften, die der *home rule* unterliegen, in Bezug auf den Rechtsschutz nicht besser gestellt als solche, auf die die *Dillon's rule* anzuwenden ist.

4. Begründung des mangelnden Rechtsschutzes: die *no capacity rule*

Die fehlende Klagebefugnis der Gebietskörperschaften gegen einen Bundesstaat wird mit dem zweigliedrigen Staatsaufbau in den Vereinigten Staaten begründet, bestehend aus Bund und Bundesstaaten. Kommunale Gebietskörperschaften werden nach der *creature of the state rule* als „Kreaturen" oder „Geschöpfe" der Bundesstaaten angesehen, die als untergeordnete „Abteilungen" oder „Instrumente" zur besseren Verwaltung der bundesstaatlichen Gebiete dienen und den Bundesstaaten unterworfen sind.[357] Da die kommunalen Gebietskörperschaften keine eigene Stufe in der Hierarchie des Staatsaufbaus einnehmen, sondern in ihrer Existenz von den Bundesstaaten abhängig sind, wird gefolgert, dass sie auch kein originäres Recht haben, vor Gericht ihre Selbstverwaltungsrechte, die ihnen durch Verfassungen oder Gesetze zugesprochen werden, einzufordern. Die Anerkennung von Zuständigkeiten und Selbstverwaltungsrechten durch die Bundesstaaten auf darunter angesiedelte *local governments* wird nicht als eine Ausstattung der kommunalen Gebietskörperschaften mit bestimmten Rechten in dem Sinn angesehen, dass die Kommunen anschließend diese Rechte und Befugnisse gegenüber dem Bundesstaat geltend machen und einfordern können. Eine solche Anerkennung von Rechten wird verglichen mit der Beauftragung eines fremdnützigen Treuhänders, der die ihm übertragenen Zuständigkeiten für das öffentliche Wohl auszuüben hat, nicht jedoch als seinen eigenen Vorteil ansehen darf und nicht nach seinem Willen ausüben kann. Wie lange kommunale Gebietskörperschaften Selbstverwaltungsrechte ausüben dürfen oder in welcher Art und Weise sie abgeändert werden, obliegt weiterhin den Bundesstaaten, die trotz der Anerkennung von kommunalen Selbstverwaltungsrechten weiter uneingeschränkt über die Kom-

[356] Matter of City of Rochester v. Public Service Com., 83 N.Y.S.2d 436.
[357] Lawrence: Do "Creatures of the State" Have Constitutional Rights? Standing for Municipalities to Assert Procedural Due Process Claims against the State, 74 VLLR 93, 96.

munen verfügen können.[358] Selbstverwaltungsrechte werden somit in der Regel den kommunalen Gebietskörperschaften nicht in dem Sinn zuerkannt, dass diese sich anschließend darauf berufen und sie einfordern können. Vielmehr handelt es sich um eine Delegation von Aufgaben, deren primärer Zweck darin liegt, die Bundesstaaten zu entlasten und ihnen bei der Aufgabenerfüllung zu helfen. Dieser Grundsatz der bundesstaatlichen Vormachtstellung ist allgemein durch höchstrichterliche Rechtsprechung sowohl in den Bundesstaaten als auch auf Bundesebene anerkannt.[359]

Der US-Supreme Court hat daher in einem Fall wie folgt geurteilt:

> „The number, nature and duration for the powers conferred upon municipal corporations and the territory over which they shall be exercised rests in the absolute discretion of the State. Neither their charters, nor any law conferring governmental powers, or vesting in them property to be used for governmental purpose, or authorizing them to hold or manage such property, or exempting them from taxation upon it, constitutes a contract with the State within the meaning of the Federal Constitution. The State, therefore, at its pleasure may modify or withdraw all such powers, may take without compensation such property, hold it itself, or vest it in other agencies, expand or contract the territorial area, unite the whole or part of it with another municipality, repeal the charter or destroy the corporation. All this may be done, conditionally or unconditionally, with or without the consent of the citizens, or even against their protest. In all these respects the State is supreme, and its legislative body, conforming its action to the State constitution, may do as it will, unrestrained by any provision of the United States. The power is in the State and those who legislate for the State are alone responsible for any unjust or oppressive exercise of it."[360]

Weiter heißt es:

> "A municipal corporation is simply a subdivision of the State, and it exists by virtue of the exercise of the power of the State through its legislative department. The legislature could at any time terminate the existence of the corporation itself, and provide other and different means for the government of the district comprised within the limits of the former city. The city is the creature of the State.“[361]

---

[358] Black River Regulating Dist. v. Adirondack League Club, 307 N.Y. 475 (1954).
[359] Black River Regulating Dist. v. Adirondack League Club, 307 N.Y. 475 (1954).
[360] City of Trenton v. New Jersey, 262 U.S. 182.
[361] City of Trenton v. New Jersey, 262 U.S. 182.

Hierdurch wird deutlich, dass die Verfassung der Vereinigten Staaten die kommunalen Gebietskörperschaften nicht vor dem Einfluss der Bundesstaaten schützt.

Dogmatisch begründet wird die mangelnde Fähigkeit der kommunalen Gebietskörperschaften, als verwaltungsrechtliche Untereinheiten gerichtlich gegen die Bundesstaaten vorzugehen, mit der *no capacity rule*.[362] Zu Beginn des vergangenen Jahrhunderts aufgestellt, folgen auch heute noch die ganz überwiegende Anzahl der Gerichte dieser Regel.[363] Sie ist Ausfluss zweier Prinzipien:

Zum einen steht die Ansicht über die Stellung der kommunalen Gebietskörperschaften innerhalb der Bundesstaaten hinter dieser Regel. Mit der Schaffung von kommunalen Gebietskörperschaften üben die Bundesstaaten lediglich ihre Befugnis aus, mit der sie gewisse Regierungsfunktionen an die kommunalen Gebietskörperschaften delegieren können. Hierin ist nichts weiter als eine geeignete und günstige Art der Ausübung der Regierungsgewalt zu sehen.[364] Die kommunalen Gebietskörperschaften handeln auch in Ausübung ihrer Selbstverwaltungsrechte lediglich als untergeordnete Einheiten der Bundesstaaten und sind nichts weiter als Bestandteile derer. Einen eigenen Aufgabenkreis, der es den kommunalen Gebietskörperschaften erlauben würde, diesen auch gegen den bundesstaatlichen Gesetzgeber zu „verteidigen", gibt es nicht. Alle Aufgaben, die von den Gebietskörperschaften ausgeübt werden, stehen ihnen nicht aufgrund ihrer Stellung und Funktion im Staat zu, sondern nur, weil sie ihnen von den Bundesstaaten, sei es durch Gesetz oder Verfassung, eingeräumt wurden. Dabei spielt es keine Rolle, ob den Kommunen diese Rechte nur ausdrücklich zugesprochen wurden, wie es bei der *Dillon's Rule* geschieht, oder ob eine allgemeine Aufgabenzuweisung durch *home rule*-Vorschriften oder *charters* erfolgte.

In der Ausübung ihrer Befugnisse und sogar in ihrer Existenz derart abhängig von den Bundesstaaten, wird den kommunalen Gebietskörperschaften die Kompetenz, vor Gericht gegen ihre „Schöpfer" vorzugehen, abgesprochen. Aufgrund dieser Abhängigkeit fällt es den Gerichten schwer, den Gebietskörperschaften ausdrückliche oder implizite Rechte einzuräumen, die ihnen Prozessfähigkeit im Verhältnis zu den Bundesstaaten zusprechen.

Zum anderen steht der verfassungsrechtliche Grundsatz der Gewaltenteilung hinter der *no capacity rule*. Da die Bundesverfassung der Vereinigten Staaten zu dem Thema der inneren bundesstaatlichen Organisation schweigt, geht man aufgrund des Enumerationsprinzips der US-Verfassung davon aus,

---

[362] „Capacity" bedeutet Rechtsfähigkeit.

[363] Olson: Procedural Barriers to Suits against the State by Local Government, 62 Brook. L. Rev., 431.

[364] Albany County v. Hooker, 204 N.Y. 1 (1912).

dass es allein den bundesstaatlichen Gesetzgebern überlassen ist, wie der Rechtsschutz der kommunalen Gebietskörperschaften ausgestaltet wird. Diese Handlungsfreiheit der Bundesstaaten darf nicht von der Rechtsprechung beeinträchtigt werden, in dem ihr die Aufgabe zugesprochen wird, den Rechtsschutz der Kommunen zu beanstanden und über Kompetenzfragen im Verhältnis zwischen Bundesstaat und kommunalen Gebietskörperschaften zu entscheiden und somit den Rechtsschutz der kommunalen Gebietskörperschaften über das Maß hinaus auszudehnen, welches von den bundesstaatlichen Gesetzgebern gewollt ist. Würden also Gerichte über Streitigkeiten zwischen Bundesstaat und kommunaler Gebietskörperschaft entscheiden, so würde dies das verfassungsrechtliche Prinzip der Gewaltenteilung verletzen.

Gerichte haben Klagen von kommunalen Gebietskörperschaften zum einen aufgrund mangelnder *capacity to sue* – also aufgrund mangelnder Prozessfähigkeit der Gebietskörperschaften – zurückgewiesen, da ihnen dieses Recht nicht von den Bundesstaaten zuerkannt wurde.[365] Zum anderen wurden Klagen gegen die Bundesstaaten mangels *standing* – also wegen mangelnder Klagebefugnis – zurückgewiesen. Die Gerichte verfolgen hier keine klare Linie und lassen die Grenzen zwischen den beiden Begriffen verwischen. Da die Mehrzahl der Gerichte eine Klage meist aufgrund mangelnder Prozessfähigkeit scheitern lässt, wird im Folgenden nur auf diese eingegangen. Weisen Gerichte die Klage einer kommunalen Gebietskörperschaft aufgrund mangelnder Klagebefugnis zurück, so tun sie das unter Heranziehung der gleichen Argumente.

Zwei Kategorien der *no capacity rule*

Die *no capacity rule* wird von den Gerichten der einzelnen Bundesstaaten nicht einheitlich angewendet. Es haben sich zwei Kategorien herausgebildet, die sich durch die Konsequenz der Anwendung unterscheiden lassen. Einer Ansicht nach ist in Ermangelung einer ausdrücklichen gesetzlichen oder verfassungsrechtlichen Ermächtigung ein gerichtliches Vorgehen einer Kommune gegen einen Bundesstaat nicht möglich. Es liegt dann – je nach Ansicht des Gerichts – entweder keine Klagebefugnis oder keine Prozessfähigkeit der kommunalen Gebietskörperschaft vor.[366] Eine andere Ansicht kommt grundsätzlich zu dem gleichen Ergebnis, lässt aber Ausnahmen von dieser strikten Anwendung der *Dillon's Rule* auf dem Gebiet des Rechtsschutzes kommunaler Gebietskörperschaften zu.

[365] Community Bd. 7 v. Schaffer, 84 N.Y.2d 148, 155, 615 N.E.S.2d 644 (1994).
[366] Olson: Procedural Barriers to Suits against the State by Local Government, 62 Brook. L. Rev., 431.

a) Die strenge *no capacity rule*

Die erstgenannte, strenge Auslegung der *no capacity rule* folgt der *creature of the state rule*. Eine Klage gegen die Bundesstaaten ist nach dieser Ansicht nicht möglich, da es sich bei den Gebietskörperschaften lediglich um Untereinheiten, um „Geschöpfe" der Bundesstaaten handle, deren Daseinsberechtigung nur darin liege, dem Bundesstaat, ihrem „Schöpfer", in der Ausführung seiner Aufgaben zu unterstützen und nur nach dessen Willen zu handeln. Daher kann ein gerichtliches Vorgehen gegen diesen „Schöpfer" nicht möglich sein.

Ein Gericht in Massachusetts führte aus, dass eine kommunale Gebietskörperschaft nicht die Verfassungsmäßigkeit eines Gesetzes anzweifeln könne, da die Kommunen nach dem Belieben des Gesetzgebers existierten. Wenn also eine Kommune ihre Existenz dem Gesetzgeber verdankt, so kann sie nicht dessen Handlungen angreifen oder in Frage stellen.

Eine Ausnahme besteht nur dann, wenn eine ausdrückliche gesetzliche Ermächtigungsnorm vorhanden ist. Diese Ansicht wird sowohl von dem US-Supreme Court als auch von vielen obersten Gerichten der Bundesstaaten geteilt. Der US-Supreme Court urteilte daher, die Prozessfähigkeit kommunaler Gebietskörperschaften auf bundesstaatlicher Ebene hänge allein davon ab, ob der bundesstaatliche Gesetzgeber hier diese Rechte den Gebietskörperschaften zugesprochen habe.[367] Somit kann weder Bundesrecht noch die Rechtsprechung von Bundesgerichten darauf Einfluss nehmen, in welchem Umfang Gebietskörperschaften zur Durchsetzung bundesstaatlicher Rechte vor bundesstaatlichen Gerichten berechtigt sind. Diese Entscheidung wurde durch viele weitere bestätigt. So hieß es in einer anderen Entscheidung, dass kommunale Gebietskörperschaften als „Kreaturen des Staates" weder ausdrückliche noch implizite Befugnis hätten, gegen diesen vor Gericht zu ziehen. Das Gericht ging sogar noch weiter, indem es urteilte, dass die betroffene Gebietskörperschaft nicht einmal in dem Umfang über ihre Finanzen verfügen könne, der es ihr erlaube, Geldmittel für einen Rechtsstreit gegen den Bundesstaat aufzuwenden.[368] Andere Gerichte sind zu dem gleichen Ergebnis gekommen mit der Begründung, dass eine kommunale Gebietskörperschaft als Teil eines Bundesstaates auch die gleichen Interessen wie dieser vertreten müsse und somit eine abweichende Meinung auf einem bestimmten Rechtsgebiet nicht möglich sei.[369] Ähnlich urteilte der Supreme Court von Wyoming als er feststellte, dass eine kommunale Gebietskörperschaft als Teil des Staates identisch mit diesem sei und somit

[367] Williams v. Mayor and City Council of Baltimore, 289 U.S. 36 (1933).
[368] East Jackson Public Schools v. State, 348 N.W.2d 303 (1984).
[369] Town of Wickenburg v. State, 565 P.2d 1326 (1977).

auch keine abweichende Ansicht über eine Rechtsfrage haben könne. Eine Klage gegen den Bundesstaat sei somit ausgeschlossen.[370]

Resultat dieser engen Ansicht ist, dass ein Bundesstaat absolute Macht über seine Gebietskörperschaften ausübt und diese kein rechtliches Gehör erhalten können, um Handlungen des Bundesstaates in Frage zu stellen. Kommunale Gebietskörperschaften müssen in dem Maße die Rechtsauffassung „ihres" Bundesstaates vertreten, dass eine Klage von vornherein sinnlos ist. Der bundesstaatliche Gesetzgeber kann daher praktisch jedes Gesetz erlassen, das die Selbstverwaltungsrechte der kommunalen Gebietskörperschaften beeinträchtigt, ohne dass die Kommunen eine Möglichkeit der gerichtlichen Überprüfung hätten.

b) *No capacity rule* mit Ausnahmen

Die obersten Gerichte anderer Bundesstaaten folgen zwar auch der *no capacity rule*, nehmen jedoch von einer strikten Anwendung Abstand und lassen in bestimmten Fällen Ausnahmen zu. Diese Ausnahmen werden im Folgenden daraufhin untersucht, ob sie den kommunalen Gebietskörperschaften Rechtsschutz einräumen, wenn es um die Verteidigung ihrer Selbstverwaltungsrechte oder Zuständigkeiten geht. Die Ausnahmen finden keine einheitliche Anwendung unter den Gerichten. Teilweise erkennen die Gerichte nur vereinzelt die folgenden Ausnahmen an.

(1) *Proprietary* Fragen

In vielen Bundesstaaten haben die kommunalen Gebietskörperschaften dann ein Recht auf gerichtlichen Schutz gegen den Bundesstaat, wenn *proprietary* Fragen berührt sind.[371] Hierbei handelt es sich um Fragen, die das wirtschaftliche Tätigwerden von Gebietskörperschaften betrifft. Steht eine kommunale Gebietskörperschaft mit dem Bundesstaat, in dem sie gelegen ist, in einer rein wirtschaftlichen Beziehung, vermietet zum Beispiel eine Kommune ein ihr gehörendes Gebäude an den Bundesstaat, so kann die kommunale Gebietskörperschaft die sich aus dem Vertragsverhältnis ergebende Streitigkeiten vor Gericht bringen.

---

370 State v. Board of County Com'rs of Johnson County, 642 P.2d 456 (1982).

371 City of New York v. State of New York, 86 N.Y.2d 286, 655 N.E.2d 649 (1995); County of Rennsselaer v. Regan, 578 N.Y.S.2d 274 (1991), bestätigt in: 607 N.E.2d 793 (1992); Town of Moreau v. County of Saratoga, 531 N.Y.S.2d 274 (1988).

Es geht in diesen Fällen um so genannte „nicht regierungstypische Aufgaben", die durch die kommunalen Gebietskörperschaften wahrgenommen werden. Die Gebietskörperschaften handeln im Rahmen ihrer *corporate capacity*. Werden sie jedoch in ihrer *governmental* und *political capacity* tätig, geht es also um die Ausübung von „Regierungsfunktionen" und somit auch um Selbstverwaltungsrechte, können sie in Ausübung dieser nicht gegen bundesstaatliche Instanzen klagen.

(2) Verfassungsverstöße durch die kommunalen Gebietskörperschaften

Eine weitere Ausnahme von der *no capacity rule* wird gemacht, wenn bei Anwendung einer bundesstaatlichen Norm die kommunale Gebietskörperschaft selbst gegen die Verfassung verstoßen würde.[372] Unter Verfassungsverstoß ist aber in diesem Zusammenhang nicht der Verstoß gegen eine Verfassungsnorm zu verstehen, die den Schutz der kommunalen Selbstverwaltung bezweckt. Eine Gebietskörperschaft kann daher nicht mit dem Argument durchdringen, sie würde bei Anwendung eines bundesstaatlichen Gesetzes gegen die Verfassung verstoßen, da ihr in der Verfassung zugesicherte Aufgaben und Selbstverwaltungsrechte verletzt werden.

(3) Implizite Ermächtigung

Zuletzt werden von einigen Gerichten Ausnahmen von der *no capacity rule* gemacht, wenn nicht nur eine ausdrückliche, sondern auch eine implizite Ermächtigung der Gebietskörperschaften zur Klage gegen den Bundesstaat vorhanden ist.

Bei der Ausnahme, die implizite Rechte für die Prozessfähigkeit oder Klagebefugnis einer kommunalen Gebietskörperschaft ausreichen lässt, könnte man zunächst davon ausgehen, dass hierunter die Geltendmachung der Selbstverwaltungsrechte fallen könnte, zumindest soweit sie in Gesetzen oder der Verfassung einzelner Bundesstaaten gewährleistet werden. Die Gerichte, die überhaupt eine Ausnahme zur *no capacity rule* zulassen, haben entschieden, dass es eines starken Beweises bedarf, dass die betroffene Gebietskörperschaft von dieser Ausnahmeregelung Gebrauch machen und gerichtlich gegen den bundesstaatlichen Gesetzgeber vorgehen darf, wenn dieser kommunale Selbstverwaltungsrechte missachtet. Ausnahmen werden unter den Voraussetzungen gemacht, dass erstens die gerichtlich geltend gemachte Frage in der Interessensphäre der Gebietskörperschaft liegt, die von der Norm geschützt werden soll;

[372] City of New York v. State of New York, 655 N.E.2d 649 (1995).

zweitens eine nachteilige Auswirkung auf die Kommunen vorliegt und drittens der Gesetzgeber nicht die Absicht verfolgt, die Möglichkeit einer richterlichen Überprüfung auszuschließen.[373] An der letzten Voraussetzung scheitert jedoch regelmäßig die Klagebefugnis der Gebietskörperschaften, da die *no capacity rule* gerade die Vermutung aufstellt, dass der Gesetzgeber die Möglichkeit der richterlichen Überprüfung ausschließen will.

Einige Gerichte haben jedoch gegenteilig geurteilt und die Prozessfähigkeit und Klagebefugnis einer kommunalen Gebietskörperschaft bejaht, wenn eine Verletzung der in der Verfassung verankerten *home rule*-Rechte vorlag.[374]

Ein Gericht, das dieses Vorgehen für zulässig erachtet hat und den Kommunen so ein Klagerecht gegen den Bundesstaat eingeräumt hat, ist der Supreme Court des Bundesstaates New York. Er entschied in einem Fall, dass eine kommunale Gebietskörperschaft die Verfassungsmäßigkeit eines Gesetzes dann gerichtlich in Frage stellen kann, wenn *home rule*-Rechte, die in der Verfassung des Bundesstaates verankert sind, durch das Gesetz unterlaufen würden. Dies ist nach Ansicht des Gerichts der Fall, wenn der bundesstaatliche Gesetzgeber ausdrücklich die in der Verfassung verankerten Selbstverwaltungsrechte gegen das Verbot der Verfassung an sich zieht und somit die in der Verfassung ausdrücklich genannten Befugnisse überschreitet.[375]

Die Verfassung des Bundesstaates New York, die den kommunalen Gebietskörperschaften *home rule*-Rechte einräumt, beinhaltet eine *Bill of Rights* für die kommunalen Gebietskörperschaften, in der ausdrücklich bestimmte kommunale Zuständigkeiten anerkannt werden.[376] Diese Rechte können zwar nach dem Wortlaut der Verfassung vom Gesetzgeber zurückgenommen und abgeändert werden, allerdings nur in einem bestimmten, in der Verfassung näher geregeltem Verfahren. Der Gesetzgeber des Bundesstaates hatte dagegen verstoßen, indem er den Kommunen ein in der Verfassung ausdrücklich zugewiesenes Recht durch den Erlass eines Gesetzes beeinträchtigte, ohne das hierfür vorgeschriebene Verfahren einzuhalten.[377] Das Gericht urteilte, dass die Verfassungsänderung von 1963 die Rechte der kommunalen Gebietskörperschaften ausdehnen sollte und die in der Verfassung verankerten Zuständigkeiten als Grundlage für eine stärkere und effektivere kommunale Selbstverwaltung dienen sollten. Aus diesem Grund hat das Gericht den Kommunen ein direktes politisches Interesse an der Sicherung ihrer *home rule*-Rechte zugespro-

---

[373] City of New York v. City Civil Service Commission, 458 N.E.2d 354, 470 N.Y.S.2d 113 (1983).
[374] Olson: Procedural Barriers to Suits against the State by Local Government, 62 Brook. L. Rev., 431.
[375] Town of Black Brook v. State of New York, 362 N.E.2d 579 (1977); siehe New York Constitution Art. IX, § 2, sub (b), par (1), § 3, sub (a).
[376] New York Constitution Art. IX, § 3, sub (a).
[377] Town of Black Brook v. State of New York, 362 N.E.2d 579 (1977).

chen. Ginge es daher wie hier um den Schutz verfassungsrechtlich verbürgter Rechte, so könne die Regel, dass den Kommunen grundsätzlich keine Klagebefugnis gegen bundesstaatliche Gesetze zustehe, nicht zur Anwendung gelangen.

Entscheidend für die Fähigkeit der kommunalen Gebietskörperschaften, gerichtlich gegen einen Bundesstaat vorzugehen, ist demnach auch, ob die Einhaltung verfassungsrechtlich verbürgter Standards faktisch nicht überprüft werden kann, da keinem ein Recht zusteht, die in Frage stehenden Standards anzuzweifeln. Bestehe diese Möglichkeit nur für die kommunalen Gebietskörperschaften selbst, so ist eine Ausnahme von der *no capacity rule* zu machen und den Kommunen die Möglichkeit der Durchsetzung des Rechts zu gewährleisten. Das Gericht betonte aber, dass dies nur dann gelten könne, wenn die in Frage stehenden Rechte ausdrücklich in der Verfassung verankert sind. Nicht ausreichend wäre eine einfachgesetzliche Zuweisung der Rechte und Befugnisse an die kommunalen Gebietskörperschaften. Kommunale Gebietskörperschaften, die in Bundesstaaten mit einer rein legislativen *home rule* gelegen sind, können daher nicht diese Ausnahme zur *no capacity rule* geltend machen. Abschließend betonte das Gericht, dass diese Entscheidung kein Aufweichen der *no capacity rule* sei, sondern nur die *home rule*-Vorschrift der Verfassung auslege.[378]

Werden, wie im Bundesstaat New York, Selbstverwaltungsrechte und Zuständigkeiten kommunaler Gebietskörperschaften in der Verfassung anerkannt, so sind in den entsprechenden Vorschriften oftmals Klauseln enthalten, die es dem Gesetzgeber ermöglichen, diese Rechte wieder rückgängig zu machen (*saving clauses*). So sieht es auch die Verfassung des Bundesstaates New York vor, die ein bestimmtes Verfahren hierfür bereithält. Hätte der Gesetzgeber in dem geschilderten Fall das in der Verfassung enthaltene Verfahren eingehalten, so hätte die kommunale Gebietskörperschaft nicht gegen die Beeinträchtigung der Selbstverwaltungsrechte vorgehen können. Der Rechtsweg war daher nur eröffnet, weil sich der Gesetzgeber nicht an diese Voraussetzungen gehalten hatte. Das bedeutet, dass es im Bundesstaat New York, wie auch in vielen anderen Bundesstaaten, keine absolut geschützten Grundsätze der kommunalen Selbstverwaltung gibt, die durch Beschreitung des Rechtswegs von den kommunalen Gebietskörperschaften eingefordert werden können.

---

[378] Town of Black Brook v. State of New York, 362 N.E.2d 579 (1977).

5. Im Zweifel keine Klagebefugnis

Zu betonen ist, dass die oben zitierte Rechtsprechung, nach der eine Ausnahme zur *no capacity rule* dann besteht, wenn sich aus der Verfassung ergebende Selbstverwaltungsrechte durch den Gesetzgeber verletzt werden, nicht die Regel, sondern lediglich die Ausnahme darstellt. Als allgemeiner Grundsatz muss vielmehr die strikte Anwendung der *no capacity rule* angesehen werden. Ist es daher fraglich, ob kommunale Gebietskörperschaften die Möglichkeit besitzen, gegen die Bundesstaaten vorzugehen, so ist im Zweifel – und der ist immer vorhanden, wenn keine eindeutige gesetzliche Regel vorhanden ist, die kommunale Gebietskörperschaften zu einem gerichtlichen Vorgehen gegen die Bundesstaaten ermächtigt – stets gegen die Gebietskörperschaft zu entscheiden. Die Gerichte haben im Allgemeinen den Grundsatz „im Zweifel gegen die kommunalen Gebietskörperschaften" weit ausgelegt und einen Zweifel bereits sehr früh angenommen. Als Beispiel kann hier eine Entscheidung aus Wyoming genannt werden, welche die Möglichkeit von Klagen kommunaler Gebietskörperschaften gegen den Bundesstaat mit der Begründung ablehnt, dass Gebietskörperschaften als Teil des Bundesstaates keine andere rechtliche Auffassung haben könnten als dieser selbst.[379] Dies zeigt, dass die Kommunen in Wyoming unter keinen Umständen die Möglichkeit haben können, die Grundsätze der kommunalen Selbstverwaltung gerichtlich geltend zu machen, da eine abweichende Auffassung von der das Selbstverwaltungsrecht einschränkenden Maßnahme des Bundesstaates oder einer höheren Verwaltungseinheit gar nicht erst entstehen kann. Andere Gerichte sprechen von einer „manifestierten Unwahrscheinlichkeit" der Klagemöglichkeit einer Gebietskörperschaft gegen ein Gesetz des Bundesstaates.[380] Diese Auslegungen der Gerichte würden wohl immer den Grundsatz „im Zweifel gegen die Gebietskörperschaft" zur Anwendung gelangen und immer einen Zweifel bestehen lassen.[381]

Auf der anderen Seite gibt diese Regelung den Gerichten die Möglichkeit – vorausgesetzt sie sind dazu bereit und gewillt – durchaus Ausnahmen von der *no capacity rule* zu machen. Die Bereitschaft hierzu haben sie – wie oben gesehen – in wenigen Fällen bewiesen.[382]

---

[379] State v. Board of County Com'rs of Johnson Couty, 642 P.2d 456 (1982).
[380] City of New York v. State of New York, 655 N.E.2d 649 (1995).
[381] Olson: Procedural Barriers to Suits against the State by Local Government, 62 Brook. L. Rev., 431, 462.
[382] Olson: Procedural Barriers to Suits against the State by Local Government, 62 Brook. L. Rev., 431, 462.

II. Bundesebene

1. Rechte, die sich aus der Bundesverfassung oder den Bundesgesetzen ergeben

Aufgrund der Kontrolle der Bundesstaaten über die kommunalen Gebietskörperschaften sind auf Bundesebene keine Rechtsnormen vorhanden, die den Kommunen Rechtsschutz gewähren können. Die Möglichkeit einer Verfassungsbeschwerde, wie sie nach Art. 93 Nr. 4 b GG den deutschen Gemeinden und Gemeindeverbänden zusteht, besteht nicht. Bundesgerichte treffen hierüber keine Entscheidungen.[383] Daher können von den Kommunen keine Rechte auf Bundesebene geltend gemacht werden. So urteilte der US-Supreme Court:

> "[A] municipal corporation, created by the state for the better ordering of government, has no privileges or immunities under the Federal Constitution that it may invoke in opposition to the will of its creator."[384]

Der Supreme Court urteilte in dieser Entscheidung, dass eine Kommune in keinem Fall Prozessfähigkeit besitze, um die Verfassungsmäßigkeit eines Gesetzes in Bezug auf die Bundesverfassung der Vereinigten Staaten vor einem Bundesgericht anzuzweifeln.

2. Durchsetzung allgemeiner Verfassungsgrundsätze der US-Verfassung

Allerdings stellt sich die Frage, ob sich nicht aus allgemeinen Rechtsgrundsätzen, die in der US-Verfassung enthalten sind, Rechte für die Kommunen herleiten lassen, aufgrund derer sie die an anderer Stelle formulierten Rechte auf kommunale Selbstverwaltung gerichtlich einfordern können.

Es wurde in Entscheidungen des US-Supreme Court klargestellt, dass die Bundesstaaten trotz ihrer Kontrolle über die Gebietskörperschaften nicht nach Belieben mit ihnen verfahren können. Vielmehr sind auch die Bundesstaaten im Umgang mit den kommunalen Gebietskörperschaften an die Grundsätze der US-Verfassung gebunden.[385] Denn die Macht der Bundesstaaten über die kommunalen Gebietskörperschaften kann nur so weit gehen wie ihre eigene Gesetzgebungskompetenz, die durch die Verfassung der Vereinigten Staaten begrenzt ist. Daher wird diskutiert, ob den kommunalen Gebietskörperschaften

---

[383] Williams v. Mayor and City Council of Baltimore, 289 U.S. 36 (1933).
[384] Williams v. Mayor and City Council of Baltimore, 289 U.S. 36 (1933).
[385] Gomillion v. Lightfoot, 364 U.S. 339 (1960).

allgemeine Rechtsgrundsätze wie der *due process of law*-Grundsatz zustehen, die in der Bundesverfassung enthalten sind. Der *due process of law*-Grundsatz, der dem 14. Zusatzartikel der Verfassung der Vereinigten Staaten entspringt, beinhaltet die Grundsätze eines fairen Gerichtsverfahrens. Das Recht auf ein faires und öffentliches Verfahren beinhaltet zunächst natürlich implizit das Recht, überhaupt ein Verfahren zu bekommen, vor Gericht auftreten zu dürfen und auch an dem Verfahren teilnehmen zu können, um seine Rechte durchzusetzen.[386]

Der Rückgriff auf den 14. Zusatzartikel der US-Verfassung wird den kommunalen Gebietskörperschaften nicht gänzlich verwehrt. Die Anwendung des in dieser Vorschrift enthaltenen rechtstaatlichen Grundsatzes auf die kommunalen Gebietskörperschaften wird teilweise bejaht, allerdings nicht insoweit die innere politische Struktur der Bundesstaaten betroffen ist.[387] Unter diese politische Struktur fällt auch, in welchem Maße die Bundesstaaten den kommunalen Gebietskörperschaften das Recht zusprechen, sich gerichtlich gegen diese zur Wehr zu setzen. Grundsätzlich wird davon ausgegangen, dass der 14. Zusatzartikel keine Grenzen der politischen Macht der Bundesstaaten über die kommunalen Gebietskörperschaften beinhaltet, solange keine Rechte von Individuen betroffen sind.[388] Begründet wird dies mit dem Grundsatz der bundesstaatlichen Kontrolle über die Gebietskörperschaften. Denn hierunter fällt auch die Entscheidungskompetenz der Bundesstaaten, den kommunalen Gebietskörperschaften das Recht einzuräumen, ihnen den Rechtsweg in Fragen der Selbstverwaltung zu eröffnen oder ihnen diese Möglichkeit zu verwehren. Räumte man den kommunalen Gebietskörperschaften die Möglichkeit ein, sich vollumfänglich auf den 14. Zusatzartikel der US-Verfassung berufen zu können, so würde der Entscheidungsspielraum der Bundesstaaten eingeschränkt, den sie bei der Ausgestaltung des Rechtsschutzes der Kommunen haben.

Das bedeutet, dass sich die Kommunen gerade nicht auf diesen allgemeinen Rechtssatz berufen können, wenn es um die Durchsetzung ihrer Rechte gegenüber dem Staat geht. Der *due process of law*-Grundsatz kommt daher dann nicht zur Anwendung, wenn es um die Verteidigung der Grundsätze der kommunalen Selbstverwaltung geht.

Ein weiterer allgemeiner Rechtssatz der US-Verfassung ist der *contracts clause*. Dieser beinhaltet, dass Verträge, die mit dem Staat geschlossen werden, nicht einseitig vom Staat gekündigt werden können. Wie bereits oben dargestellt, stellt aber nach Ansicht der Gerichte in den Vereinigten Staaten die Anerkennung von Rechten für die Gebietskörperschaften keinen Vertrag zwischen

---

[386] Burnham, Introduction to the Law and Legal System of the United States, Seite 202 f.

[387] Lawrence: Do "Creatures of the State" have Constitutional Rights? Standing for Municipalities to Assert Procedural Due Process Claims against the State, 47 VLLR 93.

[388] The Harvard Law Review Association: Constitutional Law – Due Process of Law, 83 Harv. L.Rev. 679, 682.

Staat bzw. Bundesstaat und den kommunalen Gebietskörperschaften dar, so dass eine Rücknahme oder Beeinträchtigung dieser Rechte keine Vertragsverletzung der Bundesstaaten gegenüber den Kommunen im Sinne des *contract clause* der US-Verfassung darstellen kann.

Weitere Rechte aus der Bundesverfassung, auf die sich kommunale Gebietskörperschaften zur gerichtlichen Durchsetzbarkeit der Grundsätze kommunaler Selbstverwaltung berufen könnten, ergeben sich nicht. Der Supreme Court der Vereinigten Staaten hat geurteilt:

> „A municipality is merely a department of the state, and the state may withhold, grant, or withdraw powers and privileges as it sees fit."[389]

Handelt es sich also um das politische Verhältnis zwischen Bundesstaaten und kommunalen Gebietskörperschaften, unter das auch die kommunale Selbstverwaltung fällt, so können die Bundesstaaten fernab jeglichen Beschränkungen durch die US-Verfassung verfahren. Damit wird nochmals klargestellt, dass es sich bei kommunalen Gebietskörperschaften nicht um eigene Rechtspersönlichkeiten handelt, sondern um „Unterabteilungen" der Bundesstaaten. Dies ist vergleichbar mit der fehlenden Klagebefugnis im deutschen Recht, die bei einer Behörde dann vorliegt, wenn es an Außenwirkung fehlt.

III. Exkurs: Hypothetische Fragestellung: Könnten kommunale Gebietskörperschaften nach US-Bundesrecht gerichtlich gegen den Bundesstaat vorgehen, in dem sie gelegen sind?

An dieser Stelle soll kurz die hypothetische Frage angesprochen werden, ob eine kommunale Gebietskörperschaft ihre nach Bundesrecht zustehenden Rechte gegen den Bundesstaat, in dem sie gelegen ist, geltend machen kann. Diese Frage ist insofern hypothetisch, als dass das US-Bundesrecht – wie oben dargestellt – keine Rechte enthält, die der Durchsetzbarkeit des Grundsatzes der kommunalen Selbstverwaltung oder der grundlegenden kommunalen Zuständigkeiten dienen. Strebt man aber eine Vereinheitlichung oder eine Stärkung der kommunalen Selbstverwaltung auf der Ebene des Bundes an, so muss man sich mit dieser Frage auseinandersetzen. Denn ein eventueller Schutz durch die Verfassung oder Gesetze der Vereinigten Staaten kann nur dann seine Effektivität entfalten, wenn dieser Schutz auch auf Ebene der Bundesstaaten gegen diese durchgesetzt werden kann.

Zu einem Teil ist das Thema nicht nur rein hypothetischer Natur, denn diskutiert wird die Durchsetzung der Rechte aus der US-Verfassung – wenn auch

[389] Siehe Brooklyn & Richmond Ferry Co., Inc., v. United States, 167 F.2d 330 (1948).

nicht solcher, die die kommunale Selbstverwaltung betreffen – gegen die Bundesstaaten. Hierbei handelt es sich um allgemeine Rechtsgrundsätze, die durch die Verfassung der Vereinigten Staaten aufgestellt werden.

Die Rechtsprechung auf dem Gebiet ist nicht einheitlich. Einige Gerichte gehen davon aus, dass ein gerichtliches Vorgehen nach Bundesrecht gegen einen Bundesstaat nicht möglich ist. Diese Ansicht wird mit dem Grundsatz begründet, dass alle Befugnisse, die die kommunalen Gebietskörperschaften besitzen, von den Bundesstaaten abgeleitet sind und somit auch für ein gerichtliches Vorgehen aufgrund von Bundesrecht einer bundesstaatlichen Ermächtigung bedürften.[390] Andere Gerichte haben gegenteilig geurteilt und Gebietskörperschaften das Recht zugesprochen, Bundesstaaten nach US-Bundesrecht zu verklagen.[391] Oftmals wird hierbei argumentiert, dass kommunale Gebietskörperschaften die einzig betroffenen Parteien sind. Stände ihnen keine Möglichkeit zur gerichtlichen Durchsetzung der geltend gemachten Rechte zu, könnte die Durchsetzung gar nicht erfolgen.

Hinter diesen Überlegungen steht die grundlegende Frage, ob das Bundesrecht den Gebietskörperschaften diese Rechte zugestehen und so den Einfluss der Bundesstaaten über die Gebietskörperschaften schmälern kann. Es handelt sich demnach um eine Frage der Souveränität der Bundesstaaten. Dieser Bereich könnte mit der Möglichkeit des Bundes verglichen werden, durch das Bereitstellen zweckgebundener Gelder kommunalen Gebietskörperschaften Zuständigkeiten zu eröffnen, die nach bundesstaatlichem Recht nicht gegeben sind. Zwar wird auch teilweise hier vorgebracht, dass das einen unzulässigen Eingriff in die Zuständigkeitsbereiche der Bundesstaaten darstellt. Allerdings bestätigt der US-Supreme Court durch ständige Rechtsprechung diese Praxis des Bundes mit der Begründung, dass Bundesrecht das bundesstaatliche Recht bricht.

Es ist jedoch nicht zu erwarten, dass diese Argumentation auch in dem vorliegenden Bereich zur Anwendung gelangt, da es sich hier um eine direkte Einflussnahme des Bundes auf das Verhältnis zwischen Bundesstaaten und kommunalen Gebietskörperschaften handeln würde. Hierin wäre ein Verstoß gegen das Enumerationsprinzip der US-Verfassung und somit gegen die grundlegenden föderalen Prinzipien zu sehen.

[390] Palomar Pomerado Health System v. Belshe, 180 F.3d 1104 (1999).
[391] Branson School District RE-82 v. Romer, 161 F.3d 619 (1998).

B) Rechtsschutz der kommunalen Gebietskörperschaften gegen Verwaltungshandeln

Anders als bei gesetzgeberischem Handeln steht den kommunalen Gebietskörperschaften der Rechtsweg offen, wenn die Grundsätze der kommunalen Selbstverwaltung oder kommunale Aufgaben durch Verwaltungshandeln beeinträchtigt werden und dem Eingriff durch die Verwaltung keine ausreichende gesetzliche Legitimation zugrunde liegt. So kann eine kommunale Gebietskörperschaft eine aufsichtsrechtliche Maßnahme durch die Verwaltung gerichtlich überprüfen lassen,[392] wenn der Rahmen der zulässigen Aufsicht überschritten wird. Das ist in der Regel dann der Fall, wenn kommunale Zuständigkeiten durch verfassungsrechtliche *ripper clauses*[393] gegen Eingriffe von Seiten der Verwaltung geschützt sind.

Ist derartiger verfassungsrechtlicher Schutz nicht gewährleistet, so steht es dem Gesetzgeber frei, die kommunalen Zuständigkeiten und die Grundsätze der kommunalen Selbstverwaltung einzuschränken.[394] Dies kann durch Gesetzgebung geschehen, die direkt die kommunalen Zuständigkeiten einschränkt oder durch Gesetzgebung, die diese Befugnis an Behörden überträgt und sie zu derartigen Einschränkungen ermächtigt.

Grundsätzlich wird davon ausgegangen, dass bei der Schaffung einer Behörde durch den bundesstaatlichen Gesetzgeber dieser die Absicht hat, die Behörde als Teil des Bundesstaates in der Hierarchie über den kommunalen Gebietskörperschaften einzuordnen. Demnach sind in der Regel bundesstaatliche Behörden nicht an örtliches Recht gebunden. So kommt es vor, dass Zuständigkeiten, die traditionell in den Bereich der kommunalen Selbstverwaltung fallen, nicht von bundesstaatlichen Behörden beachtet werden müssen. Als Beispiel kann hier das Bauplanungsrecht genannt werden,[395] welches – wie auch in Deutschland – in den kommunalen Aufgabenbereich fällt. Hier erlassen die US-amerikanischen kommunalen Gebietskörperschaften Satzungen, so genannte *zoning ordinances*, die Einschränkungen bezüglich der Bebaubarkeit bestimmter Gebiete beinhalten, vergleichbar etwa mit einem Bebauungsplan im deutschen Recht. Will eine Verwaltungseinrichtung eines Bundesstaates oder des Bundes in einer Kommune bauen, so ist sie in der Regel nicht an die örtlichen Bauvorschriften gebunden und kann Bauten errichten, die gegen die örtlichen Bauvorschriften verstoßen.

---

392 Antieau on Local Government Law, § 13.06; City of Milwaukee v. Pub. Serv. Comm'n, 31 N.W.2d 571 (1948).

393 Siehe 4. Kapitel B I.

394 Antieau on Local Government Law § 13.03(2).

395 Siehe Einführung in das US-amerikanische Kommunalrecht, 1. Kapitel D II 2 b (1).

Werden bundesstaatliche Behörden geschaffen, so ist häufig ausdrücklich bestimmt, dass sie nicht an kommunale Satzungen gebunden sind. So sagt beispielsweise ein Gesetz in Minnesota:

> „[The power of the commission] shall not be subject to regulation by or the jurisdiction or control of any other public body or agency, either state, county or municipal.“[396]

Werden US-amerikanische kommunale Gebietskörperschaften in der Ausübung ihrer Zuständigkeiten beeinträchtigt oder die Grundsätze der kommunalen Selbstverwaltung missachtet und wird ihnen hiergegen ein gerichtliches Vorgehen gestattet, so ist der Rechtsweg zu den allgemeinen Gerichten eröffnet. Anders als in der Bundesrepublik gibt es in den Vereinigten Staaten keinen Verwaltungsrechtsweg. Vielmehr ist die Zuständigkeit der normalen Gerichte gegeben.

C) Zusammenfassung des 5. Kapitels

US-amerikanischen kommunalen Gebietskörperschaften steht in der Regel der Rechtsweg nicht offen, um die Ausübung ihrer Zuständigkeiten und die Achtung der Grundsätze der kommunalen Selbstverwaltung sicherzustellen, wenn Eingriffe von Seiten der bundesstaatlichen Gesetzgeber vorgenommen werden. Das gilt auch dann, wenn die zu wahrenden Zuständigkeiten oder Grundsätze kommunaler Selbstverwaltung verfassungsrechtlich verbürgt sind.

Werden Rechte kommunaler Gebietskörperschaften durch die Verwaltung eingeschränkt, so steht ihnen in der Regel der Rechtsweg zu den ordentlichen Gerichten offen.

Auf dem Gebiet des Rechtsschutzes werden die unterschiedlichen Ansätze der kommunalen Selbstverwaltung nach der EKC und im amerikanischen Recht besonders deutlich. Verlangt die EKC in Art. 11, dass den kommunalen Gebietskörperschaften der Rechtsweg offen stehen muss, damit die freie Ausübung ihrer Zuständigkeiten gewährleistet wird und die Grundsätze der kommunalen Selbstverwaltung gewahrt werden, so sind die amerikanischen Kommunen auf diesem Gebiet praktisch schutzlos. Werden kommunale Selbstverwaltungsrechte durch bundesstaatliche Gesetzgebung eingeschränkt, haben – bis auf wenige Ausnahmen – die Kommunen kein Mittel, diese Maßnahmen gerichtlich überprüfen zu lassen. Das amerikanische Verständnis mit dem Um-

[396] Minnesota Statutes § 473.449.

gang der kommunalen Selbstverwaltung tritt hier ganz besonders deutlich in Erscheinung: Im Vergleich zu dem in der EKC verfolgten Ansatz, wonach die kommunalen Gebietskörperschaften als unabhängige, mit durchsetzbaren Rechten ausgestattete Einheiten innerhalb der staatlichen Ordnung existieren, werden die Kommunen in den Vereinigten Staaten lediglich als Teilfunktion des Staates angesehen. Dieser schwache Status der amerikanischen Kommunen erlaubt anderen staatlichen Stellen, über sie verfügen zu können.

6. Kapitel: Kommunalwahlen

Spricht man von kommunaler Selbstverwaltung als Fundament des Staates[397] und als Verankerung der Demokratie auf lokaler Ebene, so ist Voraussetzung hierfür, dass die Wahlen der kommunalen Kollegialorgane demokratischen Grundsätzen folgen. Kommunale Selbstverwaltung und lokale Demokratie sind zwei Begriffe, die in großer Abhängigkeit voneinander stehen. Es wird davon gesprochen, dass die unmittelbare Wahl der Vertreter das entscheidende Kriterium einer Gebietskörperschaft ist.[398] Gleichzeitig sind Kommunalwahlen nach demokratischen Grundsätzen Ausdruck der Volkssouveränität.

Die sachliche Nähe des Begriffs der kommunalen Selbstverwaltung und der demokratischen Legitimation der Ratsmitglieder und die Tatsache, dass kommunale Selbstverwaltung ohne demokratische Legitimation nicht glaubhaft existieren kann, wird auch durch die räumliche Nähe dieser beiden Themenbereiche innerhalb der EKC deutlich. Wird in Art. 3 Abs. 1 EKC auf den Begriff der kommunalen Selbstverwaltung eingegangen, so wird in Abs. 2 desselben Artikels gesagt, dass „dieses Recht" – das Recht der kommunalen Selbstverwaltung – durch Räte ausgeübt werden muss, die aus freien, geheimen, gleichen, unmittelbaren und allgemeinen Wahlen hervorgegangen sind. Daher soll im Anschluss an die Darstellungen, wie die kommunale Selbstverwaltung in den Vereinigten Staaten ausgeprägt ist, auf die demokratische Legitimation der Räte eingegangen werden.

Ganz grundsätzlich kann zunächst davon ausgegangen werden, dass die Wahlgrundsätze, wie sie in Art. 3 Abs. 2 EKC festgeschrieben sind und die auch Deckungsgleichheit mit den Wahlgrundsätzen im deutschen Recht aufweisen, auch in den Vereinigten Staaten Anwendung finden.

Die Räte setzen sich in allen Bundesstaaten aus gewählten Volksvertretern zusammen, unabhängig davon ob es sich um *Dillon's Rule* oder *home rule*-Gebietskörperschaften handelt.

A) Wahlen der Räte oder Versammlungen in den Vereinigten Staaten

Kommunalen Gebietskörperschaften in den Vereinigten Staaten steht grundsätzlich kein immanentes Recht zu, Wahlen durchzuführen. Finden daher Wahlen auf kommunaler Ebene statt, so bedarf es dazu einer Autorisierung

[397] Siehe Vorwort

[398] v. Unruh, Gebiet und Gebietskörperschaft, S. 3f.

durch die bundesstaatlichen Verfassungen, Gesetze oder *charters* der Gebietskörperschaften.[399] So entschied der Supreme Court von North Carolina:

> „There is no inherent power in any governmental body to hold an election for any purpose. In consequence an election held without affirmative constitutional or statutory authority is a nullity, no matter how fairly or honestly it may be conducted."[400]

Es sind daher verfassungsrechtliche oder einfachgesetzliche Bestimmungen in den einzelnen Bundesstaaten vorhanden, die Wahlen auf kommunaler Ebene ermöglichen.

Es obliegt den Bundesstaaten, den rechtlichen Rahmen für Kommunalwahlen zu bilden.[401] Hier werden Fragen wie aktive und passive Wahlberechtigung, Wählerregistrierung, Wählerqualifikation beantwortet und der Ablauf von Wahlen geregelt.[402] In einigen Bundesstaaten können auch die kommunalen Gebietskörperschaften im Rahmen ihrer *charter*-Rechte selbst Wahlordnungen erlassen, die den Rahmen für den Ablauf der Wahlen festlegen.

Das Recht der Bundesstaaten, verfassungsrechtliche oder einfachgesetzliche Bestimmungen für die Durchführung von Kommunalwahlen zu erlassen, ist jedoch durch die in der Bundesverfassung verankerten Wahlgrundsätze, die auf dem gesamten Bundesgebiet der Vereinigten Staaten einheitliche Beachtung finden müssen, eingeschränkt.[403] Diese Einschränkungen werden im Folgenden bei der Untersuchung der einzelnen Wahlgrundsätzen erläutert. Zu beachten ist aber, dass die Wahlgrundsätze nur dann zu berücksichtigen sind, wenn sich der Gesetzgeber des jeweiligen Bundesstaates dazu entschieden hat, überhaupt Wahlen auf kommunaler Ebene durchzuführen. Wenn auch nicht in der Praxis umgesetzt, so ist es zumindest theoretisch möglich, dass ein Bundesstaat sich dafür entscheidet, alle Ratsmitglieder kommunaler Gebietskörperschaften ohne jegliche Beteiligung der Bürger zu ernennen. Werden aber – wie überall – Wahlen durchgeführt, müssen die sich an bestimmten Grundsätzen der US-Bundesverfassung orientieren. Dies wird immer dann der Fall sein, wenn kommunale Räte gewählt werden, die allgemeine und weitreichende Aufgaben zu erfüllen haben, also Räte von *general law municipalities* sind.

Bis vor ungefähr dreißig Jahren war es einzig den Bundesstaaten überlassen, den rechtlichen Rahmen für Wahlen auf kommunaler Ebene zu schaffen. Der Bund hatte keinerlei Einfluss, auch nicht durch die Verfassung. Das ergab

---

[399] Antieau on Local Government Law, § 86.01.

[400] Tucker v. State Bd., 240 N.C. 177, 81 S.E.2d 399 (1954).

[401] Sands and Libonati, Local Government Law, 10.08; Gould v. Grupp, 536 P.2d 1337 (1975).

[402] Siehe Sands and Libonati, Local Government Law, § 10.08.

[403] Sands and Libonati, Local Government Law, § 9.02.

sich aus dem vorherrschenden und durch die *Hunter*-Entscheidung untermauerten Grundsatz, dass die Kommunen bloße Instrumente der Bundesstaaten waren, so dass Bundesorgane keinerlei Einfluss auf die Kommunen nehmen konnten. Daher gab es keine von der Bundesverfassung ausgehenden einheitlichen Grundprinzipien, nach denen sich Kommunalwahlen zu richten hatten. Der demokratische Anspruch, der an Kommunalwahlen gestellt wurde, war bei weitem nicht so hoch wie der, der an Wahlen auf Bundes- oder bundesstaatlicher Ebene gestellt wurde. Dies war konsequent, zieht man in Betracht, dass die Kommunen – wie in der *Hunter*-Entscheidung dargestellt – lediglich als verlängerter Arm der Bundesstaaten angesehen wurden. Sie dienten zur Unterstützung der Erledigung von Verwaltungsaufgaben der Bundesstaaten und konnten durch diese nach freiem Ermessen geformt und strukturiert werden. Sie dienten hingegen *nicht* zur Verankerung des Demokratieprinzips auf kommunaler Ebene.

Von diesem Grundsatz kehrte sich 1968 der US-Supreme Court erstmals im Fall *Avery v. Midland County*[404] ab. In diesem Fall entschied das Gericht, dass auch bei Kommunalwahlen die Wahlgrundsätze der Bundesverfassung berücksichtigt werden müssen, insbesondere der *one person/one vote* Grundsatz. In *Avery* wurde durch den Supreme Court anerkannt, dass kommunale Gebietskörperschaften nicht nur Verwaltungseinheiten der Bundesstaaten darstellen, sondern auch als lokale, repräsentative Demokratien fungieren und damit eine politisch-demokratische Funktion zu erfüllen haben. Somit seien auch gewisse demokratische Maßstäbe an Wahlen auf kommunaler Ebene zu stellen.[405]

I. Allgemeine Wahlen

Allgemeinheit der Wahlen bedeutet, dass jedem Staatsbürger das Recht zu wählen und gewählt zu werden zustehen muss.[406] Dieser Wahlgrundsatz ist Ausfluss des Gleichheitsgrundsatzes.[407] Es soll verhindert werden, dass Bürger oder Bürgergruppen in unzulässiger Weise von Wahlen ausgeschlossen wer-

[404] Avery v. Midland County, 390 U.S. 474 (1968).
[405] Briffault: Who Rules at Home? One Person/One Vote and Local Governments, 60 U. Chi. L. Rev. 339.
[406] v. Mangoldt, Das Bonner Grundgesetz, Art. 38 Rn. 122 (Auch wenn grundsätzlich bei der Erläuterung der EKC nicht auf nationales Recht zurückgegriffen werden kann, da die EKC als völkerrechtlicher Vertrag von dem Recht der Signatarstaaten losgelöst ist und einer eigenständigen völkerrechtlichen Auslegung bedarf, so kann hier bei der Erläuterung der Wahlgrundsätze auf das deutsche Recht zurückgegriffen werden, da insoweit zwischen der EKC und deutschem Recht Deckungsgleichheit besteht).
[407] BverfGE 1, 208, 242; 60, 162, 167.

den, sei es aus politischen, wirtschaftlichen oder sozialen Gründen.[408] Die Allgemeinheit von Wahlen soll das Mitbestimmungsrecht jedes Einzelnen sicherstellen und somit garantieren, dass alle Staatsgewalt vom Volke ausgeht.[409] Dieses Prinzip findet in dem US-amerikanischen *one person/one vote* Grundsatz sein Äquivalent. Er ist nicht ausdrücklich in der US-Verfassung erwähnt, ergibt sich aber aus dem *equal protection clause*, dem Gleichheitssatz der US-amerikanischen Verfassung:

> „No State shall [. . .] deny to any person within its jurisdiction the equal protection of the laws."[410]

Erst seit der oben genannten Entscheidung des US-Supreme Court *Avery v. Midland County* ist der *one person/one vote* Grundsatz bei Kommunalwahlen anzuwenden.

1. Ausnahmen von dem Grundsatz der allgemeinen Wahlen

a) *Special districts*

Aufgrund der unterschiedlichen Ausprägungen und Formen kommunaler Gebietskörperschaften, insbesondere der Besonderheit der *special districts*, stellt sich die Frage, wann allgemeine Wahlen in den Vereinigten Staaten durchgeführt werden müssen und wann Ausnahmen hierzu gemacht werden. Denn die Räte einiger *local governments*, wie die der *special districts*, gehen nicht aus allgemeinen Wahlen hervor, werden sogar teilweise ernannt, so dass der *one person/one vote* Grundsatz nicht zur Anwendung gelangt.[411] Auch wenn *special districts* nicht als kommunale Gebietskörperschaften anzusehen sind, sind sie dennoch aus zwei Gründen an dieser Stelle zu erwähnen: Zum einen ist aus Gründen der Vollständigkeit auf die demokratische Legitimation ihrer Vertreter einzugehen, da sie in den Vereinigten Staaten mit unter die Kategorie der *local governments* gefasst werden.[412] Zum anderen ist die Abgrenzung zwischen *special districts* und *general purpose municipalities* nicht immer eindeutig. Dienen *special districts* nicht nur der Erfüllung einer einzelnen Aufgabe, sondern einer Mehrzahl von Aufgaben, stellt sich die Frage, ab wann auch hier allgemeine Wahlen stattfinden müssen. Der US-Supreme Court hat in

---

[408] v. Mangoldt, Das Bonner Grundgesetz, Art. 38 Rn. 122.
[409] Erichsen, Die Wahlgrundsätze des Grundgesetzes, Jura, 1983, S. 635, 636.
[410] 14. Zusatzartikel der US-Verfassung, Section 1; siehe Antieau on Local Government Law, § 86.02.
[411] Sailors v. Board of Education of County of Kent, 387 U.S. 105 (1967).
[412] Siehe Kapitel 1 B II 4.

einer Fülle von Entscheidungen die Anwendbarkeit des *one person/one vote* Grundsatzes näher beschrieben und zulässige Einschränkungen festgelegt.[413]

Im Grundsatz geht die Rechtsprechung sowohl der Bundes- als auch der bundesstaatlichen Gerichte davon aus, dass Bürger bei kommunalen Wahlen dann ein Wahlrecht haben, wenn sie von den Handlungen und Entscheidungen des gewählten Organs betroffen sein können. In den Fällen, in denen es um die Wahlen von Vertretungsorganen von *special districts* ging, stellte sich die Frage, ob Bürger, die ein Wahlrecht bei *special district*-Wahlen nach dem Prinzip *one person/one vote* einforderten, auch von den Auswirkungen der Entscheidungen von den *special districts* betroffen waren.

Ein allgemeines Wahlrecht wird grundsätzlich verneint, wenn es sich um *special districts* handelt, die eher den Charakter eines privaten Unternehmens aufweisen und nicht eine Mehrzahl von hoheitlichen Regierungsfunktionen erfüllen. Solche Unternehmen sind etwa vergleichbar mit gemeindlichen Unternehmen in Privatrechtsform im deutschen Kommunalrecht,[414] jedoch mit dem Unterschied, dass sie vollkommen losgelöst von anderen kommunalen Gebietskörperschaften existieren können. Die Gerichte betrachteten *special districts*, die ursprünglich der landwirtschaftlichen Entwicklung (wie zum Beispiel Be- und Entwässerung bestimmter Gebiete) dienten, als solche, die einen derartigen privaten Unternehmenscharakter aufweisen. Diese Fälle blieben nicht auf *special districts* beschränkt, die im landwirtschaftlichen Sektor tätig waren. Grundsätzlich tendieren die Gerichte dazu, ein allgemeines Wahlrecht dann zu verneinen, wenn ein finanzieller Einsatz wie Beitragszahlungen oder eine finanzielle Einlage einer bestimmten Bevölkerungsgruppe einen verstärkten Einfluss auf den *special district* bewirken soll.[415] Die zunehmende Anzahl von *special districts* vereinfacht die Abgrenzung nicht, ob eine Wahl demokratischen Grundsätzen zu folgen hat.

In dem Fall *Salyer Land Co. v. Tulare Lake Basin Water Storage Dictrict*[416] erklärte der US-Supreme Court ein Gesetz für verfassungsgemäß, welches ein Wahlrecht für das Verwaltungsgremium des *Tulare*-Wasserbezirks nur den Landeigentümern in dem Bezirk zusprach. Die Stimmengewichtung wurde durch das Gesetz im Verhältnis zu dem Wert der Grundstücke ermittelt. Das Gericht begründete die Entscheidung damit, dass ein allgemeines Wahlrecht nicht allen Einwohnern des Bezirks zugesprochen werden müsse, da der Zweck des Wasserbezirks nur sehr begrenzter Natur sei und überproportional stark die Interessen der Landeigentümer berühre.[417] Wahlen kommunaler Räte

---

413 Avery v. Midland County, 390 U.S. 474 (1968).

414 Siehe Art. 92 ff. BayGO; Widtmann, Grasser, BayGO Art. 92 Rn. 2.

415 Briffault: Who Rules at Home? One Person/One Vote and Local Governments, 60 U. Chi. L. Rev. 339, 360.

416 Salyer Land Co. v. Tulare Lake Basin Water Storage District, 410 U.S. 719 (1973).

417 Salyer Land Co. v. Tulare Lake Basin Water Storage District, 410 U.S. 719 (1973).

müssen demnach nicht allgemein sein, solange die Aufgaben der Räte weit von denen der Kommunalvertreter von *general purpose municipalities* entfernt sind und eine bestimmte Bevölkerungsgruppe in einem besonderen Maß treffen.

Wann eine *local government* jedoch so weitreichende Aufgaben wahrnehmen kann, die die Anwendung des *one person/one vote* Grundsatzes voraussetzen, ließ das Gericht offen. In diesem Fall erkannte das Gericht, dass es gerechtfertigt sei, nur derjenigen Bevölkerungsgruppe, die eine besondere finanzielle Last trägt, allein das Wahlrecht zuzusprechen.

Auch mitentscheidend für das Urteil war die Tatsache, dass es sich bei dem Wasserbezirk nicht um ein Ballungszentrum handelte. Vielmehr lebten auf der Fläche des Bezirks, welcher eine Größe von 193.000 Hektar hatte, nur 59 wahlberechtigte Bürger, die hauptsächlich in der Landwirtschaft beschäftigt waren.[418] Ortschaften oder gar eine Stadt waren nicht vorhanden, es handelte sich um ein gemeindefreies Gebiet.[419] Das Gericht sprach daher dem Wasserbezirk die Fähigkeit zur Selbstverwaltung ab, da beim Fehlen von Siedlungsstrukturen auch keine Selbstverwaltungsfunktionen ausgeübt werden könnten.

Die *Salyer*-Rechtsprechung wurde in dem Fall *Ball v. James* bestätigt und konkretisiert.[420] Hier ging es um die Frage, ob die Wahl des Verwaltungsgremiums des *Salt River Project Agricultural Improvement and Power District* dem *one person/one vote* Prinzip folgen muss. Ähnlich wie in dem *Salyer*-Fall handelte es sich um einen Wasserbezirk, welcher die Wasserspeicherung und -versorgung der Landeigentümer sicherstellte und dem Hochwasserschutz diente. Die Aufgabenbereiche des Verwaltungsgremiums waren aber umfangreicher als die des *special districts* in dem *Salyer*-Fall, da neben der Wasserversorgung auch die Stromerzeugung und die Festlegung der Strompreise in den Aufgabenbereich des Verwaltungsgremiums fielen. Der Verkauf des Stroms war Haupteinnahmequelle des Verbandes. Auch wurde das Wasser für nichtlandwirtschaftliche Zwecke verwendet und an private Haushalte verkauft. Ebenso wie in *Salyer* hatten nur die Grundeigentümer ein Stimmrecht, die allerdings auch hier die einzigen waren, die Beiträge zu leisten hatten. Im Gegensatz zu *Salyer* handelte es sich in diesem Fall um ein überwiegend besiedeltes Gebiet, welches die Fläche mehrerer kommunaler Gebietskörperschaften umfasste. Dennoch erkannte das Gericht, dass eine Anwendung des *one person/one vote* Prinzips hier im Ermessen des Gesetzgebers des Bundesstaates stehe, da der Zweck des Verbandes „relativ schmal" sei und die ausgeübten Funktionen nicht von „verfassungsrechtlicher Signifikanz" seien.[421] Auch be-

[418] Salyer Land Co. v. Tulare Lake Basin Water Storage District, 410 U.S. 719 (1973).
[419] Der kalifornische Gesetzgeber sieht für die Gründung einer Gemeinde eine Mindestbevölkerung von 500 Einwohnern vor, CalGovtCode § 56043.
[420] Ball v. James, 451 U.S. 355 (1981).
[421] Ball v. James, 451 U.S. 355 (1981).

sitze das Verwaltungsgremium nicht die üblichen kommunalen Aufgaben wie zum Beispiel Straßenbau, Gesundheitswesen oder örtliche Polizei.

Dass das Wahlrecht nur auf Landeigentümer übertragen wurde, begründete das Gericht mit der Tatsache, dass an deren Grundstücken – im Falle einer Zahlungsunfähigkeit des Verbandes – ein Pfandrecht für Schuldner entstehen könne und die Landeigentümer die einzigen waren, denen der Verband Steuern auferlegen konnte.[422] Das Gericht erkannte zwar, dass die Bevölkerung, die keinerlei Land in dem Bezirk besaß, auch durch die Entscheidungen des Verwaltungsgremiums betroffen sein könnte. Es gäbe allerdings keine Voraussetzung, dass die wahlberechtigte Bevölkerungsgruppe die einzige sein müsse, die die Auswirkungen des zu wählenden Organs zu spüren bekommen müsse.[423] Weiterhin urteilte der Supreme Court, dass das Verwaltungsgremium nur formal öffentlichen Charakter besäße, faktisch jedoch ein Wirtschaftsunternehmen darstelle, welches durch die Landeigentümer ins Leben gerufen wurde und primär auch nur diesen diene.[424]

Im Ergebnis sind somit in *Salyer* und *Ball* zwei Voraussetzungen aufgestellt worden, nach denen eine Wahl nicht zwingend allgemein sein muss: erstens, wenn die Entscheidungen des Rates einen überproportionalen Einfluss auf eine bestimmte Bevölkerungsgruppe wie Landeigentümer haben und zeitens, wenn der Aufgabenbereich des Bezirks nur sehr eingeschränkt ist und keine allgemeinen Zuständigkeiten umfasst, die den *general purpose municipalities* ansonsten typischerweise zustehen.

Der Supreme Court hat sich allerdings geweigert, klare Kriterien für die beiden genannten Voraussetzungen aufzustellen. Er hat vielmehr – wohl auch um sich ein gewisses Maß an Flexibilität zu wahren – zum Ausdruck gebracht, dass das Vorliegen der beiden Voraussetzungen eine Einzelfallentscheidung darstellt.[425]

Die Grenzen zwischen *special districts* mit eingeschränkten Aufgaben und einem Rat, der nicht aus allgemeinen Wahlen hervorgehen muss, und einem *general purpose district*, bei dem der *one person/one vote* Grundsatz zur Anwendung gelangen muss, sind fließend. Allerdings lassen sich anhand der Vielzahl von Entscheidungen Kriterien erkennen, die zur Abgrenzung vorgenommen werden können, wenn auch nicht zwangsläufig müssen.[426] Hierzu gehören der Grad, zu dem die *local governments* überwiegend öffentlichen oder privat-

[422] Ball v. James, 451 U.S. 355 (1981).
[423] Ball v. James, 451 U.S. 355 (1981).
[424] Ball v. James, 451 U.S. 355 (1981).
[425] Sands and Libonati, Local Government Law, § 9.02; State of Washington ex rel. Seattle Title Trust Co. v. Roberge, 278 U.S. 116 (1928).
[426] Siehe auch Seliga, Democratic Solutions to Urban Problems, 25 Hamline Law Review 1.

wirtschaftlichen Charakter besitzen,[427] die Größe und Siedlungsstruktur des Gebietes (je größer und dichter besiedelt das Gebiet, desto wahrscheinlicher, dass der verfassungsrechtliche Grundsatz zur Anwendung gelangen muss),[428] der Grad der Selbständigkeit in Bezug auf andere Regierungseinrichtungen oder Kommunen,[429] die Möglichkeit, Steuern zu erheben,[430] der Grad der tatsächlichen Einflussnahme[431] und vor allem die Vielfältigkeit der Aufgaben.[432]

Handelt es sich um *special districts*, muss der *one person/one vote* Grundsatz nicht beachtet werden. Werden jedoch Wahlen zu Räten kommunaler Gebietskörperschaften durchgeführt, so muss den Einwohnern einer kommunalen Gebietskörperschaft ein allgemeines Wahlrecht zugestanden werden. Vergleichbar ist das im Ansatz mit Kommunalunternehmen nach Art. 86 ff. BayGO, die zwar über eine demokratische Legitimationskette verfügen, aber deren Geschäftsführung nicht aus allgemeinen Wahlen hervorgeht.[433]

b) Befugnisse von kommunalen Gebietskörperschaften, außerhalb ihrer Grenzen Aufgaben wahrzunehmen

Ein anderes Problem im Rahmen der Allgemeinheit von Wahlen kommunaler Räte ist, dass vielen US-amerikanischen Kommunen von den Bundesstaaten das Recht eingeräumt wurde, bestimmte Aufgaben auch außerhalb ihrer kommunalen Grenzen auszuüben.[434] Hier stellt sich die Frage, ob das den Anforderungen von allgemeinen Wahlen widerspricht.

Als Beispiel kann der Fall *Holt Civic Club v. City of Tuscaloosa*[435] genannt werden. In der Umgebung der Stadt Tuscaloosa, Alabama, befand sich die gemeindefreie Region Holt. Um das Stadtgebiet von Tuscaloosa gab es einen drei Meilen breiten Gürtel, in dem die Stadt zwar nicht alle Befugnisse, aber doch sehr grundlegende ausüben durfte. So waren die Einwohner von Holt, die in dem drei-Meilen-Gürtel lebten, Adressaten von Bestimmungen der

---

[427] Salyer Land Co. v. Tulare Lake Basin Water Storage District, 410 U.S. 719, 728 f. (1973); Ball v. James, 451 U.S. 355 (1981).
[428] Pittman v. Chicago Board of Education, 64 F.3d 1098, 1102-1103 (1995); Salyer, 410 U.S. 719 (1973).
[429] Pittman v. Chicago Board of Education, 64 F.3d 1098, 1102-1103 (1995).
[430] Avery v. Midland County, 390 U.S. 474 (1968).
[431] Avery v. Midland County, 390 U.S. 474 (1968); aber Ball v. James, 451 US 355 (1981).
[432] Avery v. Midland County, 390 U.S. 474 (1968).
[433] Siehe hierzu Knemeyer, Bayerisches Kommunalrecht, Rn. 347.
[434] Zu diesen Aufgaben gehört oftmals das *zoning*, die Kriminalitätsbekämpfung oder die Beschränkung bestimmter Gewerbe und deren Lizensierung, siehe: Briffault, The Local Government Boundary Problem in Metropolitan Areas, 48 Stanford Law Review 1115, 1131.
[435] Holt Civic Club v. City of Tuscaloosa, 439 U.S. 60 (1978).

Stadt, die die Polizeigewalt und das Gesundheitswesen betrafen.[436] Auch waren die Einwohner der örtlichen Zuständigkeit des Stadtgerichts bezüglich Strafsachen untergeordnet.[437] Zusätzlich konnte die Stadt für Geschäfte, Handel und Ausübung anderer bestimmter Berufe Lizenzgebühren verlangen.[438]

Dagegen wurde von den Bewohnern des drei-Meilen-Gürtels eine Sammelklage eingereicht, die die Verfassungsmäßigkeit der entsprechenden Ermächtigungsgesetze anzweifelte. Als Begründung wurde ein Verstoß gegen den *one person/one vote* Grundsatz angeführt. Die betroffenen Personen nahmen für sich in Anspruch, ebenso wie die Bewohner von Tuscaloosa, wahlberechtigt zu sein.

Das Gericht wies die Klage mit der Begründung ab, dass der *one person/one vote* Grundsatz in Bezug auf die Kommunalwahlen nicht auf Personen angewendet werden könne, die nicht in dem Gebiet der kommunalen Gebietskörperschaft ansässig sind, auch wenn sie unter die Hoheitsgewalt der *local government* fallen. Die gedachte, äußere Linie des drei-Meilen-Gürtels um die Stadt herum erweitere nicht die Stadtgrenze dahingehend, dass der *one person/one vote* Grundsatz auf die entsprechenden Einwohner angewendet werden könne. Weiterhin argumentierte das Gericht, dass viele wichtige Entscheidungen, die eine Stadt treffe, auch Auswirkungen auf das Umland habe: Zum Beispiel habe der Bau eines Wohn- oder Industriegebietes innerhalb des Stadtgebietes Auswirkungen auch auf die Infrastruktur außerhalb der Stadt. Dies jedoch könne die von diesen Auswirkungen Betroffenen nicht dazu berechtigen, an den Kommunalwahlen für das Stadtgebiet teilzunehmen. Außerdem seien die Befugnisse der Stadt außerhalb ihrer Grenzen nicht so weitreichend, dass sie die Beteiligung an Wahlen der in dem drei-Meilen-Gürtel lebenden Menschen nach sich ziehen müssen.

Auch sah das Gericht die Möglichkeit einer Kommune, außerhalb ihrer Grenzen tätig zu werden, als Folge der *Hunter*-Rechtsprechung an. Die Kommunen seien nach wie vor politische Untereinheiten der Bundesstaaten, geschaffen, um solche Regierungsfunktionen wahrzunehmen, die ihnen von den Bundesstaaten aufgegeben werden. Daher sei die Einräumung von Aufgaben, die über die Grenzen der Gebietskörperschaft hinausgehen, eine Entscheidung des jeweiligen bundesstaatlichen Gesetzgebers, die in seinem Ermessen stehe. Zusätzlich handle es sich um eine vielerorts ausgeübte Praxis, die dem traditionellen Bild von kommunalen Aufgaben entspreche. Somit stelle die Entscheidung des Gesetzgebers von Alabama, kommunalen Gebietskörperschaften die Möglichkeit einzuräumen, auch außerhalb der kommunalen Grenzen Teile ihrer

---

[436] Alabama Code § 11-40-10 (1975).
[437] Alabama Code § 12-14-1 (1975).
[438] Alabama Code § 11-51-91 (1975).

Aufgaben wahrzunehmen, keinen Verstoß gegen den *one person/one vote*-Grundsatz dar.

Diese Auslegung des *one person/one vote* Grundsatzes stellt einen Unterschied zu dem in der EKC gestellten Erfordernis der allgemeinen Wahlen dar, durch das verhindert werden soll, dass bestimmte Bevölkerungsgruppen von Wahlen ausgeschlossen werden. Die EKC-Standards in Bezug auf die Allgemeinheit von Wahlen weichen dann von den amerikanischen Standards ab, wenn dort zwar innerhalb der Grenzen der kommunalen Gebietskörperschaft diese Grundsätze anerkannt werden, doch die eigentlichen, direkten Machtbefugnisse auch Bevölkerungsgruppen treffen, die nicht wahlberechtigt sind. Die Voraussetzung der allgemeinen Wahl nach EKC beinhaltet, dass der Rat einer kommunalen Gebietskörperschaft durch all diejenigen demokratisch legitimiert ist, die der Herrschaftsgewalt des Rates unterliegen. Das Mitbestimmungsrecht, welches der Wahlgrundsatz der allgemeinen Wahlen sicherstellen soll, ist in Fällen wie dem beschriebenen nicht gewährleistet. Dies muss insbesondere dann gelten, wenn die in dem erweiterten Gebiet ausgeübten Aufgaben, nicht nur einige, weniger wichtige Aufgaben, sondern solche sind, die zum Kernbestand kommunaler Aufgaben gehören.

2. Wählerqualifikation

Die Entziehung des Wahlrechts würde den Gleichheitssatz der US-Bundesverfassung verletzen. Eine Einschränkung des Wahlrechts kann nur erfolgen, wenn dies zum Schutz gesellschaftlicher Interessen notwendig ist und ein anderweitiger Schutz nicht erfolgen kann.[439] Wer an Kommunalwahlen zur Teilnahme berechtigt ist, wird in der Regel in den Verfassungen der Bundesstaaten festgelegt. Ist dies der Fall, so können keine weiteren Einschränkungen durch Gesetze oder Rechtsverordnungen erfolgen.[440] Ist in der Verfassung eines Bundesstaates keine Regelung getroffen, so obliegt es dem Gesetzgeber des jeweiligen Bundesstaates, Standards festzulegen.[441] Einschränkungen betreffen meist die Voraussetzungen der Ortsansässigkeit, des Alters und der Staatsbür-

[439] Thornburg v. Gingles, 478 U.S. 30 (1986); Jones v. City of Lubbock, 727 F.2d 364 (5th Cir. 1984); United States v. Marengo County Commission, 731 F.2d 1546 (11th Cir. 1984).
[440] Smith v. Town of Caroline Beach, 175 S.E. 313 (1934).
[441] Brennan v. Black, 104 A.2d 777 (1954); Ratigan v. Davis, 175 Neb. 416, 122 N.W.2d 12 (1963).

gerschaft[442] und sind daher mit den Einschränkungen vergleichbar, die auch im deutschen Recht, zum Beispiel in Art. 1 BayGLKrWG gemacht werden.[443]

II. Unmittelbarkeit der Wahl

Der Grundsatz der Unmittelbarkeit der Wahl bedeutet, dass die Wahlbewerber direkt von den Wählern gewählt werden müssen, ohne dass eine weitere Instanz dazwischentritt,[444] wie zum Beispiel zwischengeschaltete Wahlmänner, die nach eigenem Ermessen entscheiden dürfen.[445] Die Wahl der Ratsmitglieder in US-amerikanischen kommunalen Gebietskörperschaften erfolgt unmittelbar,[446] Wahlmänner – wie etwa bei den amerikanischen Präsidentschaftswahlen – gibt es auf lokaler Ebene nicht.

III. Gleichheit der Wahl

Der Grundsatz der Gleichheit der Wahl soll die Chancengleichheit der Wähler und der zu Wählenden sichern und somit die Menschen gleichermaßen an der politischen Bestimmung teilhaben lassen.[447] Es sollen alle gesellschaftlichen Unterschiede neutralisiert werden. Zum einen ist der gleiche Zählwert der

---

442 Siehe hierzu: Raskin, Legal Aliens, Local Citizens: The Historical, Constitutional and Theoretical Meanings of Alien Suffrage, 141 University of Pennsylvania Law Review 1391, 1393f.

443 Hill v. Stone, 421 U.S. 289, 95 S. Ct. 1637 (1975);
Bezüglich der Staatsbürgerschaft entschied der Supreme Court von Colorado: "Der Staat hat ein rationales Interesse, die Partizipation an der Regierung auf solche Personen zu begrenzen, die Teil der politischen Kommune sind;" Skafte v. Rorex, 191 Col. 399, 553 P.2d 830 (1976).
Einfache Ortsansässigkeitsvoraussetzungen sind nach dem Supreme Court ebenso zulässig (Pope v. Williams, 193 U.S. 621). Auch hielt der Supreme Court die Voraussetzung, dass jeder Wahlberechtigte mindestens 50 Tage in der Kommune gelebt haben muss, für verfassungsgemäß (Marston v. Lewis, 410 U.S. 679 (1973)).

444 Saftig, Kommunalwahlrecht in Deutschland, Seite 34.

445 v. Mangoldt, Das Bonner Grundgesetz, Art. 38 Rn. 125.

446 Siehe zum Beispiel Montana Code Annotated MT ST 7-3-176; Home Rule Charter Section 2-101.

447 Dreier, Grundgesetz, Art. 38, Rn. 92; Saftig, Kommunalwahlrecht in Deutschland, Seite 32 f.

Stimmen, zum anderen der gleiche Erfolgswert zu sichern.[448] Bei der Wahlrechtsgleichheit handelt es sich um eine formale Gleichheit.[449] Durch diesen Grundsatz haben die Bürger gleichen Einfluss auf die Ausübung der Staatsgewalt. Auch hierbei handelt es sich um einen Fall des allgemeinen Gleichbehandlungsgrundsatzes.[450]

Die Wahlrechtsgleichheit ist nicht ausdrücklich in der Bundesverfassung der Vereinigten Staaten geregelt, ist aber ebenso wie die Allgemeinheit von Wahlen Ausfluss des im 14. Zusatzartikel verankerten *equal protection clause*, wonach allen Stimmen ein gleich großes Gewicht zukommen muss.[451] In einer ganzen Reihe von bundesstaatlichen Verfassungen hingegen ist der Gleichheitsgrundsatz bei Wahlen ausdrücklich anerkannt. Beispielhaft für die verfassungsrechtliche Verankerung des Grundsatzes der freien Wahlen ist folgende Vorschrift aus der Verfassung des Bundesstaates Pennsylvania:

> „Elections shall be free and equal; and no power, civil or military, shall at any time interfere to prevent the free exercise of the right of suffrage.“[452]

---

[448] Dreier, Grundgesetz, Art. 38, Rn. 95; v. Münch, Kunig, Grundgesetz-Kommentar, Band 2, Art. 38 Rn. 52.

[449] v. Mangoldt, Das Bonner Grundgesetz, Art. 38 Rn. 131.

[450] Erichsen, Die Wahlgrundsätze des Grundgesetzes, Jura, 1983, S. 635, 642.

[451] Siehe Reader, One Person, One Vote Revisited: Choosing a Population Basis to Form Political Districts, 17 HARV. J.L. & PUB. POL'Y 522 (1994) ("To achieve precisely the Court's intended end of electoral equality, elementary mathematics requires that all single-representative political districts that elect a representative to a given legislative body contain an equal number of votes.").

[452] Pennsylvania Constitution von 1776 Chapter I, Section VII. Dieses Recht wurde in dem Fall Winston v. Moore wie folgt ausgelegt: „In a general way elections are free and equal within the meaning of this section when they are public and open to all qualified electors alike; when every voter has the same right as any other voter; when each voter under the law has the right to cast his ballot and have it honestly counted; when the regulation of the right to exercise the franchise does not deny the franchise itself, or make it so difficult as to amount to a denial; and when no constitutional right of the qualified elector is subverted or denied him."
Ein weiteres Beispiel für eine verfassungsrechtliche Verankerung lässt sich in der Verfassung von Massachusetts finden, die besagt: „All elections shall be free;...“ Massachusetts Constitution Art. XI (Free elections; equality of right to elect and to be elected);
Eine genauere Festlegung des Prinzips der Freiheit von Wahlen enthält die Verfassung des Bundesstaates Illinois: „An election shall be free and equal. An election is free where the voters are exposed to no intimidation or improper influence and where each voter is allowed to cast his ballot as his own conscience dictates;... (Illinois Constitution Art. 3 § 3).

1. Wahlkreise

a) Größe der Wahlkreise

Die Größe und Aufteilung von Wahlkreisen hat erheblichen Einfluss auf den Erfolgswert der Stimme und spielt daher in Bezug auf die Wahlrechtsgleichheit eine wesentliche Rolle.[453] Daher dürfen die Wahlbezirke keine bedeutenden Abweichungen in ihrer Größe aufweisen, um die Gleichheit einer Wahl zu garantieren,[454] wenn auch nicht die exakt gleiche Einwohnerzahl vorliegen muss.[455]

Erst seit der bereits oben zitierten *Avery*-Entscheidung aus dem Jahr 1968 ist auf kommunaler Ebene der gleiche Zählwert der Stimmen Voraussetzung für die Gültigkeit einer Wahl in kommunalen Gebietskörperschaften der Vereinigten Staaten. In dem Fall ging es um die Wahl des *County Commissioners Court* von Avery County, dem *county*-Rat. Zu den Aufgaben des *county* gehörten unter anderem die Verwaltung eines *county* Gerichts und eines *county* Gefängnisses, die Ernennung bestimmter lokaler Beamter, der Bau und Unterhalt von Straßen, die Verwaltung sozialer Einrichtungen und die Festsetzung des Hebesatzes für die *county*-Steuer. Die einzelnen Mitglieder des *county*-Rates wurden in Wahlbezirken gewählt, deren Einwohnerzahl zwischen 414 und 67.906 schwankte. Der größte Wahlbezirk umfasste das gesamte Stadtgebiet der City of Midland. Das Gericht hatte zu entscheiden, ob durch die extremen Unterschiede in der Größe der Wahlbezirke der *one person/one vote* Grundsatz des Gleichheitssatzes der US-Verfassung verletzt ist.

Gegen die Anwendung des *one person/one vote* Grundsatzes sprach die traditionelle Ansicht, dass die kommunalen Gebietskörperschaften lediglich Instrumente der Bundesstaaten waren, die die Verwaltung des Territoriums erleichtern sollten (*Hunter v. City of Pittsburgh*[456]) und nicht autonome Selbstverwaltungseinheiten darstellten.[457] Dieser Auffassung würde es aber widersprechen, wenn es sich bei den Kommunalvertretern um demokratisch legitimierte Vertreter handeln würde, da die Kommunen existierten, um Regierungs-

---

[453] Siehe hierzu Frowein, Gleichheit der Wahl und Größe der Wahlkreise, DÖV 93, 857, 859 ff.

[454] So entschied der US-Supreme Court: „The Constitution permits no substantial variation from equal protection in drawing districts for units of local government having general governmental powers over the entire geographic area served by the body," Avery v. Midland County, 390 U.S. 474 (1968).

[455] Reynolds v. Sims, 377 U.S. 533, 12 L.Ed.2d 506 (1964).

[456] Hunter v. City of Pittsburgh, 207 U.S. 161 (1907).

[457] Dieser Punkt der Hunter-Entscheidung wurde kurz vor Avery in Reynolds v. Sims durch den Supreme Court bekräftigt, 377 U.S. 533 (1964).

funktionen der Bundesstaaten auszuführen. Der Supreme Court entschied jedoch, dass bei Kommunalwahlen die Grundsätze der repräsentativen Demokratie zu beachten sind, da sie der Verankerung des Demokratieprinzips auf kommunaler Ebene dienen.[458]

Ein weiteres Argument, welches gegen die Anwendung des *one person/one vote* Prinzips hervorgebracht wurde, war, dass es sich bei dem *commissioners court* in erster Linie um ein Verwaltungsorgan handle, dessen legislative Aufgaben zu vernachlässigen seien.[459] Zwar besaß der *commissioners court* keine generelle Gesetzgebungsbefugnis, allerdings fiel in seinen Aufgabenkreis das Angleichen von Steuersätzen, das Verabschieden eines *county* Budgets und die Leitung von Wahlen.[460] Der Supreme Court folgte diesem Argument nicht, sondern führte an, dass bei den kommunalen Gebietskörperschaften eine strikte Gewaltenteilung nicht vorhanden sei, da legislative und administrative Aufgaben ineinander übergingen und eine klare Grenzziehung zwischen ihnen nicht möglich sei.[461] Das höchste US-Gericht argumentierte weiter, dass es für die Anwendung des *one person/one vote* Prinzips bei Kommunalwahlen nicht darauf ankomme, dass das gewählte Vertretungsorgan gesetzgeberisch tätig ist. Vielmehr begründe die Tatsache, dass das Organ eine Vielzahl von Entscheidungen mit vielschichtigen Auswirkungen treffe, die Notwendigkeit der Anwendung des *one person/one vote* Grundsatzes.[462]

Als drittes Argument gegen die Notwendigkeit der Anwendung des *one person/one vote* Grundsatzes wurde angeführt, dass der *commissioners court*, wenn auch nicht in der Theorie so aber faktisch, fast ausschließlich Entscheidungen traf, die das *county* betrafen, nicht aber die Stadt, da die City of Midland eine eigene Kommunalverwaltung besaß. Da das *county* wesentlich dünner besiedelt war, wurde argumentiert, dass eine gleiche Stimmengewichtung der Wahlberechtigten sowohl in der Stadt als auch im *county* bei der Wahl zum *commissioners court* den Einfluss der Stimmen der *county*-Bevölkerung minimieren würde und so die Stadtbevölkerung, die zumeist von den Entscheidungen der *county*-Verwaltung nicht betroffen war, primären Einfluss auf die Zusammensetzung des *commissioners court* hätte.[463] Der Supreme Court hielt dem entgegen, dass zwar in der Tat die meisten Entscheidungen nur die *county*-Bevölkerung betrafen, die potentielle Zuständigkeit der *county commissioners* sich aber auch auf das Stadtgebiet erstrecke und sie somit eine Vielzahl von

[458] Avery v. Midland County, 390 U.S. 474 (1968).
[459] Avery v. Midland County, 390 U.S. 474 (1968).
[460] Briffault: Who Rules at Home? One Person/One Vote and Local Governments, 60 U. Chi. L. Rev. 339, 348; 390 US at 483.
[461] Avery v. Midland County, 390 US 474 (1968).
[462] Avery v. Midland County, 390 US 474 (1968).
[463] Avery v. Midland County, 390 U.S. 474 (1968); Briffault: Who Rules at Home? One Person/One Vote and Local Governments, 60 U. Chi. L. Rev. 339, 349.

Entscheidungen herbeiführen könnten, die alle Bürger betreffen.[464] Daher beschloss der Supreme Court, dass auch dann das *one person/one vote* Prinzip zur Anwendung gelangen muss, also allgemeine, auch das Stadtgebiet umfassende Wahlen stattfinden müssen, wenn auch nur die Möglichkeit besteht, dass die Bürger des Stadtgebietes von den Entscheidungen mit betroffen sind.

Das Gericht urteilte, dass dadurch, dass die Bundesstaaten den kommunalen Gebietskörperschaften Selbstverwaltungsrechte zusprechen und Hoheitsgewalt anvertrauen, die Handlungen der Kommunen den Bundesstaaten zugerechnet werden. Da die Bundesstaaten bei all ihren Handlungen an den Gleichheitssatz des 14. Zusatzartikels der Bundesverfassung gebunden seien, gelte das gleiche für die kommunalen Gebietskörperschaften, wenn sie im Rahmen ihrer von den Bundesstaaten eingeräumten Selbstverwaltungsrechte handelten. Das Gericht urteilte wie folgt:

> „[. . .] it [the state] must insure that those qualified to vote have the right to an equally effective voice in the election process. If voters residing in oversize districts are denied their constitutional right to participate in the election of state legislators, precisely the same kind of deprivation occurs when the members of a city council, school board, or county governing board are elected from districts ranging in size from 50,000 to 500,000, neither it is permissible to elect the members of the city council from those same districts. In either case the votes of some residents have greater weights than those of others; in both cases the equal protection of the laws has been denied. [. . .] We therefore see little differences, [. . .], between the exercise of state power through legislatures and its exercise by elected officials in the cities, towns, and counties."

Avery widersprach somit der *Hunter*-Rechtsprechung, dass nämlich die kommunalen Gebietskörperschaften von den Bundesstaaten so geformt werden konnten – und somit auch die Wahlbezirke – wie es für sie am hilfreichsten für die jeweilige Zweckerfüllung war.[465]

In späteren Fällen wurde die *Avery*-Rechtsprechung konkretisiert, in dem z. B. Bevölkerungsunterschiede zwischen Wahlkreisen von annähernd zwölf Prozent vom US-Supreme Court für verfassungsgemäß erachtet wurden.[466]

---

[464] Avery v. Midland County, 390 U.S. 474 (1968).

[465] Briffault: Who Rules at Home? One Person/One Vote and Local Governments, 60 U. Chi. L. Rev. 339, 347.

[466] Supreme Court: Abate v. Mundt, 403 U.S. 182, 29 L. Ed. 2d 399 (1971).

b) *At-large election* und *multi-member districts*

Eine kommunale Gebietskörperschaft kann wie gerade dargestellt in mehrere Wahlkreise (*multi-member districts*) eingeteilt sein oder aus einem einzigen Wahlkreis (*at-large election*) bestehen. *Multi-member districts* werden dann als verfassungswidrig angesehen, wenn die Wählerkraft von identifizierbaren – z.B. ethnischen – Wählergruppen gemindert wird.[467] Beruft sich eine Minorität auf die Verfassungswidrigkeit eines *multi-member districts*, muss sie nach dem *Federal Voting Rights Act* folgende Kriterien nachweisen können: Die Minorität muss zeigen, dass sie erstens groß genug ist, um in einem *single-member district* eine Mehrheit zu erreichen, zweitens politisch zusammenhaltend ist und drittens die Mehrheit als Block wählt, um die Minderheitenkandidaten in den Wahlen zu schlagen.[468]

At-large voting Systeme sind dann verfassungswidrig, wenn diese einen diskriminierenden Effekt auf Minderheiten haben können.[469] Ein Nachweis von diskriminierender Absicht muss nach dem *Voting Rights Act* nicht mehr geführt werden, ausreichend ist der Beweis des diskriminierenden Effekts.[470]

2. Diskriminierung und Minoritätenschutz

Die Rassendiskriminierung ist in den Vereinigten Staaten auch heute noch ein stets präsentes Thema, welches nach wie vor oft zu gerichtlichen Streitigkeiten führt. Daher enthält der fünfzehnte Zusatzartikel der US-Verfassung folgende Formulierung:

---

[467] Sands and Libonati, Local Government Law, § 9.04; McCain v. Lybrand, 465 U.S. 236, 79 L.Ed.2d 271 (1984).

[468] Sands and Libonati, Local Government Law, § 9.04; Thornburg v. Gingles, 478 U.S. 30 , 92 L.Ed.2d 25 (1986).

[469] Antieau on Local Government Law, § 86.02(4); Sands and Libonati, Local Government Law § 9.04; Baird v. Consolidated City of Indianapolis, 976 F.2d 357 (1992) ("totality of circumstances test").

[470] *Voting Rights Act* Section 2 (1982 eingefügt): No voting qualification or prerequisite to voting, or standard, practise, or procedure shall be imposed or applied by any State or political subdivision in a manner which results in a denial or abridgement of the right of any citizen of the United States to vote on account of race or color, or in contravention of the guarantees set forth in section 1973b(f)(2) of this title.

„The right of citizens of the United States to vote shall not be denied or abridged by the United States or by any State on account of race, color, or previous condition of servitude".[471]

Durch die Formulierung „by any State" ist der Grundsatz von dem Bund und den Bundesstaaten gleichermaßen zu berücksichtigen und findet daher auch bei Kommunalwahlen Anwendung. Der Durchsetzung dieses Artikels dient der *Federal Voting Right Act of 1965*,[472] der in erster Linie eine Diskriminierung aus Gründen der Rasse oder Hautfarbe, aber auch der Sprache und Religion, ausschließen will:

„No voting qualification or prerequisite to voting or standard, practice or procedure shall be imposed or applied by any State or political subdivision in a manner which results in a denial or abridgement of the right of any citizen of the United States to vote on account of race or color, [. . .][473]

Diskriminierende Absicht muss hier nicht nachgewiesen werden, vielmehr ist ein diskriminierendes Wahlergebnis ausreichend.[474]

3. Wahlsysteme

Das Wahlsystem hat großen Einfluss auf die mandatsverschaffende Kraft. Bei Kommunalwahlen in den Vereinigten Staaten gibt es kein einheitliches Wahlsystem. Ein weiteres Mal ist es den Bundesstaaten überlassen, welches Wahlsystem bei Kommunalwahlen zur Anwendung gelangt. Das Verhältniswahlrecht wird grundsätzlich als verfassungsgemäß angesehen, solange das jeweilige System dafür Sorge trägt, dass jeder Wähler innerhalb der kommunalen Gebietskörperschaft das gleiche Recht zum Wählen hat wie die übrigen Wähler.[475] Solange dem *equal protection* und dem *one person/one vote*-Grundsatz

---

[471] U.S. Constitution 15th Amendment Section 1.
[472] Sikkenga, Detroit School Reform: A Necessary Means to Improve the Schools and End the Cycle of Mismanagement, 77 UDTMLR 321, 331, 332.
[473] Section 2 Federal Voting Right Act; 42 U.S.C.A. § 1973 (a).
[474] Section 2 Federal Voting Right Act; 42 U.S.C.A. § 1973 (a).
[475] Antieau on Local Government Law, § 86.18(3); Moore v. Election Comm'rs of Cambridge, 309 Mass. 303, 35 N.E.2d 222 (1941).

Rechnung getragen wird, wird die Verfassungsmäßigkeit der Wahl gegeben sein.[476]

IV. Freiheit der Wahl

Freiheit der Wahl bedeutet, dass der Wähler sich frei von politischer, wirtschaftlicher oder sozialer Einflussnahme zwischen den zur Wahl stehenden Kandidaten entscheiden kann oder überhaupt die Frage für sich entscheidet, an der Wahl teilzunehmen.[477]

Die US-Bundesverfassung enthält keine Vorschrift, die die Freiheit von Wahlen in einer allgemeingültigen Formulierung ausdrücklich verlangt. Allerdings enthalten mehr als die Hälfte der fünfzig bundesstaatlichen Verfassungen Formulierungen, die freie Wahlen garantieren.[478] Als Beispiel kann die bereits oben zitierte Verfassung von Pennsylvania genannt werden.[479]

Die Durchsetzung des Rechts auf freie Wahlen wird durch einfachgesetzliche Normen gewährleistet.[480] Enthalten die bundesstaatlichen Verfassungen keine Ausführungen zu der Freiheit von Wahlen, so sind diese in einfachgesetzlichen Bestimmungen der jeweiligen Bundesstaaten zu finden.

V. Geheimheit der Wahl

Nach dem Grundsatz der Geheimheit der Wahl darf die Entscheidung des Wählers nicht einer anderen Person bekannt werden.[481]

---

[476] Antieau on Local Government Law, § 86.18(3); Moore v. Election Comm'rs of Cambridge, 309 Mass. 303, 35 N.E.2d 222 (1941); Hile v. Cleveland, 107 Ohio St. 144, 141 N.E. 35 (1923).

[477] v. Münch, Grundgesetz, Art. 38, Rn. 35.

[478] Jones: Fraud and the Franchise: The Pennsylvania Constitution's "Free and Equal Election" Clause as an Independent Basis for State and Local Election Challenges, 68 TMPLR 1473, 1474.

[479] Pennsylvania Constitution Art. 1 Section V; Ein weiteres Beispiel ist die Verfassung des Bundesstaates Illinois, die in Art. 3 Section 3 folgende Formulierung enthält: „An election shall be free and equal."

[480] Jones: Fraud and the Franchise: The Pennsylvania Constitution's "Free and Equal Election" Clause as an Independent Basis for State and Local Election Challenges, 68 TMPLR 1473, 1474.

[481] v. Mangoldt, Das Bonner Grundgesetz, Art. 38 Rn. 152.

Gesetze oder Charters in fast allen Bundesstaaten treffen Regelungen über die Geheimheit von Wahlen zu kommunalen Versammlungen und setzen dies für die Gültigkeit einer Wahl voraus.[482] Ganz überwiegend wird ein Verstoß gegen den Grundsatz der geheimen Wahl die Ungültigkeit der Wahl nach sich ziehen.[483] Die Anforderungen, die an diesen Wahlgrundsatz gestellt werden, sind in den einzelnen Bundesstaaten unterschiedlich stark ausgeprägt. Briefwahl wird grundsätzlich als zulässig und mit dem Wahlgrundsatz der Geheimheit als konform erachtet.[484] Auch ist die Hilfe beim Ausfüllen des Wahlzettels erlaubt, sofern kein Zwang auf den Wahlberechtigten ausgeübt wird oder eine Manipulation seiner Person erfolgt.[485] Ein Stimmzettel wird dann als ungültig angesehen, wenn der Wahlberechtigte zu erkennen gibt, von wem der Stimmzettel stammt.[486] In den Vereinigten Staaten gibt es fünf Systeme zur Stimmabgabe. Sie reichen von herkömmlichen Papierstimmzetteln über Lochkarten bis hin zu der elektronischen Stimmabgabe auf Touchscreens.[487] Allen ist gemeinsam, dass sie die Geheimheit der Wahl gewährleisten.

B) Sonderstellung der *New England Towns*

Eine Ausnahmestellung bei Kommunalwahlen nehmen die *New England Towns* in den Neu-England Bundesstaaten ein. Zwar besitzen auch sie Räte, die die Selbstverwaltungsrechte ausüben. Wie bereits erwähnt[488] werden aber die

---

482 Antieau on Local Government Law, § 86.17(3).

483 Antieau on Local Government Law, § 86.17(3); Cox v. Williams, 216 GA 535, 117 S.E.2d 899 (1961).

484 Antieau on Local Government Law, § 86.17(3); Peterson v. City of San Diego, 34 Cal. 3d 225, 666 P.2d 975, 978 (1983).

485 Antieau on Local Government Law, § 86.17(3); Wilks v. Mouton, 42 Cal. 2d 400, 722 P.2d 187 (1986).

486 Antieau on Local Government Law, § 86.17(3); Headington v. North Winneshiek Community School District., 254 Iowa 430, 117, N.W.2d 831, (1962).

487 Die Stimmabgabe erfolgt über die folgenden fünf Systeme: *paper ballot system* (die Stimmabgabe erfolgt auf einem herkömmlichen Wahlzettel), *mechanical lever voting machines* (die Stimmabgabe erfolgt über einen Hebel einer Wahlmaschine, über den der zu wählende Kandidat durch den Wähler markiert wird), *punchcard system* (die Markierung des zu wählenden Kandidaten erfolgt durch das Lochen des Stimmzettels), *marksense system* (die Wähler markieren ihren Kandidaten auf dem Stimmzettel und geben diesen anschließend in einen Computer ein, der die Markierung auswertet), *direct recording electronic voting system* (wie bei den lever machines gibt es keinen Stimmzettel, die Stimmabgabe erfolgt direkt in einen Computer, entweder über eine Tastatur oder einen Touchscreen), siehe Antieau on Local Government Law, § 86.18.

488 Siehe Einführung in das US-amerikanische Kommunalrecht, Kapitel 1.

grundlegenden Selbstverwaltungsaufgaben in den *town meetings* durch die Bürger in ihrer Gesamtheit oder zumindest in einer großen Zahl von gewählten Repräsentanten wahrgenommen. Alle wesentlichen Selbstverwaltungsaufgaben wie zum Beispiel das Festsetzen von Steuern oder des Haushaltsplans werden bei der jährlichen Versammlung aller wahlberechtigten Einwohner gemeinsam festgelegt.[489]

Ein Verstoß gegen die Wahlgrundsätze kann hierin jedoch nicht gesehen werden. Ziel dieser Grundsätze ist die Sicherstellung der demokratischen Legitimation der Volksvertreter und somit die Beteiligung der Bevölkerung an der politischen Willensbildung auch auf kommunaler Ebene. Das System der *town meetings* geht über die Wahlgrundsätze hinaus und beteiligt die Bewohner der *New England Towns* an dem politischen Geschehen, indem jedem wahlberechtigten Bürger ein eigenes Mandat zugesprochen wird. Die Übereinstimmung dieses Systems mit den EKC-Grundsätzen kommt in Art. 3 Abs. 2 S. 2 EKC zum Ausdruck, wonach die direkte Bürgerbeteilung ausdrücklich als Alternative zu repräsentativen Formen gebilligt wird.[490]

C) Freie Amtsausübung der gewählten Kommunalvertreter

Die freie Willensbildung des Volkes, welche durch die Wahlgrundsätze gewährleistet werden soll, kann nur dann Wirksamkeit entfalten, wenn die Macht, die das Volk durch die Wahlgrundsätze an Mandatsträger übertragen kann, auch von diesen ohne Einfluss von anderer Stelle ausgeübt werden kann. Die freie Amtsausübung der Kommunalvertreter und das damit verbundene freie Mandat eines jeden Ratsmitgliedes ist die Fortsetzung von freien, geheimen, gleichen, unmittelbaren und allgemeinen Wahlen. Die Wahlgrundsätze würden leer laufen, wenn nicht gleichzeitig das Mandat geschützt wäre.

Daher soll nach Art. 7 Abs. 1 EKC die Rechtsstellung der gewählten Kommunalvertreter die freie Ausübung ihres Amtes gewährleisten. Sie umfasst die Weisungsunabhängigkeit der gewählten Kommunalvertreter, so dass keine Beeinflussung oder Behinderung der Amtsausübung durch andere erfolgen kann.[491]

In den Vereinigten Staaten ist allgemein anerkannt, dass gewählte Kommunalvertreter in ihrer Entscheidungsfindung unabhängig sind und sie ihr Ermessen frei ausüben können.[492] Sie sind grundsätzlich nicht an Weisungen an-

---

[489] Curran: Forms of Municipal Government and Methods of Governance, Massachusetts Municipal Law, Volume I, Chapter 2.

[490] Siehe auch Schneider, Kommunaler Einfluss in Europa, Seite 295 f.

[491] Weiß, Einführung und Umsetzung der Europäischen Charta der kommunalen Selbstverwaltung in Deutschland, Seite 177.

[492] Reynolds, Local Government Law, § 181.

derer Instanzen gebunden. Allerdings ist auch hier die Einschränkung zu machen, welche in Bezug auf alle kommunalen Aufgaben gilt: Auf bundesstaatlicher Ebene kann durch den Gesetzgeber das Ermessen kommunaler Wahlbeamter eingeschränkt werden.[493]

I. Parteiunabhängige Wahlen

In vielen kommunalen Gebietskörperschaften der Vereinigten Staaten gehen Kommunalvertreter aus Wahlen hervor, die ohne Beteiligung politischer Parteien durchgeführt werden (*non-partisan elections*).[494] Hierdurch soll der freien Amtsausübung und der Unabhängigkeit der gewählten Kommunalvertreter Nachdruck verliehen werden. Da die Kommunalverwaltung in erster Linie als *good business practice* und *municipal housekeeping* angesehen wird, wird sie daher vielerorts von politischen Interessen losgelöst gesehen.[495]

II. Immunität

Ein wesentlicher Unterschied des amerikanischen Rechts gegenüber der EKC ist die Tatsache, dass die Räte im Rahmen der EKC nicht als Parlamente sondern als Verwaltungsorgane angesehen werden.[496] Hieraus ergibt sich, dass es keiner Immunität der gewählten Kommunalvertreter bedarf. So ist zwar gem. Art. 51 Abs. 2 BayGO kein Gemeinderatsmitglied wegen seiner Abstimmung gerichtlich oder dienstlich verfolgbar oder kann außerhalb des Gemeinderates zur Verantwortung gezogen werden. Die Verantwortlichkeit nach Bundesrecht bleibt aber ausdrücklich durch diese Vorschrift erhalten (Art. 51 Abs. 2 Satz 3 BayGO).

Das US-amerikanische Recht geht hier weiter. Die Räte werden nicht als Verwaltungsorgane sondern als lokale Parlamente angesehen. Nach Rechtsprechung der obersten Gerichte besitzen auch gewählte Kommunalvertreter *civil immunity* – „zivilrechtliche Immunität“ – , ebenso wie Abgeordnete auf Bundes- oder bundesstaatlicher Ebene. Die Immunität bezieht sich hier nicht nur

---

[493] Cole: Civil Rights: A Call for Qualified Immunity for City Council Members under 42 U.S.C. 1983, 66 WALR 169.

[494] Siehe allgemein hierzu: Northup: Local Nonpartisan Elections, Political Parties and the First Amendment, 87 Columb. L. Rev. 1677.

[495] Chang, The Party's over: Establishing Nonpartisan Municipal Elections in New York City, 11 JLPOL 579.

[496] Weiß, Einführung und Umsetzung der Charta der kommunalen Selbstverwaltung in Deutschland, Seite 180.

auf den kommunalen oder bundesstaatlichen Bereich, sondern auch auf Bundesrecht.

Nach Bundesrecht[497] der Vereinigten Staaten kann grundsätzlich jede Person, die ein öffentliches Amt bekleidet, in Anspruch genommen werden, wenn sie die Rechte einer anderen Person verletzt. Nach der gewohnheitsrechtlich anerkannten *official immunity doctrin* können sich bestimmte Personengruppen entweder auf *absolute immunity* oder *qualified immunity* berufen. Auf *absolute immunity* können sich nach dem US-Supreme Court Richter,[498] Staatsanwälte[499] und staatliche, bundesstaatliche[500] und so genannte regionale Gesetzgeber[501] berufen. Auf *qualified immunity* können sich in der Regel alle anderen Verwaltungsbeamten, auch die auf kommunaler Ebene, berufen.[502]

Nach der *qualified immunity* sind Beamte dann vor zivilrechtlichen Ansprüchen geschützt, wenn sie entsprechend ihrer beruflichen Verpflichtung gehandelt haben und eine andere, aufmerksame Person an der Stelle des Beamten nicht gewusst hätte, dass durch die Handlung oder das Verhalten ein Schaden entstehen würde. *Absolute immunity* hingegen schützt vor allen zivilrechtlichen Ansprüchen.

Die Gerichte haben gewählten Kommunalvertretern, die über gesetzgebende Befugnisse verfügen, *absolute immunity* zugesprochen. *Absolute immunity* muss nach Ansicht der Gerichte all denen eingeräumt werden, die an der gesetzgebenden Gewalt beteiligt sind. Dabei spielt es keine Rolle, ob es sich um die gesetzgebende Gewalt auf kommunaler Ebene oder auf höherer, zum Beispiel bundesstaatlicher Ebene, handelt.[503] Begründet wird diese Rechtsprechung wie folgt: Erstens liege es im öffentlichen Interesse, wenn die Arbeit der Gesetzgeber frei von Gerichtsverfahren ist. Zweitens sei eine zivilrechtliche Haftung für eventuell entstehende Schäden als Kontrolle für rechtmäßiges Handeln nicht notwendig, da gesetzeswidrigem Handeln zum einen durch die Möglichkeit der strafrechtlichen Verfolgung vorgebeugt wird und zum anderen durch das „Druckmittel“ der Wahlen verhindert wird. Drittens könne der Beschwerte sich mit eventuellen Ansprüchen gegen die Stadt wenden.[504]

Nach einer Gegenansicht, die bei den Gerichten jedoch keine Beachtung findet, ist Ratsmitgliedern nur *qualified immunity* einzuräumen. Begründet wird die Ansicht damit, dass zum einen kommunale Gebietskörperschaften lediglich „Geschöpfe“ der Bundesstaaten sind, die nur Kontrolle über ihren örtlichen Be-

497 42 U.S.C. § 1983.
498 Pierson v. Ray, 386 U.S. 547 (1967).
499 Imbler v. Pachtman, 424 U.S. 409 (1976).
500 Tenney v. Brandhove, 341 U.S. 367 (1951).
501 Lake Country Estates, Inc. v. Tahoe Regional Planning Agency, 440 U.S. 391 (1979).
502 Forrester v. White, 484 U.S. 219 (1988).
503 Bruce v. Riddle, 631 F.2d 272 (1980).
504 Gorman Towers Inc. v. Bogoslavski, 626 F.2d 607.

reich ausüben können. Da der Umfang ihrer gesetzgebenden Befugnis vom bundesstaatlichen Gesetzgeber abhängig ist, sei der Grad der gesetzgeberischen Unabhängigkeit wesentlich geringer als der des bundesstaatlichen Gesetzgebers. Zum Schutz dieser schwächeren Stellung bedarf es nach dieser Ansicht keiner *absolute immunity*.[505] Außerdem wird nach dieser Ansicht angeführt, dass *absolute immunity* ursprünglich der gesetzgebenden Gewalt Schutz vor der Exekutive bieten sollte. Da jedoch eine Gewaltenteilung auf kommunaler Ebene nicht vorhanden ist, bedürfe es dementsprechend auch nicht dieses Schutzes. Hinzukomme, dass *qualified immunity* als Absicherung dafür dienen könne, dass gewählte Kommunalvertreter die ihnen obliegenden Ermessensspielräume nicht missbrauchen.[506]

D) Zusammenfassung des 6. Kapitels

Die Räte der kommunalen Gebietskörperschaften in den Vereinigten Staaten gehen aus freien, geheimen, gleichen, unmittelbaren und allgemeinen Wahlen hervor. Die im amerikanischen Recht vorhandenen Standards bezüglich der Wahlen kommunaler Vertretungsorgane entsprechen in der Regel denen, die auch in der EKC vorausgesetzt werden. Einschränkungen sind bei dem Grundsatz der Allgemeinheit von Wahlen zu machen, wenn kommunale Gebietskörperschaften Aufgaben in Gebieten wahrnehmen können, die außerhalb ihrer kommunalen Grenzen liegen und somit Hoheitsgewalt über Menschen ausüben können, die nicht an der politischen Willensbildung beteiligt sind, da ihnen eine Teilnahme an den Kommunalwahlen verwehrt wird.

Eine freie Amtsausübung der gewählten kommunalen Volksvertreter ist in der Regel gewährleistet. Da die kommunalen Räte mit ihren Mitgliedern als lokale Parlamente angesehen werden, wird ihnen sogar eine *civil immunity* zugesprochen. In dieser Hinsicht unterliegen die Ratsmitglieder US-amerikanischer kommunaler Gebietskörperschaften einem unfangreicheren Schutz als in der EKC vorgesehen.

---

505 Cole: Civil Rights: A Call for Qualified Immunity for City Council Members under 42 U.S.C. 1983, 66 WALR 169.

506 Cole: Civil Rights: A Call for Qualified Immunity for City Council Members under 42 U.S.C. 1983, 66 WALR 169.

7. Kapitel: Finanzmittel der kommunalen Gebietskörperschaften

A) Allgemeines

Um kommunalen Selbstverwaltungsrechten Wirkung zu verschaffen, bedarf es einer umfangreichen Finanzausstattung, da die Fülle kommunaler Aufgabenerfüllung, sei es im Bereich der Leistungs- oder der Ordnungsverwaltung, mit Kosten verbunden ist. Die Gestaltungsmöglichkeiten kommunaler Gebietskörperschaften hängen daher ganz wesentlich von den kommunalen Finanzsystemen ab.[507] Den Kommunen als Aufgabenträger muss es demnach ermöglicht werden, über finanzielle Einnahmequellen zu verfügen, die ihnen eine tatsächliche Erfüllung ihrer kommunalen Aufgaben ermöglichen. Somit ist die Entscheidung, in welchem Rahmen Kommunen über Finanzmittel verfügen können, von ebenso großer Bedeutung, wie die Frage, in welchen Bereichen kommunale Gebietskörperschaften tätig werden dürfen.[508] Der Umfang der Finanzausstattung bestimmt die tatsächliche Fähigkeit, mit der kommunale Aufgaben erfüllt werden können und ist daher Indikator für das tatsächliche Maß an kommunaler Eigenverantwortlichkeit. Nur wenn kommunale Gebietskörperschaften über adäquate finanzielle Ressourcen verfügen, ist kommunale Selbstverwaltung überhaupt möglich. Finanzielle Eigenverantwortlichkeit ist daher als Garant der Selbstverantwortlichkeit in eigenen Aufgaben zu sehen.[509] Die in den vorangegangenen Kapiteln dargestellte kommunale Selbstverwaltung in den Vereinigten Staaten und die Ausstattung kommunaler Gebietskörperschaften mit Selbstverwaltungsrechten wäre weitgehend wertlos, wenn die Kommunen nicht das Recht hätten, öffentliche Abgaben – namentlich Steuern, Gebühren und Beiträge – auf ihrem Gebiet erheben zu können.

Im Rahmen der EKC befasst sich Art. 9 mit den Finanzmitteln, die den kommunalen Gebietskörperschaften zur Verfügung stehen. Hierzu gehören auf der einen Seite Abgaben als Oberbegriff für Steuern, Gebühren und Beiträge, die die Kommunen in ihrem gesetzlichen Rahmen selbst erheben können. Auf der anderen Seite müssen die Finanzmittel der Gebietskörperschaften aber auch durch Finanzzuweisungen durch den Staat ergänzt werden.[510]

Die Vorschrift hat dabei eine Doppelfunktion: Zum einen beinhaltet sie selbst materielle Rechte, zum anderen verschafft erst sie den übrigen zentralen Regelungsgehalten der Charta Wirksamkeit, denn ohne effektive Finanzausstattung sind die übrigen Selbstverwaltungsvorschriften Makulatur. Die in Art. 3

[507] Siehe Schneider, Kommunaler Einfluss in Europa, Seite 63 ff.

[508] Maunz, Dürig, Grundgesetz, Kommentar, Art. 106 Rn. 4.

[509] Siehe auch Rosenschon, Gemeindefinanzsystem und Selbstverwaltungsgarantie.

[510] Schaffarzig, Handbuch der Europäischen Charta der kommunalen Selbstverwaltung, Seite 89.

Abs. 1 EKC geforderte *tatsächliche* Fähigkeit der kommunalen Gebietskörperschaften, einen wesentlichen Teil der öffentlichen Aufgaben zu erledigen, kann nur dann umgesetzt werden, wenn die Gebietskörperschaften auf ausreichende Finanzmittel zurückgreifen können. Eine noch so umfangreiche Anerkennung kommunaler Zuständigkeiten und Aufgaben wäre nur „leere Versprechung", wenn den kommunalen Gebietskörperschaften nicht durch eine angemessene Finanzausstattung Inhalt und Umsetzbarkeit bzw. Ausführbarkeit dieser Aufgaben zugesprochen würde.

Bevor mit der Untersuchung des US-amerikanischen Rechts begonnen wird, soll zum besseren Verständnis kurz auf die in den Absätzen 1 – 3 des Art. 9 EKC enthaltenen Begriffe eingegangen werden. In Abs. 1 wird der Begriff „Eigenmittel" verwendet, in den Abs. 2 und 3 hingegen ist von „Finanzmitteln" die Rede. Der Begriff „Finanzmittel" ist weiter zu verstehen als der des „Eigenmittels." Eigenmittel umfassen die Mittel, die keine staatlichen Finanzzuweisungen sind, sondern die allein den kommunalen Gebietskörperschaften zukommen. Hierbei handelt es sich zum Beispiel um die Steuern, die in Art. 9 Abs. 3 EKC behandelt werden. Es sind daher Mittel, die den kommunalen Gebietskörperschaften direkt zufließen, nicht über den Umweg des Etats eines Bundesstaates oder des Bundes.[511] Die in Art. 9 Abs. 2 EKC genannten Finanzmittel hingegen stellen den Oberbegriff dar und umfassen alle Geldmittel, die den kommunalen Gebietskörperschaften zur Verfügung stehen. Hierunter fallen die Eigenmittel und die Mittel, die die Gebietskörperschaften von staatlicher Seite empfangen. Gemäß Art. 9 Abs. 3 EKC müssen diese Finanzmittel zumindest zum Teil aus kommunalen Steuern und Gebühren stammen.

B) Anspruch auf angemessene Eigenmittel auf Bundesebene

Ein Anspruch auf Eigenmittel im Rahmen der nationalen Wirtschaftspolitik auf Bundesebene besteht in den Vereinigten Staaten nicht. Dies ergibt sich bereits daraus, dass die kommunalen Gebietskörperschaften der alleinigen Kontrolle der Bundesstaaten unterstehen und somit Rechte, über Eigenmittel verfügen zu können, nur auf der Ebene der Bundesstaaten geregelt werden können. Damit stellt sich auch nicht die Frage nach der Angemessenheit und der freien Verfügbarkeit der Eigenmittel auf nationaler Ebene.

Auf die Eigenmittel, die den kommunalen Gebietskörperschaften im Rahmen der Wirtschaftspolitik der einzelnen Bundesstaaten zustehen, wird im Zusammenhang von kommunalen Steuern und Gebühren eingegangen.

---

[511] Weiß, Einführung und Umsetzung der Europäischen Charta der kommunalen Selbstverwaltung in Deutschland, Seite 196, 201.

Finanzzuweisungen des Bundes

Allerdings bedeutet das nicht, dass kommunale Gebietskörperschaften keinerlei Finanzzuweisungen von Seiten des Bundes erhalten. Jedoch handelt es sich bei den Zahlungen des Bundes an die Kommunen nicht um Eigenmittel im Sinne des Art. 9 Abs. 1 EKC, da die kommunalen Gebietskörperschaften über keine Ausgabenhoheit dieser Mittel verfügen.

Ausgangspunkt ist zunächst, dass in der US-Verfassung keinerlei Normen enthalten sind, die eine Verpflichtung des Bundes begründen würden, Finanzleistungen – weder in einer bestimmten Art noch zu einem bestimmten Zweck – an die kommunalen Gebietskörperschaften zu erbringen.[512] Auch ist ein dem Art. 28 Abs. 2 Satz 3 GG entsprechender Anspruch auf finanzielle Eigenverantwortung der kommunalen Gebietskörperschaften nicht vorhanden. Die Kommunen können sich daher nicht auf Bestimmungen der US-Verfassung berufen, nach denen sie finanzielle Ansprüche gegen den Bund geltend machen könnten. Dennoch gibt es eine Vielzahl von Programmen der Bundesregierung, unter denen kommunale Gebietskörperschaften finanzielle Unterstützung erfahren.

Die finanzielle Unterstützung des Bundes lässt sich in drei Kategorien aufteilen:[513] Zum einen handelt es sich um *functional grants*, die in erster Linie aus Zahlungen des Bundes an die kommunalen Gebietskörperschaften bestehen. Mit diesen Mitteln werden von den Kommunen mit dem Bund vereinbarte Programme durchgeführt. Sie haben häufig bildungspolitische, infrastrukturelle und das Allgemeinwohl betreffende Inhalte. Die zweite Kategorie von finanzieller Unterstützung wird *equalizing grants* genannt. Hierbei handelt es sich um Zahlungen an kommunale Gebietskörperschaften, die nur über geringfügige Eigenmittel verfügen, mit dem Zweck, einen gewissen Mindeststandard in der Wohn- und Lebensqualität in den Kommunen zu erreichen. Die Empfänger sind also solche Gebietskörperschaften, die über unterdurchschnittliche Finanzmittel verfügen und in denen als Konsequenz ein unterdurchschnittlicher Lebensstandard herrscht. Häufig werden den Kommunen unter den *functional grants* je nach Bedürftigkeit unterschiedlich hohe Beträge zur Verfügung gestellt, so dass auch auf diesem Wege ein Ausgleich wie bei den *equalizing grants* stattfindet. Hier sind also inhaltliche Ähnlichkeiten zum deutschen Finanzausgleichsgesetz vorhanden.[514] Die dritte Gruppe beinhaltet die so genannten *block grants*. Dies sind Zahlungen des Bundes an die kommunalen Ge-

[512] Sands and Libonati, Local Government Law, § 7.15.
[513] Siehe hierzu Reynolds, Local Government Law, § 106.
[514] Siehe allgemein hierzu: Pechstein, Kommunaler Finanzausgleich, Grundstrukturen und Grundprobleme, LKV 1991, 289 ff; Greimel, Waldmann, Finanzausgleich, Seite 1 ff.

bietskörperschaften, die nicht für bestimmte Vorhaben oder Programme verwendet werden müssen, sondern bei deren Ausgabe die Kommunen über einen weiten Ermessensspielraum verfügen, auch wenn der Bund oftmals grundlegende Zielrichtungen für die Verwendung der Gelder vorgibt. Hierdurch wird den kommunalen Gebietskörperschaften eine begrenzte Ausgabenhoheit eingeräumt. Einige der *block grants* werden nicht direkt an die Gebietskörperschaften, sondern zunächst erst an die Bundesstaaten ausgezahlt. Diese können dann die Weiterleitung der Mittel an die Kommunen an bestimmte Voraussetzungen knüpfen, wodurch der Ermessensspielraum der kommunalen Gebietskörperschaften stark eingeschränkt oder ganz genommen wird.

Umfangreiche finanzielle Unterstützung konnten die kommunalen Gebietskörperschaften von dem 1972 in Kraft getretenen *State and Local Fiscal Assistance Act* erwarten. Nach diesem Gesetz wurde nach dem Prinzip der *block grants* den bundesstaatlichen und den kommunalen Regierungen Finanzmittel zur Verfügung gestellt, die grundsätzlich nicht an bestimmte Programme und Vorhaben gebunden waren. Vielmehr wurde den begünstigten Regierungen ein weiter Ermessensspielraum bei der Verwendung der Gelder eingeräumt. Ein Drittel der Leistungen ging an die bundesstaatlichen Regierungen, die verbleibenden zwei Drittel wurden an die kommunalen Gebietskörperschaften ausgezahlt.[515] Die Zahlungen unter diesem Gesetz wurden jedoch im Jahr 1981 für die Bundesstaaten und 1986 für die kommunalen Gebietskörperschaften eingestellt. 1986 wurden noch 4,5 Milliarden Dollar an 39.000 kommunale Gebietskörperschaften ausgezahlt.[516] Seither beschränkt sich die finanzielle Unterstützung des Bundes wieder auf einzelne, in der Regel voneinander unabhängige Programme.

Wenn kommunale Gebietskörperschaften derartige Finanzhilfen des Bundes in Anspruch nehmen, steht es der Bundesregierung frei, die Zahlungen an bestimmte Voraussetzungen zu knüpfen, denen sich die Gebietskörperschaften unterwerfen müssen und die vom Bund durchgesetzt werden können.[517] Mit Ausnahme der *block grants* verfügen daher die kommunalen Gebietskörperschaften bei den Finanzmitteln, die sie von Seiten des Bundes erhalten, nicht über Ausgabenhoheit.[518]

[515] Siehe umfangreichere Ausführungen in: Calaba, The Analysis and Application of the State and Local Fiscal Assistance Act of 1972.
[516] Casino, Federal Grants-in-Aid: Evolution, Crisis, and Future, 20 URBLAW 25.
[517] Antieau on Local Government Law § 12.03.
[518] Beispiel für die Zweckgebundenheit von Finanzzuweisungen des Bundes ist der Wortlaut des folgenden Gesetzes: „Amounts paid to unit of local government under this section shall be used by that unit for carrying out one or more programs of the unit related to (A) education to prevent crime; (B) substance abuse treatment to prevent crime; or (C) job programs to prevent crime."

Stehen den vom Bund an die Finanzhilfen geknüpften Voraussetzungen bundesstaatliche, gesetzliche Regelungen oder örtliche Satzungen entgegen, so sind diese im Maße der Disharmonie ungültig.[519] Nimmt eine kommunale Gebietskörperschaft die Bedingungen, unter denen der Bund die Gelder auszahlt, an, so werden entsprechende Rechtspflichten zwischen ihr und dem Bund begründet.[520]

Diese Art von finanzieller Unterstützung ist regelmäßig Gegenstand von Streitigkeiten, in deren Mittelpunkt der zehnte Zusatzartikel der US-Verfassung steht, der den Grundsatz der *enumerated powers* enthält.[521] Nimmt aber nun der Bund im Zuge der finanziellen Unterstützung Einfluss auf die kommunalen Gebietskörperschaften, wurde das oftmals als Verstoß gegen die föderalen Grundsätze der US-Verfassung angesehen. Die Rechtsprechung sieht diese Delegation von Aufgaben und Verantwortungsbereichen durch den Bund an die Gebietskörperschaften in der Regel jedoch als verfassungskonform an.[522] Begründet wird das mit dem *Supremacy Clause* der US-Verfassung, dem Grundsatz also, dass Bundesrecht bundesstaatliches Recht bricht. Hieraus ergibt sich – entgegen des Grundsatzes der bundesstaatlichen Kontrolle über die kommunalen Gebietskörperschaften – für den Bund die Möglichkeit, Aufgabenbereiche auf die Kommunen zu übertragen, die nicht notwendigerweise von den Bundesstaaten vorgesehen sind.[523] So entschied der US-Supreme Court, dass der Bund für die kommunalen Gebietskörperschaften weitere Zuständigkeiten, über die in den bundesstaatlichen Verfassungen oder Gesetzen anerkannten hinausgehende, eröffnen könne. Die gesetzliche Grundlage für die Zuweisung der Gelder enthielt die Formulierung, dass die Kommunen die Mittel für jeden Regierungszweck verwenden können. Das Gericht urteilte, dass mit dieser Formulierung den Kommunen unter Umständen ein größerer Ermessensspielraum in Hinblick auf die Verwendung der Gelder zustehen kann, als dies nach bundesstaatlichem Recht möglich ist. Aufgrund des *Supremacy Clause* verwarf der Supreme Court dem Bundesgesetz möglicherweise entgegenstehendes Landesrecht als ungültig.[524] Das Gericht widersprach ausdrücklich dem Argument, dass der Bund auf nicht akzeptable Weise in die föderalen Prinzipien der US-

[519] King v. Smith, 392 U.S. 309 (1968).

[520] United States v. Northern Pac. Ry. Co., 256 U.S. 51 (1921).

[521] Siehe Einführung in das US-amerikanische Kommunalrecht, Kapitel 1 A.

[522] Antieau on Local Government Law, § 12.03.

[523] City of Tacoma v. Taxpayers of Tacoma, 357 U.S. 320 (1958); City of Davenport v. Three-Fifths of an Acre of Land, More or Less, Located in City of Moline, 252 F.2d 354 (1958).

[524] Lawrence County v. Lead-Deadwood School District No. 40-1, 469 U.S. 256 (1985).

Verfassung eingreife. Dieses Urteil stellt keine einzelne Entscheidung dar, sondern ist allgemeine, höchstrichterliche Rechtsprechung.[525]

C) Angemessenes Verhältnis zwischen Finanzmitteln und den kommunalen Zuständigkeiten

I. Finanzmittel des Bundes

Die finanzielle Unterstützung des Bundes stellt zwar für die kommunalen Gebietskörperschaften in den Vereinigten Staaten eine wichtige Finanzquelle dar und ermöglicht eine Reihe von kommunalen Programmen. Dennoch stehen diese Finanzmittel nicht in einem angemessenen Verhältnis zu den in der Verfassung oder in den Gesetzen vorgesehenen Zuständigkeiten. Denn die Finanzzuweisungen des Bundes dienen in erster Linie der Erfüllung von Bundesprogrammen und stehen daher in keinem Verhältnis zu den Zuständigkeiten der kommunalen Gebietskörperschaften, die in bundesstaatlichen Normen determiniert sind. Die im Rahmen von den Programmen der Bundesregierung festgelegten Inhalte stimmen daher nicht zwangsläufig mit den Aufgabenzuweisungen durch die Bundesstaaten überein. Vielmehr unterstützt der Bund mit seinen Programmen solche Ziele, die er selbst für wichtig erachtet.

Leistungen des Bundes und die Aufgabenzuweisungen der Bundesstaaten sind daher zwei voneinander zu separierende Bereiche. Somit können sie auch nicht dazu beitragen, die Zuständigkeiten und die Finanzmittel in ein angemessenes Verhältnis zu setzen.

II. Finanzmittel der Bundesstaaten

Die Finanzmittel, die den kommunalen Gebietskörperschaften im Rahmen der Wirtschaftspolitik der einzelnen Bundesstaaten zustehen, beschränken sich in der Hauptsache auf Eigenmittel. Die Haupteinnahmequellen der Gebietskörperschaften sind kommunale Steuern und Gebühren. Ob die den Gebietskörperschaften zustehenden Finanzmittel in einem angemessenen Verhältnis zu den in den Verfassungen oder Gesetzen vorgesehenen Zuständigkeiten stehen, hängt von der Ausgestaltung der Rechte ab, die es den Kommunen erlauben, Steuern und Gebühren zu erheben. Grundsätzlich ist die Angemessenheit des Verhält-

---

525 So urteilte beispielsweise der Court of Appeals for the Tenth Circuit in Walker Field, Col., Public Airport Authority v. Adams 606 F.2d 290: "Unless barred by some controlling constitutional prohibition, the Federal Government may impose the terms and conditions upon which its money allotments to the States shall be disbursed and any State law or regulation inconsistent with the federal terms and conditions is to that extent invalid."

nisses zwischen Finanzmitteln und kommunalen Zuständigkeiten zu bejahen, da die den kommunalen Gebietskörperschaften in den Verfassungen oder Gesetzen zugewiesenen Zuständigkeiten nicht verpflichtend sind. Vielmehr ist es einer Gebietskörperschaft überlassen, welche kommunalen Leistungen sie wahrnimmt. Die in den Verfassungen oder Gesetzen aufgeführten Zuständigkeiten stellen somit nur das Maximum dessen dar, was die Kommunen an Aufgaben erfüllen *dürfen*, nicht aber müssen. Die kommunalen Gebietskörperschaften beziehungsweise ihre Bürger können zu einem großen Teil selbst bestimmen, in welchem Umfang sie von den in den Verfassungen oder Gesetzen genannten Zuständigkeiten Gebrauch machen. Der Konnexität zwischen Aufgabenverantwortung und Aufgabenlast wie sie im deutschen Recht gefordert wird – und Bestärkung durch die Formulierung der Art. 9 Abs. 1 und 2 EKC findet – kann dies freilich nicht genügen, da sich die Finanzausstattung aus der Aufgabenlast ergeben muss und nicht umgekehrt die Aufgabenlast sich nicht nach der Finanzausstattung richten darf.[526]

III. *Unfunded mandates*

Anders ist es jedoch, wenn den kommunalen Gebietskörperschaften durch Gesetze des Bundes oder der Bundesstaaten Aufgaben zugewiesen werden, zu deren Erfüllung sie verpflichtet sind. Geschieht dies, ohne dass für einen finanziellen Ausgleich von Seiten des Bundes oder der Bundesstaaten gesorgt ist, handelt es sich um *unfunded mandates*. Hieraus kann sich eine erhebliche Diskrepanz zwischen der kommunalen Einnahmen- und Ausgabenseite ergeben.[527] Ursprünglich existierten keine Vorschriften, die besagten, dass die Finanzmittel der kommunalen Gebietskörperschaften in einem angemessenen Verhältnis zu den in den Verfassungen oder den Gesetzen vorgeschriebenen Zuständigkeiten stehen müssen. *Unfunded mandates* konnten daher den Gebietskörperschaften ohne Einschränkungen auferlegt werden. Das ergibt sich aus der allgemeinen Ansicht, dass kommunale Gebietskörperschaften als verlängerter Arm der Bundesstaaten fungieren und demnach die Bundesstaaten mit den Kommunen nach Belieben verfahren können, ihnen auch Aufgaben zuweisen können, ohne für deren Finanzierung Sorge tragen zu müssen. Folge von der Auferlegung von *unfunded mandates* waren daher in vielen Fällen Erhöhungen der örtlichen Steuern.[528] Deshalb werden *unfunded mandates* auch als „versteckte Steuern" bezeichnet.

---

[526] Siehe hierzu Erlenkämper, Entwicklungen im Kommunalrecht, NVwZ 1990, 116, 120.

[527] Siehe hierzu Briffault: Our Localism: Part I – The Structure of Local Government Law, 90 Columbia Law Review 1, 32.

[528] Schaffer, Unfunded State Mandates and Local Governments, 64 U. Cin. L. Rev. 1057, 1059.

Allerdings hat es in den vergangenen Jahren starke Veränderungen auf diesem Gebiet zugunsten der kommunalen Gebietskörperschaften gegeben. 1995 verabschiedete der Kongress das *Unfunded Mandate Reform Act.* Ziel dieses Gesetzes ist, die *unfunded mandates* zu beschränken, um die Finanzmittel der kommunalen Gebietskörperschaften für die örtlichen Angelegenheiten zu belassen und den finanziellen Spielraum der Kommunen nicht durch die Übertragung von verpflichtenden Aufgaben zu sehr einzuschränken.[529] Der Diskussion um ein bundesweites Gesetz sind Diskussionen in den einzelnen Bundesstaaten vorausgegangen, die eine Reihe von bundesstaatlichen Gesetzgebern veranlasste, die durch übertragene Aufgaben entstehenden Kosten den Gebietskörperschaften zu erstatten und somit *unfunded mandates* zu untersagen. Dies entspricht dem Konnexitätsprinzip im deutschen Recht,[530] zum Beispiel in Art. 83 Abs. 3 BV verankert. Nach Art. 8 Abs. 4 BayGO sind dementsprechend bei der Zuweisung von Angelegenheiten die notwendigen Mittel zur Verfügung zu stellen.[531] Diese Entschädigungsansprüche im amerikanischen Recht sind entweder in Zusatzartikeln der bundesstaatlichen Verfassungen oder in Gesetzen der Gliedstaaten enthalten. Allerdings gibt es auch eine große Anzahl von Bundesstaaten, die keine derartigen Regelungen getroffen haben, so dass das Konnexitätsprinzip dort keine Berücksichtigung findet. Zusätzlich haben zahlreiche Bundesstaaten Regelungen getroffen, im Gesetzgebungsverfahren die finanziellen Belastungen, die durch die Aufgabenübertragung auf die Kommunen zukommt, zu berechnen und zu erörtern.[532] Hierdurch erfolgt zwar nicht notwendigerweise eine finanzielle Entlastung der kommunalen Gebietskörperschaften, aber es führt dem Gesetzgeber zumindest die finanziellen Konsequenzen für die Kommunen vor Augen.

Die bundesstaatlichen Regelungen können auch derart ausgestaltet sein, dass nur ein bestimmter Anteil der durch übertragene Aufgaben entstehenden Kosten durch Finanzleistungen des Staates abgedeckt wird. So bestimmt zum Beispiel das Gesetz im Bundesstaat Maine:

> „Requirement for state funding. The State may not impose a mandate on a local unit of government unless the State provides annually at least 90% of the funding for those expenditures from state funds not previously ap-

---

529 Siehe Unfunded Mandate Reform Act 2 U.S.C. §§ 658-58g, 1501-71.

530 Siehe hierzu: Pechstein, Kommunaler Finanzausgleich, Grundstrukturen und Grundprobleme, LKV 1991, 289, 191; Schmidt-Jortzig, Makswit, Handbuch des kommunalen Finanz- und Haushaltsrechts, Rn. 22: Der Konnexitätsgrundsatz besagt, dass der Aufgabenbestand die Finanzausstattung zu bestimmen hat, nicht umgekehrt.

531 Der genaue Ablauf des Ausgleichs ist im BayFAG beschrieben.

532 Schaffer, Unfunded State Mandates and Local Governments, 64 U. Cin. L. Rev. 1057, 1057.

propriated, allocated or otherwise designed for payment to that local unit of government.“

Als Ausnahme hierzu heißt es weiter:

„The legislature may impose a mandate on a local unit of government without providing 90% funding as an exception to the provisions of the Constitution of Maine, Article IX, Section 21 if enacted upon the votes of 2/3 of all members elected to the Senate and the House of Representatives."[533]

Liegt diese Ausnahme nicht vor und erfolgt keine Finanzierung von Seiten des Bundesstaates, so ist eine kommunale Gebietskörperschaft in Maine nicht zur Erfüllung einer übertragenen Aufgabe verpflichtet:

„Local Units of government not bound. A local unit of government is not bound by any mandate unless funded or exempted from state funding in accordance with this section and the Constitution of Maine, Article IX, Section 21.[534]

Der Erfolg dieser Maßnahmen in den einzelnen Bundesstaaten war unterschiedlich, abhängig von der rechtlichen Ausgestaltung der Entschädigungsansprüche.[535] So besitzen zum Beispiel sowohl Michigan als auch Kalifornien verfassungsrechtlich verankerte Ansprüche für die kommunalen Gebietskörperschaften.[536] Allerdings bedarf es zur Umsetzung dieses Schutzes in Kalifornien einer umfassenden Gesetzgebung, die der Effektivität der verfassungsrechtlichen Regelung im Wege steht.[537]

Typisch für alle vorhandenen Regelungen sind jedoch die zahlreichen Ausnahmen, aufgrund derer es oftmals den Bundesstaaten noch immer erlaubt ist, den Kommunen Aufgaben zuzuteilen, ohne für die finanziellen Folgen einzustehen.[538]

---

533 30-A M.R.S.A. § 5685.

534 30-A M.R.S.A. § 5685.

535 Kelley, Mandate Reimbursement Measures in the States, 24 A. Rev. of Pub. Admin. 350, 368, 369.

536 Siehe Verfassung von Michigan Art. IX, § 29 und Verfassung von Kalifornien Art. XIII B, § 6.

537 Cal. Gov't Code §§ 17500-17630.

538 So beinhaltet zum Beispiel die Verfassung von Louisiana folgende Ausnahme: „This section shall not apply to: [. . .] (5) A law providing for civil service, minimum wages, hours, working conditions, and pension and retirement benefits, or vacation or sick leave benefits for firemen and municipal policemen." (Verfassung von Louisiana, Art XI, § 14(B); In der kalifornischen Verfassung sind ebenso eine Reihe von Ausnahmen enthalten, so sind zum

IV. *Tax sharing*

Finanzielle Unterstützung bei ihrer Aufgabenerfüllung erhalten die kommunalen Gebietskörperschaften in der Regel von Seiten der Bundesstaaten. Durch das so genannte *tax* oder *revenue sharing* werden die kommunalen Gebietskörperschaften an den Steuereinnahmen der Bundesstaaten erheblich beteiligt.[539] Der dahinter stehende Gedanke ist, die Lasten von finanzschwachen kommunalen Gebietskörperschaften auf die gesamte Gesellschaft zu verteilen.[540]

Insbesondere in den Bundesstaaten, in denen nur sehr eingeschränkte Besteuerungsrechte auf die Gebietskörperschaften übertragen werden, spielt das *tax sharing* eine wesentliche Rolle und ermöglicht es den Gebietskörperschaften, ihre Aufgaben vollumfänglich zu erfüllen und kommunale Leistungen zu erbringen.[541] Allerdings werden die kommunalen Steuern als die Haupteinnahmequelle kommunaler Gebietskörperschaften und Finanzzuweisungen nur als – wenn auch notwendige – Ergänzung hierzu angesehen.

Die Ausgestaltung von *tax sharing*-Programmen ist nicht einheitlich. Als Beispiel für eine Regelung kann folgendes Gesetz aus dem Bundesstaat Maine angeführt werden, in dem die Finanzzuweisungen des Bundesstaates aus Steuergeldern an die kommunalen Gebietskörperschaften *state-municipal revenue sharing* genannt werden:

> „1. Finding and purpose. The Legislature finds that:
> A. The principle problem of financing municipal services is the burden on the property tax; and
> B. To stabilize the municipal property tax burden and to aid in financing all municipal services, it is necessary to provide funds from the broad-based taxes of the State Government.
> [. . .]
> 3. Revenue-sharing funds: To strengthen the State-municipal fiscal relationship pursuant to the findings and objectives of subsection 1, there is established the Local Government Fund. To provide additional support for

---

Beispiel keine Finanzierungen notwendig, wenn die *mandates* von den wahlberechtigten Bürgern bestätigt wurden, Art XIII B, § 6.

[539] Antieau on Local Government Law, § 21.102.

[540] Antieau on Local Government Law, § 21.102.

[541] Siehe hierzu: Jarik, Ansani, Morris, Schraid, Municipal Financial Distress: A Case Study of a Partnership between the Village of Maywood and Illinois Development Finance Authority, 25 Urban Lawyer 995, 1001.

municipalities experiencing a higher-than-average property tax burden, there is established the Disproportionate Tax Burden Fund."[542]

Aus dieser Norm ergibt sich, dass die kommunalen Gebietskörperschaften keinen Anteil an einer bestimmten Steuer geltend machen können, anders als in der Bundesrepublik Deutschland, wo den Kommunen beispielsweise der Gemeindeanteil an der Einkommensteuer[543] nach Art. 106 Abs. 5 GG zusteht.[544] Vielmehr werden die *municipalities* an den gesamten Steuereinnahmen des Bundesstaates beteiligt. Der *Disproportionate Tax Burden Fund* soll dabei strukturschwächere kommunale Gebietskörperschaften stärker fördern, um so einen Ausgleich zu strukturstarken Regionen zu schaffen. Insoweit sind auch hier Parallelen zum deutschen Recht vorhanden: Das Bayerische Finanzausgleichsgesetz beispielsweise beinhaltet Bestimmungen (Art. 2-4), die die Steuerkraftunterschiede zwischen Gemeinden ausgleichen sollen.

Auch wenn *tax sharing*-Programme nur als eine Ergänzung für die kommunalen Haushalte angesehen werden, tragen sie wesentlich zum angemessenen Verhältnis zwischen kommunalen Finanzmitteln und den in den Verfassungen oder Gesetzen vorgesehenen Zuständigkeiten bei.

D) Das Recht der kommunalen Gebietskörperschaften, Steuern und Gebühren zu erheben

Die Fähigkeit der kommunalen Gebietskörperschaften, Steuern und Gebühren erheben zu können, wird in den Vereinigten Staaten als grundlegendes Element der kommunalen Aufgabenerfüllung angesehen. Dass kommunale Steuern und Gebühren Voraussetzung für die Existenz von Kommunen sind, brachte der US-Supreme Court in einem Urteil wie folgt zum Ausdruck:

> „A municipality without the power of taxation would be a body without life, incapable of acting, and serving no useful purpose."[545]

---

[542] 30-A. M.R.S.A. § 5681.

[543] Der Gemeindeanteil der Einkommensteuer wurde durch die Gemeindeeinwohnersteuer ersetzt, siehe Fromme, Nachfolgeregelung für die Gewerbesteuer – der dritte Weg, ZRP 2003, 198, 198.

[544] Siehe hierzu näher: Bonner Kommentar, Art. 106, Rn. 248 (bundesstaatlicher und kommunaler Finanzausgleich), Rn. 1018 ff. (Gemeindeanteil an der Einkommensteuer); siehe auch Fromme, Nachfolgeregelung für die Gewerbesteuer – Der dritte Weg, ZRP 2003, 198.

[545] United States v. City of New Orleans 98 U.S. 381 (1878). Auch wenn diese Entscheidung in ihrer Gesamtheit nicht mehr gültiges Recht ist, so spiegelt das Zitat immer noch das heutige Verständnis der Finanzausstattung kommunaler Gebietskörperschaften wieder.

Die stetig steigende Anzahl von kommunalen Aufgaben macht eine verlässliche Finanzquelle erforderlich, auf die sich die kommunalen Gebietskörperschaften verlassen können.[546]

I. Kommunale Steuern

1. Einleitung

Trotz der Erkenntnis des US-Supreme Court, dass kommunale Gebietskörperschaften ohne das Recht, Steuern zu erheben, ein *body without life* wären, steht den Kommunen in den Vereinigten Staaten kein immanentes Recht auf die Erhebung kommunaler Steuern zu.[547] Zwar hat bereits im Jahr 1878 der US-Supreme Court den kommunalen Gebietskörperschaften ein ihnen innewohnendes Recht auf das Erheben und Eintreiben von Steuern zugesprochen, in dem er urteilte:

> „When such a corporation is created, the power of taxation is vested in it, as an essential attribute, for all the purposes if its existence, unless the exercise be in express terms prohibited".[548]

Allerdings ist dieses Urteil im Rahmen der kurzen Ära der *inherent home rule*-Doktrin als ein Einzelfall zu sehen und hat sich nicht als Regel durchsetzen können.[549] Vielmehr ist es ganz herrschende Auffassung und entspricht dem Fallrecht, dass kommunale Gebietskörperschaften nur dann Steuern erheben können, wenn ihnen dieses Recht auch von den bundesstaatlichen Gesetzgebern eingeräumt wurde.[550] Die fiskalische Autonomie, Steuern zu erheben, liegt bei dem Bund und den Bundesstaaten. Will eine kommunale Gebietskörperschaft Steuern erheben, so muss sie ihr Recht hierzu von dem Bundesstaat ableiten, in dem sie gelegen ist.[551]

Der Umfang der Befugnisse, kommunale Steuern erheben zu können, hängt daher von dem Willen der bundesstaatlichen Gesetzgeber beziehungsweise von den Vorgaben der Verfassungen in den einzelnen Bundesstaaten ab. Subsidiaritätsregelungen wie im deutschen Recht, dass kommunale Steuern nur

---

546 McQuillin, The Law of Municipal Corporations, Volume 15 § 39.02.

547 Sands and Libonati, Local Government Law, Volume 4, § 23.02.

548 United States v. City of New Orleans, 98 U.S. 381 (1878).

549 Antieau on Local Government Law, Volume 4 § 64.01.

550 So urteilte der Supreme Court von Oregon in Eugene Theater Co. v. Eugene, 243 P.2d 1060 (1952): „It is an established rule of law that the power to tax is not inherent in a municipal corporation."

551 Sands and Libonati, Local Government Law, Volume 4, § 23.02.

dann erhoben werden können, wenn sonstige Einnahmen und Entgelte nicht ausreichen,[552] sind in den einzelnen Bundesstaaten nicht vorhanden.

Handelt es sich um *Dillon's Rule* oder um *home rule*-Bundesstaaten, in denen die *home rule*-Vorschriften nicht als Begrenzung, sondern nach der Ultra-vires-Doktrin als Aufgabenübertragung dienen, bedarf es einer ausdrücklichen Ermächtigung, entweder durch die Verfassung oder die Gesetze des jeweiligen Bundesstaates. So hat der Supreme Court von Pennsylvania geurteilt:

> „Municipal corporations can levy no taxes unless the power be plainly and unmistakably conferred by the sovereign state."[553]

Auch wenn es sich um Bundesstaaten handelt, in denen die Selbstverwaltungsvorschriften verfassungsrechtlich verankert sind und weit ausgelegt werden, bedarf es einer ausdrücklichen Ermächtigung der kommunalen Gebietskörperschaften, diese Befugnisse auszuüben. So entschied der Supreme Court von Missouri:

> „Power to tax is an extraordinary one which does not inhere in municipal corporations and will not be implied unless the implication be necessary and the grant unmistakable."[554]

Diese Regel wird von der Rechtsprechung eng ausgelegt. Ist es zweifelhaft, ob eine kommunale Gebietskörperschaft bestimmte Steuern erheben darf, so wird gegen die Befugnis der Kommune entschieden.[555] Dies wird unterstrichen durch eine Entscheidung des Supreme Court von Wisconsin:

> „[It] recognizes the general rule of construction that a tax cannot be imposed without clear and express language for that purpose, and where ambiguity and doubt exist, it must be resolved in favor of the person on whom it is sought to impose the tax."[556]

Anders verhält es sich in den *home rule*-Bundesstaaten, in denen die Selbstverwaltungsrechte grundsätzlich unbeschränkt anerkannt werden und die verfassungsrechtlichen oder gesetzlichen Vorschriften nur als Begrenzung der Selbstverwaltungsrechte dienen, also nicht der Ultra-vires-Doktrin gefolgt

---

[552] Art. 22 Abs. 2 S. 2, 62 Abs. 2 Bay GO; siehe Knemeyer, Bayerisches Kommunalrecht, Rn. 353.

[553] Mastrangelo v. Buckley, 250 A.2d 447 (1969); Fisher v. City of Pittsburgh, 118 A.2d 157 (1955).

[554] Carter Carburetor Co. v. St. Louis, 203 S.W.2d 438, 441 (1947).

[555] Antieau on Local Government Law, Volume 4 § 64.01.

[556] Plymouth v. Elsner, 135 N.W.2d 799, 802 (1965).

wird. Hier sind die Befugnisse, Steuern zu erheben, wesentlich umfangreicher.[557] In diesen Bundesstaaten ist weder eine Genehmigung des Gesetzgebers zwangsläufig notwendig noch ist eine ausdrückliche Ermächtigung der Kommunen zur Steuererhebung Voraussetzung, so dass eine kommunale Gebietskörperschaft grundsätzlich jede Art von Steuer erheben kann, begrenzt durch verfassungsrechtliche oder gesetzliche Einschränkungen.

2. Verfassungsrechtliche Basis

In vielen *home rule*-Bundesstaaten sind in den Verfassungen Normen enthalten, die den kommunalen Gebietskörperschaften das Recht einräumen, Steuern zu erheben. So steht in der Verfassung von Illinois geschrieben:

> „Except as limited by this section, a home rule unit may exercise any power and perform any function pertaining to its government and affairs including, but not limited to, the power to regulate for the protection of the public health, safety, morals and welfare; to license; *to tax*; and to incur debt."[558]

Auch andere Verfassungen, wie die von Kalifornien und Ohio, erkennen Steuerrechte für die Kommunen an, solange sie sich auf örtliche Angelegenheiten beziehen und einen kommunalen Zweck erfüllen.[559]

Der Umfang der Besteuerungsrechte von kommunalen Gebietskörperschaften, die ihre Befugnis hierzu auf verfassungsrechtliche Klauseln zurückführen können, ist jedoch nicht einheitlich. Abhängig von den verfassungsrechtlichen Formulierungen variieren die Rechte ganz erheblich. So können Kommunen in Kalifornien örtliche Steuern erheben, beschränkt nur durch die *charters*, unabhängig aber von eventuell vorhandenen bundesstaatlichen Regelungen.[560] In Ohio können Gebietskörperschaften Steuern erheben, solange dies nicht ausdrücklich durch den Gesetzgeber verboten ist und das Gebiet nicht bereits durch das bundesstaatliche Steuerrecht ausgefüllt ist.[561] Daher haben die kommunalen Gebietskörperschaften in Ohio das Recht, eine kommunale Einkommensteuer zu erheben, ohne hierfür ausdrücklich autorisiert zu sein.[562]

---

[557] Antieau on Local Government Law, Volume 4 § 64.01.
[558] Illinois Constitution Art. VII, § 6.
[559] Ainsworth v. Bryant, 211 P.2d 564 (1949); Andrews Espy Realty v. Burton-Rodgers Inc. 116 N.E.2d 14 (1942).
[560] Ainsworth v. Bryant, 211 P.2d 564 (1949).
[561] Zielonka v. Carrel, 124 N.E. 134 (1919). Hierbei handelt es sich um ein typisches *NLC*-Modell.
[562] Angell v. Toledo, 91 N.E.2d 250 (1950).

Ähnlich weitgehend sind die Befugnisse in Louisiana: Kommunale Gebietskörperschaften können hier jede Steuer, die nicht im Widerspruch zur Verfassung steht, erheben, mit der Ausnahme von Verkaufs- und Gebrauchssteuern, die durch die wahlberechtigten Bewohner der Gebietskörperschaft gebilligt werden müssen.[563]

In den meisten Fällen sind jedoch verfassungsrechtliche Regelungen, die den Gebietskörperschaften Besteuerungsrechte übertragen, nicht unmittelbar anwendbar, sondern bedürfen der Umsetzung durch die bundesstaatlichen Gesetzgeber.[564] Stellvertretend hierfür steht der Fall *Oak Park Federal Sav. and Loan Association v. Village of Oak Park*[565] aus Illinois. In der Verfassung von Illinois steht geschrieben:

> „The General Assembly may not deny or limit the power of home rule units (1) to make local improvements by special assessment and to exercise this power jointly with other counties and municipalities, and other classes of units of local government having that power on the effective date of this Constitution unless that power is subsequently denied by law to any such other units of local government or (2) to levy or impose additional taxes upon areas within their boundaries in the manner provided by law for the provision of special services to those areas and for the payment of debt incurred in order to provide those special services."[566]

Entsprechend dieser verfassungsrechtlichen Vorschrift erließ das Village of Oak Park eine Satzung, welche die Rechtsgrundlage für das Erheben von Steuern darstellen sollte.[567] Dagegen wurde gerichtlich vorgegangen. Das Gericht gab der Klage statt und urteilte, dass die Kommune kein Recht habe, Steuern zu erheben, wenn sie nicht ausdrücklich durch den bundesstaatlichen Gesetzgeber hierfür autorisiert ist. Es kam zu dem Ergebnis, dass es auf den ersten Blick so aussähe, dass der Gesetzgeber nicht in die verfassungsrechtlich garantierten Selbstverwaltungsrechte der kommunalen Gebietskörperschaften – wie zum Beispiel das Erheben von Steuern – eingreifen dürfe, in dem er die Selbstverwaltungsrechte von Umsetzungsgesetzen abhängig mache. Allerdings würde eine solche Auslegung der Verfassung die Worte „in the manner provided by law" im zweiten Halbsatz der Vorschrift unberücksichtigt lassen. Das Gericht war der Ansicht, dass diese Worte auch auf den ersten Unterabsatz zu beziehen seien und die Regel beinhalten würden, dass eine kommunale Gebietskörperschaft keine Steuern erheben dürfe, solange der Gesetzgeber kein

---

[563] Radiophone v. City of New Orleans, 616 So.2d 1243 (1993).

[564] McQuillin, Local Government Law, Volume 16 § 44.08.

[565] Oak Park Federal Sav. and Loan Assn't v. Village of Oak Park, 296 N.E.2d 344 (1973).

[566] Illinois Constitution Art. VII § 6 (1).

[567] Oak Park Federal Sav. and Loan Assn't v. Village of Oak Park, 296 N.E.2d 344 (1973).

Ermächtigungsgesetz erlassen hat.[568] Das Gericht entschied sich nicht für eine weite Auslegung, die den Gebietskörperschaften umfangreichere Steuerbefugnisse zugesprochen hätte. So hätte die Formulierung der Verfassung: „The General Assembly may not deny or limit the power of home rule units [. . .] to levy or impose additional taxes [. . .]" auch so ausgelegt werden können, dass ein möglichst großer Umfang von Rechten auf die kommunalen Gebietskörperschaften übertragen werden soll und gerade keine Anerkennung der Zuständigkeiten durch den Gesetzgeber notwendig gewesen wäre.

Viele Verfassungen beinhalten die optionale Formulierung, dass die bundesstaatlichen Gesetzgeber den kommunalen Gebietskörperschaften steuerrechtliche Kompetenzen zuerkennen können. Das Recht der kommunalen Gebietskörperschaften ist dann, auch wenn in der Verfassung erwähnt, allein vom bundesstaatlichen Gesetzgeber abhängig.

3. Gesetzliche Basis

In Bundesstaaten, in denen die gesetzliche *home rule* und die *Dillon's Rule* zur Anwendung gelangt, hängt die Anerkennung von Steuerrechten kommunaler Gebietskörperschaften von den gesetzlichen Vorschriften des jeweiligen Bundesstaates ab.[569] Die Steuerrechte, die den Bundesstaaten zustehen, können vom Gesetzgeber auf die Gebietskörperschaften übertragen werden. Sie können sowohl begrenzt als auch unbegrenzt sein. Besteht keine Begrenzung, so besitzt eine Kommune innerhalb ihrer örtlichen Gemeinschaft das Recht, Steuern zu erheben, in gleichem Umfang wie es dem Bundesstaat selbst zusteht.[570] Das unbegrenzte Recht, Steuern zu erheben, kann aber nicht über das Recht der Bundesstaaten hinausgehen, da die Kommunen ihre Rechte von dem Bundesstaat, in dem sie gelegen sind, ableiten müssen und daher nicht über Rechte oder Zuständigkeiten verfügen können, die dem Bundesstaat selbst nicht zustehen.[571]

Beruft sich eine kommunale Gebietskörperschaft bei der Erhebung von Steuern auf eine gesetzliche Vorschrift, die ihr diese Befugnis einräumt, so hat sich die Gebietskörperschaft an den exakten Wortlaut der Vorschrift zu halten. Dabei stehen der Kommune keine eigenen Auslegungsmöglichkeiten der entsprechenden Vorschriften zu. So stellte ein Gericht in Connecticut folgende Regel auf:

---

[568] Oak Park Federal Sav. and Loan Assn't v. Village of Oak Park, 296 N.E.2d 344 (1973).

[569] Antieau on Local Government Law, Volume 4 § 64.03; the West Virginia Court ruled: „A municipality has no inherent power to levy taxes; it can do so only by virtue of the authority delegated to it by the legislature." Hare v. City of Wheeling, 298 S.E.2d 820 (1982).

[570] Hackleburg v. Northwest Alabama Gas Dis., 170 So.2d 792 (1965).

[571] O'Donnell v. Bailey, 24 Miss 386 (1852); McQuillin Volume 16 § 44.07.

„Municipalities have no power of taxation except those expressly given to them by the legislature. Their power of taxation can be lawfully exercised only in strict conformity to the terms by which they were given."[572]

4. *Charter*-Vorschriften

In vielen *charters* lassen sich Vorschriften in Bezug auf lokale Steuern finden. Erlaubt es die Verfassung eines Bundesstaates den kommunalen Gebietskörperschaften, *charters* zu verfassen, so ist es den Kommunen möglich, selbst Vorschriften in die *charter* mit aufzunehmen, die Regelungen bezüglich des Erhebens von Steuern beinhalten. In einem solchen Fall muss sich eine Gebietskörperschaft nicht auf bundesstaatliche Gesetze berufen, die ihr das Erheben von Steuern erlauben. Vielmehr sind diese Rechte mit in denen enthalten, die ihnen das Recht geben, diese *charters* zu verfassen.[573] Besteuerungsrechte, die in solchen *freeholder's charters* enthalten sind, werden dem Bereich der örtlichen Angelegenheiten zugeordnet, legitimiert durch die bundesstaatliche Verfassung und somit im Rahmen der kommunalen Zuständigkeiten. Die *charter*-Vorschriften sind nur begrenzt durch die bundesstaatlichen Verfassungen oder durch solche Vorschriften, die in den *charters* selbst enthalten sind.[574]

5. Implizite Befugnis, Steuern zu erheben

Das Recht einer kommunalen Gebietskörperschaft, Steuern zu erheben, ist meist ein außergewöhnliches Recht. Daher sind in der Regel diese Rechte nur dann implizit anzunehmen, wenn es unbedingt notwendig ist.[575] Viele bundesstaatlichen Gesetze oder Verfassungen beinhalten Regelungen, die Steuersätze festlegen oder begrenzen. Solche Vorschriften gelten nach ganz herrschender Rechtsprechung nicht gleichzeitig als Legitimation für Gebietskörperschaften, Steuern zu erheben.[576] Diese Regelung bekommt erst dann Bedeutung, wenn der Gesetzgeber den Kommunen steuerrechtliche Befugnisse zuerkannt hat.[577]

---

572 Consolidated Diesel Electric Corp. v. City of Stamford, 238 A.2d 410 (1968).

573 McQuillin, Local Government Law, Volume 16 § 44.10.

574 A.B.C. Distributing Co., Inc. v. City and County of San Francisco, 542 P.2d 625 (1975).

575 McQuillin, Local Government Law, Volume 16 § 44.11; siehe United States Risley v. City of Utica, 179 F 875 (1910).

576 Corbett v. City of Portland, 48 P 428 (1897); siehe auch McQuillin, Local Government Law, Volume 16 § 44.11.

577 State v. Van Every, 75 Mo 530 (1882).

6. Enge Auslegung

Die auf die kommunalen Gebietskörperschaften übertragenen Befugnisse, Steuern zu erheben, werden in der Regel eng ausgelegt.[578] Diese Auslegungsregel ist auf den Grundsatz zurückzuführen, dass kein US-Bürger verpflichtet ist, eine Steuer zu zahlen, der es an einer eindeutigen und klaren Rechtsgrundlage fehlt.[579] Bestehen Zweifel an der Rechtmäßigkeit einer kommunalen Steuer, so sind diese zum Vorteil des Steuerzahlers zu lösen.[580] Es gibt die Vermutung, dass im Falle einer Anerkennung von kommunalen Besteuerungsrechten durch den Gesetzgeber die Anerkennung nur soweit reicht, wie die Vorschriften dies klar und unmissverständlich zum Ausdruck bringen. Macht eine Gebietskörperschaft von dieser Befugnis Gebrauch, so trägt sie die Beweislast, dass die zu erhebende Steuer auch von der Gesetzeslage gedeckt ist.[581]

Werden kommunale Besteuerungsrechte ausdrücklich in gesetzlichen oder verfassungsrechtlichen Vorschriften anerkannt, so ist in diesen Regelungen zugleich implizit die Absicht des Gesetzgebers enthalten, die Rechte der Kommunen auf die dort explizit genannten Fälle zu beschränken und den Kommunen andere als dort genannte Steuern zu verweigern.[582]

7. Rücknahme und Verlust des Rechts kommunaler Gebietskörperschaften, Steuern zu erheben

Ebenso wie es im Ermessen der bundesstaatlichen Gesetzgeber steht, den kommunalen Gebietskörperschaften Rechte zuzusprechen, die ihnen das Erheben von Steuern erlauben, liegt es auch in ihrem Ermessen, diese Rechte den Kommunen wieder zu entziehen, solange kein entgegenstehender verfassungsrechtlicher Schutz vorhanden ist.[583]

Werden Besteuerungsrechte von kommunalen Gebietskörperschaften nicht in Anspruch genommen, so erlöschen diese nicht. Die Anerkennung ist grundsätzlich nicht auf einen bestimmten Zeitraum beschränkt, sondern ist ein fort-

---

578 Tulsa Tribune Co. v. Commissioner of Internal Revenue, 58 F.2d 937 (1932); Squantum Gardens, Inc. v. Assessors of Quincy, 140 N.E.2d 482 (1957).

579 McQuillin, Local Government Law, Volume 16 § 44.13.

580 Gould v. Gould, 245 U.S. 153, 62 L Ed 211 (1917); Alabama Farm Bureau Mut. Cas. Ins. Co.,Inc v. City of Hartselle, 460 So2d 1219 (1984); Squantum Gardens, Inc. v. Assessors of Quincy, 140 N.E.2d 482 (1957); Mastrangelo v. Buckley, 250 A.2d 447 (1969).

581 County Securities v. Seacord, 15 N.E.2d 179 (1938); Ski Acres, Inc. v. Kittitas County, 827 P.2d 1000 (1992); siehe McQuillin, Local Government Law Volume 16 § 44.13.

582 Decatur Transit v. City of Gadsden, 31 So.2d 339 (1947).

583 Williamson v. State of New Jersey, 130 U.S. 189 (1889); Zoercher v. Agler, 172 N.E. 186 (1930); Fleur de Lis Motor Inns, Inc., v. Bair, 301 N.W.2d 685 (1981); Metropolitan Government of Nashville v. Hillsboro Land Co., 222 Tenn 431, 436 S.W.2d 850 (1968).

dauerndes Recht.[584] Das Recht der Kommunen, Steuern zu erheben, kann jedoch beeinträchtigt werden, wenn der bundesstaatliche Gesetzgeber die Absicht hat, eine einheitliche, sich auf den gesamten Bundesstaat beziehende Regelung zu schaffen, die eventuell vorhandene kommunale Steuern mit einschließt.[585]

8. Das Bestimmen von Hebesätzen

Das Recht einer kommunalen Gebietskörperschaft, Steuern zu erheben, umfasst zugleich auch das Recht, die Hebesätze für Steuern in eigenem Ermessen bestimmen zu können.[586] Beispielhaft hierfür entschied der Supreme Court von Oregon:

> „If the power [to tax] exists, then the [local] legislative body has the right to finally determine the amount or rate of tax, in the absence of constitutional prohibitions. It may levy a tax of any amount it sees fit."[587]

Allerdings sind in einer ganzen Anzahl von Verfassungen einschränkende Regelungen in Bezug auf die Hebesätze enthalten. Zumeist erfolgt das durch das Festlegen von Höchstsätzen und von maximal zulässigen prozentualen Steuererhöhungen.[588] So setzt beispielsweise die Verfassung von Alabama die maximalen Hebesätze für die kommunale Grundsteuer wie folgt fest:

> „No city, town, village, or other municipal corporation, other than as provided in this article, shall levy or collect a higher rate of taxation in any one year on the property situated therein than one-half of one per centum of the value of such property as assessed for state taxation during the preceding year;"[589]

Auffallend an dieser Vorschrift ist, dass keine einheitliche Anwendung auf alle kommunalen Gebietskörperschaften des Bundesstaates stattfindet. Vielmehr sind in der Verfassung einzelne kommunale Gebietskörperschaften aufgeführt, für die unterschiedliche Regelungen in Bezug auf die Hebesätze und deren Erhöhungen gelten.[590]

---

584 McQuillin, Local Government Law, Volume 16 § 44.15.
585 Haefner v. Youngstown, 68 N.E.2d 64 (1946).
586 Antieau on Local Government Law, Volume 4 § 64.06 (1).
587 Eugene Theater Co. v. Eugene, 243 P.2d 1067 (1952).
588 Sands and Libonati, Local Government Law, Volume 4 § 23.07.
589 Alabama Constitution, art XI, Section 216.
590 So steht weiter in Art. XI Section 216 der Verfassung von Alabama: " . . . and provided further, that this section shall not apply to the city of Mobile, which city may from and after

9. Beschränkungen des Rechts, kommunale Steuern zu erheben

a) Beschränkungen in den bundesstaatlichen Verfassungen

Die Verfassungen einzelner Bundesstaaten enthalten eine Anzahl von Einschränkungen, die die Rechte der Kommunen näher definieren. Beispiele hierfür sind, dass: Grundeigentum in Relation zu seinem Wert zu besteuern ist;[591] Steuererhöhungen der Genehmigung der wahlberechtigten Bevölkerung bedürfen;[592] kommunale Steuern einen bestimmten Hebesatz nicht überschreiten dürfen;[593] ganz allgemein der Gesetzgeber das Recht der Kommunen, Steuern zu erheben, beschränken soll[594] oder der bundesstaatliche Gesetzgeber keine Steuern für kommunale Zwecke erheben darf.[595] Die zuletzt genannte Beschrän-

---

the ratification of this Constitution, levy a tax not to exceed the rate of three-fourths of one per centum to pay the expenses of the city government, and may also levy a tax not to exceed three-fourths of one per centum to pay the debt existing on the sixth day of December, eighteen hundred and seventy-five, with interest thereon, or any renewal of such debt; and, provided further, that this section shall not apply to the cities of Birmingham, Huntsville, and Bessemer, and the town of Andalusia, which cities and town may levy and collect a tax not to exceed one-half of one per centum in addition to the tax of one-half of one per centum as hereinbefore allowed to be levied and collected, such special tax to be applied exclusively to the payment of interest on bonds of said cities of Birmingham, Huntsville, and Bessemer, and town of Andalusia, respectively, heretofore issued in pursuance of law, or now authorized by law to be issued and for a sinking fund to pay off said bonds at the maturity thereof; and, provided further, that this section shall not apply to the city of Montgomery, which city shall have the right to levy and collect a tax of not exceeding one-half of one per centum per annum upon the value of the taxable property therein, as fixed for state taxation, for general purposes, and an additional tax of not exceeding three-fourths of one per centum per annum upon the value of the property therein, as fixed for state taxation, to be devoted exclusively to the payment of its public debt, interest thereon, and renewals thereof, and to the maintenance of its public schools, and public conveniences; and, provided further, that this section shall not apply to Troy, Attalla, Gadsden, Woodlawn, Brewton, Pratt City, Ensley, Wylam, and Avondale, which cities and towns may from and after the ratification of this Constitution, levy and collect an additional tax of not exceeding one-half of one per centum; . . ." .

591 California Constitution Art. XIII § 1; Fox Bakersfield Theatre Corp. v. Bakersfield, 222 P2d 879 (1950); State v. Curtis, 4 S.W.2d 467 (1928); Treadwell Realty Co. v. City of Memphis, 116 S.W.2d 997 (1938).

592 Missouri Constitution Art. X § 22(a); Tax Increment Financing Commission of Kansas City v. J.E. Dunn Const. Co., Inc., 781 S.W.2d 70 (1989); Wenzlaff v. Lawton, 653 S.W.2d 215 (1983).

593 Arkansas Constitution Art. 12 § 4; Holt v. City Maumelle, 786 S.W.2d 581 (1990).

594 Michigan Constitution Art. XV § 13; People v. Mahaney, 13 Mich 481 (1865); New York Constitution Art. 8 § 9; North Carolina Constitution Art. 8 § 4.

595 California Constitution Art. 11 § 12; Ventura County v. Southern California Edison Co., 193 P.2d 512 (1948); People ex rel. Sanitary Dist. of Chicago v. Schlaeger, 63 N.E.2d 382 (1945); Longview Co. v. Lynn, 108 P.2d 365 (1940).

kung soll den kommunalen Gebietskörperschaften die Möglichkeit geben, ihre örtlichen Angelegenheiten nach ihrem Ermessen durchzuführen, ohne Beeinträchtigungen von Seiten der Bundesstaaten befürchten zu müssen.[596]

Eine andere übliche, verfassungsrechtliche Einschränkung des Rechts der Kommunen, Steuern zu erheben, erfolgt durch den in vielen bundesstaatlichen Verfassungen enthaltenen Grundsatz, dass Steuern gleich und einheitlich sein müssen.[597] Dieser Grundsatz bezieht sich jedoch nicht nur auf kommunale, sondern auf alle in einem Bundesstaat erhobenen Steuern.[598]

Die wichtigsten verfassungsrechtlichen Beschränkungen der einzelnen Bundesstaaten werden im Folgenden dargelegt.

(1) *Public Purpose Restriction*

Die *public purpose restriction* besagt, dass Steuergelder nur für öffentliche Zwecke verwendet werden dürfen. Geschieht dies nicht, so liegt ein Verstoß gegen den *due process of law*-Grundsatz vor.[599] Die *public purpose restriction* wurde erstmals im 19. Jahrhundert entwickelt.[600] Der Grundsatz findet sich in den Verfassungen vieler Bundesstaaten wieder, wie in denen von Arizona,[601] Kentucky,[602] Montana,[603] North Carolina,[604] Oklahoma,[605] und Texas.[606] Beispielhaft ist die folgende Formulierung des Grundsatzes:

> „Taxes [. . .] shall be levied and collected for public purposes."[607]

Auch wenn die Verfassung eines Bundesstaates nicht diesen Grundsatz enthält, so ist er als allgemeiner Rechtssatz und als Bestandteil des *common law* zu berücksichtigen und bestimmt dort ebenso die Rechte der Kommunen wie in

---

[596] People ex rel. Sanitary Dist. of Chicago v. Schlaeger, 63 N.E.2d 382 (1945).

[597] Die bundesstaatliche *uniformity restriction* ist in Illinois strikter als die Regelung, die sich in der Bundesverfassung findet, siehe Geja's Cafe v. Metropolitan Pier and Exposition Authority, 606 N.E.2d 1212 (1992).

[598] McQuillin, Local Government Law, Volume16 § 44.19.

[599] Antieau on Local Government Law, Volume 4 § 64.06(2).

[600] Der Grundsatz wurde 1874 in dem Fall des US-Supreme Court Loan Association v. Topeka, 87 U.S. 655 aufgestellt.

[601] Arizona Constitution Art. IX, § 1.

[602] Kentucky Constitution Art. 171.

[603] Montana Constitution Art. VIII, § 1.

[604] North Carolina Constitution Art. V § 2.

[605] Oklahoma Constitution Art. X, § 14.

[606] Texas Constitution Art. VIII, § 3.

[607] Minnesota Constitution Art. X § 1.

Bundesstaaten, in denen er ausdrücklich normiert ist.[608] So entschied der Supreme Court von Tennessee:

> „Taxation is a mode for raising revenue for public purpose only. This is so even when there is no express restriction in the Constitution and such a constitutional provision is simply declaratory of the common law."[609]

Eine klare Definition, was unter dem „öffentlichen Zweck" zu verstehen ist, besteht nicht. Der US-Supreme Court brachte in einem Fall zum Ausdruck, dass er den Begriff zwar umreißen, nicht aber genau definieren will, indem er urteilte:

> „[Courts] must be governed mainly by the course and usage of the government, the objects for which taxes have been customarily and by long course of legislation levied, what objectives or purposes have been considered necessary to the support and for the proper use of the government, whether State or municipal. Whatever lawfully pertains to this and is sanctioned by time and the acquiescence of the people may well be held to belong to the public use, and proper for the maintenance of good government, though this may not be the only criterion of rightful taxation."[610]

Eine genaue, detaillierte Definition des Begriffes erübrigt sich allerdings, da den Gesetzgebern und in der Regel auch den kommunalen Gebietskörperschaften ein weiter Ermessensspielraum zusteht, ob ein bestimmter Tatbestand unter den öffentlichen Zweck zu subsumieren ist.[611] Daher werden Gerichte nur in offensichtlichen und extremen Fällen einen öffentlichen Zweck verneinen.[612] Somit steht den kommunalen Gebietskörperschaften in Abwesenheit einschränkender bundesstaatlicher Vorschriften ein weiter Ermessensspielraum zu, auf welchem Gebiet sie Steuergelder verwenden können.[613] Die US-amerikanischen kommunalen Gebietskörperschaften verfügen somit über umfangreiche Ausgabenhoheit als Bestandteil der Finanzhoheit. So urteilte der Supreme Court von Texas:

> „Unless the court can say that the purposes for which public funds are expended are clearly not public purposes, it would not be justified in holding

608 Antieau on Local Government Law, Volume 4 § 64.06(2).
609 McConnell v. Lebanon, 314 S.W.2d 12, 17 (1958).
610 Supreme Court: Citizens' Savings and Loan Association v. Topeka, 87 U.S. 655 (1874).
611 Antieau on Local Government Law, Volume 4 § 64.06(2).
612 Antieau on Local Government Law, Volume 4 § 64.06(2).
613 City of Tucson v. Tucson Sunshine Climate Club, 164 P.2d 598 (1945).

invalid a legislative act or provision in a city charter providing funds for such purposes."[614]

Vor diesem Hintergrund ist die Voraussetzung des öffentlichen Zwecks nur verletzt, wenn Steuergelder für private Zwecke verwendet werden. Dies wurde zum Beispiel bejaht, als Steuergelder für die Errichtung eines kommunalen Hotels verwendet wurden[615] oder als mit ihnen Unternehmen wie eine privat kontrollierte Kongress- und Touristenorganisation unterstützt wurden.[616] Beim letztgenannten Beispiel wurde eine örtliche Steuer erhoben, die zu 75% den ortsansässigen Geschäftsleuten und denen, die im örtlichen Tourismusgewerbe tätig waren, zugute kam. Auch wenn dies der wirtschaftlichen Situation der gesamten Gebietskörperschaft zugute gekommen wäre, wurde ein öffentlicher Zweck dieser Steuer verneint und sie für rechtswidrig erklärt.

(2) *Corporate* oder *municipal purpose restriction*

In einigen bundesstaatlichen Verfassungen ist der Zusatz enthalten, dass kommunale Gebietskörperschaften ihre Steuergelder nur für örtliche Zwecke verwenden dürfen.[617] Ebenso wie bei der *public purpose restriction* gibt es auch bei der *municipal purpose restriction* keine allgemeingültige Definition. Ob eine Verwendung von Steuergeldern dem örtlichen Zweck dient, kann von Kommune zu Kommune unterschiedlich zu beurteilen sein. Größe und Art der Gebietskörperschaft und der Zweck, den sie erfüllt, sind entscheidend für die Beantwortung dieser Frage. Große, urbane Gebietskörperschaften haben ein ungleich höheres Maß an kommunalen Aufgaben zu erfüllen als kleine, ländliche. So bestimmte der Supreme Court von Illinois, dass kommunale Steuern sich nur dann im Rahmen der *municipal purpose restriction* bewegen, wenn sie für Aufgaben erhoben werden, die relevant für die Absichten einer kommunalen Gebietskörperschaft sind oder eine legitime Verbindung zu diesen Absichten aufweisen.[618]

In einigen Bundesstaaten verwischen die Unterschiede zwischen der *municipal purpose* und der *public purpose restriction.* So wurde auch in einigen Fällen die erstere dazu benutzt, Steuern für ungültig zu erklären, die für private Unternehmungen verwendet wurden.[619] Andere Gerichte haben entschieden, diese Voraussetzung beinhalte, dass die erzielten Steuereinnahmen nur den

614 Davis v. Tayler, 67 S.W.2d 1033 (1934).
615 Nash v. Town of Tarboro, 42 S.E.2d 209 (1947).
616 Citizens' Savings and Loan Association v. Topeka, 87 U.S. 655 (1874).
617 Antieau on Local Government Law, Volume 4 § 64.06(3).
618 People ex rel. Brenza v. Fleetwood, 109 N.E.2d 741 (1952).
619 Antieau on Local Government Law, Volume 4 § 64.06(3).

Einwohnern der betreffenden Gebietskörperschaften dienen dürfen. Mit diesem Argument wurde zum Beispiel die Verwendung von kommunalen Steuergeldern für die Errichtung eines Touristencamps für rechtswidrig erachtet, da hierdurch nur Menschen profitierten, die nicht in der Gebietskörperschaft ansässig sind.[620]Ein anderes Gericht urteilte ähnlich:

> „[Local taxes must promote the] public health, safety, morals, general welfare, security, prosperity or contentment of the inhabitants or residents within the political division from whence the revenue for its support is derived."[621]

Allerdings ist nicht erforderlich, dass die Investition von Steuergeldern ausschließlich den Einwohnern der jeweiligen kommunalen Gebietskörperschaft zugute kommt oder alle Einwohner in gleichem Umfang von den Ausgaben profitieren.[622] Ebenso wie bei der *public purpose restriction* haben Gerichte in Bezug auf die *municipal purpose restriction* entschieden, dass es für die Einhaltung des Grundsatzes darauf ankomme, dass die Ausgaben für öffentliche und nicht für private beziehungsweise „nicht-regierungstypische" Zwecke erfolgen.[623] So hat in Tennessee der Supreme Court eine kommunale Steuer aus den gleichen Gründen für rechtswidrig erachtet – dass nämlich Steuergelder für die Unterstützung privater Produktionsstätten verwendet wurden – aus denen andere Gerichte die *public purpose* Einschränkung für verletzt angesehen haben.[624] In Florida urteilte der Supreme Court wie folgt:

> „Taxes for municipal purposes' means a public purpose as distinguished from private or nongovernmental purpose; a purpose intended to embrace some of the functions of the governmental agency. The mere incidental advantage to the public resulting from a public aid in the promotion of private enterprises is not a public municipal purpose; and the incidental benefits or advantages gained by private enterprises from expenditures made for a public purpose do not vitiate or diminish the public purpose."[625]

Auch wenn der Supreme Court von Kalifornien urteilte:

---

[620] Kennedy v. City of Nevada, 281 S.W. 56 (1926).
[621] Greensboro-High Point Airport Authority v. Johnson, 36 S.E.2d 803 (1946).
[622] Siehe Vrooman v. St. Louis, 88 S.W.2d 189 (1935); Taylor v. Thompson, 42 Ill. 9 (1866).
[623] Brandes v. Deerfield Beach, 186 So.2d 6, 12 (1966).
[624] Ferrel v. Doak, 275 S.W. 29 (1925).
[625] Brandes v. City of Deerfield Beach, 186 So.2d 6 (1966).

> "The true test is that which requires that the work should be essential public, and for the general good for all the inhabitants of the city",[626]

so gibt es keine grundlegende Regel und keinen *true test*, dem man bei der Beurteilung dieser Frage folgen könnte. Auch hier besitzen die bundesstaatlichen Gesetzgeber und die kommunalen Gebietskörperschaften einen erheblichen Beurteilungsspielraum, ob die Steuern einem örtlichen Zweck dienen. Die Begründung hierfür lässt sich in der Tatsache finden, dass es oftmals keinen originären, vom Bund oder von den Bundesstaaten festgelegten Aufgabenkreis der kommunalen Gebietskörperschaften gibt, sondern dass die Kommunen vielmehr in der Lage sind, selbst zu entscheiden, welche Leistungen sie an ihre Bürger erbringen wollen.[627]

Die Ähnlichkeit der *public purpose* und der *municipal purpose restriction* lässt sich teilweise auch damit erklären, dass in einigen Bundesstaaten die *puplic purpose restriction* nicht kodifiziert ist. Auch wenn in diesen Bundesstaaten sie durch das *common law* Teil des Rechts ist, so wird sie häufig unter die – wenn verfassungsrechtlich verankert – *municipal purpose* Einschränkung gefasst.

(3) *Uniformity requirement*

Nach der *uniformity*-Beschränkung muss die Besteuerung von Subjekten und Objekten einheitlich sein.[628] Viele bundesstaatliche Verfassungen enthalten eine entsprechende Regelung. Als Beispiel kann die Formulierung in der Verfassung von Arizona angeführt werden:

> „All taxes shall be uniform upon the class of property within the territorial limits of the authority levying the tax."[629]

Von dieser Einschränkung sind alle Steuern, nicht nur kommunale, betroffen. Ziel ist es, die Ungleichbehandlung von Steuerzahlern zu verhindern, indem gleiche Steuertatbestände unterschiedlichen Hebesätzen unterliegen.[630] Demnach dürfen innerhalb eines Bundesstaates nur dann unterschiedliche He-

---

[626] Bank v. Bell, 217 P.2d 538 (1923).
[627] So ansatzweise in einem Fall in North Carolina: Briggs v. Raleigh, 141 S.E. 597 (1928).
[628] California Constitution Art. 13 § 37; Hawlett-Packard Co. v. Santa Clara, 50 Cal App 3d 74; Massachusetts Constitution Amend. Art. 44; Bettigole v. Assessors of Springfield, 178 N.E.2d 10 (1961); Texas Constitution Art. 8 § 1; Arlington v. Cannon, 263 S.W.2d 299 (1953).
[629] Arizona Constitution Art. XI § 1.
[630] Hillsborough Tp. v. Cromwell, 326 U.S. 620 (1946).

besätze festgesetzt werden, wenn dies durch tatsächliche Unterschiede gerechtfertigt ist, zum Beispiel durch die Anzahl und den Umfang der angebotenen kommunalen Leistungen[631] oder die Zahl der Einwohner.[632]

Uniformity bedeutet daher nicht absolute Gleichheit bei der Festlegung der Hebesätze unter den einzelnen kommunalen Gebietskörperschaften, sondern lediglich, dass ein angemessenes Verhältnis zwischen Hebesatz und erbrachter kommunaler Leistungen herrscht[633] und dass ein einheitlicher Hebesatz innerhalb einer kommunalen Gebietskörperschaft vorhanden ist.[634]

(4) Bestätigung durch die Wähler

Eine Einschränkung ganz anderer Art ist in einigen bundesstaatlichen Verfassungen gegeben. Mitunter ist Voraussetzung für die Einführung einer neuen kommunalen Steuer oder die Erhöhung einer bereits existierenden, dass die wahlberechtigten Einwohner einer kommunalen Gebietskörperschaft ihre Zustimmung erteilen müssen.[635]

Die steuerpolitische Bewegungsfreiheit einer kommunalen Gebietskörperschaft ist hierdurch stark eingeschränkt. Denn oftmals weigern sich die Bürger, einer Steuererhöhung oder gar einer neuen Steuer zuzustimmen, auch wenn diese für die Entwicklung oder die Haushaltslage der Gebietskörperschaft notwendig wäre. Im Bundesstaat Kalifornien zum Beispiel hat diese Regelung zu einer katastrophalen Haushaltssituation vieler kommunaler Gebietskörperschaften geführt. Hintergrund dieses Prinzips ist es, dass die Bürger zum einen ein wirksames Mittel der Haushaltskontrolle über die Kommune besitzen sollen. Zum anderen steht der Gedanken dahinter, dass die Bürger selbst bestimmen sollen, welche kommunalen Leistungen von der Gebietskörperschaft, in der sie leben, angeboten werden und wo der Ausgabenschwerpunkt der Gebietskörperschaft liegen soll. Denn will eine Gebietskörperschaft Steuern erhöhen oder neue Steuern einführen, so wird sie dies mit Leistungen rechtfertigen müssen, die sie im Gegenzug den Bürgern anzubieten gedenkt, zum Beispiel mit der Errichtung einer Gemeindebibliothek oder dem Bau einer neuen Schule. Sehen

---

[631] Village of Burnsville v. Onischuk, 222 N.W.2d 523 (1974).
[632] Dearborn v. Johnson, 173 So 864 (1937).
[633] Visina v. Freeman, 89 N.W.2d 635 (1958).
[634] Sherlock v. Village of Winnetka, 68 Ill. 530 (1873).
[635] So steht zum Beispiel in der Verfassung von Michigan in Art 9 § 31 geschrieben: „Units of Local Government are hereby forbidden from levying any tax not authorized by law or charter when this section is ratified or from increasing the rate of an existing tax above that rate authorized by law or charter when this section is ratified, without the approval of a majority of the qualified electors of that unit of Local Government voting thereon."

die Bürger keinen Bedarf an zusätzlichen kommunalen Leistungen, werden sie die Steuer oder Steuererhöhung ablehnen.

b) Einschränkungen und Einflüsse der Bundesverfassung der Vereinigten Staaten

Auch wenn die Bundesverfassung der Vereinigten Staaten keine Aussagen zu den kommunalen Gebietskörperschaften enthält, hat sie dennoch Auswirkungen auf diese. Da die Kommunen lediglich als Untereinheiten der Bundesstaaten angesehen werden, können ihre Rechte nicht weitreichender sein als die der Bundesstaaten selbst. Somit unterliegen sie denselben Beschränkungen aus der Bundesverfassung, denen auch die Bundesstaaten unterworfen sind.[636] Die wichtigsten Beschränkungen, die sich aus der Bundesverfassung in Bezug auf kommunale Steuern ergeben, sind im Folgenden kurz dargestellt.

- *Commerce clause*.[637] Der *commerce clause* dient dem freien Warenverkehr in den Vereinigten Staaten. Dieses verfassungsrechtliche Prinzip war in früheren Zeiten so weitreichend, dass kommunale Gebietskörperschaften Steuern nicht auf Güter erheben konnten, die sich im zwischen-bundesstaatlichen Handel befanden.[638] Heute jedoch dürfen kommunale Gebietskörperschaften Steuern auch auf Waren erheben, die die bundesstaatlichen Grenzen überschreiten.[639] Eine kommunale Steuer verstößt dann nicht gegen diesen Grundsatz, wenn sie (1) in Verbindung mit solchen Tatbeständen erhoben wird, die eng mit der Gebietskörperschaft verbunden sind, (2) gleichmäßig aufgeteilt ist, (3) den zwischenstaatlichen Handel nicht behindert und (4) in Verbindung mit den in der Gebietskörperschaft angebotenen Leistungen steht.[640] Der *commerce clause* wäre hingegen verletzt, wenn die örtliche Wirtschaft von einer kommunalen Steuer profitieren würde, die höhere Belastungen auf solche Unternehmen lege, die außerhalb der Grenzen der Gebietskörperschaft gelegen sind und somit Wettbewerbsverzerrungen geschaffen würden.[641]

---

[636] Sands and Libonati, Local Government Law, Volume 4 § 23.08.

[637] United States Constitution Art. I, § 8, clause. 3: "The Congress shall have power [. . .] to regulate Commerce with foreign Nations, and among the several States, and with the Indian Tribes".

[638] Champlain Realty Co., v. Town of Brattleboro, 260 U.S. 366, 43 S. Ct. 146, 67 L. Ed. 309 (1922).

[639] Coe v. Town of Errol, 116 U.S. 517, 6 S. Ct. 475, 29 L. Ed. 715 (1886).

[640] Complete Auto Transit Inc. v. Brady, 430 U.S. 274 (1977).

[641] Siehe Boston Stock Exchange v. State Tax Commission, 429 U.S. 318 (1977).

- *Due process of law.* Der *due process of law* Grundsatz im Rahmen kommunaler Steuern verlangt, dass eine Mindestverbindung zwischen dem besteuerten Subjekt oder Objekt und dem abstrakten Vorteil, den die besteuerte Person erlangt, besteht.[642]
- Der *equal protection* Grundsatz. Nach dem Gleichheitsgrundsatz dürfen Unterschiede bei der Besteuerung nur dann erfolgen, wenn das durch tatsächliche Unterschiede gerechtfertigt ist.[643]
- *Interstate privilege and immunity clause.* Hiernach dürfen die Hebesätze kommunaler Steuern für Nicht-Einwohner nicht höher sein als die für die Einwohner der Gebietskörperschaft. Etwas anderes gilt nur, wenn eine ausdrückliche gesetzliche Befugnis vorliegt.[644]

c) Nicht-verfassungsrechtliche Beschränkungen

Solange die Verfassung eines Bundesstaates nichts Gegenteiliges bestimmt, obliegt es dem Gesetzgeber, ob und in welchem Umfang er das Recht der kommunalen Gebietskörperschaften, Steuern zu erheben, einschränkt.[645]

10. Steuerarten

Die Formulierungen, die in den Verfassungen, Gesetzen und *charters* der einzelnen Bundesstaaten enthalten sind, um die Besteuerungsrechte der kommunalen Gebietskörperschaften zu bestimmen, sind sehr unterschiedlich.[646] Sie sind oftmals irreführend, da sie bei weitem nicht immer den wahren Umfang der Rechte darstellen. So ist zum Beispiel die Formulierung, die in der *charter* von St. Louis enthalten ist, sehr allgemein und lässt zunächst auf ein großes Maß von Rechten in Hinblick auf kommunale Steuern schließen. Es heißt dort:

> „[The city can] assess, levy and collect taxes for all general and special purposes on all subjects or objects on taxation."[647]

Im Gegensatz hierzu klingen diesbezügliche Rechte der Stadt Detroit wesentlich weniger weitreichend. Die Stadt ist lediglich befugt, "rents, tolls and excises" einzutreiben.[648]

---

642 Wisconsin v. J.C. Penney Co., 311 U.S. 435 (1940).
643 Lehnhausen v. Lake Shore Auto Parts Co., 410 U.S. 356 (1973).
644 Ward v. State, 79 U.S. 418 (1870).
645 Harsha v. City of Detroit, 246 N.W. 849 (1933).
646 Sands and Libonati, Local Government Law, Volume 4 § 23.03.
647 Carter Carburetor Corp. v. City of St. Louis, 203 S.W.2d 438 (1947).

Da jedoch eine gesetzliche Definition der unterschiedlichen Kategorien von Steuern fehlt, ist es schwierig zu beurteilen, wie umfangreich die übertragenen Rechte tatsächlich sind. So haben die Gerichte – entgegen Schlussfolgerungen, die man aus den Formulierungen der oben aufgeführten Normen ziehen könnte – entschieden, dass zum Beispiel aufgrund der *charter*-Vorschriften die Stadt St. Louis nicht ermächtigt ist, eine Einkommensteuer innerhalb des Stadtgebiets zu erheben. Im Gegensatz hierzu wurde dieses Recht der Stadt Detroit gerichtlich zugesprochen.[649]

Um die unterschiedlichen Arten von kommunalen Steuern besser einordnen und somit auch den Umfang der kommunalen Rechte besser definieren zu können, wurde von Judge Cooley – eine große Autorität auf dem Gebiet des Kommunalrechts zu Beginn des 20. Jahrhunderts – eine Kategorisierung der kommunalen Steuern vorgenommen. Demnach gibt es drei Gruppen von kommunalen Steuern: Die *capitation* oder *poll tax*, die *property tax* und die *excise taxes*.[650]

Bei der *poll tax* handelt es sich um eine Steuer, bei der ein Hebesatz festgelegt wird, der für alle Personen oder für eine bestimmte Gruppe von Personen innerhalb des Gültigkeitsgebietes der Steuer gleich hoch ist. Dabei spielt die Menge oder der Wert von Besitz oder Eigentum ebenso wenig eine Rolle wie die Art der Beschäftigung oder des Unternehmens, welchem der Steuerpflichtige nachkommt.[651]

Die *property tax* (Eigentumsteuer) stellt die häufigste Art von kommunalen Steuern dar.[652] Die Steuer kann auf Immobilien oder Mobilien erhoben werden, abhängig von bundesstaatlichen Vorschriften.[653]

Der Ausdruck *excise taxes* dient als Sammelbegriff für alle anderen kommunalen Steuern, die weder eine *poll tax* noch eine *property tax* darstellen.[654] Es handelt sich hierbei in der Regel um Steuern, die auf das Herstellen, den Verkauf oder Konsum von Bedarfsartikeln, die in der jeweiligen Gebietskörperschaft im Wirtschaftskreislauf zirkulieren, erhoben werden. Unter *excise*

---

[648] Dooley v. City of Detroit, 121 N.W.2d 724 (1963).

[649] Vergleiche folgende Fälle: Carter Carburetor Corp. v. City of St. Louis, 203 S.W.2d 438 (1974); Dooley v. City of Detroit, 121 N.W.2d 724 (1963).

[650] McFarlane v. Hotz, 82 N.E.2d 650 (1948); People ex rel. Gallenbach v. Franklin, 58 N.E.2d 555 (1945); Weber v. City of Helena, 297 P 455 (1931); State v. Standford, 66 P 1061 (1901).

[651] Edye v. Robertson („The Head-Money Cases"), 18 F 135, 139 (1883); Hylton v. United States, 1 L Ed 556 (1796); People v. Ames, 51 P 426 (1897).

[652] Sands and Libonati, Local Government Law, Volume 4 § 23.03.

[653] Sands and Libonati, Local Government Law, Volume 4 § 23.03.

[654] Herman v. Mayor & City Council of Baltimore, 55 A.2d 491 (1947); Essex Theatres Cp. v. Commonwealth, 163 N.E. 747 (1928).

taxes fallen auch Steuern für Lizenzen, die von den kommunalen Gebietskörperschaften für verschiedene Tätigkeiten vergeben werden.[655]

Die wichtigsten kommunalen Steuern werden im Folgenden dargelegt:

a) *Property tax*

Die *property tax* ist traditionell die wichtigste Einnahmequelle der US-amerikanischen Kommunen.[656] Allerdings hat ihre Bedeutung nachgelassen, nachdem den Kommunen oftmals auch das Recht zugesprochen wird, andere, nicht eigentumsbezogene Steuern zu erheben und nachdem die finanzielle Unterstützung von Seiten der Bundesstaaten zugenommen hat.[657] Die *property tax* kann sich je nach Ausgestaltung des bundesstaatlichen Rechts sowohl auf Grundeigentum als auch auf bewegliches Privateigentum beziehen.

(1) Grundsteuer

Entgegen großer Kritik ist die Grundsteuer von den Gerichten aufrechterhalten worden. Kritiker werfen den Befürwortern der Steuer vor, dass Grundeigentümer diskriminiert würden und die Hebesätze exzessiv hoch seien. Ebenso unterstütze die Steuer die Landflucht bzw. Flucht vieler Stadtbewohner in die Vororte, da die Hebesätze dort niedriger sind als in den großen, urbanen Zentren.[658] Die Vorteile der Steuer für kommunale Gebietskörperschaften liegen auf der Hand: Die Vorhersehbarkeit der Einnahmen ergeben eine einfache und sichere Kalkulationsbasis für den Haushalt einer kommunalen Gebietskörperschaft.[659] Außerdem lässt sich die Steuer leicht rechtfertigen, da Grundeigentümer von einer Reihe von kommunalen Leistungen profitieren, wie zum Beispiel Straßenbau, Müllentsorgung und Feuerschutz.[660] Da das Grundeigentum in den Vereinigten Staaten keinerlei Besteuerung durch den Bund unterliegt, besteht keine Gefahr, dass die Steuereinnahmen von dieser Seite beeinträchtigt werden können.[661] Im Gegensatz zu Deutschland, wo die Grundsteuer von den staatlichen Finanzämtern erhoben wird,[662] wird sie in den Vereinigten Staaten –

[655] Cooley, Costitutional Limitations § 988.
[656] Reynolds, Local Government Law, § 96.
[657] Zimmerman: State-Local Relations, Seite 61.
[658] Reynolds, Local Government Law, § 96.
[659] Antieau on Local Government Law, Volume 2A, § 21.62.
[660] Antieau on Local Government Law, Volume 2A, § 21.62.
[661] Reynolds, Local Government Law, § 96.
[662] Siehe Knemeyer, Bayerisches Kommunalrecht, Rn 356.

wie auch die übrigen kommunalen Steuern – selbständig von den kommunalen Gebietskörperschaften erhoben.

(2) Steuer auf bewegliches Privateigentum

In einigen Bundesstaaten ist es den Gebietskörperschaften erlaubt, bewegliches Privateigentum zu besteuern, entweder anstelle der Grundsteuer oder zusätzlich zu dieser.[663] Bei dem beweglichen Eigentum handelt es sich zumeist um solches, das sich permanent innerhalb der Grenzen der besteuernden Gebietskörperschaft befindet.[664] Oft unterliegt der Steuer nur geschäftliches Eigentum.[665] Neben materiellem Eigentum kann auch immaterielles Eigentum besteuert werden.[666] Voraussetzung dafür ist oft, dass der steuerpflichtige Eigentümer in der betreffenden Gebietskörperschaft wohnhaft sein muss.[667] Beispiele für Eigentum, welches der Steuer unterliegt, sind Geld, Kredite, Anleihen[668] und Aktien.[669]

b) Kommunale Verkaufssteuern

Eine weitere wichtige Quelle kommunaler Einnahmen sind die örtlichen Verkaufssteuern.[670] Diese Steuern spielen besonders in den großen Metropolen eine wichtige Rolle[671] oder in den Bundesstaaten, in denen der Gesetzgeber das Erheben der Eigentumssteuer beschränkt hat.[672] Da es sich um eine regressive Steuer handelt, wird kritisiert, dass sie die ärmeren Bevölkerungsschichten überproportional hart trifft. Dies gilt insbesondere dann, wenn es keine Ausnahmen – z.B. für Grundnahrungsmittel – gibt.[673] Solche Ausnahmen werden zwar in einigen Bundesstaaten gemacht, stellen jedoch regelmäßig ein Problem dar,

---

663 Reynolds, Local Government Law, § 96.
664 Siehe Shurch v. City of Los Angeles, 214 P.2d 550 (1950); Reynolds, Local Government Law § 96.
665 Siehe Antieau on Local Government Law, § 64.10(2).
666 City and County of Denver v. Tax Research Bureau, 71 P.2d 809 (1937); Burroughs Corp. v. City of Detroid, 171 N.W.2d 678 (1969).
667 City of Lancaster v. Pope, 160 S.W. 509 (1913).
668 City of Waco v. Waco Amicable Life Ins. Co., 248 S.W. 332 (1923).
669 Lacoe v. San Diego County, 92 P.2d 809 (1939); Coca-Cola Co. v. City of Atlanta, 110 S.E. 730 (1922).
670 Siehe hierzu auch: Falconer, Barrow, O'Cain: Local Government Revenues Post 1993 Legislative Session: A Combination of New and Approved, 21 Fla. St. U. L. Rev. 585.
671 Antieau on Local Government Law, Volume 2A § 21.75.
672 Antieau on Local Government Law, Volume 2A § 21.75.
673 Reynolds, Local Government Law, § 97.

da sie möglicherweise gegen die *uniformity*-Voraussetzung verstoßen können.[674]

c) Eintritts- und Vergnügungssteuern

Ebenso für große Metropolen spielen Eintritts- und Vergnügungssteuern eine wichtige Rolle. Hiernach kann auf Theater- oder Konzertkarten oder auf andere Veranstaltungen, die dem öffentlichen Vergnügen dienen – der deutschen Gemeindevergnügungssteuer ähnlich[675] – eine Steuer erhoben werden, wenn der bundesstaatliche Gesetzgeber kommunale Gebietskörperschaften hierzu autorisiert.[676]

d) *Local income taxes*

In vielen kommunalen Gebietskörperschaften stellen kommunale Einkommensteuern eine Haupteinnahmequelle dar. Dies ist zum Beispiel der Fall in Philadelphia und einer Reihe von anderen kommunalen Gebietskörperschaften in Pennsylvania, ebenso in Ohio oder New York.[677] Gerichte haben regelmäßig entschieden, dass Einkommensteuern auch Nicht-Einwohnern einer kommunalen Gebietskörperschaft auferlegt werden können, solange die Einkommen innerhalb der Grenzen der Gebietskörperschaft erzielt werden.[678] Dieses wird damit gerechtfertigt, dass auch Nicht-Einwohner die Vorteile der kommunalen Verwaltung nutzen, da sie beispielsweise von der Infrastruktur, dem Feuer- und Polizeischutz profitieren.[679]

---

[674] Siehe Butcher v. City of Philadelphia, 6 A.2d 298 (1938); Reynolds, Local Government Law § 97.

[675] Siehe Gern, Die Entwicklung des kommunalen Abgaberechts, NVwZ 1982, 416; Maunz, Dürig, Grundgesetz, Kommentar, Art. 106 Rn. 90.

[676] Siehe: Fox Bakersfield Theater Corp. v. Bakersfield, 222 P.2d 879; Stiska v. Chicago, 90 N.E.2d 742.

[677] Antieau on Local Government Law, Volume 2A § 21.77.

[678] Reynolds, Local Government Law, § 97; siehe: Kansas City v. Querry, 511 S.W.2d 790 (1974).

[679] Siehe: Kiker v. City of Philadelphia, 31 A.2d 289 (1943).

e) *License taxes*

Wenn den Kommunen dementsprechende Rechte zuerkannt werden, kann eine Gebietskörperschaft Steuern auf Geschäftslizenzen erheben, die innerhalb ihrer Grenzen von den kommunalen Behörden vergeben werden. Solange das Geschäft innerhalb der Grenzen der Gebietskörperschaft ausgeübt wird, können sowohl Einwohner als auch Nicht-Einwohner besteuert werden.[680] Abhängig von der Ermächtigungsgesetzgebung können Kommunen bestimmte Gewerbearten oder alle Arten von Gewerbe besteuern, für die Lizenzen ausgestellt werden müssen.[681] Unter anderem wurden Steuern auf lizenzpflichtige Berufe wie Buchhalter,[682] Bauunternehmer[683] und Gaukler[684] erhoben.

f) Sonstige örtliche Steuern

Wenn es durch die Verfassung oder Gesetze eines Bundesstaates gestattet ist, können kommunale Gebietskörperschaften andere als die oben aufgeführten Steuern erheben. Solange die Befugnisse klar und eindeutig übertragen werden, ergeben sich in der Regel keine verfassungsrechtlichen Probleme.

Die Zahl weiterer Steuern ist groß. So werden zum Beispiel in einigen Städten wie New York, Chicago und Denver Steuern auf Tabakwaren erhoben. Unter anderem erheben New Orleans, Baltimore und Washington D.C. Steuern auf alkoholische Getränke.[685] Oft werden von den Kommunen auch Kfz-Steuern, Steuern auf Treibstoffe oder auf bestimmte, in der Gebietskörperschaft angebotene Dienstleistungen erhoben.[686] In Arizona wurde eine Steuer als verfassungsgemäß angesehen, die Grundeigentümern auferlegt wurde, wenn sie Appartements auf ihrem Grund errichteten.[687]

---

680 Reynolds, Local Government Law, § 97.
681 Antieau on Local Government Law, § 21.82.
682 City of Los Angeles v. Cohen, 268 P.2d 183 (1954).
683 Ex Parte Marler 282 P 353 (1929).
684 Antieau on Local Government Law, § 21.82.
685 Antieau on Local Government Law, § 21.83.
686 Antieau on Local Government Law, § 21.83.
687 City of Mesa v. Home Builders Association of Central Arizona, Inc., 523 P.2d 57 (1974).

II. *Special assessments*

1. Einführung

Neben den örtlichen Steuern stellen die *special assessments* eine weitere Haupteinnahmequelle der kommunalen Gebietskörperschaften dar. Nimmt eine Kommune bestimmte Investitionen vor, die für die Einwohner oder einen Teil von ihnen eine Verbesserung darstellen, kann sie Geld von den Grundeigentümern einfordern, die in besonderer Weise von den Verbesserungen profitieren.[688] Die vorgenommenen Verbesserungen können dabei unterschiedlichster Natur sein, oftmals haben sie Straßenbauarbeiten,[689] Grünanpflanzungen,[690] das Bauen von Parkplätzen, Abwasser- oder Frischwasseranlangen oder ähnliches zum Gegenstand. Die durch die *special assessments* belasteten Grundstücke müssen in unmittelbarer Nähe zu den Verbesserungen liegen.[691] Der Supreme Court von Kalifornien definierte *special assessments* wie folgt:

> „A special assessment is generally defined as a charge imposed on property owners within a limited area to help pay the costs of a local improvement designed to enhance the value of the property within that area."[692]

Durch die Belastung von Bevölkerungsgruppen, die am meisten von gewissen Verbesserungen in der Gebietskörperschaft profitieren, soll die Steuerlast für die Allgemeinheit möglichst gering gehalten werden.[693] *Special assessments* haben eine lange Tradition in den Vereinigten Staaten. Das erste Gesetz, dass diese Art von Abgabe zum Gegenstand hatte, wurde in New York verfasst und geht auf das Jahr 1691 zurück.[694]

Durch *special assessments* werden nur Grundeigentum und keine andere Form von Eigentum belastet. Kommunale Gebietskörperschaften haben dabei einen erheblichen Ermessensspielraum, wann und in welchem Umfang *special assessments* von Grundeigentümern verlangt werden können. Der Bund setzt keinerlei Standards fest, wann *special assessments* erhoben werden dürfen oder wann kommunale Investitionen durch allgemeine Steuern finanziert werden müssen.[695]

---

688 Reynolds, Local Government Law, § 99.
689 Kansas Stat. Ann. § 12-601 (1995); Idaho Code § 50-1703(1) (1994).
690 Ohio Rev. Rev. Code Ann. § 727.011.
691 Reynolds, Local Government Law, § 99.
692 Regents of University of California v. City of Los Angeles, 100 Cal App 3d 547 (1979).
693 Sands and Libonati, Local Government Law, Volume 4 § 24.01.
694 Siehe People ex rel. Griffin v. Mayor of Brooklyn, 4 N.Y. 419 (1851).
695 Siehe Memphis & Charleston Ry. Co. v. Pace, 282 U.S. 241 (1931).

Special assessments sind somit den Beiträgen im deutschen Recht nach Art. 5 BayKAG sehr ähnlich, die ebenfalls als Vorteilsausgleich dienen, um diejenigen zur Kostendeckung heranzuziehen, die die Möglichkeit zur Inanspruchnahme einer bestimmten öffentlichen Einrichtung haben.[696]

2. Das Recht, *special assessments* zu erheben

Ebenso wie das Recht, Steuern zu erheben, ist auch das Recht, *special assessments* zu erheben, nicht den kommunalen Gebietskörperschaften, sondern den Bundesstaaten immanent.[697] Daher muss dieses Recht von den Bundesstaaten an die Gebietskörperschaften delegiert werden.[698] Das geschieht durch verfassungsrechtliche, gesetzliche oder *charter*-Vorschriften.[699] Gewöhnlich wird dieses Recht ausdrücklich übertragen. Nur in Ausnahmefällen ist das Recht implizit in der Anerkennung anderer kommunaler Zuständigkeiten enthalten.[700] Das Recht einer Kommune, eine bestimmte Investition – wie zum Beispiel den Bau oder Ausbau einer Straße – zu tätigen, beinhaltet nicht auch das Recht, diese Investition über *special assessments* zu finanzieren.[701]

Sind entsprechende Rechte, *special assessments* zu erheben, auf die Gebietskörperschaften übertragen, so werden diese eng ausgelegt. Bestehen Zweifel an der Befugnis hierzu, so ist – ebenso wie bei den Steuerrechten – gegen die Gebietskörperschaft zu entscheiden.[702]

3. Gültigkeitsvoraussetzungen

a) *Special benefit v. general benefit*

Gültigkeitsvoraussetzung für *special assessments* ist, dass die durchgeführte Verbesserung einen besonderen Vorteil (*special benefit*) für die belastete

[696] Siehe Schieder, Happ, Bayerisches Kommunalabgabengesetz, Erläuterungen Art. 5 Rn. 2.
[697] Carolina & N.W. Ry. Co. v. Town of Clover, 46 F.2d 395 (1931); City of Boca Raton v. State, 595 So.2d 25 (1992).
[698] Reynolds, Local Government Law, § 99.
[699] City of Montgomery v. Crossroads Land Co., Inc., 355 So.2d 363 (1978); Paul Scotton Contracting Co., Inc. v. Mayor and Council of City of Dover, 301 A.2d 321 (1972); Munro v. City of Albuquerque, 93 P.2d 993 (1939).
[700] City of Boca Raton v. State, 595 So.2d 25 (1992).
[701] Krumberg v. City of Cincinnati, 29 Ohio St 69 (1875); City of Omaha v. State, 94 N.W. 979 (1903); City of Bloomington v. Latham, 32 N.E. 506 (1892); Simpson v. City of Brooksville, 188 So 794 (1939); Ross v. Stackhouse, 16 N.E. 501 (1888).
[702] United States v. Merriam, 263 U.S. 179; City of Griffin v. Crossfield, 97 S.E.2d 618 (1957).

Bevölkerungsgruppe darstellt.[703] Nicht ausreichend ist die Schaffung eines allgemeinen Vorteils (*general benefit*), der für die gesamte Gebietskörperschaft von Nutzen ist.[704] Faktoren, die zur Unterscheidung zwischen besonderem und allgemeinem Nutzen in Betracht gezogen werden müssen, sind die Art, der Ort und die Begleitumstände der Verbesserung.[705] Eine allgemeine Verbesserung, die nicht nur einer bestimmten Gruppe von Bewohnern der Gebietskörperschaft zugute kommt, ist durch allgemeine Steuern zu finanzieren.[706]

Um zwischen besonderem und allgemeinem Vorteil zu unterscheiden, muss der der Verbesserung zugrunde liegende Zweck und die Zielrichtung betrachtet werden. Eine Verbesserung ist nicht allgemein, wenn sie

> „[. . .] for the predominant purpose of the accommodation, convenience and enhancement of a particular property [. . .]"

vorgenommen wird.[707] Profitieren nur die nahe gelegenen Grundstücke von der Verbesserung und wird auch nur deren Wert dadurch erhöht, können *special assessments* erhoben werden, auch wenn als Nebeneffekt die Allgemeinheit hiervon profitiert.[708]

b) Public improvement

Bei der Verbesserung, die durch *special assessments* finanziert werden soll, muss es sich um eine „öffentliche Verbesserung" (*public improvement*) handeln. Auf der einen Seite bedeutet *public* in diesem Zusammenhang, dass eine Vielzahl von Menschen von der vorgenommenen Verbesserung profitieren muss. Der Profit nur einzelner Personen wäre rechtswidrig.[709] Auf der anderen Seite muss der Vorteil von örtlichem Charakter sein, so dass in der Umgebung gelegene Grundstücke – im Gegensatz zu anderen Grundstücken in der Gebietskörperschaft – einen Vorteil erhalten müssen.[710] Hier steht den einzelnen

---

[703] Reynolds, Local Government Law, § 99.
[704] Home Builders Ass'n of Central Arizona, Inc. v. Riddel, 510 P.2d 376 (1973).
[705] Village of Downers Grove v. Bailey, 156 N.E. 362 (1927).
[706] In re Raymond Plaza West, Newark, 189 A 105 (1937); City of Chicago v. Blair: 36 N.E. 829 (1894).
[707] Sands and Libonati, Local Government Law, Volume 4 § 24.02.
[708] Home Builder's Ass'n of Cent Arizona, Inc. v. Riddel, 510 P.2d 376 (1973); In re Village of Burnsville, 245 N.W.2d 445 (1976).
[709] Siehe: Bowdich v. City of Albuquerque, 416 P.2d 523 (1966).
[710] In re Village of Burnsville, 245 N.W.2d 445 (1976); Ruel v. Rapid City, 167 N.W.2d 541 (1969).

kommunalen Gebietskörperschaften jedoch ein weiter Ermessensspielraum zu.[711]

4. Unterscheidung zwischen *special assessments* und Steuern

In dem Fall *Krumpelman v. Louisville & Jefferson County Metropolitan Sewer District* wurde ein Leitfaden für die Unterscheidung zwischen *special assessments* und Steuern entwickelt. Das Gericht führte aus:

> „There is a clear distinction between taxes and special assessments. The latter are local burdens laid on property made for a public purpose, but fixed in amount once and for all time with reference to the special benefit which such property derives from the cost of the project, while taxes are generally held to be a rate or duty levied each year for purposes of general revenue, regardless of the direct benefit accruing to the person or property taxed."[712]

5. Verfassungsrechtliche Grenzen

In den meisten Bundesstaaten der Vereinigten Staaten sind *special assessments* verfassungsrechtlich anerkannt. In vielen Verfassungen findet das Thema ausdrücklich Erwähnung, allerdings verbieten die unterschiedlichen Arten der Ausgestaltung dieses Rechts eine allgemein gültige Darstellung der jeweiligen Formulierungen.[713]

Grundsätzlich müssen *special assessments* sowohl mit dem verfassungsrechtlichen *due process* als auch *equal protection*-Satz vereinbar sein. Auch wenn eine Bundesverfassung nicht ausdrücklich diese wesentlichen Rechtsgrundsätze enthält, so müssen sie als allgemein anerkannte rechtliche Mindeststandards beachtet werden.[714] Damit der *due process* Grundsatz nicht verletzt ist, müssen die beschwerten Grundstückseigentümer eine Gelegenheit zur Anhörung erhalten.[715] In Bezug auf den *equal protection* Satz muss differenziert werden: Da *special assessments* nicht als Steuern angesehen werden, findet der Grundsatz, dass das Eigentum im Verhältnis zu seinem Wert besteuert werden

---

[711] Naperville v. City of Wehrle, 173 N.E. 165 (1930); Bowdich v. City of Albuquerque, 416 P.2d 523 (1966).
[712] Krumpelman v. Louisville & Jefferson County Metropolitan Sewer Dist., 314 S.W.2d 557 (1958).
[713] Sands and Libonati, Local Government Law, Volume 4 § 24.07.
[714] McQuillin, The Law of Municipal Corporations, Volume 14 § 38.03.
[715] Fisher v. City of Minot, 188 N.W.2d 745 (1971).

muss, keine Anwendung.[716] Allerdings müssen *special assessments* in einem angemessenen Verhältnis zu den für die Grundstücke erzielten Vorteile stehen. Hierbei ist der gleiche Maßstab für alle miteinander vergleichbaren Grundstücke anzusetzen.[717] *Special assessments* müssen daher drei Voraussetzungen erfüllen: Erstens müssen sie im Verhältnis zu der Werterhöhung der betroffenen Grundstücke stehen.[718] Zweitens muss die Höhe der Umlage innerhalb der beschwerten Einwohnergruppe gleich sein.[719] Drittens muss der Verwendungszeck für alle betroffenen Grundstücke gleich sein.[720]

III. *User fees* – Gebühren

Benutzungsgebühren – *user fees* – sind eine weitere wichtige Einnahmequelle für kommunale Gebietskörperschaften in den Vereinigten Staaten. Sie werden als Entgelt für die Benutzung einer kommunalen Einrichtung erhoben.[721] Somit werden die Gebühren wie im deutschen Recht[722] als Austausch für konkret geleistete Dienste, die von der Kommune angeboten werden, verlangt.[723]

In den Vereinigten Staaten ergeben sich regelmäßig Probleme bei der Abgrenzung zwischen *user fees* und Steuern, da kommunale Gebietskörperschaften häufig versuchen, Gebühren anstelle von Steuern, zu deren Erhebung sie nicht berechtigt wären, zu verlangen. Exemplarisch hierfür steht der Fall *United States v. City of Huntington, West Virginia*, in dem die Stadt eine Benutzungsgebühr für Feuer- und Hochwasserschutz verlangte.[724] Die Gebühr wurde auf alle Gebäude in der Stadt erhoben, die Höhe war abhängig von der Größe der Gebäude. Der Kläger behauptete, dass es sich hierbei nicht um eine Gebühr,

---

[716] Bennett v. Vittum, 194 S.E. 363 (1937).

[717] Mullins v. City of El Dorado, 436 P.2d 837 (1968); Stepan Chemical Co. v. Town of Wilmington, 391 N.E.2d 1247 (1979).

[718] Sands and Libonati, Local Government Law, Volume 4 § 24.03.

[719] Loomis v. Rodgers, 163 N.W. 1018 (1917).

[720] City of Englewood v. Weist, 520 P.2d 120 (1974); Stepan Chemical Co. v. Wilmington, 391 N.E.2d 1247 (1979); Ridgewood Country Club v. Borough of Paramus, 259 A.2d 218 (1969).

[721] Black's Law Dictionary, Seite 1579; siehe zu *fees* auch: Colton, Sheehan: Raising Local Government Revenue through Utility Franchise Charges: If the Fee Fits, 21 URBLAW 55, 55ff.

[722] Siehe Art 8 KAG; Schieder, Happ, Bayerisches Kommunalabgabengesetz, Erläuterungen Art. 8 Rn. 2ff; Püttner, Handbuch der kommunalen Wissenschaft und Praxis, Band 6, Seite 246 f.

[723] United States v. La Franca, 282 U.S. 568 (1931); United States v. City of Huntington, West Virginia, 999 F.2d 71 (1993).

[724] United States v. City of Huntington, West Virginia, 999 F.2d 71 (1993).

sondern um eine Steuer handle.[725] Da es sich beim Feuer- und Hochwasserschutz traditionell um kommunale Zuständigkeiten handelt, die der Gesamtheit der Einwohner einer kommunalen Gebietskörperschaft zugute kommen, entschied das Gericht, dass die Kosten nicht durch das Erheben einer Gebühr gedeckt werden können. Allein das Abtrennen dieser Aufgaben von den übrigen könne nicht die Erhebung einer Gebühr rechtfertigen. Vielmehr handle es sich um eine erzwungene Geldzahlung, die eine Steuer darstelle.

Eine *user fee* liegt nur dann vor, wenn die Zahlung freiwillig für die Inanspruchnahme einer kommunalen Dienstleistung erfolgt, die nicht alle Einwohner einer Gebietskörperschaft, sondern nur den zahlenden Teil profitieren lässt und durch Nichtinanspruchnahme der kommunalen Leistung umgangen werden kann.[726] Der Zweck einer *user fee* ist darin begründet, dass sie die Kommune für ihre angebotenen Leistungen entschädigen soll und nicht als allgemeine Einnahmequelle dient.[727] Beispiel für gültige *user fees* sind Abwassergebühren,[728] Gebühren für öffentliche Verkehrsmittel,[729] Straßenunterhalts-[730] und Bootsliegeplatzgebühren.[731]

User fees wurden grundsätzlich für rechtswidrig erachtet, wenn sie für kommunale
Leistungen gefordert wurden, die zu den grundlegenden Aufgaben kommunaler Gebietskörperschaften gehören, da sie dann als Umgehung von Steuern erachtet werden.[732]

Von *special assessments* unterscheiden sich *service charges* dadurch, dass die Zweitgenannten für den tatsächlichen Gebrauch einer Einrichtung erhoben werden. Beispielhaft kann das Erheben einer Abwassergebühr für die tatsächlich entstandene Menge von Abwasser genannt werden.[733] *Service charges* stellen daher eine Kompensation für die Unterhaltskosten einer bestimmten Einrichtung dar.[734] *Special assessments* hingegen werden unabhängig von der tatsächlichen Nutzung der Verbesserung erhoben. Von daher können sie bei dem Bau eines Abwassersystems erhoben werden, auch wenn ein Anschluss eines Grundstückes hieran gar nicht erfolgt.[735] *Special assessments* werden für

---

725 Der Unterschied war entscheidend, da Kläger die Vereinigten Staaten waren. Diese sind jedoch von bundesstaatlichen Steuern – und somit auch von kommunalen, da es sich hierbei lediglich um Verwaltungseinheiten der Bundesstaaten handelt – befreit.
726 Emerson College v. City of Boston, 462 N.E.2d 1098 (1984).
727 Emerson College v. City of Boston, 462 N.E.2d 1098 (1984).
728 Town of Winthorp v. Winthorp Housing Authority, 541 N.E.2d 582 (1989).
729 Bloom v. City of Fort Collins, 784 P.2d 304 (1989).
730 Bloom v. City of Fort Collins, 784 P.2d 304 (1989).
731 Commonwealth v. Caldwell, 515 N.E.2d 589 (1987).
732 Emerson College v. City of Boston, 462 N.E.2d 1098 (1984).
733 Seal Tanning Co. v. City of Manchester, 393 A.2d 1382 (1978).
734 Sands and Libonati, Local Government Law, Volume 4 § 24.06.
735 Seal Tanning Co. v. City of Manchester, 393 A.2d 1382 (1978).

die Wertsteigerung, die eine Investition nach sich zieht, auf die betroffenen Grundstücke erhoben.[736]

IV. *Impact fees, development fees* und andere Abgaben

Schnell wachsende kommunale Gebietskörperschaften sehen sich mit großen Entwicklungskosten konfrontiert, die für die Erschließung von Bauland notwendig sind. Daher wurden *impact* und *development fees* entwickelt. Um die Erschließungskosten zu finanzieren, werden diese Gebühren den Bauträgern auferlegt.[737] Dadurch sollen höhere Steuern vermieden werden, so dass die anfallenden Kosten nicht von der Allgemeinheit, sondern von denen getragen werden, die sie verursachen.[738]

E) Zusammenfassung des 7. Kapitels

Der Großteil der Finanzmittel der US-amerikanischen Gebietskörperschaften ergibt sich aus kommunalen Steuern. In Bezug auf die eingenommenen Steuergelder steht den Kommunen Ausgabenhoheit zu. In einigen Bundesstaaten besitzen kommunale Gebietskörperschaften in begrenztem Maß sogar ein Steuerfindungsrecht. Bei Erhebung der Steuern können die kommunalen Gebietskörperschaften im Rahmen der Gesetze die Hebesätze frei bestimmen.

Eine weitere wichtige Quelle zur Deckung des kommunalen Finanzbedarfs sind *special assessments* (Beiträge) und *fees* (Gebühren), die von der Kommunalverwaltung erhoben werden dürfen.

Das amerikanische Recht ist daher mit den in Art. 9 Abs. 3 EKC festgesetzten Standards vergleichbar, wonach zumindest ein Teil der Finanzmittel der kommunalen Gebietskörperschaften aus kommunalen Steuern und Gebühren stammen muss, deren Hebesätze sie innerhalb des gesetzlichen Rahmens selbst festlegen können.

Von bundesstaatlicher Seite erhalten die kommunalen Gebietskörperschaften Finanzzuweisungen im Rahmen von *tax sharing*-Programmen. Diese Programme sind auf bundesstaatlicher Ebene entweder in den Verfassungen oder

[736] Seiler v. Board of Sewer Com'rs of Hingham, 233 N.E.2d 306 (1968).
[737] Dolan v. City of Tigard, 512 U.S. 374 (1994).
[738] New Jersey Builders Ass'n v. Mayor & Township Committee of Bernards Tp., Somerset County, 528 A.2d 555 (1987); Ehrlich v. City of Culver City, 911 P.2d 429 (1996).

einfachgesetzlich festgeschrieben. Auf Bundesebene sind keine Rechte vorhanden, die den kommunalen Gebietskörperschaften Ansprüche auf bundesstaatliche Finanzzuweisungen einräumen.

Finanzmittel von dem Bund an kommunale Gebietskörperschaften beschränken sich auf einzelne Programme. Ein bestimmter Anteil von Steuereinnahmen des Bundes steht den Kommunen nicht zu. Die Finanzmittel aus den Programmen sind meist zweckgebunden und an die Erfüllung von Auflagen geknüpft. In Bezug auf diese Finanzmittel besteht demnach keine Ausgabenhoheit. Hier verfolgt die EKC einen anderen Ansatz, da gem. Art. 9 Abs. 7 EKC Zuweisungen an die kommunalen Gebietskörperschaften – soweit möglich – gerade *nicht* an die Finanzierung bestimmter Vorhaben gebunden sein sollen.

Die Angemessenheit von Finanzmitteln in Bezug auf die kommunalen Zuständigkeiten ist in der Regel dann gewährleistet, wenn die vom Bund oder den Bundesstaaten auf die Kommunen übertragenen Zuständigkeiten keine *unfunded mandates* darstellen, sondern mit entsprechenden finanziellen Leistungen einhergehen. Oft genug wird dem Konnexitätsprinzip jedoch nicht Rechnung getragen, so dass eine Angemessenheit der Finanzmittel (Art. 9 Abs. 2 EKC) nicht immer gewährleistet ist.

8. Kapitel: Schutz der Grenzen kommunaler Gebietskörperschaften

Das Gemeindegebiet ist – neben gemeindlicher Hoheitsgewalt und Gemeindeangehörigkeit – Wesenselement einer kommunalen Gebietskörperschaft.[739] Innerhalb des Gemeindegebietes können die Kommunen ihre Hoheitsbefugnisse ausüben. Werden die Grenzen kommunaler Gebietskörperschaften verändert, so hat dies unmittelbaren Einfluss auf den Umfang der Selbstverwaltungsrechte. Die Ausprägung des Schutzes kommunaler Grenzen ist daher Zeichen für kommunale Autonomie.

Das folgende Kapitel soll Aufschluss darüber geben, inwieweit US-amerikanische kommunale Gebietskörperschaften vor Eingriffen des Staates in ihre territoriale Integrität geschützt sind. Kann der Staat bzw. der jeweilige Bundesstaat die Grenzen der Kommunen beliebig verändern? Steht kommunalen Gebietskörperschaften vor Änderung ihrer Grenzen ein Recht auf Anhörung oder sogar auf Widerspruch zu?

A) Grundsatz: Bundesstaatliche Freiheit bei Festlegung und Änderung kommunaler Grenzen

Die Frage nach Grenzveränderungen kommunaler Gebietskörperschaften wird von einer Vielzahl unterschiedlichster Regelungen bestimmt. Eine einheitliche Behandlung dieses Themas und somit auch der Frage, inwieweit Kommunen bei Grenzveränderungen geschützt sind, ist unmöglich. Es gibt sowohl bundesstaatliche Regelungen, die den kommunalen Gebietskörperschaften ein Anhörungs- und sogar Widerspruchsrecht gewähren, als auch Regelungen, die Grenzveränderungen kommunaler Gebietskörperschaften ohne vorherige Anhörung ermöglichen. Es können hier nicht einmal Feststellungen getroffen werden, die innerhalb eines Bundesstaats eine einheitliche Darstellung erlauben würden. Daher kann im Folgenden nur beispielhaft die unterschiedliche Handhabung dieses Themengebiets in den einzelnen Bundesstaaten dargestellt werden.

Grundsätzlich besitzt der Gesetzgeber eines jeden Bundesstaats die Möglichkeit, über die Grenzen der kommunalen Gebietskörperschaften frei zu bestimmen, die Kommunen zu vergrößern oder zu verkleinern, zusammenzulegen oder sogar ganz aufzulösen.[740] Fällt der Gesetzgeber eines Bundesstaats eine Entscheidung bezüglich einer Grenzveränderung, so können die Gründe

---

[739] Masson / Samper, Bayerische Kommunalgesetze, Art. 22 BayGO Rn. 1.

[740] McQuillin, The Law of Municipal Corporations, § 7.03; Ballentine v. Willingham, 226 S.E.2d 593 (1976).

hierfür durch die Gerichte nicht in Frage gestellt werden.[741] Dabei steht den Organen der betroffenen kommunalen Gebietskörperschaften grundsätzlich weder ein Recht auf eine vorhergehende Anhörung zu, noch haben die Einwohner Anspruch auf eine Volksabstimmung. Das Recht der Bundesstaaten kann sogar soweit gehen, dass nicht einmal eine Bekanntmachung der Grenzveränderung Voraussetztung ist. Die Änderung von Grenzen kann entweder direkt durch einen legislativen Akt geschehen[742] oder durch das Festlegen eines Verfahrens,[743] durch welches eine Grenzänderung möglich ist und dann durch bestimmte Verwaltungseinheiten vorgenommen werden kann. In vielen Bundesstaaten haben die Gesetzgeber Behörden geschaffen, die über Grenzveränderungen, wie etwa die Zusammenlegung von kommunalen Gebietskörperschaften, entscheiden können. Einschränkungen dieser bundesstaatlichen Befugnisse über ihre kommunalen Gebietskörperschaften können sich nur aus den Verfassungen oder Gesetzen der Bundesstaaten ergeben.[744] Somit obliegt es den Bundesstaaten, den gesetzlichen oder verfassungsrechtlichen Rahmen für die Änderung kommunaler Grenzen zu schaffen.[745]

Aus der Bundesverfassung ergeben sich keine Rechte, die eine Kommune bei Veränderung ihrer Grenzen geltend machen kann.[746] Wieder einmal verdeutlicht die *Hunter v. City of Pittsburgh*-Entscheidung, dass die Festsetzung kommunaler Grenzen Teil der politischen Macht ist, die die Bundesstaaten über ihre kommunalen Gebietskörperschaften ausüben können.[747]

> „The number, nature, and duration of the powers conferred upon these corporations and the territory over which they shall be exercised rests in the absolute discretion of the state. [. . .] The state, therefore, at its pleas-

---

[741] City of New York v. Village of Lawrence, 165 N.E. 836, (1929); City of Hoover v. Rocky Ridge Fire District, 460 So.2d 192 (1984); Larkins v. City of Denison, 683 S.W.2d 754 (1984); Antieau on Local Government Law, § 3.03 (1).

[742] McQuillin, The Law of Municipal Corporations, § 7.03; People ex rel. Landwer v. Village of North Barrington, 237 N.E.2d 350 (1968); LaSalle Nat. Bank v. Village of Burr Ridge, 225 N.E.2d 33 (1967).

[743] McQuillin, The Law of Municipal Corporations, § 7.03; Goodyear Farms v. City of Avondale, 714 P.2d 386 (1986); Romanowski v. Foley, 521 A.2d 601 (1987).

[744] Supreme Court: Hunter v. City of Pittsburgh, 207 U.S. 161 (1907); Rogers v. City and County of Denver, 419 P.2d 648 (1966).

[745] Antieau on Local Government Law, § 3.04 (1); White v. City of Danville, 465 S.W.2d 67 (1971).

[746] Baldwin v. City of Winston-Salem; Goodyear Farms v. City of Avondale, 714 P2d 386 (1986). Dies betrifft zumindest den Bestand bzw. die Grenzen einer kommunalen Gebietskörperschaft. Eine Verletzung des Bundesverfassungsrechts kann sich ergeben, wenn durch Grenzveränderungen wirtschaftliche Interessen berührt werden. In einem solchen Fall könnte der *contracts clause* der US-Verfassung verletzt sein.

[747] Antieau on Local Government Law, § 3.03 (1); In re Annexation to the City of Anchorage, Alaska, of certain Property 146 F. Supp. 98 (1956).

ure, may [. . .] expand or contract the territorial area, unite the whole or a part of it with another municipality, repeal the charter and destroy the corporation. All this may be done, conditionally or unconditionally, with or without the consent of the citizens, or even against their protest. In all these respects the state is supreme, and its legislative body, conforming its action to the state Constitution, may do as it will, unrestrained by any provision of the Constitution of the United States."[748]

Generell steht somit den kommunalen Gebietskörperschaften kein Anhörungsrecht bei Änderung ihrer Grenzen zu. Vielfach kommt es jedoch vor, dass die Gesetze oder Verfassungen der Bundesstaaten Einschränkungen bezüglich der Grenzveränderungen der Kommunen vornehmen und derartige Veränderungen an Voraussetzungen binden.[749] Die Ausnahmen zum Grundsatz der legislativen Kontrolle über die Grenzen der kommunalen Gebietskörperschaften sind vielfältig. Eine Bestandsgarantie, wie sie etwa für die Gemeinden in Art. 10 Abs. 2 BayGO besteht, ist jedoch in den einzelnen Bundesstaaten nicht vorhanden.

B) *Dillon's Rule – Home Rule*

So groß der Unterschied der Rechte kommunaler Gebietskörperschaften unter der *Dillon's Rule* und *home rule* in vielerlei Hinsicht sein kann, so gering ist er beim Schutz kommunaler Grenzen. Denn grundsätzlich spielt es keine Rolle, ob die betroffene Gebietskörperschaft in einem *home rule* oder einem *Dillon's Rule*-Bundesstaat gelegen ist. Hat sich der Gesetzgeber eines Bundesstaats für die Anerkennung umfangreicher Rechte auf die Kommunen im Rahmen der *home rule* entschieden, so bedeutet das nicht, dass der Gesetzgeber nicht die Grenzen kommunaler Gebietskörperschaften antasten darf.[750] Werden einer kommunalen Gebietskörperschaft *home rule*-Rechte zugesprochen, so gibt nach allgemeiner Auffassung der Gesetzgeber nicht seinen Einfluss auf, über die Grenzen der kommunalen Gebietskörperschaften zu verfügen. Beispielsweise beinhaltet die Verfassung des Bundesstaats Georgia die Aussage, dass die *home rule*-Rechte verleihenden Vorschriften der Verfassung von Georgia grundsätzlich nicht die Rechte des bundesstaatlichen Gesetzgebers dahingehend regulieren oder minimieren, die Rechte kommunaler Gebietskörperschaften zu beschränken.[751] Das Recht des Gesetzgebers, Grenzen kommunaler

[748] Supreme Court: Hunter v. City of Pittsburgh, 207 U.S. 161 (1907).
[749] McQuillin, The Law of Municipal Corporations, § 7.03; Cromwell-Franklin Oil Co. v. Oklahoma City, 14 F. Supp. 370 (1930).
[750] City of Mountain View v. Clayton County, 249 S.E.2d 541 (1978).
[751] Georgia Constitution, 1976 Art IX, Sec. IV, Par. II (Code Ann. S. 2-6102).

Gebietskörperschaften zu verändern, wird nur derart geringfügig eingeschränkt, dass dies nur durch allgemeine Gesetze – im Gegensatz zu Einzelfallgesetzen – geschehen kann.[752]

Als Beispiel dafür, dass auch in *home rule*-Bundesstaaten kommunale Gebietskörperschaften nicht vor Eingriffen in ihre territoriale Unversehrtheit geschützt sind, kann die Gesetzeslage in Oregon herangezogen werden. Hier hatte der Gesetzgeber bereits im Jahr 1906 kommunalen Gebietskörperschaften Selbstverwaltungsrechte durch *home rule charters* eingeräumt.[753] Nach dem *home rule*-Gesetz war bei der Abänderung einer *charter* nicht nur eine Anhörung, sondern auch eine Einwilligung der betroffenen Gebietskörperschaft notwendig. Als Abänderung einer *charter* wurde auch die Änderung kommunaler Grenzen aufgefasst. Ähnlich ist die Rechtslage in New Hampshire, wo eine Änderung der *charter* ohne vorherige Bestätigung der Wähler der betroffenen kommunalen Gebietskörperschaft nicht möglich ist.[754] Derartige Vorschriften werden aber von den Gerichten nicht so interpretiert, dass ab dem Zeitpunkt der Anerkennung der *home rule*-Rechte der Gesetzgeber die Grenzen kommunaler Gebietskörperschaften nicht mehr einseitig verändern kann.[755] Denn dies wird nach wie vor als ureigenste Aufgabe und Ermessensentscheidung des bundesstaatlichen Gesetzgebers angesehen, ganz in der Tradition der *Hunter*-Entscheidung. In einem Urteil wurde zur Begründung angeführt, dass die auf Gebietskörperschaften übertragenen Rechte von dem Gesetzgeber auch jederzeit wieder rückgängig gemacht werden können.[756] Die in *charters* enthaltene Formulierung, Grenzänderungen kommunaler Gebietskörperschaften könnten nur durch ein gesetzlich erlaubtes Verfahren vorgenommen werden,[757] wurde dahingehend ausgelegt, dass auch vom bundesstaatlichen Gesetzgeber angeordnete Grenzveränderungen ein „durch das Gesetz erlaubtes Verfahren" darstellen.[758] Auch wenn durch *charters* Kommunen das Recht zugesprochen wurde, ihre Grenzen zu verändern, so bleibt diese Macht dennoch bei ihrem Ursprung – bei dem bundesstaatlichen Gesetzgeber. Dieser könne die Macht ausüben oder delegieren. Durch die Delegation von *home rule*-Rechten an die kommunalen Gebietskörperschaften verliert er aber nicht die Kompetenz, über die Grenzen der Kommunen zu bestimmen.

752 Ga.L. 1947, p. 1545, Code Ann. S. 69-105.

753 Mid-County Future Alternatives Committee v. City of Portland, 795 P.2d 541 (1990).

754 Antieau on Local Government Law, § 4.05; New Hampshire Constitution par. I, Art. 39.

755 Opinion of the Justice (Weirs Beach), 134 N.H. 711, 598 A.2d 864 (1991).

756 Mid-County Future Alternatives Committee v. City of Portland, 795 P.2d 541 (1990).

757 Charter of the City of Portland, Chapter 1 Article 2 Section 1-202.

758 Mid-County Future Alternatives Committee v. City of Portland, 795 P.2d 541 (1990).

C) Möglichkeiten der Grenzveränderungen US-amerikanischer kommunaler Gebietskörperschaften

Die Grenzen US-amerikanischer kommunaler Gebietskörperschaften können auf unterschiedliche Arten verändert werden. In den Vereinigten Staaten stellen die Grenzen kommunaler Gebietskörperschaften keine unantastbaren Linien dar. Territoriale Veränderungen der Kommunen kommen sehr häufig vor. Dies kann durch so genannte Annexion (*annexation*) durch eine kommunale Gebietskörperschaft sowohl bestimmter gemeindefreier als auch zu einer Nachbargemeinde gehörenden Gebiete, durch Abtrennung[759] eingemeindeter Gebiete (*detachment*), die nach Abtrennung gemeindefrei werden, durch Abspaltung eines Gemeindeteilgebietes und dessen Wiedereingliederung in eine andere Kommune (*division*)[760] und durch das Zusammenlegen[761] zweier oder mehrerer Kommunen zu einer (*merger*) geschehen. Auch sind Auflösungen[762] einer Kommune (*dissolution*) möglich. Zwar stellt eine Auflösung einer kommunalen Gebietskörperschaft keine Änderung ihrer Grenzen dar, da eine Änderung den Fortbestand einer Kommune voraussetzt.[763] Allerdings ist die Auflösung die intensivste Form des Eingriffs in die territoriale Integrität kommunaler Gebietskörperschaften und soll daher an dieser Stelle nicht unerwähnt bleiben. Da das Anhörungsrecht für die Änderung kommunaler Grenzen gilt, muss es erst recht für die Auflösung von den Kommunen geltend gemacht werden können.

D) Kein Schutz kommunaler Grenzen

In einigen Bundesstaaten besitzen kommunale Gebietskörperschaften oder deren Bewohner keinerlei Schutz bei Veränderungen ihrer Grenzen. Unter Umständen besteht nicht einmal ein Recht auf Bekanntmachung einer bevorstehenden Grenzveränderung. Hier wird es für ausreichend angesehen, wenn die

---

[759] McQuillin, The Law of Municipal Corporations, § 7.24; LaSalle Nat. Trust, N.A. v. Village of Mettawa, 249 Ill. App. 3d 550 (1993).

[760] Antieau on Local Government Law, § 5.03(1); Laramie County Comm'rs v. Albany County Comm'rs, 92 U.S. 307, 23 L. Ed. 552 (1875); Graham v. Township of Edison, 35 N.J. 537, 173 A.2d 403 (1961); Ratigan v. Davis, 175 Neb. 416, 122 N.W.2d 12 (1963).

[761] Beispiele für Zusammenlegungen: Durch Abänderung der Pennsylvania Verfassung, des *home rule*-Gesetzes und der Philadelphia *City Charta* wurde die Stadt Philadelphia mit dem *county* zusammengelegt, siehe Aniteau § 5.02(1); Zusammenlegung von Jacksonville und Duval County: Jackson v. Consolidated Gov't of Jacksonville, 225 So.2d 497 (1969).

[762] Sands and Libonati, Local Government Law, § 8.28; Hatfield v. Prince, 23 So. 2d 481 (1945).

[763] Knemeyer, Bayerisches Kommunalrecht, Rn. 76.

Bekanntmachung durch die Gebietsänderung an sich vorgenommen wird.[764] Wird nicht einmal eine Bekanntmachung vorausgesetzt, so kann weder eine Pflicht zur Anhörung der Organe der kommunalen Gebietskörperschaft noch ihrer Einwohner im Wege einer Volksabstimmung gefordert werden, da dies eine Bekanntmachung voraussetzen würde.[765] In einem solchen Fall haben die Bundesstaaten alleinigen Einfluss auf die Schaffung, Änderung oder Auflösung kommunaler Gebietskörperschaften.[766]

Als Beispiel hierfür kann die Rechtslage im Bundesstaat Illinois dienen. Eine vorherige Anhörung einer Gemeinde, deren Grenzen verändert werden, ist hier nicht Gültigkeitsvoraussetzung für die Änderung kommunaler Grenzen. Das Gesetz räumt zwar bestimmten *special districts*, zum Beispiel solchen, die dem Feuerschutz dienen, ein Widerspruchsrecht bei geplanten Gebietsänderungen ein.[767] Das gilt jedoch nicht für reguläre kommunale Gebietskörperschaften, die allgemeine Zuständigkeiten besitzen (*municipalities*), denen nur das Recht auf Bekanntmachung einer bevorstehenden Gebietsveränderung zusteht.[768] Da ihnen vom Gesetz kein Widerspruchsrecht bei geplanten Gebietsänderungen zugesprochen wird, folgerten die Gerichte in einem Fall, in dem sich eine kommunale Gebietskörperschaft gegen die Abtrennung eines Teils ihres Gebiets aufgrund fehlender Anzeige zur Wehr setzte, dass – auch wenn eine Anzeige gesetzlich vorgeschrieben ist – ein Fehlen dieser nicht die Gebietsabtrennung ungültig machen könne, da mangels Widerspruchsrecht die kommunale Gebietskörperschaft dies ohnehin nicht verhindern könne.[769]

E) Regelungen zum Schutz der Grenzen kommunaler Gebietskörperschaften

In einer ganzen Reihe von Bundesstaaten hingegen bestehen Vorschriften, die bei der Änderung kommunaler Grenzen den betroffenen Gebietskörperschaften zumindest ein Anhörungsrecht, oftmals aber auch darüber hinausgehende Rechte gewähren.

---

[764] Antieau on Local Government Law, § 3.05 (1); People ex rel. Landwer v. Village of North Barrington, 237 N.E.2d 350 (1968); Revisionsantrag abgelehnt in 393 U.S. 1082, 21 L.Ed.2d 775 (1969).

[765] Siehe Antieau on Local Government Law, § 3.05 (1); Hussey v. City of Portland, 64 F.3d 1260 (1995).

[766] Antieau on Local Government Law, 5.02(1); City of Long Beach Resort v. Collins, 261 So. 2d 498 (1972); City of Mountain View v. Clayton County, 249 S.E.2d 541 (1978).

[767] S.H.A. ch. 24, § 7-1-1. Eine Bekanntmachung hat hiernach nur Feuerschutzbezirken gegenüber zu erfolgen.

[768] Ill. Rev. Stat. 1977, ch. 81, par. 1002-9.1; ch. 1271/2, par. 38.3.

[769] People ex rel. Armentrout v. City of Aurora, 420 N.E.2d 833 (1981).

Als Beispiel für die Notwendigkeit der Anhörung einer kommunalen Gebietskörperschaft vor Veränderung ihrer Grenzen kann die Rechtslage in Minnesota genannt werden. Hier existiert ein Gesetz, welches einer verwaltungsrechtlichen Aufsichtsbehörde die Autorität einräumt, Kommunen zusammenzulegen, wenn einige Zweckmäßigkeitsvoraussetzungen, wie zum Beispiel eine bestimmte Bevölkerungszahl, Größe der Kommune, kommunale Leistungen oder finanzielle Voraussetzungen, gegeben sind.[770] Die Behörde ist zur Zusammenlegung von Kommunen auch ohne die Zustimmung der Bevölkerung befugt.[771] Voraussetzung ist jedoch die Anhörung der kommunalen Gebietskörperschaft vor Veränderung ihrer Grenzen.

Weitergehende Rechte sind zum Beispiel in Iowa vorhanden: Hier gibt es eine Behörde, die die geplanten Zusammenlegungen kommunaler Gebietskörperschaften überwacht.[772] Zusammenlegungen können durch Petitionen oder durch die Behörde selbst initiiert werden.[773] Voraussetzung für die wirksame Zusammenlegung zweier oder mehrerer Kommunen ist zum einen, dass diese im öffentlichen Interesse steht[774] und zum anderen, dass die Mehrheit der Bürger der betroffenen kommunalen Gebietskörperschaften zustimmt.[775] Hier besteht daher ein über das Anhörungsrecht hinausgehendes Widerspruchsrecht gegen Veränderung der kommunalen Grenzen.

Oft werden Gebietsänderungen von den Bürgern einer kommunalen Gebietskörperschaft selbst initiiert.[776] Nach den Vorschriften einiger Bundesstaaten können die Verfahren zur Änderung kommunaler Grenzen durch Petitionen,[777] Resolutionen oder Verordnungen,[778] gefolgt durch eine Bekanntmachung an die Betroffenen,[779] oder eine Wahl durch die Bürger[780] initiiert werden.

---

[770] Minn. Stat. Ann. § 414.041.

[771] Doyle v. Municipal Commission of State of Minn., 340 F. Supp. 841 (1972).

[772] Bei der Behörde handelt es sich um die City Development Board.

[773] Iowa Code Ann. § 368.9 ff.

[774] Iowa Code Ann. § 368.15, § 368.16.

[775] Iowa Code Ann. § 368.19.

[776] Antieau on Local Government Law, § 3.06(1); Roberts v. City of Mesa, 760 P.2d 1091 (1988); Ohio Rev. Code Ann. § 709.02; Chesterfield County v. Berberich, 100 S.E.2d 781 (1957).

[777] McQuillin, The Law of Municipal Corporations, § 7.30.

[778] McQuillin, The Law of Municipal Corporations, § 7.34.

[779] McQuillin, The Law of Municipal Corporations, § 7.35.

[780] McQuillin, The Law of Municipal Corporations, § 7.37.

F) Besonderheit: Annexionen von kommunalen Gebietskörperschaften untereinander

Grenzen kommunaler Gebietskörperschaften in den Vereinigten Staaten können nicht nur von übergeordneter staatlicher Stelle verändert werden, sondern auch durch eine benachbarte Kommune. Einer der häufigsten Gründe für die Veränderung kommunaler Grenzen in den Vereinigten Staaten ist die Annexion bestimmter Gebiete durch eine kommunale Gebietskörperschaft. In vielen Fällen werden die Gebietsänderungen von den Bürgern oder den Organen der Kommune selbst initiiert. Zwar besitzen die kommunalen Gebietskörperschaften und ihre Einwohner nicht ein originäres Recht, ihre Grenzen selbst zu definieren oder zu verändern.[781] Doch ist dieses Recht in vielen Bundesstaaten vom Gesetzgeber[782] oder in der Verfassung anerkannt.[783]

Annexionen von Teilen einer kommunalen Gebietskörperschaft durch eine benachbarte ziehen häufig Rechtstreitigkeiten nach sich. In der Regel finden solche Annexionen nur statt, wenn die Bewohner des zu annektierenden Teils sich hierfür ausgesprochen haben.[784] Allerdings ist in einigen Bundesstaaten auch eine „feindliche Übernahme" bestimmter Gemeindegebiete durch eine angrenzende Gemeinde möglich, so dass eine Einwilligung der Bürger der betroffenen Gebietskörperschaft nicht notwendigerweise Gültigkeitsvoraussetzung für die Grenzveränderung ist.[785] Diese Entscheidung steht im Ermessen des Gesetzgebers des jeweiligen Bundesstaats und in der Regel nicht im Widerspruch zu den bundesstaatlichen Verfassungen.[786] Es ist eine generell anerkannte Regel, dass Änderungen von Grenzen kommunaler Gebietskörperschaften nicht einer Legitimierung der Bevölkerung bedürfen.[787] Annexionen, die gegen

[781] McQuillin, The Law of Municipal Corporations, §.7.13; L.I.F.E. Committee v. Cuty of Lodi, 213 Cal App 3d 1139 (1989); Johnson v. City of Hastings, 241 Neb 291, 488 N.W.2d 20 (1992).

[782] McQuillin, The Law of Municipal Corporations, §.7.13; In re Annexation to Anchorage, Alaska, of Eastchester Area Number Three, 129 F Supp 551 (1955); Banzer v. City of Wichita, 703 P.2d 812 (1985).

[783] McQuillin, The Law of Municipal Corporations, §.7.13; In re City Council of City of Mechanicville v. Town Board of Town of Halfmoon, 267 N.E.2d 96 (1971); City of Houston v. State ex rel. City of West University Place, 176 S.W.2d 928 (1944).

[784] Zu Volksabstimmungen über Änderungen kommunaler Grenzen siehe: Briffault, Voting Rights, Home Rule, and Metropolitan Governance: The Secession of Staten Island as a Case Study in the Dilemmas of Local Self-Determination, 92 Columb. L. Rev. 775, 794.

[785] Antieau on Local Government Law, § 3.05 (2); Pomponio v. City of Westminster, 178 Colo. 80, 496 P.2d 999 (1972); In re Annexation Ordinance No. D-21927 of Winston-Salem, N.C. 278 S.E.2d 224 (1981).

[786] Goodyear Farms v. City of Avondale, 714 P.2d 386; L.I.F.E. Committee v. City of Lodi, 213 Cal App 3d 1139 (1989); McQuillin, The Law of Municipal Corporations, § 7.16.10.

[787] Capella v. City of Gainsville, 377 So. 2d 658 (1979).

den Willen der Bevölkerung oder der Gebietskörperschaft durchgeführt wurden, sind daher für rechtmäßig erachtet worden.[788]

Als Beispiel kann hier der Fall *In re Village of Spring Vallay*[789] angeführt werden. Eine kommunale Gebietskörperschaft besaß Land, welches außerhalb ihrer Grenzen lag. Um dieses Land räumlich mit der Gebietskörperschaft zu verbinden, kaufte sie ein Grundstück, welches eine Verbindung zwischen ihr und dem ehemals isoliertem Grundstück herstellte. Im Anschluss wurde durch einen Ratsbeschluss das nun an das Gemeindegebiet angrenzende und in ihrem Eigentum stehende Grundstück dem Gemeindegebiet einverleibt. Eine vorhergehende Anhörung der benachbarten, betroffenen Gebietskörperschaft erfolgte nicht. Der Supreme Court von New York entschied, dass der Gesetzgeber eine Regelung treffen kann, die diese Vorgehensweise – ohne Beteiligung der Kommune, deren Land annektiert wird – als zulässig festsetzt.[790] Das Gericht sah es als unzweifelhaft an, dass eine Gebietsveränderung bis hin zur Auflösung einer kommunalen Gebietskörperschaft ohne eine Anhörung der betroffenen Kommune – weder ihrer Bürger noch eines ihrer Organe – möglich sei und im Rahmen des Ermessens des bundesstaatlichen Gesetzgebers läge.[791]

Oftmals sind jedoch Petitionen von den Bürgern notwendig, um einen Annexionsprozess in Gang zu setzen.[792] Regelungen, die der Bevölkerung der annektierenden Gebietskörperschaft ein Wahlrecht zustanden, nicht jedoch den Bewohnern jener Gebiete, die annektiert wurden, wurden nicht als Verstoß gegen den Gleichheitsgrundsatz der Bundesverfassung aufgefasst.[793] Begründet wird dies damit, dass sich der Gleichheitsgrundsatz auf die Gleichheit von einzelnen Individuen beziehe, nicht jedoch auf die Gleichbehandlung von Regionen.[794] In den meisten Fällen sind jedoch Wahlen notwendig, sowohl in den zu annektierenden Gebieten als auch in der Kommune, von der die Annexion ausgeht, um den Vorgang zu billigen. Kommt eine Mehrheit nicht zustande, kann die geplante Annexion nicht stattfinden.[795] So sieht beispielsweise die Verfassung des Bundesstaats Colorado vor, dass eine kommunale Gebietskörperschaft nur dann eine Annexion durchführen darf, wenn sich die Bewohner des zu an-

---

788 Mullins v. Wilson, 138 S.W.2d 484 (1940); Goethal v. Board of Sup'rs Kent County, 104 N.W.2d 794 (1960).
789 In re Village of Spring Valley, 71 N.Y.S.2d 848 (1947).
790 § 348 a New York Village Law.
791 In re Village of Spring Valley, 71 N.Y.S.2d 848 (1947).
792 Antieau on Local Government Law, § 3.06(1).
793 Harvard Law Review Association: The Right to Vote in Municipal Annexations, 88 Harv. L.Rev. 1571.
794 Board of County Com'rs of Jefferson County v. City and County of Denver, 372 P.2d 152 (1962); McGowan et al. v. Maryland, 366 U.S. 420 (1961).
795 City of Bridgeton v. Ford Motor Credit Co., 788 S.W.2d 285 (1990).

nektierenden Gebiets für die Annexion ausgesprochen haben.[796] Dass es sogar innerhalb der Bundesstaaten Ausnahmen gibt, zeigt eine Sonderregelung für die Stadt Denver, die als einzige Stadt in Colorado Gebiete einer benachbarten Kommune ohne vorherige Wahlen in den betroffenen Gebieten annektieren kann.[797] Als Bürger einer benachbarten kommunalen Gebietskörperschaft eine Petition in Denver einreichten, die eine Annexion eines Teilgebietes dieser Kommune vorsah, erließ die Stadt Denver eine Verordnung, mittels derer die Stadt die Annexion durchführte. Es erfolgte lediglich eine Bekanntmachung dieser Verordnung. Eine Anhörung der benachbarten Kommune oder eine Abstimmung dort erfolgte nicht.[798]

In einigen Bundesstaaten hat sich ein einheitliches Verfahren herausgebildet, wenn eine Annexion durch die kommunale Gebietskörperschaft selbst stattfindet: Zunächst wird eine Verordnung erlassen, die das zu annektierende Gebiet beschreibt. Im Anschluss erfolgt die Bekanntmachung der Verordnung. Werden keine Einwände erhoben wird die geplante Annexion durchgeführt.[799]

G) Zusammenfassung des 8. Kapitels

Der Schutz der kommunalen Gebietskörperschaften bei Veränderung ihrer Grenzen ist in den Vereinigten Staaten sehr unterschiedlich ausgeprägt, so dass eine zusammenfassende, allgemeingültige Beurteilung nicht erfolgen kann. In einigen Bundesstaaten ist ein Schutz praktisch nicht vorhanden, da Grenzveränderungen ohne vorherige Anhörung, sogar ohne vorherige Bekanntmachung vorgenommen werden können. In anderen Bundesstaaten steht den kommunalen Gebietskörperschaften ein Anhörungsrecht zu. Ist das der Fall, so sind die kommunalen Gebietskörperschaften in gleicher Weise geschützt, wie das in der EKC vorgesehen ist. Gemäß Art. 5 EKC sind die kommunalen Gebietskörperschaften bei Änderung ihrer Grenzen vorher anzuhören, wenn gesetzlich zulässig auch gegebenenfalls im Wege einer Volksabstimmung. Auch die Möglichkeit einer Volksabstimmung ist in den Vereinigten Staaten oft gegeben, da in vielen Fällen die Frage nach der Grenzveränderung der wahlberechtigten Bevölkerung der betroffenen Gebietskörperschaften gestellt wird. Haben die Organe einer kommunalen Gebietskörperschaft bzw. hat die Bevölkerung im Wege einer Volksabstimmung ein Widerspruchsrecht zu einer bevorstehenden Grenzveränderung, so geht der Schutz kommunaler Gebietskörperschaften sogar über den in der EKC gesetzten Standard hinaus. Die Unvollständigkeit all-

---

[796] Colorado Constitution Art. XIV Section 3.

[797] Colorado Constitution Art. XX Section 1.

[798] Board of County Com'rs of Jefferson County v. City and County of Denver, 372 P.2d 152 (1962).

[799] McQuillin, The Law of Municipal Corporations, § 7.28.

gemeiner, sich auf alle Bundesstaaten erstreckende, Vorschriften zum Schutze kommunaler Grenzen zeigt jedoch, dass eine umfassende Gemeindeautonomie in den Vereinigten Staaten nicht vorhanden ist.

9. Kapitel: Kommunale Zusammenarbeit

Die dargestellten kommunalen Selbstverwaltungsrechte und die kommunale Aufgabenerfüllung in den Vereinigten Staaten betreffen zunächst einmal die Angelegenheiten jeder einzelnen kommunalen Gebietskörperschaft, unabhängig von dem Verhältnis der Kommunen untereinander. Jedoch findet bei der Wahrnehmung kommunaler Selbstverwaltungsrechte keine isoliert, voneinander unabhängige Aufgabenerfüllung statt. Entwicklungen, wie immer komplexer werdende kommunale Aufgaben, verstärkte Mobilität der Gemeindeeinwohner und damit weniger an Gemeindegrenzen orientierte Anforderungen der Kommunalverwaltung ziehen die Notwendigkeit kommunaler Zusammenarbeit bei gemeindlicher Aufgabenwahrnehmung nach sich. Die moderne Industrie- und Dienstleistungsgesellschaft stellt somit Anforderungen an die Kommunen, die diese als Einzelgemeinden bzw. als einzelne *local governments* überfordern und deren Leistungsfähigkeit übersteigt. Auch die Wirkung, die kommunale Aufgabenerfüllung nach sich zieht, lässt sich nicht mehr ohne weiteres auf einzelne Gebiete kommunaler Gebietskörperschaften begrenzen. So orientieren sich Planung und Umweltbeeinträchtigungen nicht an kommunalen Grenzen. Auch aus ökonomischen Gründen ist kommunale Zusammenarbeit wünschenswert. Diese Umstände erschweren es den Kommunen, alle Aufgaben, mit denen sie konfrontiert werden, selbst zu erfüllen. Daher entsprechen die Grenzen der kommunalen Gebietskörperschaften, wie sie früher gezogen wurden, nicht mehr denen, die bei Erfüllung bestimmter Aufgaben wirtschaftlich oder aus Effektivitätsgründen heraus sinnvoll wären.[800]

Kommunale Zusammenarbeit ermöglicht den Kommunen, trotz erhöhter Anforderungen bestimmte Aufgaben erledigen zu können. Sie kann daher als Mittel dienen, welches eine Aufgabenverschiebung auf eine höhere Ebene staatlicher Verwaltung verhindert. Als Konsequenz dient kommunale Zusammenarbeit in stetig steigendem Maß kommunaler Selbstverwaltung.

Kommunale Zusammenarbeit besitzt in den Vereinigten Staaten eine lange Tradition und ist stark verbreitet. Die Ursprünge gehen auf gegenseitige, freiwillige Hilfsleistungen kommunaler Gebietskörperschaften auf einer gelegentlichen, rechtlich unverbindlichen Basis zurück.[801] Mit der *Advisory Commission on Intergovernmental Relations* gibt es in den Vereinigten Staaten eine Kommission,[802] die die Zusammenarbeit nicht nur unterschiedlicher Ebenen von Regierungen, sondern auch die der kommunalen Gebietskörperschaften

---

[800] Siehe auch Gillette, Baker, Local Government Law, Cases and Materials, Seite 777.
[801] McQuillin, The Law of Municipal Corporations, § 3A.05.
[802] U.S.C. Title 42, Chapter 53, Sections 4271-4279.

untereinander fördert.[803] Erklärtes Ziel dieser Kommission ist, das föderale System zu stärken und die Effektivität und Effizienz der Zusammenarbeit der unterschiedlichen Regierungsebenen zu fördern.[804] Neben der Organisation auf Bundesebene gibt es auch in zahlreichen Bundesstaaten *Advisory Commissions on Intergovernmental Relations*, die die gleiche Zielsetzung auf bundesstaatlicher Ebene verfolgen.

Obwohl der Grundsatz kommunaler Aufgabenerfüllung in den Vereinigten Staaten besagt, dass die Kommunen für jegliche Art von Aufgabenerfüllung durch die Bundesstaaten ermächtigt sein müssen, sei es durch die Verfassung der jeweiligen Bundesstaaten, durch dessen Gesetze oder durch eine *charta*, haben die US-amerikanischen kommunalen Gebietskörperschaften grundsätzlich das Recht, untereinander zusammenzuarbeiten, auch wenn dies nicht in allen Bundesstaaten ausdrücklich vom Gesetzgeber geregelt ist. Einschränkungen dieses Rechts können sich jedoch aus den jeweiligen Verfassungen oder Gesetzen ergeben.[805] In den meisten Bundesstaaten bestehen aber ohnehin einfachgesetzliche Normen oder Verfassungsvorschriften, in denen die kommunalen Gebietskörperschaften zur Zusammenarbeit ermächtigt sind.[806] Die Art der Zusammenarbeit kommunaler Gebietskörperschaften kann sehr stark variieren. Sie beginnt mit dem einfachen Austausch von Informationen,[807] zum Beispiel zwischen den örtlichen Polizeien benachbarter Kommunen, reicht über komplizierte Vereinbarungen, die beispielsweise die Bildung und den Unterhalt eines kommunalen Flughafens zum Gegenstand haben, bis hin zur Schaffung von Verbänden für kommunale Zusammenarbeit.[808] Häufig erfolgt kommunale Zusammenarbeit in den Vereinigten Staaten in Bereichen wie Feuer- und Polizeischutz, Müllentsorgung, Straßenbau,[809] öffentliche Gesundheitseinrichtungen[810] und Wasser- oder Elektrizitätsversorgung.[811] Auch werden regelmäßig verwaltungsrechtliche Aufgaben wie die Vergabe von Lizenzen oder das Eintreiben kommunaler Steuern von mehreren kommunalen Gebietskörperschaften ge-

---

[803] Die *Advisory Commission on Intergovernmental Relations* setzt sich zusammen aus sechs Kongressabgeordneten, vier Gouverneuren, drei Mitgliedern bundesstaatlicher Legislativorgane, vier Bürgermeistern, drei *county*-Vertretern, drei Privatleuten und drei Vertretern der Bundesexekutive.

[804] Siehe Home Page der *Advisory Commission on Intergovernmental Relations*, www.library.unt/edu/gpo/ACIR.

[805] Sands and Libonati, Local Government Law, § 6.01.

[806] Libonati, The Law of Intergovernmental Relations: IVHS Opportunities and Constraints, 22 TRANLJ 225, 241.

[807] McQuillin, The Law of Municipal Corporations, § 3A.03.

[808] County of Peoria v. Capitelli, 494 N.E.2d 155 (1986).

[809] McQuillin, The Law of Municipal Corporations, § 3A.03.

[810] Michigan: City of Ecorse v. Peoples Community Hospital Authority, 58 N.W.2d 159 (1953).

[811] McQuillin, The Law of Municipal Corporations, § 3A.03.

meinsam durchgeführt.[812] Grundsätzlich können alle öffentlichen Bedürfnisse, die kommunale Gebietskörperschaften bedienen, in kommunaler Zusammenarbeit erledigt werden, sofern sie nicht an politische Grenzen gebunden sind.[813]

A) Arten der kommunalen Zusammenarbeit

Die Zusammenarbeit US-amerikanischer kommunaler Gebietskörperschaften kann nach zwei Kategorien unterschieden werden.

I. „Vertikale" und „horizontale" kommunale Zusammenarbeit

Es wird zwischen „vertikaler" und „horizontaler" Zusammenarbeit unterschieden. Unter „vertikaler" Zusammenarbeit versteht man das Zusammenwirken kommunaler Gebietskörperschaften, die auf derselben Stufe stehen. Dies ist der Fall, wenn zum Beispiel *towns*, *cities* oder *counties* untereinander zusammenarbeiten. Unter „horizontaler" Zusammenarbeit versteht man demgegenüber das Zusammenwirken unterschiedlicher Ebenen kommunaler Gebietskörperschaften, wie die Zusammenarbeit zwischen *towns* und *counties*. In einigen Bundesstaaten bestimmen Gesetze, dass die „horizontale" Zusammenarbeit eingeschränkt ist, so dass nicht oder nur eingeschränkt kommunale Gebietskörperschaften unterschiedlicher Ebenen zusammenarbeiten können.[814] Bei der Bestimmung, auf welcher Ebene kommunale Gebietskörperschaften zusammenarbeiten dürfen, handelt es sich um eine rein legislative Entscheidung.[815]

II. Rechtliche Ausgestaltung der kommunalen Zusammenarbeit

Des Weiteren kann nach der rechtlichen Ausgestaltung der kommunalen Zusammenarbeit unterschieden werden. Die einfachste Form bildet die spontane Zusammenarbeit. Beispiel hierfür ist das Ausleihen eines Löschzugs einer kommunalen Gebietskörperschaft an eine benachbarte, um diese bei einem Großbrand zu unterstützen.[816]

Eine andere Art nichtvertraglicher Zusammenarbeit ist gegeben, wenn zwei oder mehrere Kommunen ihre Aufgabenerfüllung untereinander abstim-

---

[812] Sands and Libonati, Local Government Law, § 6.02.
[813] McQuillin, The Law of Municipal Corporations, § 3A.04; Sands and Libonati, Local Government Law § 6.04.
[814] McQuillin, The Law of Municipal Corporations, § 3A.05.
[815] County of San Bernadino v. San Bernadino, 938 P.2d 876 (1997).
[816] Sands and Libonati, Local Government Law, § 6.03.

men, aufteilen oder gemeinschaftlich erledigen.[817] Als Beispiel kann hier der Ausbau einer Straße genannt werden, die auf der Grenze zwischen den betroffenen Kommunen verläuft. Anstelle dass jede Kommune die auf ihrer Seite liegende Fahrbahn ausbaut, können sie vereinbaren, den Ausbau zusammen vorzunehmen oder die Zuständigkeit für Teilbereiche festzulegen.[818] Eine solche Zusammenarbeit geht über die oben genannte spontane hinaus, erreicht aber nicht die Bindung einer vertraglichen Zusammenarbeit.

Die nächst höhere Stufe kommunaler Zusammenarbeit beruht auf Verträgen zwischen zwei oder mehreren kommunalen Gebietskörperschaften. Eine Kommune kann zum Beispiel mit einer benachbarten Gebietskörperschaft Verträge über die Erbringung von bestimmten Leistungen abschließen, für die als Gegenleistung in der Regel ein Entgelt entrichtet wird. Hierbei handelt es sich um die häufigste Art der kommunalen Zusammenarbeit, die der Zweckvereinbarung im deutschen Kommunalrecht sehr ähnlich ist. So kann auch in der Bundesrepublik Deutschland im Rahmen von Zweckvereinbarungen eine kommunale Gebietskörperschaft Aufgaben einer anderen übernehmen.[819] Sowohl nach deutschem als auch nach amerikanischem Recht entstehen hierdurch keine neuen Rechtspersönlichkeiten.

Eine derartige Zusammenarbeit kommt oft zwischen Kommunen unterschiedlicher Größe vor, wenn die kleinere nicht die Kapazitäten einer benachbarten, größeren Kommune hat, dennoch aber bestimmte Leistungen an ihre Einwohner erbringen will. Als Beispiel kann hier ein Vertrag zwischen zwei kommunalen Gebietskörperschaften angeführt werden, bei denen nur die eine über eine Feuerwehr verfügt. Gegen die Erbringung eines Entgeltes können hier die Kommunen bestimmen, dass die vorhandene Feuerwehr der einen Kommune auch für das Gebiet der anderen zuständig ist. Ähnliche Vereinbarungen gibt es häufig auch auf dem Gebiet der Müllentsorgung.

Die am weitest gehende Form kommunaler Zusammenarbeit besteht in der Bildung eines neuen Verbandes. Hierbei handelt es sich dann um eine neue Verwaltungseinheit, die losgelöst von den handelnden Kommunen existiert und für die betreffenden Gebietskörperschaften gemeinsam arbeitet.[820] Die rechtliche Ausgestaltung solcher Verbände variiert stark und hängt von den gesetzlichen Grundlagen der Bundesstaaten ab. Die Unterschiede reichen von gemeinsam handelnden Kommunalvertretern unterschiedlicher Kommunen bis hin zur Schaffung separater körperschaftlicher Verbände.[821]

---

[817] Libonati, The Law of Intergovernmental Relations: IVHS Opportunities and Constraints, 22 TRANLJ 225, 241.
[818] Sands and Libonati, Local Government Law, § 6.03.
[819] Siehe Knemeyer, Bayerisches Kommunalrecht, Rn. 445.
[820] Allis-Chalmers Corp. v. Emmet County Council Government, 355 N.W.2d 586 (1984).
[821] Sands and Libonati, Local Government Law, § 6.03.

B) Das Recht kommunaler Gebietskörperschaften auf Zusammenarbeit

Einer Ansicht nach ist kommunale Zusammenarbeit in den Vereinigten Staaten nicht mit dem Recht auf kommunale Selbstverwaltung zu vereinbaren. Nach dieser Meinung stellt kommunale Zusammenarbeit eine Beeinträchtigung des Selbstverwaltungsrechts dar, da die gemeinschaftliche Ausführung kommunaler Aufgaben als eine Einschränkung der Bewegungsfreiheit der kommunalen Gebietskörperschaften aufgefasst wird. Diese Ansicht ist jedoch in den Vereinigten Staaten auf allgemeine Ablehnung gestoßen und findet von den Gerichten keine Berücksichtigung.[822] Sie verkennt, dass es sich bei der kommunalen Zusammenarbeit nicht um eine Beeinträchtigung des Prinzips der kommunalen Selbstverwaltung, sondern um einen wesentlichen Bestandteil dieses Prinzips handelt. Kommunale Zusammenarbeit *darf* erfolgen, so dass das Recht, kommunale Aufgaben mit anderen kommunalen Gebietskörperschaften gemeinsam auszuüben, als Privileg anzusehen ist. Da diese Zusammenarbeit freiwillig durchgeführt wird, werden die kommunalen Gebietskörperschaften ihrer Zuständigkeiten nicht beraubt. Vielmehr stellt kommunale Zusammenarbeit eine Erweiterung der Handlungsmöglichkeiten dar, welche den Kommunen das Recht der Vereinigung zuspricht.

Das Recht der kommunalen Gebietskörperschaften auf Zusammenarbeit, auch ohne ausdrückliche gesetzliche oder verfassungsrechtliche Ermächtigung – soweit es der kommunalen Aufgabenerfüllung dient[823] – wurde bereits zu Beginn des 20. Jahrhunderts anerkannt. Der Supreme Court von Minnesota entschied damals, dass kommunale Gebietskörperschaften immer dann zur Zusammenarbeit untereinander berechtigt seien, wenn sie auch allein zum Handeln berechtigt sind. Eine gesetzliche Ermächtigungsgrundlage, die eine ausdrückliche Erlaubnis zur Zusammenarbeit vorsähe, sei nicht erforderlich.[824]

Dennoch ist in den meisten Bundesstaaten entweder in der Verfassung oder in einfachgesetzlichen Bestimmungen das Recht der kommunalen Gebietskörperschaften auf Zusammenarbeit verankert,[825] wenn es darum geht, diejenigen Aufgaben zu erfüllen, die ihnen durch die Gesetze oder Verfassungen auferlegt wurden.[826] Dabei wird den kommunalen Gebietskörperschaften grundsätzlich keine bestimmte Art der Zusammenarbeit vorgeschrieben, so dass diese

[822] Siehe Sands and Libonati, Local Government Law, § 6.05; City of Ecorse v. Peoples Community Hospital Authority, 58 N.W.2d 159 (1953).
[823] Sands and Libonati, Local Government Law, § 6.04.
[824] White v. City of Chatfield, 133 N.W. 962 (1911).
[825] Libonati, The Law of Intergovernmental Relations: IVHS Opportunities and Constraints, 22 TRANLJ 225, 242.
[826] McQuillin, The Law of Municipal Corporations, § 3A.06; County of Peoria v. Capitelli, 494 N.E.2d 155 (1986); City of Ellensburg v. State, 826 P.2d 1081 (1992).

in Ermangelung einschränkender Regelungen zwischen den verschiedenen Möglichkeiten frei wählen können.

Kommunale Zusammenarbeit ist rechtlich nach zwei Theorien legitimiert. Nach der ersten, der *power of one unit*-Theorie ist die kommunale Zusammenarbeit auf allen Gebieten möglich, soweit mindestens eine der kommunalen Gebietskörperschaften die in Frage stehende Aufgabe auch allein durchführen könnte. Arbeiten beispielsweise eine *home rule*-Gebietskörperschaft mit einer *general law municipality* zusammen, so kann es sein, dass im Rahmen der Zusammenarbeit die zweitgenannte kommunale Gebietskörperschaft Aufgaben erfüllt, zu denen sie ansonsten gar nicht berechtigt wäre, da sie keine *home rule*-Rechte besitzt. Nach dieser Theorie kann sich daher der Aufgabenbereich kommunaler Gebietskörperschaften durch die Zusammenarbeit erweitern.

Nach der zweiten Theorie, der *mutuality of powers*-Theorie, können kommunale Gebietskörperschaften nur dann Aufgaben in Zusammenarbeit erfüllen, wenn beide hierzu ermächtigt sind.[827] Arbeitet eine *home rule*-Gebietskörperschaft und eine *general law municipality* zusammen, so muss sich die zweite auf eine ausdrückliche, gesetzliche Ermächtigung für das jeweilige Aufgabengebiet, auf dem die Zusammenarbeit angestrebt ist, berufen können. Eine Erweiterung der kommunalen Aufgaben kann sich nach dieser Ansicht nicht aus der kommunalen Zusammenarbeit ergeben. Welcher Theorie in den einzelnen Bundesstaaten gefolgt wird, ergibt sich aus den Formulierungen der verfassungsrechtlichen oder einfachgesetzlichen Vorschriften, nach denen die kommunalen Gebietskörperschaften zur Zusammenarbeit berechtigt sind.

Es sind jedoch in einigen Verfassungen und Gesetzen Einschränkungen gemacht worden, die die freie Ausübung des Rechts auf Zusammenarbeit beeinträchtigen. Einschränkungen können zum Beispiel bei der horizontalen Zusammenarbeit vorgenommen werden. Somit können sich Unterschiede in der Ausgestaltung des Rechts auf kommunale Zusammenarbeit ergeben.[828]

Viele Gesetze enthalten nicht nur allgemeine Regelungen, die die kommunalen Gebietskörperschaften zur Kooperation ermächtigen, sondern auch konkrete Vorschriften, die den zulässigen Zweck kommunaler Zusammenarbeit oder den Effekt, den eine derartige Kooperation auf die Gebietskörperschaften haben darf, festlegen.[829] Einige Verfassungen oder Gesetze benennen explizit auch bestimmte Bereiche, in denen kommunale Zusammenarbeit stattfinden darf. Als Beispiel kann hier der Bundesstaat Utah genannt werden, wo der Gesetzgeber die *local governments* zur Zusammenarbeit in dem Bereich der Leistungsverwaltung ausdrücklich ermächtigt hat. Weiterhin enthält das Gesetz je-

---

[827] Libonati, The Law of Intergovernmental Relations: IVHS Opportunities and Constraints, 22 TRANLJ 225, 242.

[828] Sands and Libonati, Local Government Law, § 6.04.

[829] Cook v. Board of Sup'rs of Lowndes County, 571 So.2d 932, 933 (1990).

doch auch eine allgemeine Ermächtigung zu kommunaler Zusammenarbeit in all den Bereichen, in denen die Kommunen auch einzeln zum Handeln berechtigt sind. Der Wortlaut ist wie folgt:

> „Any two or more public agencies may enter into an agreement with one another under this chapter: (a) for joint or cooperative action; (b) to provide services that they are each authorized by statute to provide; (c) to exchange services that they are each authorized by statute to provide [. . .] (e) to do anything else that they are each authorized by statute to do."[830]

Grundsätzlich ist es als allgemeine Regel anerkannt, dass kommunale Gebietskörperschaften das Recht haben, Verträge über kommunale Zusammenarbeit abzuschließen, wenn dies der Erfüllung ihrer öffentlichen Aufgaben dient.[831] Um eine klare Rechtslage zu schaffen, haben viele Bundesstaaten ihre kommunalen Gebietskörperschaften zu umfangreicher und grundsätzlich unbeschränkter Zusammenarbeit untereinander ermächtigt. Dies geschieht durch allgemein formulierte Gesetze, die den kommunalen Gebietskörperschaften entsprechende Rechte zuerkennen. Teilweise geht die Befugnis der kommunalen Zusammenarbeit auch über die bundesstaatlichen Grenzen hinaus.[832]

Bestrebungen der Vereinheitlichung

Auf dem Gebiet der kommunalen Zusammenarbeit gibt es sogar Bestrebungen, eine Vereinheitlichung der bundesstaatlichen Regelungen herbeizuführen. So schlug bereits im Jahr 1957 der *Council of State Governments* ein Mustergesetz für die kommunale Zusammenarbeit vor. Die *Advisory Commission on Intergovernmental Relations* übernahm 1967 dieses Mustergesetz in überarbeiteter Form.[833] Nach dem Mustergesetz werden Behörden, unter denen das Gesetz jegliche Art von politischen Untereinheiten eines jeden Staates und somit auch kommunale Gebietskörperschaften versteht, ermächtigt, jede der ihr zugewiesenen Aufgaben und Rechte in Zusammenarbeit mit anderen Behörden – und somit mit anderen kommunalen Gebietskörperschaften – auszuführen. In Ausübung dieses Rechts sind kommunale Gebietskörperschaften berechtigt, Vereinbarungen zu treffen, um jede kommunale Dienstleistung, Aktivität oder Unternehmung zu erfüllen, die die an der Vereinbarung teilnehmenden Behörden ausüben dürfen.[834] Durch die Formulierung des Mustergesetzes wird deut-

---

[830] Laws of Utah 2002, chapter 286, section 11-13-202 (a), (b), (c), (e).
[831] Sands and Libonati, Local Government Law, § 6.04.
[832] Sands and Libonati, Local Government Law, § 6.04.
[833] ACIR Handbook, § 6.01, n. 5, Seite 25 ff.
[834] ACIR Handbook, §§ 4 (a), (b), 8 Seite 26.

lich, dass die *Advisory Commission on Intergovernmental Relations* die *power of one unit*-Theorie favorisiert:

> „Any one or more public agencies with any one or more other public agencies to perform any government service, activity or undertaking which [each public agency] or [any of the public agencies] entering into the contract is authorized by law to perform provided that such contract must be authorized by the governing body of each party to the contract"

C) Verfassungsrechtliche Regelungen zur kommunalen Zusammenarbeit

In einigen Bundesstaaten finden sich in den Verfassungen Vorschriften, die die kommunalen Gebietskörperschaften ausdrücklich zur Zusammenarbeit untereinander ermächtigen.[835] Die Verfassung des Bundesstaates Illinois enthält sogar eine Aufforderung, dass kommunale Zusammenarbeit von staatlicher Seite gefördert und finanziell unterstützt werden soll:

> „The state shall encourage intergovernmental cooperation and use its technical and financial resources to assist intergovernmental activity."[836]

Ist die kommunale Zusammenarbeit verfassungsrechtlich normiert, so ist dies grundsätzlich ein Zeichen dafür, dass einfachgesetzliche Vorschriften, die die kommunale Zusammenarbeit näher regeln, großzügig ausgelegt werden und den betroffenen Gebietskörperschaften ein größtmögliches Maß an Handlungsfreiheit garantieren sollen.[837]

In der Verfassung des Bundesstaates New York ist der *mutuality of powers*-Grundsatz wie folgt verankert:

> „Local governments shall have power to agree, as authorized by act of the legislature, with the federal government, a state or one or more other governments within or without the state, to provide cooperatively, jointly or by contract any facility, service, activity or undertaking which each participating local government has the power to provide separately."[838]

---

[835] Beispielhaft lassen sich folgende verfassungsrechtliche Vorschriften nennen: Florida Constitution, Art. VIII, § 4; Georgia Constitution, Art. VIII, § 5 par 5; Illinois Constitution, Art. VII, § 10(a); Louisiana Constitution, Art. 6, § 20; Missouri Constitution, Art. VI, § 27; Virginia Constitution, Art. VII, § 3 par 2.
[836] Illinois Constitution Art. VII Section 10 (c).
[837] Sands and Libonati, Local Government Law, § 6.04; Buffalo, Dawson, Mechanicsburg Sewer Com'n v. Boggs, 470 N.E.2d 649 (1984).
[838] New York Constitution Art. IX § 1 c.

Die Verfassung von Pennsylvania folgt mit ihrer Formulierung der *power of one unit*-Theorie:

> „A municipality by act of its governing body may, or upon being required by initiative and referendum in the area affected shall, cooperate or agree in the exercise of any function, power or responsibility with, or delegate or transfer any function, power or responsibility to, one or more other governmental unit including other municipalities or districts, the Federal government, any other state or its governmental units, or any newly created governmental unit."[839]

Nach dieser Vorschrift sind die kommunalen Gebietskörperschaften neben der Zusammenarbeit untereinander auch berechtigt, mit anderen Bundesstaaten zusammenzuarbeiten. Zu beachten ist hier jedoch der *Compact Clause* der Bundesverfassung, nach dem über bundesstaatliche Grenzen hinausreichende Zusammenarbeit dann der Genehmigung des US-Kongresses bedarf, wenn sie geeignet ist, die politische Macht einzelner Bundesstaaten zu stärken oder die oberste Gewalt der Vereinigten Staaten zu unterlaufen.[840]

D) Einfachgesetzliche Regelungen zur kommunalen Zusammenarbeit

Fehlt eine verfassungsrechtliche Ermächtigungsgrundlage, ist das Recht auf kommunale Zusammenarbeit entweder einfachgesetzlich geregelt[841] oder durch die Rechtsprechung[842] anerkannt.

E) Grenzen des Rechts auf kommunale Zusammenarbeit

Das Recht auf kommunale Zusammenarbeit ist durch die Verfassungen und durch einfachgesetzliche Regelungen in vielfältiger Weise eingeschränkt. Insbesondere dort, wo die bundesstaatlichen Gesetzgeber nicht das Mustergesetz der *Advisory Commission on Intergovernmental Relations* übernommen haben, bietet sich kein einheitliches Bild der Beschränkungen. Die wichtigsten werden im Folgenden dargestellt.

---

[839] Pennsylvania Constitution Art. IX § 5.
[840] U.S. Constitution Art. 1 § 10 Clause 3.
[841] Ragsdale v. Hargraves, 129 S.W.2d 967 (1939).
[842] Kaufmann v. Swift County, 30 N.W.2d 34 (1947).

I. Unzulässige Delegation kommunaler Aufgaben

Im Rahmen kommunaler Zusammenarbeit können entweder durch Vereinbarungen zweier oder mehrerer Kommunen Aufgaben unter ihnen delegiert werden oder bei der Schaffung von kommunalen Verbänden Aufgaben auf diese übertragen werden. Dies ist jedoch nur innerhalb eines bestimmten Rahmens möglich.

1. Aufgaben örtlicher Natur

So können im Rahmen kommunaler Zusammenarbeit nur solche Aufgaben und Zuständigkeiten auf kommunale Verbände übertragen werden, bei denen es sich um eigene Aufgaben handelt.[843] Um solche eigenen Aufgaben handelt es sich grundsätzlich bei denen, die von örtlicher Natur sind. Nicht delegiert werden können Angelegenheiten überörtlicher Natur.[844] Insbesondere handelt es sich bei kommunalen Wirtschaftsunternehmen[845] um rein örtliche Angelegenheiten.

2. Kernbereiche kommunaler Aufgaben

Des Weiteren können nur insoweit örtliche Zuständigkeiten auf andere Kommunen oder auf kommunale Verbände übertragen werden, wenn es sich hierbei nicht um Kernbereiche der sich zusammenschließenden kommunalen Gebietskörperschaften handelt. Der Kernbereich kommunaler Zuständigkeiten muss bei den Kommunen selbst verbleiben und darf weder auf Verbände noch auf andere kommunale Gebietskörperschaften übertragen werden.

Eine unzulässige Delegation kommunaler Aufgaben kann bereits durch eine einfache Vereinbarung zwischen zwei oder mehreren Gebietskörperschaften gegeben sein. So wurde beispielsweise eine Vereinbarung zwischen zwei kommunalen Gebietskörperschaften für unzulässig erachtet, mittels derer ein Verband für den Ausbau eines Hafens gebildet werden sollte. Dabei sollte lediglich eine der Gebietskörperschaften die gesamte Kontrolle über das Projekt besitzen. Die gesetzliche Ermächtigungsgrundlage für kommunale Zusammenarbeit sah aber vor, dass kommunale Gebietskörperschaften Aufgaben nur dann gemeinschaftlich erfüllen dürfen, wenn sie gemeinsam ausgeführt werden. Die-

---

[843] Goreham v. Des Moines Metropolitan Area Solid Waste Agency, 179 N.W.2d 449 (1970).

[844] Frank v. City of Cody, 572 P.2d 1106 (1977).

[845] In dem Fall ging es um einen Zweckverband, der ein Kraftwerk errichten sollte.

se Voraussetzung sah das Gericht aufgrund der alleinigen Kontrolle einer der Gebietskörperschaften als nicht erfüllt an.[846]

Ähnliche Einschränkungen ergeben sich, wenn Kommunalverbände zur Zusammenarbeit gebildet werden.

So hielt der Supreme Court von Vermont im Fall *Vermont Department of Puplic Service v. Massachusetts Municipal Wholesale Electric Co.*[847] die Grenzen der zulässigen Delegation für überschritten. Mehrere kommunale Gebietskörperschaften hatten sich zusammengeschlossen, um sich über einen kommunalen Zweckverband an einem Kraftwerk zu beteiligen. Zu diesem Zweck übertrugen sie dem Verband, der das Kraftwerk betreiben sollte, bestimmte Haushalts- und Pfandrechte. Das Gericht urteilte, dass es sich bei den Haushaltsrechten um ureigene, den Kommunen innewohnende Zuständigkeiten handle, die nicht anderen Institutionen übertragen werden könnten. Dies wurde auch dadurch deutlich, dass es sich hierbei um eine von dem Gesetzgeber ausdrücklich anerkannte Selbstverwaltungsaufgabe handelte.[848] Solche Rechte, die exklusiv vom Gesetzgeber den kommunalen Gebietskörperschaften übertragen werden, könnten jedoch nicht weiterdelegiert werden, sondern müssten vielmehr von den Kommunen selbst ausgeführt werden. Eine Delegation solcher Aufgaben sei insbesondere dann nicht möglich, wenn die Kommune Pfandrechte übertrage und sich damit die Möglichkeit versperre, in Zukunft ihr Ermessen und ihre Entscheidungsfreiheit uneingeschränkt auszuüben und uneingeschränkt über ihren Haushalt zu verfügen.[849] Dies würde eine unzulässige Selbstbeschränkung der zukünftigen Ermessensentscheidungen der an dem Verband beteiligten kommunalen Gebietskörperschaften darstellen. Eine derartige Beeinträchtigung der Entscheidungsfreiheit des Legislativorgans einer kommunalen Gebietskörperschaft und eine Delegation der zentralen Zuständigkeiten einer solchen Gebietskörperschaft seien nicht möglich.[850] Legislative Befugnisse, die den kommunalen Gebietskörperschaften von den Bundesstaaten zugesprochen werden, können demnach nicht auf Verbände übertragen oder in andersartig gestalteter kommunaler Zusammenarbeit ausgeübt werden, wenn hierdurch „persönliche" Rechte der Kommunen wegdelegiert würden, so dass diese ihre öffentlichen Funktionen nicht mehr in vollem Umfang erfüllen können.[851] Grundlegende, vom Staat zuerkannte legislative Befugnisse können

[846] Port of Peninsula v. Bendiksen, 429 P.2d 859 (1967).

[847] Vermont Department of Public Service v. Massachusetts Municipal Wholesale Electric Co., 558 A.2d 215 (1989), Revisionsantrag abgelehnt: 493 U.S. 872 (1989).

[848] Die Befugnisse sind ausdrücklich gesetzlich aufgezählt, 24 V.S.A. § 1822.

[849] Vermont Department of Public Service v. Massachusetts Municipal Wholesale Electric Co., 558 A.2d 215 (1989).

[850] Vermont Department of Public Service v. Massachusetts Municipal Wholesale Electric Co., 558 A.2d 215 (1989).

[851] Wabash R. Co. v. City of Defiance, 167 U.S. 88 (1897).

nicht durch Verträge oder sonstige Art kommunaler Zusammenarbeit von den Kommunen auf andere Stellen übertragen werden.[852]

Die Abgrenzung zwischen gesetzmäßiger und gesetzeswidriger Delegation kann im Einzelfall schwierig sein und soll daher anhand von zwei weiteren Urteilen deutlich gemacht werden. In beiden Fällen ging es wiederum um Verbände, die sich zum Zwecke der Stromversorgung zusammengeschlossen hatten. In dem ersten Fall übertrug eine kommunale Gebietskörperschaft durch Vertrag Ermessensentscheidungen für die Entwicklung eines Kraftwerks und das Recht der Ausgestaltung der Arbeitsverträge von Betriebsangestellten des zu errichtenden Kraftwerks auf einen kommunalen Zweckverband.[853] Das Gericht entschied, dass die vertragliche Weggabe dieser Entscheidungsbefugnisse nicht zulässig sei, da hierdurch die Kontrolle über die Verwendung bestimmter Haushaltsmittel aus der Hand gegeben würde und die Vorstellungen des Gemeinderates bei der Haushaltsverteilung nicht mehr berücksichtigt werden könnten.[854]

Um einen Fall von zulässiger Delegation kommunaler Befugnisse handelte es sich im Fall *Roehl v. Public Utility Dist. No. 1.*[855] Hier schlossen sich fünf kommunale Gebietskörperschaften zusammen, die einen Ingenieur einstellten, der sie beim Betreiben eines gemeinsamen Stromversorgungsbetriebs unterstützen sollte. Die auf ihn übertragenen Befugnisse wurden als zulässige Delegation kommunaler Aufgaben erachtet, da der beauftragte Ingenieur nicht befugt war, politische Entscheidungen zu treffen, die gesetzgebender Natur waren. Vielmehr war er nur beratend tätig und an die von den Gebietskörperschaften vorgegebenen Richtlinien gebunden. Er konnte weder ein eigenes Ermessen ausüben noch waren die Räte der beteiligten kommunalen Gebietskörperschaften an seine Entscheidungen gebunden.[856]

Zusammenfassend kann die Grenze zwischen zulässiger und unzulässiger Delegation kommunaler Zuständigkeiten auf kommunale Verbände zum einen an der Schnittstelle von örtlichen und überörtlichen Aufgaben gezogen werden. Zum anderen ist die Grenze überschritten, wenn kommunale Gebietskörperschaften ihre freie Handlungsfähigkeit verlieren, indem sie entweder Bereiche ihrer Kernaufgaben an andere Stellen – sei es auch an andere kommunale Gebietskörperschaften – delegieren oder aber das dem Rat zustehende Ermessen auf andere übertragen und somit ihre zukünftige, im Rahmen der Gesetze liegende Handlungsfreiheit beeinträchtigen.[857]

---

[852] Byrd v. Martin, Hopkins, Lemon & Carter, P.C., 564 F. Supp. 1425 (1983).
[853] Arkansas-Missouri Power Co. v. City of Kennett, 78 F.2d 911 (1935).
[854] Arkansas-Missouri Power Co. v. City of Kennett, 78 F.2d 911 (1935).
[855] Roehl v. Public Utility Dist. No. 1, 261 P.2d 92 (1953).
[856] Roehl v. Public Utility Dist. No. 1, 261 P.2d 92, 106 (1953).
[857] Byrd v. Martin, Hopkins, Lemon & Carter, P.C., 564 F. Supp. 1425 (1983).

II. Einschränkungen durch den *equal protection*-Grundsatz

Eine Einschränkung des Rechts auf kommunale Zusammenarbeit findet sich im *equal protection*-Grundsatz der Bundesverfassung. Hiernach ist es grundsätzlich erforderlich, dass die Kontrolle der zusammenarbeitenden kommunalen Gebietskörperschaften so aufgeteilt ist, dass sie im korrekten Verhältnis zu der Bevölkerungszahl der Gebietskörperschaften steht.[858] Allerdings ist diese Maßgabe nur dann einzuhalten, wenn durch die Zusammenarbeit oder durch die gemeinschaftlich gegründeten Verbände allgemeine Regierungsfunktionen ausgeübt werden. Besitzen sie jedoch beispielsweise nur eine beratende oder informationsbeschaffende Funktion, so ist das Verhältnis zwischen Einfluss und Bevölkerungszahl der zusammen agierenden kommunalen Gebietskörperschaften unerheblich.[859]

III. Ausdrückliche Ermächtigung zur kommunalen Zusammenarbeit in speziellen Bereichen als Beschränkung des Rechts auf Zusammenarbeit

Häufig sind in Gesetzen der Bundesstaaten spezielle Fälle der kommunalen Zusammenarbeit geregelt.[860] Die gesetzliche Ermächtigung kommunaler Gebietskörperschaften zur Zusammenarbeit in nur ganz bestimmten Bereichen wird teilweise als Beschränkung der kommunalen Zusammenarbeit auf die explizit genannten Bereiche ausgelegt, so dass in anderen Bereichen die Zusammenarbeit zwischen kommunalen Gebietskörperschaften nicht zulässig ist.[861] So wurde zum Beispiel eine Gesetzesnorm, die die kommunale Zusammenarbeit im Bereich der Leistungsverwaltung ausdrücklich vorsah, so ausgelegt, dass eine Zusammenarbeit in den Bereichen von Materialbeschaffung und Vorräten ausgeschlossen war.[862]

Dies steht insoweit im Widerspruch mit Art. 10 Abs. 1 EKC, als dass die Forderung, dass Kommunen zur Zusammenarbeit autorisiert sein müssen, uneingeschränkt auf den gesamten Bereich ihrer Zuständigkeiten zu gelten hat. Das ergibt sich daraus, dass der in der Vorschrift enthaltene Zusatz „im Rahmen der Gesetze“ sich nicht auf die erste Alternative bezieht, die die einfache Zusammenarbeit zwischen den kommunalen Gebietskörperschaften zum Inhalt

---

[858] Siehe Sands and Libonati, Local Government Law, § 6.05.

[859] Education/Instruccion, Inc. v. Moore, 503 F.2d 1187 (1974).

[860] City of Hamilton v. Public Water Supply District No. 2 of Caldwell County, 849 S.W.2d 96 (1993).

[861] Sands and Libonati, Local Government Law, § 6.04.

[862] New Jersey ST 40:23-6.26; Sinclair Refining Co. v. Bergen County, 247 A.2d 484 (App. Div. 1968).

hat. Sie ist nur in Bezug auf die zweite Alternative des Art. 10 I EKC zu sehen, welche den Kommunen das Recht zuspricht, zur Durchführung von Aufgaben gemeinsamen Interesses Verbände zu bilden.

Allerdings kann diese enge Auslegung nicht als ein allgemeingültiger Grundsatz anerkannt werden, denn die große Mehrzahl der Entscheidungen sieht die ausdrückliche, gesetzliche Legitimation zu kommunaler Zusammenarbeit nicht als Beschränkung auf die in dem Gesetz genannten Bereiche, sondern als beispielhafte, nicht abschließende Aufzählung an, in welchen Bereichen kommunale Zusammenarbeit unter anderem erfolgen kann. So hat ein kalifornisches Gericht in einer allgemein anerkannten Entscheidung festgesetzt, dass eine Vereinbarung über eine Zusammenarbeit von zwei kommunalen Gebietskörperschaften im Bereich des Gesundheitswesens zulässig war, obwohl das der kommunalen Zusammenarbeit zugrundeliegende Gesetz eine Zusammenarbeit für zwei ausdrücklich genannte, andere Bereiche vorsah.[863] Ähnlich entschied der Supreme Court von Missouri, in dem er in einem Urteil erklärte, dass ausdrückliche – nicht nur gesetzliche, sondern auch verfassungsrechtliche – Ermächtigungen,[864] in denen nur bestimmte Bereiche der kommunalen Zusammenarbeit genannt wurden, nicht implizieren, dass kommunales Zusammenwirken in anderen, nicht genannten Bereichen ausgeschlossen sei.[865]

Selbst in einigen Bundesstaaten, in denen die *Dillon's Rule* vorherrschend ist, wird von einer zu strengen Auslegung der gesetzlichen Ermächtigungsgrundlagen für kommunale Zusammenarbeit Abstand genommen. So erachtete zum Beispiel ein Gericht die Zusammenarbeit kommunaler Gebietskörperschaften im Bereich der Überflutungskontrolle als von der gesetzlichen Grund-

---

[863] City of Pasadena v. Los Angeles County, 45 Cal. Rptr. 94 (1965).

[864] Art. VI, § 16 der Verfassung von Missouri: "Cooperation by local governments with other governmental units: Any municipality or political subdivision of this state may contract and cooperate with other municipalities [...] for the planning, development, construction, acquisition or operation of any public improvement or facility, or for a common service, in the manner provided by law."
Der Wortlaut des Ermächtigungsgesetzes ist wie folgt (section 70.220, RSMo 1978): Political Subdivisions may cooperate with each other, with other states, the United States or private persons. Any municipality or political subdivision of this state, as herein defined, may contract and cooperate with any other municipality or political subdivision, or with an elective or appointive official thereof, (...) for the planning, development, construction, acquisition or operation of any public improvement or facility, or for common service; provided that the subject and purpose of any such contract or cooperative action made and entered into by such municipality or political subdivision shall be within the scope of the powers of such municipality or political subdivision.

[865] Cape Motor Lodge, Inc., et al., Respondents, v. City of Cape Girardeau, 706 S.W.2d 208 (1986).

lage, die eine Zusammenarbeit im Bereich der Wasserversorgung vorsah, gedeckt.[866]

IV. Einschränkende verfahrensrechtliche Bestimmungen

Die Bundesstaaten haben eine Vielzahl von verfahrensrechtlichen Vorschriften geschaffen, die das Verfahren von kommunaler Zusammenarbeit regeln. Gegenstand dieser Bestimmungen sind häufig die Dauer der Zusammenarbeit, Bestimmungen über die Organisation, Rechtsnatur und Zusammensetzung von gemeinschaftlich geschaffenen Verbänden und das Ausmaß an Rechten und Befugnissen, die auf solche Verbände übertragen werden können, Einschränkungen in Bezug auf Inhalte und Ziele der Zusammenarbeit und die Finanzierung dieser.[867]

Weitere Beispiele für verfahrensrechtliche Einschränkungen sind Bestimmungen, die bei der Bildung eines gemeinsamen kommunalen Verbandes vorschreiben, dass bestimmte Informationen über diesen an übergeordnete Verwaltungsstellen weitergeleitet werden müssen, vergleichbar mit der Anzeigepflicht nach Art. 9 Abs. 1, Art. 12 Abs. 1 BayKommZG im bayerischem Recht.[868] Auch kann kommunale Zusammenarbeit – vergleichbar mit Art. 12 Abs. 2 BayKommZG – der Genehmigungspflicht übergeordneter Verwaltungseinheiten unterliegen. Andere Gesetze treffen Vorschriften, wie der Entscheidungsprozess über die Zusammenarbeit zweier kommunaler Gebietskörperschaften auszusehen hat und legen hierfür bestimmte Verfahren fest.[869] Teilweise wird in Gesetzen bestimmt, welche Inhalte und Bestimmungen ein Vertrag über kommunale Zusammenarbeit enthalten darf.[870] So muss nach den Vorschriften des Bundesstaates Utah die Dauer der kommunalen Zusammenarbeit bestimmt sein.[871] Das Nichteinhalten dieser Verfahrensvorschriften kann die Ungültigkeit eines zwischen kommunalen Gebietskörperschaften abgeschlossenen Kooperationsvertrags zur Folge haben.[872]

Die Verfassungen oder Gesetze der Bundesstaaten beinhalten teilweise Einschränkungen, die die Verbindung oder Zusammenlegung bestimmter Be-

---

[866] Roberts v. City of Maryville, 750 S.W.2d 69 (1988).
[867] McQuillin, The Law of Municipal Corporations § 3A.10.
[868] Kalifornien: Cal Gov't Code § 6503.5.
[869] New Jersey: NJSA 40:48B-4 (1967).
[870] New Jersey: NJSA 40:48B-4 (1967). In diesem Gesetz wird zum Beispiel festgesetzt, dass ein Vertrag über kommunale Zusammenarbeit unter anderem Bestimmungen über die Aufteilung der Kosten und die Beendigung beziehungsweise Verlängerung des Vertrages enthalten muss.
[871] Utah: UT ST § 11-13-206.
[872] Sands and Libonati, Local Government Law, § 6.07.

fugnisse untersagt[873] oder die Übertragung bestimmter Befugnisse auf einen Verband an Voraussetzungen knüpft, zum Beispiel an die Einwilligung des Rates.[874]

Die Auslegung solcher Verfahrensvorschriften ist nicht einheitlich. Denn es stellt sich die Frage, ob verfahrensrechtliche Bestimmungen allgemeine, gesetzliche Vorschriften, die den Kommunen umfangreiche und allgemeine Rechte zur Zusammenarbeit untereinander geben und keine einschränkenden verfahrensrechtlichen Vorschriften enthalten, einschränken können.

Einer Ansicht nach kann dies geschehen. So haben einige Gerichte einschränkenden Spezialgesetzen den Vorrang vor den allgemeinen Normen eingeräumt. Dies entspricht auch der allgemeinen in den Vereinigten Staaten gültigen Auslegungsregel von Gesetzen, die Spezialgesetzen den Vorrang gegenüber allgemeinen Bestimmungen einräumt.[875] Die Gegenansicht vertritt die Auffassung, dass derartige spezialgesetzliche Vorschriften die allgemeinen Regelungen nicht einschränken dürfen, um eine einheitliche Anwendung des Rechts zu gewährleisten und eine allgemeingültige Formel zu schaffen, die generelle Anwendung findet.[876]

F) Zusammenfassung des 9. Kapitels

Kommunale Gebietskörperschaften in den Vereinigten Staaten sind zur Ausübung ihrer Aufgaben in Zusammenarbeit miteinander berechtigt. Den Bundesstaaten steht es jedoch frei, den Kommunen in der Verfassung, den Gesetzen oder *charters* Beschränkungen aufzuerlegen. Theoretisch haben sie aufgrund der Kontrolle über die kommunalen Gebietskörperschaften auch das Recht, jegliche Art von Zusammenarbeit zu unterbinden. Ein solches Verbot der kommunalen Zusammenarbeit existiert jedoch nicht. Es kommt aber vor, dass dieses Recht auf ganz bestimmte Bereiche beschränkt ist, so dass es nicht in Bezug auf den gesamten Aufgabenbereich einer kommunalen Gebietskörperschaft ausgeübt werden kann.

Kommunale Zusammenarbeit in den Vereinigten Staaten kann durch nichtvertragliches, spontanes Zusammenwirken, durch vertragliche Zusammenarbeit oder durch die Bildung von Verbänden erfolgen.

---

[873] Buffalo, Dawson, Mechanicsburg Sewer Commission v. Boggs, 470 N.E.2d 649 (1984).
[874] Utah: UT ST § 11-13-202.5.
[875] Sands and Libonati, Local Government Law, § 6.04.
[876] Sands and Libonati, Local Government Law, § 6.04.

Die in Art. 10 Abs. 1 EKC enthaltene Forderung, dass kommunale Gebietskörperschaften bei der Ausübung ihrer Zuständigkeiten zur Zusammenarbeit berechtigt sind und im Rahmen der Gesetze Verbände bilden können, entspricht auch dem Standard von kommunaler Zusammenarbeit, der sich in den Vereinigten Staaten gebildet hat. Der hinter der kommunalen Zusammenarbeit stehende Gedanke ist sowohl nach EKC als auch in den Vereinigten Staaten derselbe: Durch die Zusammenarbeit soll die Leistungsfähigkeit – insbesondere von kleineren kommunalen Gebietskörperschaften – gesteigert werden.[877]

[877] Siehe Weiß, Einführung und Umsetzung der Europäischen Charta der kommunalen Selbstverwaltung in Deutschland, Seite 222.

10. Kapitel: Die Weltcharta der kommunalen Selbstverwaltung

In den vorangegangenen Kapiteln wurde das amerikanische Kommunalrecht unter Berücksichtigung der Regelungsgehalte der EKC untersucht, um Unterschiede und Gemeinsamkeiten herauszuarbeiten und die Grundzüge des amerikanischen Kommunalrechts in der deutschen Literatur darzustellen. Die Strahlkraft der EKC ist aber nicht nur auf die Mitgliedstaaten des Europarates beschränkt, wenn auch außereuropäische Staaten wie die Vereinigten Staaten von Amerika keinen direkten Bezug zu ihr haben. Allerdings ist die EKC dem Entwurf der Weltcharta der kommunalen Selbstverwaltung sehr ähnlich, da die letztgenannte unter dem Einfluss der EKC entstanden ist. Somit soll in diesem Kapitel zunächst auf die Weltcharta eingegangen werden und im Weiteren der Bezug des amerikanischen Rechts zu diesem Chartaentwurf dargestellt werden. Die Darstellung des amerikanischen Prinzips der kommunalen Selbstverwaltung ist daher nicht nur unter dem rechtsvergleichenden Aspekt in Hinblick auf die EKC von Interesse, sondern kann Aufschluss über die konkrete politische Diskussion über die Weltcharta und die Einstellung der Regierung der Vereinigten Staaten hierzu geben.

A) Entwicklung der Weltcharta der kommunalen Selbstverwaltung

Die Entwicklung der Weltcharta der kommunalen Selbstverwaltung ist noch kein abgeschlossener Prozess. Bisher existiert nur eine vorläufige Entwurfsfassung.[878] Weltweit wurde 1985 erstmals die Wichtigkeit der kommunalen Selbstverwaltung auf dem Weltkongress des Internationalen Gemeindeverbandes IULA[879] anerkannt und in einer „Allgemeinen Erklärung zur kommunalen Selbstregierung" zum Ausdruck gebracht.[880] Als 1996 die Abteilung der UNO für Siedlungswesen, Städtebau und Regionalplanung Habitat in Istanbul zu einer Konferenz zusammenkam (HABITAT II), um über die Themenkomplexe der sozialen und ökologischen Infrastruktur zu diskutieren, verabschiedeten die Mitgliedstaaten der Konferenz eine „Habitat-Agenda" und eine „Istanbuler Erklärung", die die „Förderung der Dezentralisierung durch demokratische lokale Körperschaften" zum Inhalt hatte, mit dem Ziel, den Körperschaften eine stärkere Stellung zu verleihen.[881]

---

[878] Siehe Anhang.

[879] IULA steht für International Union of Local Authorities.

[880] Schneider: Die Vorbildfunktion der EKC für eine Weltcharta der kommunalen Selbstverwaltung, Seite 121.

[881] Siehe hierzu ausführlich: Hoffschulte: Globalisierung der Lokalen Demokratie, Seite 97 f.

Um im Rahmen der Zusammenarbeit mit der UNO eine gestärkte Verhandlungsposition einnehmen zu können, schlossen sich die Weltverbände der Kommunen zu der *World Assembly of Cities and Local Authorities Coordination* (WACLAC) zusammen. Nach der Habitat II Konferenz folgten Verhandlungen zwischen der UNO (UNCHS Habitat) und der WACLAC, dessen Ergebnis ein *memorandum of understanding* war, in dem man sich auf die Ausarbeitung eines Entwurfs einer Weltcharta festlegte. Der erste Entwurf einer „Weltcharta der Lokalen Selbstverwaltung" lag bereits im Jahr 1998 vor. Nach breiter Diskussion dieses Entwurfs rund um den Globus wurde im Jahr 2000 eine überarbeitete Fassung veröffentlicht.[882]

Da die EKC der Weltcharta als Vorbild diente, verwundert es nicht, dass inhaltlich weitgehende Gemeinsamkeiten zu verzeichnen sind. Ein Großteil der Vorschriften wurde fast wörtlich übernommen. Das gilt für die verfassungsmäßige und rechtliche Grundlage der kommunalen Selbstverwaltung, Art. 2 der Weltcharta; den Begriff der kommunalen Selbstverwaltung, Art. 3; den Schutz der Grenzen kommunaler Gebietskörperschaften, Art. 5; die Bedingung für die Wahrnehmung kommunaler Aufgaben, Art. 7; die Aufsicht über kommunale Gebietskörperschaften, Art. 8; die Angemessenheit der finanziellen Ressourcen kommunaler Gebietskörperschaften, Art. 9 und den Rechtsschutz, Art. 13 der Weltcharta. Sprachliche beziehungsweise systematische Änderungen wurden bei der Finanzausstattung kommunaler Gebietskörperschaften, Art. 9, vorgenommen, ebenso wie bei der Reichweite kommunaler Selbstverwaltung nach Art. 4. Nach dieser Vorschrift können die kommunalen Gebietskörperschaften ihre Zuständigkeiten nach eigenem Ermessen ausführen, was zu einer Stärkung des Selbstbestimmungsrechts der lokalen Bevölkerung führt. Hierzu ist in Bezug auf die Vereinigten Staaten anzumerken, dass diese Voraussetzung dort bereits gegeben ist, da es grundsätzlich im Ermessen der kommunalen Gebietskörperschaften liegt, welche kommunalen Leistungen sie ihren Einwohnern anbieten. Weitere Veränderungen der EKC in Bezug auf die weltweite Anwendung wurden bei dem Vereinigungsrecht kommunaler Gebietskörperschaften vorgenommen, Art. 11 und 12. Art. 11 regelt dabei die nationale Zusammenarbeit kommunaler Gebietskörperschaften untereinander, Art. 12 nimmt Bezug auf die internationale Zusammenarbeit. Eine neue Ausprägung hat auch die Bürgerbeteiligung nach Art. 10 der Weltcharta erhalten, wonach die Schaffung neuer Beteilungsformen der Bürgerbeteiligung in das Ermessen der Kommunen gestellt wird. Auch wird die Zusammenarbeit kommunaler Gebietskörperschaften mit nichtstaatlichen Organisationen, auch im privaten Bereich, ausdrücklich für zulässig erklärt.

---

[882] Siehe hierzu ausführlich: Hoffschulte: Globalisierung der Lokalen Demokratie, Seite 96 f.

B) Die Weltcharta und die Vereinigten Staaten

I. Politische Hindernisse

Ursprünglich war geplant, den Entwurf der Weltcharta der kommunalen Selbstverwaltung zum offiziellen Beratungsgegenstand einer Sondersitzung der UNO-Vollversammlung im Jahr 2001 zu machen. Das scheiterte jedoch am Widerstand vor allem zweier Nationen: China und den Vereinigten Staaten von Amerika.[883]

Die Bedenken der US-Regierung waren und sind vor allem auf dem verfassungsrechtlichen Sektor vorhanden, da es zwar dem Bund obliegt, völkerrechtliche Verträge abzuschließen, das Kommunalrecht hingegen in die Zuständigkeitsbereiche der Bundesstaaten fällt. Weiter wird die Weltcharta der kommunalen Selbstverwaltung als eine nicht hinnehmbare Einschränkung innerer Angelegenheiten angesehen.[884] Nach Ansicht der Vereinigten Staaten ist die Weltcharta nicht flexibel genug, um nationalstaatliche Besonderheiten zu akzeptieren. Hoffschulte, einem aus der deutschen Kommunalpraxis stammenden engagierten Förderer der Weltcharta, betrachtet das als das „Festhalten an Denkschemata, die lokale Gebietskörperschaften nicht als Basis der Demokratie, sondern nur als Teilfunktionen des Staates" ansehen.[885] Dem ist gerade in Bezug auf die Vereinigten Staaten und der Ansicht, dass kommunale Gebietskörperschaften nach wie vor als *creatures of the state* angesehen werden, beizupflichten. Die Formulierungen der Charta überlassen den Signatarstaaten mehr als nur ausreichende Freiräume, Selbstverwaltungsrechte nach eigenem Ermessen auszugestalten. Beweise hierfür sind die Verwendung von Formulierungen in der Charta wie „im Rahmen der Gesetze", die Erfüllung eines „wesentlichen Teils öffentlicher Angelegenheiten" oder die Ausstattung mit „angemessenen" Eigenmitteln. Hierbei handelt es sich ohnehin um äußerst dehnbare Formulierungen, für deren Interpretation keinerlei Standards festgelegt werden. Diese Formulierungen sind eher Beweis für die Schaffung eines minimalen Grundkonsenses als für die Einengung der Souveränität der Signatarstaaten. Ebenso wenig wie es Ziel der EKC ist, eine einheitliche, europäische Gemeindeordnung zu schaffen,[886] will auch die Weltcharta der kommunalen Selbstverwaltung keine Vereinheitlichung des Kommunalrechts auf weltweiter Ebene herbeiführen, sondern Garant für Demokratie und Rechtsstaatlichkeit bereits auf lokaler Ebene sein. So ist es nicht mit der Sache selbst zu rechtfertigen, dass die Vereinigten Staaten bereits im Jahr 2000 für die Weiterverhandlungen

---

883 Siehe Hoffschulte: Globalisierung der Lokalen Demokratie, Seite 102.
884 Siehe Hoffschulte: Globalisierung der Lokalen Demokratie, Seite 102.
885 Siehe Hoffschulte: Globalisierung der Lokalen Demokratie, Seite 102.
886 Engel: Struktur und Umsetzung der EKC, Seite 39.

zur Weltcharta zur Voraussetzung machten, dass der Begriff „Charta" komplett aus dem Entwurf herauszunehmen sei und die Amerikaner die Ansicht vertraten, dass durch die Weltcharta nationalstaatliche Interessen und die individuelle Ausgestaltung des Rechts der kommunalen Selbstverwaltung missachtet werden.[887]

Die Weigerung der Vereinigten Staaten, die Weiterentwicklung der Weltcharta der kommunalen Selbstverwaltung voranzutreiben, ist aber nicht isoliert zu sehen und allein mit einer ablehnenden Haltung der US-Regierung in der Sache selbst zu begründen. Vielmehr liegt es an der abweisenden Haltung der Bush-Administration, sich internationalen Verpflichtungen zu unterwerfen und die eigene Unabhängigkeit einzuschränken. So erfuhr Hoffschulte aus Kreisen der amerikanischen Diplomatie, dass es nicht nur sachliche Gründe sind, die die Vereinigten Staaten auf Ablehnung bezüglich der Weltcharta stoßen lassen. Die Ablehnung resultiert auch aus der Verärgerung der Bush-Administration gegenüber seinem Amtsvorgänger Bill Clinton, der am letzten Tag seiner zweiten Amtsperiode die Konvention über die Errichtung eines Internationalen Gerichtshofs unterzeichnete und zwar im Bewusstsein der ablehnenden Haltung seines Nachfolgers George W. Bush.[888] Als Gegenzug erging daraufhin im Jahr 2001 eine Weisung an alle Diplomaten, keine weiteren Verträge, die völkerrechtliche Bindungen und Verpflichtungen im Rahmen der UNO nach sich zögen, zu fördern, sondern diese „im Keime zu ersticken."[889] In diesem Zusammenhang ist auch die Weigerung der Vereinigten Staaten zu sehen, den im Kyoto-Abkommen enthaltenen Verpflichtungen zum Klimaschutz nachzukommen. Auch die Streitigkeiten mit der Welthandelsorganisation (WTO) um die von den Vereinigten Staaten erhobenen Schutzzölle auf Stahlimporte, die mittlerweile durch das Schiedsgericht der WTO beigelegt wurden, sind hierauf zurückzuführen – wenn natürlich in erster Linie auch nationale, wirtschaftliche Interessen dahinter stehen.

Die Haltung der Vereinigten Staaten, sich nicht internationalen Verpflichtungen zu unterwerfen und eine möglichst unbegrenzte Unabhängigkeit von der Staatengemeinschaft anzustreben, ist nicht nur in Bezug auf die Weltcharta bedauerlich. Allerdings zeigt die unterschiedliche Haltung der Clinton-Administration auf der einen und die der Bush-Administration auf der anderen Seite, dass eine Veränderung der politischen Mehrheitsverhältnisse auch eine rasche Änderung der Einstellung der US-Regierung zur Weltcharta nach sich ziehen kann. Mit einer Unterstützung bei der Schaffung der Weltcharta ist daher momentan nicht zu rechnen, sie ist jedoch nicht mit Sicherheit für die Zukunft auszuschließen.

---

[887] Siehe Hoffschulte: Globalisierung der Lokalen Demokratie, Seite 104.
[888] Siehe hierzu ausführlich Hoffschulte: Globalisierung der Lokalen Demokratie, Seite 104.
[889] Siehe Hoffschulte: Globalisierung der Lokalen Demokratie, Seite 104.

II. Rechtliche Hindernisse

Wenn auch durch die derzeitige amerikanische Politik keine Unterstützung auf dem Weg zu der Weltcharta zu erwarten ist, so sollen dennoch die im amerikanischen Recht vorhandenen Hindernisse, die einer Förderung oder sogar Angleichung des amerikanischen Rechts an die Charta entgegenstehen und von der amerikanischen Politik stets angeführt werden, untersucht werden. Der Förderung allein würde das amerikanische Recht selbstverständlich nicht entgegenstehen. Sogar eine Unterzeichnung der Charta durch die Vereinigten Staaten wäre möglich, da eine Ratifizierung nicht erfolgen müsste.[890]

1. Möglichkeiten der Angleichung des US-amerikanischen Kommunalrechts?

Ist eine Angleichung und eventuell Vereinheitlichung des US-amerikanischen Systems der kommunalen Selbstverwaltung mit der Weltcharta denkbar oder zumindest möglich?

Im Folgenden sollen ungeachtet der politischen Ablehnung der Charta die rechtlichen Hindernisse in den Vereinigten Staaten, in Zukunft der Weltcharta beitreten zu können, untersucht werden. Als Hauptargument der Vereinigten Staaten gegen eine weitere Förderung der Charta oder gar eine Ratifizierung wird das Verfassungsrecht angeführt, da das Kommunalrecht in die Zuständigkeit der einzelnen Bundesstaaten fällt.

Vorangestellt sei, dass aktuelle Bestrebungen zur Vereinheitlichung nicht vorhanden sind. Auch nationale Organisationen wie die *National League of Cities* streben keine grundsätzlichen Veränderungen an, die eine Verfassungsänderung voraussetzten. Das Mustergesetz der *National League of Cities* über die kommunale Zusammenarbeit zeigt vielmehr, dass das Streben nach Vereinheitlichung sich lediglich auf einzelne Bereiche konzentriert. Das verdeutlicht, dass es sich bei dem Grundsatz der bundesstaatlichen Hoheit über die kommunalen Gebietskörperschaften um einen tief verwurzelten Grundsatz handelt, an dessen Fundament derzeit nicht gerüttelt wird. So ist zu betonen, dass die folgenden Ausführungen nur die abstrakte Möglichkeit der Angleichung des amerikanischen Rechts an die Standards der Weltcharta beleuchten sollen, ohne zu vergessen, dass ein politisches Interesse in den Vereinigten Staaten hierzu nicht besteht.

---

[890] So hat Frankreich die Europäische Charta der kommunalen Selbstverwaltung bereits im Jahr 1986 unterzeichnet, allerdings bis heute nicht ratifiziert. Konträr ist die Auffassung in der Schweiz, wo eine Unterzeichnung erst dann vorgenommen wird, wenn auch eine Ratifizierung erfolgen kann, siehe Bohner: Entstehung und Bedeutung der Europäischen Charta der kommunalen Selbstverwaltung, Seite 23.

Die Überlegungen beziehen sich auf drei Möglichkeiten: Erstens ist zu hinterfragen, ob durch die Entwicklung des föderalen Systems seit Bestehen der Verfassung eine derart weitreichende Verschiebung des Machtverhältnisses zwischen Bund und Bundesstaaten zugunsten des Bundes stattgefunden hat, dass eine Vereinheitlichung des Kommunalrechts durch den Bund möglich wäre. Zweitens könnte eine Verfassungsänderung dem Bund Kompetenzen in Bezug auf die kommunalen Gebietskörperschaften einräumen oder zumindest eine Anerkennung des Prinzips der kommunalen Selbstverwaltung auf Bundesebene erfolgen. Drittens soll dargestellt werden, ob der Bund unter Berücksichtigung der derzeitigen Verfassungslage eine Möglichkeit besitzt, auf die Bundesstaaten einzuwirken und hierdurch eine Vereinheitlichung des Kommunalrechts zu erreichen.

a) Die Entwicklung des föderalen Systems und der wachsende Einfluss des Bundes

Die verfassungsrechtlichen Bedenken der Vereinigten Staaten gegen eine Weltcharta der kommunalen Selbstverwaltung gehen auf die mangelnde Kompetenz des Bundes zurück, auf diesem Rechtsgebiet regulierend einzugreifen. Doch im Laufe der Geschichte der US-Verfassung ist das in Art. 1 § 8 und im zehnten Zusatzartikel zum Ausdruck kommende Prinzip der Einzelermächtigung des Bundes aufgeweicht worden. Der Bundesgesetzgeber hat seit Gründung der Vereinigten Staaten erheblich an Einflussmöglichkeiten hinzugewonnen. Hat sich daher das Mächteverhältnis zwischen Bund und den Bundesstaaten derart zugunsten des Bundes verschoben, dass ein regulierendes Eingreifen des Bundes im Bereich des Kommunalrechts auch ohne Verfassungsänderung möglich wäre? Klar ist, dass das Verhältnis zwischen Bund und Bundesstaaten auf diesem Gebiet nicht restlos geklärt ist.[891]

Um diese Frage beantworten zu können, muss kurz auf die Entwicklung der US-Verfassung eingegangen werden. Der Ursprung der Verfassung der Vereinigten Staaten geht auf das Jahr 1789 zurück. In den Jahren zwischen 1760 und 1775 gab es ein erhebliches Maß an Unfrieden zwischen den bis dorthin existierenden dreizehn Kolonien auf dem amerikanischen Kontinent und der Kolonialmacht England. Ursache der Unzufriedenheit mit den englischen Kolonialherren waren in erster Linie hohe Steuern, aufgrund derer sich die Bevölkerung in den Kolonien ausgebeutet fühlte. Als Folge der Unzufriedenheit fand 1774 der *First Continental Congress* in Philadelphia statt, bei dem sich Repräsentanten aller dreizehn amerikanischen Kolonien zusammenfanden, um ihre Unabhängigkeit zu diskutieren. Als Reaktion schickte der englische

[891] McQuillin, The Law of Municipal Corporations, § 10.09.

König George III. Truppen nach Amerika, worauf 1775 der Unabhängigkeitskrieg ausbrach. Ein Jahr später trat der *Second Continental Congress* zusammen, an dessen Ende am 4. Juli 1776 die Unabhängigkeitserklärung stand. Die nun unabhängigen Staaten schlossen sich zu einer Konföderation zusammen. Zwar wurde ein Kongress geschaffen, jedoch gab es keine Bundesregierung, gemeinsam beschlossene Entscheidungen konnten nicht durchgesetzt werden. Aufgrund der unterschiedlichen Haltung und wirtschaftlichen Interessen der Neu-England Staaten im Nordosten und den Südstaaten ergab sich die Notwendigkeit einer stärkeren, gemeinsamen Regierung, um insbesondere sowohl den zwischenstaatlichen Handel auf dem amerikanischen Kontinent als auch den Handel mit England und anderen europäischen Nationen zu regulieren und zu fördern. Eine Gruppe favorisierte eine starke, mit umfangreichen Rechten ausgestattete nationale Regierung. Eine andere Gruppe hingegen wollte einer nationalen Regierung nur ein Minimum an Rechten einräumen, da man fürchtete, der Wille der Einzelstaaten könne von einer starken Regierung ebenso wie von den englischen Kolonialherren missachtet werden.

Ergebnis der unterschiedlichen Ansichten war ein Kompromiss, der in der Verankerung zweier Grundprinzipien in der US-Verfassung mündete, die im Grundsatz auch heute noch aus der Verfassung nicht wegzudenken sind: Zum einen die Verankerung des Grundsatzes der Gewaltenteilung, zum anderen eine Begrenzung der bundesstaatlichen Einflüsse und Machtbereiche durch die Einzelermächtigung der Bundeskompetenzen, der so genannten *enumerated powers*. Das Prinzip der Einzelermächtigung wird stets als Begründung angeführt, weshalb der Bund im Bereich des Kommunalrechts keine Regelungskompetenz besitzt und somit auch die Förderung der Weltcharta nicht vorangetrieben wird.

Steht nach weit mehr als 200 Jahren dieser Grundsatz noch immer unzertrennlich mit der Verfassung in Verbindung, dass es nicht möglich ist, zumindest grundlegende Regelungen bezüglich des Kommunalrechts auf Bundesebene zu finden?

Seit der Schaffung der US-Verfassung hat der Bund auf Kosten der Bundesstaaten an Kompetenz hinzugewonnen. James Madison,[892] auch Vater der Bundesverfassung genannt, sagte über den Grundsatz der Einzelermächtigung des Bundes:

> „The powers delegated [. . .] to the federal government are few and defined. Those which are to remain in the State governments are numerous and indefinite. The former will be exercised principally on external objects, as war peace, negotiation, and foreign commerce; with which last the power of taxation will, for the most part, be connected. The powers re-

[892] James Madison (1751-1836): Die Aufzeichnung von ihm sind die Hauptinformationsquelle bei dem Verfahren des verfassungsgebenden Konvents.

served to the several States will extend to all the objects which, in the ordinary course of affairs, concern the lives, liberties, and properties of the people; and the internal order, improvement, and prosperity of the State."[893]

Diese Ansicht hat sich geändert. Die Kompetenzen des Bundes haben sich seit Inkrafttreten der Verfassung erheblich ausgedehnt. Einen bedeutenden Einschnitt in die bundesstaatlichen Kompetenzen stellt die Entscheidung des Supreme Court im Fall *McCulloch v. Maryland*[894] aus dem Jahr 1819 dar. Hier wurde zwar bestätigt, dass der Bundesgesetzgeber nur die Zuständigkeiten besitzt, die ihm in der Verfassung zugesprochen werden, allerdings erkannten die Richter unter Chief Justice John Marshall, dass hierin implizite Zuständigkeiten enthalten sind.

Weiterhin wurden die Zuständigkeiten des Bundes durch die Rechtsprechung des US-Supreme Court seit Ende der Dreißiger Jahre des 20. Jahrhunderts ausgeweitet. Das Gericht legte seit dieser Zeit den *interstate commerce clause*[895] äußerst weit aus und räumte dem Bund damit umfassende Gesetzgebungsbefugnisse ein. Nach dem *interstate commerce clause* hat der Kongress immer dann Gesetzgebungsbefugnis, wenn zwischen dem Gesetzesvorhaben und dem zwischenstaatlichen Handel eine Verbindung besteht.[896] Zwischen den Jahren 1937 und 1995 erachtete der US-Supreme Court kein einziges Gesetz, das der Kongress verabschiedet und dessen Verfassungsmäßigkeit das Gericht zu überprüfen hatte, als unzulässigen Eingriff in rein bundesstaatliche Angelegenheiten.[897] Dem Bund wurde unter dem *interstate commerce clause* umfassende Gesetzgebungskompetenz auch auf solchen Gebieten zugesprochen, die zunächst nur von bundesstaatlicher Bedeutung waren.

Die starke Ausweitung der Bundeskompetenzen hat jedoch nicht zur Folge gehabt, dass der Bund stärkeren Einfluss auf die Struktur und Absicherung der *local governments* genommen hat. Es wurde dem Bund nur eine indirekte Einflussnahme auf die kommunalen Gebietskörperschaften eingeräumt, indem die Gerichte ihm die Möglichkeit zusprachen, die Kommunen mit Bundesmitteln zu fördern und die Fördermittel mit bestimmten Programmen zu verbinden.[898]

---

[893] Introduction , Seite 21.
[894] McCulloch v. Maryland, 17 U.S. 316 (1819).
[895] US Constitution Art. I § 8 (3)
[896] Bekannte Fälle sind: Heart of Atlanta Motel v. United States, 379 U.S. 241 (1964); Katzenbach v. McClung, 379 U.S. 294 (1964).
[897] Burnham: Introduction to the Law and Legal System of the United States, Seite 25.
[898] Siehe Kapitel 7 B.

Seit 1995 hat der Supreme Court[899] in einer ganzen Reihe von Entscheidungen die Gesetzgebungskompetenz des Bundesgesetzgebers eingeschränkt, um das föderale Gleichgewicht zwischen dem Bund und den Bundesstaaten zu schützen. Somit wurde die seit den Dreißiger Jahren bestehende Tendenz, die Zuständigkeiten des Bundes im Rahmen der *implied powers*-Doktrin oder des *interstate commerce clause* weit auszulegen und einen damit einhergehenden Ausbau der Machtstellung gegenüber den Bundesstaaten, umgekehrt. Das föderale System dient nach Ansicht des Supreme Court zusammen mit dem zehnten Zusatzartikel als „Schutzschild" der Bundesstaaten vor Eingriffen des Bundes.[900] Somit bestimmt noch immer der zehnte Zusatzartikel der US-Verfassung – nach dem alle Zuständigkeiten, die nicht dem Bund zugesprochen wurden, den Bundesstaaten obliegen – das grundlegende Verhältnis zwischen Bund und Bundesstaaten, auch in Bezug auf das Kommunalrecht.[901] So urteilten die obersten Richter, dass die Bundesstaaten gegen Eingriffe des Bundes immun sind, wenn es sich um wesentliche Regierungsfunktionen handelt, die traditionell dem Bereich der bundesstaatlichen Zuständigkeiten zuzuordnen sind.[902] In *United States v. Lopez* erkannte das Gericht, dass es „truly national" und „truly local" Angelegenheiten gebe. In ersteren Angelegenheiten habe der Bund ein Monopol, in zweiten obliege das den Bundesstaaten.[903] Der Bund kann daher nicht in kommunale Angelegenheiten eingreifen.

Unter Berücksichtigung der jüngeren Rechtsprechung des Supreme Court, die der Ausweitung der Macht des Bundes Einhalt gewährt und den Bundesstaaten die Wahrung ihrer Zuständigkeiten sichert, ist es undenkbar, dass dem Bund Regelungskompetenz in dem Bereich des Kommunalrechts, der traditionell zu den ureigensten Zuständigkeiten der Bundesstaaten gehört, zugesprochen wird.

---

[899] United States v. Lopez, 514 U.S. 549 (1995): In diesem Urteil hielt das oberste Gericht ein Gesetz aufgrund Kompetenzüberschreitung des Bundes für verfassungswidrig, als der Kongress den Besitz von Faustfeuerwaffen in der Nähe von Schulen strafrechtlich verfolgen wollte. Der Kongress sah aufgrund des *interstate commerce clause* das Gesetz im Rahmen seiner Zuständigkeiten, da der Besitz von Faustfeuerwaffen in unmittelbarer Nähe von Schulen negative Auswirkungen auf die Ausbildung der Schüler habe. Darunter wiederum leide die Qualifikation der zukünftigen Erwerbstätigen, was den zwischenstaatlichen Handel beeinträchtige.

[900] Sands and Libonati, Local Government Law, § 7.02.

[901] Der Wortlaut des zehnten Zusatzartikels ist wie folgt: „The powers not delegated to the United States by the Constitution, nor prohibited by it to the States, are reserved to the States respectively, or to the people."

[902] National League of Cities v. Usery, 426 U.S. 833 (1976): Das Gericht nahm eine Abwägung vor, nach der der Bund dann gesetzgeberisch tätig werden könne, wenn eine einheitliche Reglung für das gesamte Bundesgebiet wichtig sei.

[903] United States v. Lopez, 514 U.S. 549 (1995).

b) Die Möglichkeit der Verfassungsänderung

Eine Gewährleistung für die Vereinheitlichung des Kommunalrechts könnte daher nur eine Verfassungsänderung sein. Möglich wäre entweder, dass dem Bund die Kompetenz über die kommunalen Gebietskörperschaften eingeräumt würde oder dass die Grundsätze der kommunalen Selbstverwaltung in der Bundesverfassung verankert würden.

Beide Möglichkeiten sind jedoch nicht realistisch. Das Kommunalrecht ist viel zu sehr mit den Bundesstaaten verbunden. Die Ansicht, dass die Bundesstaaten die alleinige, unangefochtene Herrschaft über die kommunalen Gebietskörperschaften ausüben und die Gebietskörperschaften als *creatures of the state* eine Teilfunktion der einzelnen Bundesstaaten sind, ist mit dem amerikanischen Staatsaufbau untrennbar verbunden. Berücksichtigt man zwar die Rechtsprechung des US-Supreme Court, nach der auch bei Kommunalwahlen die Wahlgrundsätze der Bundesverfassung einzuhalten sind, so hat sich in den vergangenen fünfzig Jahren die Einstellung gegenüber den kommunalen Gebietskörperschaften verändert: Es hat eine Verschiebung dahingehend stattgefunden, dass die kommunalen Gebietskörperschaften nicht mehr lediglich als bloße Verwaltungseinheiten der Bundesstaaten angesehen werden, sondern – wenn auch begrenzt – als Basis der Demokratie fungieren. Allerdings dominiert dennoch in weiten Bereichen die Ansicht der Teilfunktion des Staates das Denken im Umgang mit kommunalen Gebietskörperschaften. Die theoretische Möglichkeit eines Bundesstaates, kommunale Gebietskörperschaften ganz aufzulösen, wäre nicht denkbar, wenn sie als demokratische Basis anerkannt wären.

Selbst eine Änderung der Verfassung, wie sie in der Schweiz erfolgte, ist nicht realistisch. Die kommunale Selbstverwaltung war dort einzig in den Kantonsverfassungen verankert.[904] Ebenso wie in den Vereinigten Staaten war es aus Gründen des Föderalismus nicht möglich, den Grundsatz kommunaler Selbstverwaltung in der Bundesverfassung festzusetzen oder in Bundesgesetzen zu normieren. 1999 jedoch wurde der folgende Zusatz in die Verfassung aufgenommen: „Die Gemeindeautonomie ist nach Maßgabe des kantonalen Rechts gewährleistet."[905] Allein die Verpflichtung der Bundesstaaten, die Gemeindeautonomie zu achten, würde eine nicht hinnehmbare Beeinträchtigung der bundesstaatlichen Souveränität darstellen.

Eine gesetzliche Anweisung des Bundes an die Bundesstaaten, die Standards der Weltcharta umzusetzen, wäre verfassungswidrig. Bundesgesetze sind dann verfassungswidrig, wenn sie den Effekt haben, bundesstaatliche Gesetz-

---

[904] Schaffarzig, Handbuch der Europäischen Charta der kommunalen Selbstverwaltung, Seite 86.

[905] Art. 50 Satz 1 Bundesverfassung der Schweizerischen Eidgenossenschaft.

geber zu einem bestimmten Handeln anzuweisen.[906] Als solch anweisenden Charakter würden auch all jene Gesetze aufgefasst werden, die Einfluss auf das Kommunalrecht hätten, da das eine Einmischung in die inneren Angelegenheiten der Bundesstaaten darstellen würde.

c) Rechtsangleichung durch *conditional spending* des Bundes?

Seit dem Jahr 1982 erhalten die Bundesstaaten unter dem *Surface Transportation Assistance Act*[907] Finanzmittel des Bundes zur Unterstützung des Baus und Unterhalts von Highways. 1984 verknüpfte der Bund die Auszahlungen der Mittel mit der Bedingung, das gesetzliche Mindestalter für den Genuss von Alkohol auf einheitlich 21 Jahre festzusetzen. Die Bundesstaaten standen also vor der Entscheidung, diese Vorgabe zu erfüllen, um die dringend benötigten Gelder zu erhalten oder ihre Unabhängigkeit zu bewahren und auf die Mittel des Kongresses zu verzichten. Viele Bundesstaaten hielten die an die Auszahlung geknüpfte Bedingung für verfassungswidrig, da es sich bei dem rechtlichen Umgang mit Alkohol um eine ausdrücklich in der US-Verfassung festgelegte Zuständigkeit der Bundesstaaten handelt.[908] Diese Klage entfachte die bis dahin wenig beachtete Diskussion, ob das so genannte *conditional spending* verfassungsgemäß ist. In dem entscheidenden und auch heute noch aktuellen Fall *South Dakota v. Dole*[909] urteilte das Gericht, dass das umstrittene Vorgehen des Kongresses keinen Verfassungsverstoß darstelle. Seither hat der Kongress in einer Vielzahl von Fällen die Möglichkeit des *conditional spending* genutzt, um bundespolitische Ziele durchzusetzen, zu deren direkter gesetzlicher Regelung er aufgrund des Grundsatzes der *enumerated powers* nicht befugt gewesen wäre.

Die Entscheidung des Supreme Court, das *conditional spending* für verfassungskonform zu halten und das Ausmaß, in dem solche Zahlungen an die Bundesstaaten vorgenommen werden, hat das Kräfteverhältnis zwischen Bund und Bundesstaaten erheblich verschoben.[910] Neben anderen Gebieten wurde insbesondere bei der Schaffung und Durchsetzung von Bürgerrechten – zum Beispiel die Gleichberechtigung zwischen Mann und Frau –, die der Gesetzge-

[906] Siehe New York v. United States, 505 U.S. 144 (1992).
[907] 23 U.S.C. § 158.
[908] Siehe US Constitution 21. Zusatzartikel.
[909] South Dakota v. Dole, 791 F.2d 628 (1986).
[910] Mizerk: The Coercion Test and Conditional Federal Grants to the States, 40 VAND. L. REV. 1159.

bungsbefugnis der Bundesstaaten zuzurechnen sind, eine starke Beeinflussung durch den Bund im Wege des *conditional spending* vorgenommen.[911]

Es stellt sich daher die Frage, ob es sich bei dem *conditional spending* um ein geeignetes Instrument des Kongresses handeln könnte, die Bundesstaaten zu einer einheitlichen Anerkennung des Grundsatzes der kommunalen Selbstverwaltung zu zwingen. Zunächst jedoch soll die Möglichkeit der Einflussnahme des Kongresses auf die Bundesstaaten durch das *conditional spending* dargestellt werden.

(1) Die Ausgabenhoheit des Bundes

In früheren Zeiten war bereits die Frage strittig, in welchem Umfang und in welchen Bereichen die Bundesregierung Gelder ausgeben darf. Das hing von der Auslegung des *spending clause* der US-Verfassung ab, der besagt:

> „The Congress shall have power to lay and collect taxes, duties, imposts and excises, to pay the debts and provide for the common defence and general welfare of the United States."[912]

Die Ansichten über die Ausgabenhoheit des Bundes gingen bereits bei den Gründern der Verfassung auseinander. James Madison vertrat die Ansicht, dass der Bund Ausgabenhoheit nur in den Bereichen der *enumerated powers*, also der in der Verfassung ausdrücklich genannten Zuständigkeiten des Bundes besitzt. Alexander Hamilton,[913] der ebenso wie Madison an der Entwicklung der amerikanischen Verfassung maßgeblich beteiligt war, vertrat hingegen die Meinung, dass die Ausgabenhoheit des Bundes lediglich durch den Zusatz der *general welfare* begrenzt sei.[914] Zunächst blieb diese Frage auf die politische Diskussion begrenzt, da eine gerichtliche Überprüfung nicht erfolgte. Erst im 20. Jahrhundert wurde die Frage vor Gericht getragen. In dem Fall *United States v. Butler* entschied sich das Gericht für eine breite Ausgabenhoheit des Bundes und folgte somit der Ansicht Hamiltons.[915] Das Gericht entschied in dem Fall:

---

[911] Zietlow, Federalism's Paradox: The Spending Power and Waiver of Sovereign Immunity, 37 WFLR 141.
[912] US Constitution Art. 1 § 8 (1).
[913] Alexander Hamilton, 1755-1804.
[914] Zietlow, Federalism's Paradox: The Spending Power and Waiver of Sovereign Immunity, 37 WFLR 141.
[915] United States v. Butler, 297 U.S. 1 (1936).

„[Hamiton's view] is the correct one [. . .]. The power of Congress to authorize expenditure of public moneys for public purposes is not limited by direct grants of legislative power found in the Constitution."

Somit urteilte das Gericht, dass durch Ausgaben des Bundes auch solche Ziele verfolgt werden können, die außerhalb der *enumerated powers* des Kongresses liegen. Einzig verbleibende Voraussetzung der *spending power* ist somit, dass die Ausgaben der allgemeinen Wohlfahrt dienen müssen. Nach der *Butler*-Entscheidung ist *general welfare* das Gegenstück zu *particular welfare. General welfare* wurde von dem Gericht mit nationalen Interessen gleichgesetzt. Dass kommunale Selbstverwaltung die nationalen Interessen eines Staates berührt, steht außer Zweifel, allein schon aufgrund der Stärkung der lokalen Demokratie und somit der Verankerung der Demokratie auf kommunaler Ebene. Zudem hat das Gericht bestimmt, dass die Festlegung, wann eine bestimmte Sache die allgemeine Wohlfahrt fördert, im Ermessen des Kongresses liegt.[916]

(2) Rechtmäßigkeit des *conditional spending*

Die Tatsache, dass der Kongress umfangreiche Ausgabenhoheit auch in den Bereichen besitzt, in denen er gesetzgeberisch nicht tätig werden kann, ist seit *United States v. Butler*[917] unbestritten. Seit *South Dakota v. Dole*[918] ist klar, dass der Kongress Zahlungen an Bundesstaaten, die außerhalb der *enumerated powers* liegen, an die Erfüllung bestimmter Voraussetzungen knüpfen kann, um dadurch bundespolitische Ziele durchzusetzen.

In dem Fall stellte der Supreme Court Bedingungen auf, unter denen der Kongress durch das *conditional spending* Einfluss auf die Bundesstaaten nehmen kann.[919] Die dort genannten Bedingungen stellen keine große Beeinträchtigung dieses Rechts dar, sondern lassen *conditional spending* in fast unbegrenztem Ausmaß zu. In dem Urteil wurden die folgenden fünf Voraussetzungen für die Rechtmäßigkeit von *conditional spending* aufgestellt: Erstens muss die Auszahlung von Bundesmitteln der allgemeinen Wohlfahrt dienen.[920] Zweitens müssen die an die Zahlungen geknüpften Bedingungen eindeutig und unmissverständlich sein. Drittens muss eine Verbindung zwischen den Bedingungen und den Interessen des Bundes bestehen. Viertens dürfen andere Verfassungsvorschriften nicht der Gültigkeit der Zahlung entgegenstehen, womit je-

---

[916] Mizerk, The Coercion Test and Conditional Federal Grants to the States, 40 VAND. L. REV. 1159.
[917] United States v. Butler, 297 U.S. 1 (1936).
[918] South Dakota v. Dole, 483 U.S. 203 (1987).
[919] South Dakota v. Dole, 483 U.S. 203 (1987).
[920] Siehe oben.

doch lediglich gemeint war, dass Bundesstaaten nicht zu Handlungen gezwungen werden können, die ihrerseits einen Verfassungsverstoß darstellen würden. Fünftens darf eine Zurückweisung der Bedingungen und die damit verbundene Zurückhaltung der Mittel den betreffenden Bundesstaat nicht in eine finanzielle Zwangslage versetzen, die letztendlich doch eine Annahme der Mittel und somit der Bedingungen erzwingen würde. In Bezug auf den letzten Punkt wird von dem Supreme Court argumentiert, dass die Schaffung einer finanziellen Zwangslage sich fast nie ergeben wird, da immer die Möglichkeit gegeben sein wird, nicht an dem Programm teilzunehmen.[921] Eine finanzielle Zwangslage entstehe nach Ansicht der Gerichte nur dann, wenn die finanziellen Einbußen für den jeweiligen Bundesstaat „katastrophal" seien.[922] Dies könne sich jedoch nicht lediglich durch die Zurückweisung der Mittel ergeben.

Der Supreme Court betonte in *Dole,* dass durch das *conditional spending* eine Verletzung des zehnten Zusatzartikels, wonach die Zuständigkeiten der Bundesstaaten nur durch die ausdrückliche Zuweisung von Zuständigkeiten an den Bund begrenzt sind, nicht gegeben sei, da die bundesstaatliche Autonomie nicht beeinträchtigt werde. Es wird argumentiert, dass die *enumerated powers*-Doktrin den Bundesstaaten ein erhebliches Maß an Entscheidungsautonomie erhalten soll, in dem nur ganz bestimmte Zuständigkeiten auf den Bund übertragen werden. Zwar wird erkannt, dass durch das *conditional spending* des Bundes potentiell die Möglichkeit geschaffen wird, die verfassungsrechtlichen Grundsätze zu umgehen.[923] Dies wird durch die *Dole*-Entscheidung ganz deutlich, denn nach dem 21. Zusatzartikel der Verfassung besitzen ausdrücklich die Bundesstaaten die Gesetzgebungskompetenz über Einschränkungen in Bezug auf den Verkauf alkoholischer Getränke. Dennoch wird von der wohl überwiegenden Meinung dies nicht als ein Verstoß gegen die grundlegenden föderalen Grundsätze gesehen. In Bezug auf die *Dole*-Entscheidung wird argumentiert, dass durch das *conditional spending* die bundesstaatliche Autonomie nicht beeinträchtigt, sondern im Gegenteil gefördert wird. Ohne die Bundesmittel würde ein Bundesstaat nicht vor der Entscheidung stehen, Highways zu bauen. Mit den Bundesmitteln besteht diese Entscheidungsmöglichkeit jedoch, wenn auch eingeschränkt, durch die Frage, ob man die an die Mittel geknüpften Bedingungen annehmen will.[924] Die Bundesstaaten würden als gleichberechtigte Vertragspartner angesehen, denen es frei stehe, die Bedingungen anzunehmen oder sie zurückzuweisen.

Die unteren Gerichte haben die in *Dole* genannten Einschränkungen großzügig ausgelegt. Föderale Grundsätze wurden ihrer Ansicht nach nicht beein-

---

[921] Steward Machine Co. v. Davis, 301 U.S. 548 (1937).
[922] Steward Machine Co. v. Davis, 301 U.S. 548 (1937).
[923] Maltz, Sovereignty, Autonomy and Conditional Spending, 4 Chap. L. Rev. 107.
[924] Maltz, Sovereignty, Autonomy and Conditional Spending, 4 Chap. L. Rev. 107.

trächtigt, da *conditional spending* Vertragscharakter aufweise: Im Gegenzug zu der Bereitstellung von Bundesmitteln geben die Bundesstaaten bestimmte Einflussbereiche auf, die durch die Verfassung eigentlich für sie reserviert sind.[925]

(3) Beurteilung

Die Rechtsprechung des Supreme Court, dem Bund weitreichende Kompetenzen in Bezug auf das *conditional spending* einzuräumen, steht im Widerspruch zu der Rechtsprechung, die in den vergangenen Jahren die direkte Regelungskompetenz des Bundes über den *interstate commerce clause* und die *implied powers*-Doktrin eingeschränkt hat. Auf der einen Seite versucht der Supreme Court, die ursprünglichen, föderalen Grundsätze zu erhalten oder sogar wiederherzustellen, in dem er die Zuständigkeiten des Bundes restriktiv auslegt. Auf der anderen Seite umgeht er zugleich den verfassungsrechtlichen Grundsatz der *enumerated powers*, indem er den Einfluss des Bundes auf die Bundesstaaten im Rahmen des *conditional spending* stark ausweitet und nahezu unbegrenzt zulässt.[926] Dem Kongress wird hierdurch eine Hintertür geöffnet, die das Prinzip der Einzelermächtigung erheblich abschwächt. Dabei ist sich der Supreme Court dieses Widerspruchs bewusst. Dass der Kongress die Benutzung dieser Hintertür dankend annimmt, um bundespolitische Ziele durchzusetzen, zeigt sich durch ein ständig wachsendes Maß an *conditional spending*. Es scheint fast so, als würde der Supreme Court dem Bund die Zuständigkeiten, die er nicht durch die Verfassung hat, durch die Möglichkeit des *conditional spending* gewähren. Teilweise erfolgte diesbezüglich geradezu eine Einladung des obersten Gerichts, indem es zwar in einem Urteil dem Bund die Kompetenz absprach, eine Sache direkt durch Gesetzgebung zu regeln, allerdings ausdrücklich die Möglichkeit in den Raum stellte, die bundespolitischen Ziele durch das Instrument des *conditional spending* zu erreichen und somit den zehnten Zusatzartikel der Verfassung zu umgehen.[927]

---

[925] Litman v. George Mason University, 186 F.3d 544 (1999).

[926] Insbesondere seit dem Fall New York v. United States, 505 U.S. 144 (1992).

[927] Zietlow, Federalism's Paradox: The Spending Power and Waiver of Sovereign Immunity, 37 WFLR 141; Printz v. United States, 521 U.S. 898 (1997).

C) Ausblick

Zwar sind zum jetzigen Zeitpunkt keinerlei Intentionen des Kongresses vorhanden, durch *conditional spending* im Hinblick auf die Weltcharta Einfluss auf die Grundsätze der kommunalen Selbstverwaltung in den Bundesstaaten vorzunehmen. Dennoch stellt sich die Frage, ob es sich hierbei – den Willen des Bundes vorausgesetzt – um eine realistische Möglichkeit handelt, das US-amerikanische Kommunalrecht in Einklang mit der Weltcharta zu bringen.

Es ist durchaus möglich, dass der Supreme Court sich eines anderen besinnt und die Einflussnahme durch dieses Rechtsinstitut auf die Bundesstaaten in Zukunft einschränken wird, wie es auch bei der direkten Einflussnahme im Rahmen des *commerce clause* und der *implied powers*-Doktrin geschehen ist. Die Möglichkeit ist nicht von der Hand zu weisen, betrachtet man, dass die Rechtsprechung nicht mit der ansonsten zum Ausdruck gebrachten Ansicht des Gerichts über die föderalen Grundsätze in Einklang zu bringen ist. Auf der anderen Seite ist die bisher vorliegende Rechtsprechung eindeutig und unmissverständlich, auch der Großteil der unteren Gerichte folgt ihr bis zum heutigen Tag.[928] Die in der *Dole*-Rechtsprechung zum Ausdruck gebrachten Voraussetzungen für die Rechtmäßigkeit von *conditional spending* könnten allerdings verschärft werden und somit die Einflussmöglichkeit des Bundes schmälern.[929] Einige untere Gerichte haben die Möglichkeit des *conditional spending* bereits eingeschränkt. Daher versuchen die Bundesstaaten, gegen die an die Auszahlungen geknüpften Bedingungen des Bundes gerichtlich vorzugehen und die Einflussnahme durch das *conditional spending* einzuschränken.[930]

Versucht der Bund durch dieses Rechtsinstitut Einfluss auf die Bundesstaaten zu nehmen, so ist zu beachten, dass eine Erzwingung der Anerkennung von Selbstverwaltungsgrundsätzen auf bundesstaatlicher Ebene nicht möglich wäre. Zwar kann die Abhängigkeit von Bundesmitteln in der Realität oftmals so groß sein, dass es auf die Erzwingung der Erfüllung bestimmter, vom Bund gestellter Voraussetzungen hinausläuft. Denn die Mittel, die den Bundesstaaten vom Kongress angeboten werden, entstammen in der Regel Steuereinnahmen von den Einwohnern der jeweiligen Bundesstaaten. Weist daher ein Bundesstaat die Mittel des Kongresses zurück, so kommen die Steuereinnahmen des eigenen Bundesstaates nicht „zurück“. Hierdurch kann durch die Einwohner ein

[928] Nur ganz vereinzelt werden andere Ansichten vertreten, siehe: Westside Mothers v. Haveman, 133 F.Supp.2d 549 (2001); Einschränkungen in: Alexander v. Sandoval, 532 U.S. 275 (2001).

[929] Zietlow, Federalism's Paradox: The Spending Power and Waiver of Sovereign Immunity, 37 WFLR 141.

[930] Alexander v. Sandoval, 532 U.S. 275 (2001). Versuche der Bundesstaaten in: Litman v. George Mason University, 186 F.3d 544 (1999); Clark v. California, 123 F.3d 1267 (1997); Little Rock Sch. Dist. v. Mauney, 183 F.3d 816 (1999).

nicht unerheblicher Druck ausgeübt werden.[931] Allerdings gibt es auch Bundesstaaten, die sich den „Luxus" erlauben können, die Bedingungen und somit auch die Mittel, auszuschlagen.[932]

Eine direkte Einflussnahme des Bundes auf die Bundesstaaten – sei es durch Anweisung oder durch gesetzgeberisches Tätigwerden –, die Grundsätze der kommunalen Selbstverwaltung anzuerkennen, ist nicht möglich. Hingegen besteht nach derzeitiger Rechtsprechung die Möglichkeit der Einflussnahme über das *conditional spending*, welches sich aus Art. 1 § 8 (*spending power*) der US-Verfassung ergibt. Der Wille des Kongresses, hiervon Gebrauch zu machen, um das Rechtsgebiet des Kommunalrechts zu beeinflussen, ist aber nicht vorhanden.

---

931 Mizerk, The Coercion Test and Conditional Federal Grants to the States, 40 VAND. L. REV. 1159.

932 Zietlow, Federalism's Paradox: The Spending Power and Waiver of Sovereign Immunity, 37 WFLR 141.

Schlussbemerkung

Ausgangspunkt der Untersuchung war, unter Berücksichtigung der in der EKC aufgestellten Standards das System der kommunalen Selbstverwaltung in den Vereinigten Staaten zu untersuchen. Vor dem Hintergrund der Ausweitung der europäischen Standards durch eine weltweite Charta der kommunalen Selbstverwaltung lag es nahe, eine Untersuchung in der mächtigsten Demokratie der Welt vorzunehmen.

Zentraler Punkt des US-amerikanischen Kommunalrechts ist die Tatsache, dass kommunale Gebietskörperschaften keinen eigenständigen Platz in dem verfassungsrechtlichen System des Bundes besitzen. Somit kam und kommt der Rechtsprechung und der Literatur die entscheidende Rolle zu, den Status der kommunalen Gebietskörperschaften zu entwickeln und zu prägen. Dies geschah bzw. geschieht, ohne auf den Text der Bundesverfassung Rücksicht nehmen zu müssen. Hieraus ergibt sich, dass nicht nur die Entwicklung der kommunalen Selbstverwaltung in den Vereinigten Staaten, sondern auch die derzeitige Rechtslage von großen Unterschieden geprägt ist.

Auch wenn kommunale Gebietskörperschaften in den meisten bundesstaatlichen Verfassungen Erwähnung finden, ist hier kein einheitliches Bild zu verzeichnen. Bei der Auslegung der verfassungsrechtlichen Vorschriften, die Regelungen über das Recht der kommunalen Selbstverwaltung enthalten, steht nicht deren Wortlaut im Vordergrund. Vielmehr ist die Auslegung in erster Linie geprägt von den vorherrschenden Doktrinen – namentlich der *Dillon's Rule* und der *home rule* –, die von der Literatur und Rechtsprechung entwickelt wurden.

Die gravierenden Unterschiede, die die Untersuchung des amerikanischen Systems im Lichte europäischer Standards aufgezeigt hat, lassen die These zu, dass in den Vereinigten Staaten – das Verständnis der EKC zugrunde gelegt – bei weitem nicht in allen Bundesstaaten von kommunaler Selbstverwaltung gesprochen werden kann.

Als wesentliche Unterschiede haben sich im Laufe der Untersuchung die folgenden Punkte herauskristallisiert:

- Kommunale Gebietskörperschaften in den Vereinigten Staaten haben auf Bundesebene innerhalb des Staatsaufbaus keine verfassungsrechtlich oder gesetzlich garantierte Stellung. Sie werden lediglich als *creatures of the states* angesehen.

- Kommunale Gebietskörperschaften besitzen keine ureigenen, ihnen immanente Aufgaben, durch die ein Kernbestand definiert werden könnte. Vielmehr müssen ihnen die Aufgaben, auch wenn es sich um solche handelt, die im örtlichen Bereich wurzeln, von Seiten der Bundesstaaten zugewiesen werden.
- In Ermangelung entgegenstehender verfassungsrechtlicher Vorschriften der Bundesstaaten kann durch den Gesetzgeber, zum Teil auch durch die Verwaltung, fast unbeschränkt in kommunale Aufgaben eingegriffen werden.
- Die in den bundesstaatlichen Verfassungen oder Gesetzen anerkannten kommunalen Aufgaben sind bei Eingriffen seitens der Bundesstaaten oder deren Verwaltungseinheiten in der Regel nicht durch die Kommunen gerichtlich einzufordern, da ihnen ein nur sehr lückenhafter Anspruch auf Rechtsschutz zugesprochen wird.
- Der mangelhafte Schutz kommunaler Grenzen und die in vielen Bundesstaaten vorhandene Möglichkeit der Gesetzgeber, in die Gebietshoheit ohne vorherige Anhörung der kommunalen Gebietskörperschaften einzugreifen, zeigt, wie sehr die Kommunen in ihrer Existenz von den Bundesstaaten abhängig sind.

Allerdings stehen den gravierenden Unterschieden auch einige Punkte gegenüber, die einen Vergleich zwischen dem amerikanischen Recht und den EKC-Standards zulassen:

- Die demokratische Legitimation kommunaler Räte erfolgt aufgrund der Wahlgrundsätze, wie sie auch in der EKC niedergelegt sind. Hieraus ergibt sich, dass trotz aller Abhängigkeit der kommunalen Gebietskörperschaften von den Bundesstaaten dennoch eine starke demokratische Verankerung der *local governments* in der örtlichen Bevölkerung vorhanden ist.
- Wenn auch nicht durch Bundesrecht anerkannt, besteht ein Großteil des Aufkommens der kommunalen Finanzmittel aus Steuern, Gebühren und Beiträgen, die die Kommunen in einem gesetzlich festgelegten Rahmen selbst erheben.
- Die Zusammenarbeit kommunaler Gebietskörperschaften ist in den Vereinigten Staaten stark ausgeprägt und mit EKC-Standards vergleichbar.

Die aufgeführten Unterschiede rechtfertigen es, von zwei unterschiedlichen Ansätzen und von zwei unterschiedlichen Systemen kommunaler Selbstverwaltung zu sprechen. Damit soll jedoch keine Wertung sowohl des einen noch des anderen Systems vorgenommen werden. Beide Systeme stehen stellvertretend für eigenständige Entwicklungen und sind Zeugnis kultureller Unterschiede. So darf das amerikanische System nicht negativ bewertet werden, sondern ist vor dem geschichtlichen Hintergrund und der Entwicklung des Landes zu sehen: Kommunale Gebietskörperschaften in den Vereinigten Staaten wurden in erster Linie geschaffen, um der Ausdehnung des Landes und der stetig steigenden Bevölkerungszahl im 17. und 18. Jahrhundert gerecht zu werden und die bundesstaatliche Verwaltung auf Territorien sicherzustellen, deren Ausdehnung mit der in europäischen Staaten nicht vergleichbar ist. Von diesem Ansatz hat sich das Verständnis für kommunale Selbstverwaltung bis zum heutigen Zeitpunkt nicht lösen können. Allerdings darf nicht außer Acht gelassen werden, dass über den Zeitraum der vergangen 150 Jahre die kommunalen Gebietskörperschaften stets an Gewicht und Einfluss gewonnen haben.

Zu Problemen führen die unterschiedlichen Ansätze der EKC und des amerikanischen Rechtssystems jedoch in Hinblick auf die „Globalisierung der lokalen Demokratie",[933] die ihren Ausdruck in der Schaffung der an die EKC angelehnten Weltcharta der kommunalen Selbstverwaltung findet. Selbst wenn die Bereitschaft der Vereinigten Staaten vorhanden wäre, die Weltcharta zu unterstützen, steht das Festhalten der *creature of the state rule* und das sich daraus ergebende Verständnis kommunaler Selbstverwaltung im deutlichen Gegensatz zu den in der Weltcharta verfolgten Zielen.

933 Siehe hierzu *Hoffschulte*, Globalisierung der Lokalen Demokratie, Seite 85.

Europäische Charta der kommunalen Selbstverwaltung

Straßburg/Strasbourg, 15.X.1985 (Amtliche Übersetzung Deutschlands)

Präambel

Die Mitgliedstaaten des Europarats, die diese Charta unterzeichnen,
in der Erwägung, daß es das Ziel des Europarats ist, eine engere Verbindung zwischen seinen Mitgliedern herzustellen, um die Ideale und Grundsätze, die ihr gemeinsames Erbe bilden, zu wahren und zu verwirklichen;
in der Erwägung, daß ein Mittel zur Erreichung dieses Zieles der Abschluß von Abkommen auf dem Gebiet der Verwaltung ist;
in der Erwägung, daß die kommunalen Gebietskörperschaften eine der wesentlichen Grundlagen jeder demokratischen Staatsform sind;
in der Erwägung, daß das Recht der Bürger auf Mitwirkung an den öffentlichen Angelegenheiten einer der demokratischen Grundsätze ist, die allen Mitgliedstaaten des Europarats gemeinsam sind;
überzeugt, daß dieses Recht auf kommunaler Ebene am unmittelbarsten ausgeübt werden kann;
überzeugt, daß das Bestehen kommunaler Gebietskörperschaften mit echten Zuständigkeiten eine zugleich wirkungsvolle und bürgernahe Verwaltung ermöglicht;
in dem Bewußtsein, daß der Schutz und die Stärkung der kommunalen Selbstverwaltung in den verschiedenen europäischen Staaten einen wichtigen Beitrag zum Aufbau eines Europa darstellen, das sich auf die Grundsätze der Demokratie und der Dezentralisierung der Macht gründet;
in Bekräftigung ihrer Auffassung, daß es hierzu des Bestehens kommunaler Gebietskörperschaften bedarf, die über demokratisch bestellte Entscheidungsorgane verfügen und weitgehende Selbständigkeit hinsichtlich ihrer Zuständigkeiten, der Art und Weise, in der sie diese Zuständigkeiten ausüben, und der zur Erfüllung ihrer Aufgabe erforderlichen Mittel besitzen,
sind wie folgt übereingekommen:

Artikel 1

Die Vertragsparteien gehen die Verpflichtung ein, sich durch die folgenden Artikel in der Weise und in dem Umfang, die in Artikel 12 vorgeschrieben sind, als gebunden zu betrachten.

Teil I

Artikel 2 – Verfassungsmäßige und rechtliche Grundlage der kommunalen Selbstverwaltung

Der Grundsatz der kommunalen Selbstverwaltung wird in den innerstaatlichen Rechtsvorschriften und nach Möglichkeit in der Verfassung anerkannt.

Artikel 3 – Begriff der kommunalen Selbstverwaltung

1. Kommunale Selbstverwaltung bedeutet das Recht und die tatsächliche Fähigkeit der kommunalen Gebietskörperschaften, im Rahmen der Gesetze einen wesentlichen Teil der öffentlichen Angelegenheiten in eigener Verantwortung zum Wohl ihrer Einwohner zu regeln und zu gestalten.

2. Dieses Recht wird von Räten oder Versammlungen ausgeübt, deren Mitglieder aus freien, geheimen, gleichen, unmittelbaren und allgemeinen Wahlen hervorgegangen sind und die über Exekutivorgane verfügen können, die ihnen gegenüber verantwortlich sind. Der Rückgriff auf Bürgerversammlungen, Volksabstimmungen oder jede sonstige Form unmittelbarer Beteiligung der Bürger, sofern dies gesetzlich zulässig ist, wird dadurch nicht berührt.

Artikel 4 – Umfang der kommunalen Selbstverwaltung

1. Die grundlegenden Zuständigkeiten der kommunalen Gebietskörperschaften werden durch die Verfassung oder durch Gesetz festgelegt. Diese Bestimmung schließt jedoch nicht aus, daß den kommunalen Gebietskörperschaften im Einklang mit dem Gesetz Zuständigkeiten zu bestimmten Zwecken übertragen werden.

2. Die kommunalen Gebietskörperschaften haben im Rahmen der Gesetze das Recht, sich mit allen Angelegenheiten zu befassen, die nicht von ihrer Zuständigkeit ausgeschlossen oder einer anderen Stelle übertragen sind.

3. Die Wahrnehmung öffentlicher Aufgaben obliegt im allgemeinen vorzugsweise den Behörden, die den Bürgern am nächsten sind. Bei der Aufgabenzuweisung an andere Stellen sollte Umfang und Art der Aufgabe sowie den Erfordernissen der Wirksamkeit und Wirtschaftlichkeit Rechnung getragen werden.

4. Die den kommunalen Gebietskörperschaften übertragenen Zuständigkeiten sind in der Regel umfassend und ausschließlich. Sie sollen von einer anderen zentralen oder regionalen Stelle nicht ausgehöhlt oder eingeschränkt werden, es sei denn, daß dies gesetzlich vorgesehen ist.

5. Werden den kommunalen Gebietskörperschaften von einer zentralen oder regionalen Stelle Befugnisse übertragen, so muß es ihnen soweit wie möglich freigestellt werden, deren Ausübung an die örtlichen Gegebenheiten anzupassen.

6. Die kommunalen Gebietskörperschaften werden soweit wie möglich bei Planungs- und Entscheidungsprozessen für alle Angelegenheiten, die sie unmittelbar betreffen, rechtzeitig und in geeigneter Weise angehört.

Artikel 5 – Schutz der Grenzen der kommunalen Gebietskörperschaften

Bei Änderungen der Grenzen kommunaler Gebietskörperschaften sind die betroffenen Gebietskörperschaften vorher anzuhören, gegebenenfalls im Weg einer Volksabstimmung, sofern es gesetzlich zulässig ist.

Artikel 6 – Angemessene Verwaltungsstrukturen und Ausstattung für die Aufgaben der kommunalen Gebietskörperschaften

1. Unbeschadet allgemeinerer gesetzlicher Bestimmungen müssen die kommunalen Gebietskörperschaften in der Lage sein, ihre internen Verwaltungsstrukturen selbst zu bestimmen, um sie den örtlichen Bedürfnissen anpassen und eine wirksame Geschäftsabwicklung gewährleisten zu können.

2. Die Beschäftigungsbedingungen für die Bediensteten der kommunalen Gebietskörperschaften müssen die Gewinnung von qualifiziertem Personal auf der Grundlage von Leistung und Befähigung ermöglichen; zu diesem Zweck sind angemessene Ausbildungsmöglichkeiten, Bezahlungs- und Laufbahnbedingungen vorzusehen.

Artikel 7 – Bedingungen für die Wahrnehmung der Aufgaben auf kommunaler Ebene

1. Die Rechtsstellung der gewählten Kommunalvertreter muß die freie Ausübung ihres Amtes gewährleisten.

2. Sie muß eine angemessene Entschädigung für Kosten, die durch die Amtsausübung entstehen, und gegebenenfalls eine Entschädigung für Verdienstausfälle oder ein Entgelt für geleistete Arbeit mit entsprechender sozialer Sicherung ermöglichen.

3. Ämter und Tätigkeiten, die mit dem Amt eines gewählten Kommunalvertreters unvereinbar sind, können nur durch Gesetz oder grundlegende Rechtsprinzipien bestimmt werden.

Artikel 8 – Verwaltungsaufsicht über die Tätigkeit der kommunalen Gebietskörperschaften

1. Jede Verwaltungsaufsicht über die kommunalen Gebietskörperschaften darf nur in der Weise und in den Fällen ausgeübt werden, die durch die Verfassung oder das Gesetz vorgesehen sind.

2. Jede Verwaltungsaufsicht über die Tätigkeit der kommunalen Gebietskörperschaften darf in der Regel nur bezwecken, die Einhaltung der Gesetze und Verfassungsgrundsätze sicherzustellen. Die Verwaltungsaufsicht kann jedoch bei Aufgaben, deren Durchführung den kommunalen Gebietskörperschaften übertragen wurde, eine Kontrolle der Zweckmäßigkeit durch die übergeordneten Behörden umfassen.

3. Die Verwaltungsaufsicht über die kommunalen Gebietskörperschaften muß so ausgeübt werden, daß die Verhältnismäßigkeit zwischen dem Gewicht der Aufsichtsmaßnahme und der Bedeutung der von ihr zu schützenden Interessen gewahrt bleibt.

Artikel 9 – Finanzmittel der kommunalen Gebietskörperschaften

1. Die kommunalen Gebietskörperschaften haben im Rahmen der nationalen Wirtschaftspolitik Anspruch auf angemessene Eigenmittel, über die sie in Ausübung ihrer Zuständigkeiten frei verfügen können.

2. Die Finanzmittel der kommunalen Gebietskörperschaften müssen in angemessenem Verhältnis zu den durch die Verfassung oder das Gesetz vorgesehenen Zuständigkeiten stehen.

3. Die Finanzmittel der kommunalen Gebietskörperschaften müssen zumindest teilweise aus kommunalen Steuern und Gebühren stammen, bei denen sie das Recht haben, den Hebesatz im gesetzlichen Rahmen festzusetzen.

4. Die Finanzierungssysteme, auf denen die Mittel beruhen, die den kommunalen Gebietskörperschaften zur Verfügung stehen, müssen ausreichend vielfältig und dynamisch gestaltet sein, damit diese soweit wie praktisch möglich in die Lage versetzt werden, mit der tatsächlichen Entwicklung der Kosten für die Ausübung ihrer Zuständigkeiten Schritt zu halten.

5. Der Schutz der finanziell schwächeren kommunalen Gebietskörperschaften erfordert die Einführung von Finanzausgleichsverfahren oder gleichwertigen Maßnahmen, die zum Ausgleich der Auswirkungen ungleicher Verteilung der möglichen Finanzierungsquellen und der Kostenlasten bestimmt sind. Derartige Verfahren oder Maßnahmen dürfen die Entscheidungsfreiheit der kommunalen Gebietskörperschaften in ihrem eigenen Verantwortungsbereich nicht schmälern.

6. Die kommunalen Gebietskörperschaften werden auf geeignetem Weg zu der Frage angehört, in welcher Weise ihnen umverteilte Mittel zugeteilt werden sollen.

7. Soweit möglich werden Zuweisungen an die kommunalen Gebietskörperschaften nicht zur Finanzierung bestimmter Vorhaben vorgesehen. Die Gewährung von Zuweisungen darf die grundsätzliche Freiheit der kommunalen Gebietskörperschaften, die Politik in ihrem eigenen Zuständigkeitsbereich zu bestimmen, nicht beeinträchtigen.

8. Zur Finanzierung ihrer Investitionsausgaben haben die kommunalen Gebietskörperschaften im Rahmen der Gesetze Zugang zum nationalen Kapitalmarkt.

Artikel 10 – Vereinigungsrecht der kommunalen Gebietskörperschaften

1. Die kommunalen Gebietskörperschaften sind bei der Ausübung ihrer Zuständigkeiten berechtigt, zusammenzuarbeiten und im Rahmen der Gesetze Verbände zu bilden, um Aufgaben von gemeinsamem Interesse durchzuführen.

2. Das Recht der kommunalen Gebietskörperschaften, einer Vereinigung zum Schutz und zur Förderung ihrer gemeinsamen Interessen anzugehören, und ihr Recht, einer internationalen Vereinigung kommunaler Gebietskörperschaften anzugehören, werden von jedem Staat anerkannt.

3. Die kommunalen Gebietskörperschaften sind berechtigt, im Rahmen der vom Gesetz vorgebenen Bedingungen mit den kommunalen Gebietskörperschaften anderer Staaten zusammenzuarbeiten.

Artikel 11 – Rechtsschutz der kommunalen Selbstverwaltung

Den kommunalen Gebietskörperschaften muß der Rechtsweg offenstehen, um die freie Ausübung ihrer Zuständigkeiten und die Achtung derjenigen Grundsätze der kommunalen Selbstverwaltung sicherzustellen, die in der Verfassung oder den innerstaatlichen Rechtsvorschriften niedergelegt sind.

Teil II – Verschiedenes

Artikel 12 – Verpflichtungen

1. Jede Vertragspartei geht die Verpflichtung ein, sich durch mindestens zwanzig Absätze des Teiles I der Charta als gebunden zu betrachten, von denen mindestens zehn aus den folgenden Absätzen zu wählen sind:

- Artikel 2,
- Artikel 3 Absätze 1 und 2,
- Artikel 4 Absätze 1, 2 und 4,
- Artikel 5,
- Artikel 7 Absatz 1,
- Artikel 8 Absatz 2,
- Artikel 9 Absätze 1, 2 und 3,
- Artikel 10 Absatz 1,
- Artikel 11.

2. Jeder Vertragsstaat notifiziert bei der Hinterlegung seiner Ratifikations-, Annahme- oder Genehmigungsurkunde dem Generalsekretär des Europarats die nach Absatz 1 ausgewählten Absätze.

3. Jede Vertragspartei kann jederzeit danach dem Generalsekretär notifizieren, daß sie sich durch Absätze dieser Charta als gebunden betrachtet, die sie noch nicht nach Absatz 1 angenommen hatte. Diese späteren Verpflichtungen gelten als Bestandteil der Ratifikation, Annahme oder Genehmigung durch die notifizierende Vertragspartei und haben dieselbe Wirkung vom ersten Tag des Monats an, der auf einen Zeitabschnitt von drei Monaten nach Eingang der Notifikation beim Generalsekretär folgt.

Artikel 13 – Gebietskörperschaften, auf welche die Charta Anwendung findet

Die in dieser Charta enthaltenen Grundsätze der kommunalen Selbstverwaltung gelten für alle Arten von kommunalen Gebietskörperschaften, die im Hoheitsgebiet der Vertragspartei bestehen. Jedoch kann jede Vertragspartei bei der Hinterlegung ihrer Ratifikations-, Annahme- oder Genehmigungsurkunde die Arten von kommunalen oder regionalen Gebietskörperschaften bezeichnen, auf die sie den Anwendungsbereich der Charta beschränken oder die sie von ihrem Anwendungsbereich ausschließen will. Sie kann ferner durch spätere Notifikation an den Generalsekretär des Europarats weitere Arten von kommunalen oder regionalen Gebietskörperschaften in den Anwendungsbereich der Charta einbeziehen.

Artikel 14 – Übermittlung von Informationen

Jede Vertragspartei übermittelt dem Generalsekretär des Europarats alle einschlägigen Informationen über Rechtsvorschriften und sonstige Maßnahmen, die sie erläßt oder trifft, um die Bestimmungen dieser Charta einzuhalten.

Teil III

Artikel 15 – Unterzeichnung, Ratifikation, Inkrafttreten

1. Diese Charta liegt für die Mitgliedstaaten des Europarats zur Unterzeichnung auf. Sie bedarf der Ratifikation, Annahme oder Genehmigung. Die Ratifikations-, Annahme- oder Genehmigungsurkunden werden beim Generalsekretär des Europarats hinterlegt.
2. Diese Charta tritt am ersten Tag des Monats in Kraft, der auf einen Zeitabschnitt von drei Monaten nach dem Tag folgt, an dem vier Mitgliedstaaten des Europarats nach Absatz 1 ihre Zustimmung ausgedrückt haben, durch die Charta gebunden zu sein.
3. Für jeden anderen Mitgliedstaat, der später seine Zustimmung ausdrückt, durch die Charta gebunden zu sein, tritt sie am ersten Tag des Monats in Kraft, der auf einen Zeitabschnitt von drei Monaten nach Hinterlegung der Ratifikations-, Annahme- oder Genehmigungsurkunde folgt.

Artikel 16 – Gebietsklausel

1. Jeder Staat kann bei der Unterzeichnung oder bei der Hinterlegung seiner Ratifikations-, Annahme-, Genehmigungs- oder Beitrittsurkunde einzelne oder mehrere Hoheitsgebiete bezeichnen, auf die diese Charta Anwendung findet.

2. Jeder Staat kann jederzeit danach durch eine an den Generalsekretär des Europarats gerichtete Erklärung die Anwendung dieser Charta auf jedes weitere in der Erklärung bezeichnete Hoheitsgebiet erstrecken. Die Charta tritt für dieses Hoheitsgebiet am ersten Tag des Monats in Kraft, der auf einen Zeitabschnitt von drei Monaten nach Eingang der Erklärung beim Generalsekretär folgt.

3. Jede nach den Absätzen 1 und 2 abgegebene Erklärung kann in bezug auf jedes darin bezeichnete Hoheitsgebiet durch eine an den Generalsekretär gerichtete Notifikation zurückgenommen werden. Die Rücknahme wird am ersten Tag des Monats wirksam, der auf einen Zeitabschnitt von sechs Monaten nach Eingang der Notifikation beim Generalsekretär folgt.

Artikel 17 – Kündigung

1. Jede Vertragspartei kann diese Charta nach einem Zeitabschnitt von fünf Jahren seit dem Tag, an dem die Charta für sie in Kraft getreten ist, jederzeit kündigen. Die Kündigung wird dem Generalsekretär des Europarats unter Einhaltung einer Frist von sechs Monaten notifiziert. Die Kündigung berührt nicht die Gültigkeit der Charta für die anderen Vertragsparteien, vorausgesetzt, daß deren Zahl vier nicht unterschreitet.

2. Jede Vertragspartei kann nach Maßgabe des Absatzes 1 jeden von ihr angenommenen Absatz des Teiles I der Charta kündigen, vorausgesetzt, daß Anzahl und Art der Absätze, durch die diese Vertragspartei gebunden ist, mit Artikel 12 Absatz 1 in Übereinstimmung bleiben. Jede Vertragspartei, die nach Kündigung eines Absatzes den Bestimmungen des Artikels 12 Absatz 1 nicht mehr entspricht, wird so angesehen, als habe sie auch die Charta selbst gekündigt.

Artikel 18 – Notifikation

Der Generalsekretär des Europarats notifiziert den Mitgliedstaaten des Europarats:

a) jede Unterzeichnung;

b) jede Hinterlegung einer Ratifikations-, Annahme- oder Genehmigungsurkunde;
c) jeden Zeitpunkt des Inkrafttretens dieser Charta nach Artikel 15;
d) jede nach Artikel 12 Absätze 2 und 3 eingegangene Notifikation;
e) jede nach Artikel 13 eingegangene Notifikation;
f) jede andere Handlung, Notifikation oder Mitteilung im Zusammenhang mit dieser Charta.

Zu Urkund dessen haben die hierzu gehörig befugten Unterzeichneten diese Charta unterschrieben.

Geschehen zu Straßburg am 15. Oktober 1985 in englischer und französischer Sprache, wobei jeder Wortlaut gleichermaßen verbindlich ist, in einer Urschrift, die im Archiv des Europarats hinterlegt wird. Der Generalsekretär des Europarats übermittelt allen Mitgliedstaaten des Europarats beglaubigte Abschriften.

Entwurf einer Weltcharta der Kommunalen Selbstverwaltung
Stand April 2000

Präambel

Die Vertragsstaaten dieser Charta

In der Erkenntnis, daß viele globale Probleme, wie dies aus der Agenda 21 und der Habitat-Agenda hervorgeht, auf kommunaler Ebene angegangen werden müssen und ohne verstärkten Dialog und intensivere Zusammenarbeit zwischen zentralstaatlicher und kommunaler Ebene nicht erfolgreich gelöst werden können;

In der Erkenntnis, daß die kommunalen Gebietskörperschaften die engsten Partner der Zentralregierungen und für die Umsetzung der Agenda 21 und der Habitat-Agenda von wesentlicher Bedeutung sind;

Im Hinblick auf den in Artikel 21 der Allgemeinen Erklärung der Menschenrechte angeführten Grundsatz, daß der Wille des Volkes die Grundlage der Autorität der Regierungen auf allen Ebenen darstellt;

Überzeugt, daß der Grundsatz der Subsidiarität die Grundlage für demokratische und partizipatorische Entwicklung ist und daß jede Verteilung von Aufgaben und Zuständigkeiten diesen Grundsatz beachten sollte;

Entschlossen, die Dezentralisierung durch demokratische kommunale Gebietskörperschaften zu fördern und ihre finanziellen und institutionellen Kapazitäten zu stärken;

Überzeugt, daß die Gleichberechtigung der Geschlechter und die Vermeidung sozialer Ausgrenzung mit kommunaler Demokratie und Partizipation Hand in Hand gehen müssen und daß sich diese Ziele gegenseitig verstärken;

Ferner entschlossen, eine breit angelegte Beteiligung aller Menschen und ihrer Gemeinschaftsorganisationen an der Entscheidungsfindung und bei der Umsetzung und Überwachung der Siedlungsstrategien, -politiken und -programme zu erleichtern und zu ermöglichen;

Überzeugt, daß eine auf frei gewählten kommunalen Gebietskörperschaften beruhende, starke kommunale Demokratie zusammen mit professionellen Standards und professionellem Verhalten in der kommunalen Verwaltung Mittel zur Förderung der öffentlichen Verantwortlichkeit und zur Stärkung unserer Gesellschaften gegen Korruption bietet;

Überzeugt, daß die Existenz starker kommunaler Gebietskörperschaften mit klar definierten Rollen und Verantwortlichkeiten sowie adäquater Mittelausstattung Dienstleistungen sicherstellt, die effektiv und bürgernah zugleich sind,

sind wie folgt übereingekommen:

Artikel 1

Die Vertragsstaaten verstehen sich an die folgenden Artikel in Art und Umfang gebunden, wie dies in Artikel 14 dieser Charta vorgeschrieben ist.

Teil I

Artikel 2 – Verfassungsmäßige und rechtliche Grundlage für kommunale Selbstverwaltung

Der Grundsatz der kommunalen Selbstverwaltung wird in der nationalen Gesetzgebung anerkannt und nach Möglichkeit in der Verfassung verankert.

Artikel 3 – Begriff der kommunalen Selbstverwaltung

1. Kommunale Selbstverwaltung bedeutet das Recht und die tatsächliche Fähigkeit der kommunalen Gebietskörperschaften, im Rahmen der Gesetze einen wesentlichen Teil der öffentlichen Angelegenheiten in eigener Verantwortung zum Wohl ihrer Einwohner zu regeln und zu gestalten.
2. Dieses Recht wird von Räten oder Versammlungen ausgeübt, deren Mitglieder aus freien, geheimen, gleichen, unmittelbaren und allgemeinen Wahlen hervorgegangen sind und die über Exekutivorgane verfügen können, die ihnen gegenüber verantwortlich sind.

Artikel 4 – Reichweite der kommunalen Selbstverwaltung

1. Es liegt im freien Ermessen von kommunalen Gebietskörperschaften, in all den Angelegenheiten initiativ zu werden, die nicht durch Gesetz von ihrer Zuständigkeit ausgeschlossen oder einer anderen Behörde übertragen sind.

2. Die grundlegenden Befugnisse und Zuständigkeiten kommunaler Gebietskörperschaften werden durch die Verfassung oder durch Gesetz festgelegt. Diese Bestimmung schließt jedoch nicht aus, daß kommunalen Gebietskörperschaften Befugnisse und Verantwortlichkeiten für bestimmte Zwecke übertragen werden.

3. Im Einklang mit dem Grundsatz der Subsidiarität obliegt die Wahrnehmung öffentliche Aufgaben im allgemeinen den Behörden, die den Bürgern am nächsten sind. In demselben Geist muß die Aufgabenzuweisung an andere Stellen durch Erfordernisse technischer und wirtschaftlicher Effizienz begründet sein.

4. Die kommunalen Gebietskörperschaften übertragenen Zuständigkeiten sind in der Regel umfassend und ausschließlich. Sie sollten nicht untergraben werden und dürfen von keiner anderen Behörde eingeschränkt werden, außer durch Gesetz.

5. Werden kommunalen Gebietskörperschaften von einer zentralen oder regionalen Stelle Befugnisse übertragen, so muß es ihnen freigestellt werden, deren Ausübung an die örtlichen Gegebenheiten anzupassen.

6. Kommunale Gebietskörperschaften werden an Planungs- und Entscheidungsprozessen für alle Angelegenheiten, die sie betreffen, rechtzeitig und in geeigneter Weise beteiligt.

Artikel 5 – Schutz der Grenzen kommunaler Gebietskörperschaften

Änderungen der Grenzen kommunaler Gebietskörperschaften werden nicht ohne vorherige Konsultation der betroffenen örtlichen Bevölkerung vorgenommen, gegebenenfalls im Weg einer Volksabstimmung, wenn dies rechtlich zulässig ist.

Artikel 6 – Angemessene Verwaltungsstrukturen und Ressourcenausstattung für die Aufgaben der kommunalen Gebietskörperschaften

1. Kommunale Gebietskörperschaften müssen in die Lage versetzt werden, ihre internen Verwaltungsstrukturen selbst zu bestimmen, um sie den örtlichen Bedürfnissen anzupassen, und ein effektives Management zu gewährleisten.

2. Kommunale Gebietskörperschaften werden bei der Entwicklung von Kapazitäten in den Bereichen Verwaltung, Technik und Management und bei der Entwicklung von responsiven, transparenten und verantwortlichen strukturen von höheren staatlichen Stellen unterstützt.

3. Die Beschäftigungsbedingungen für die Bediensteten der kommunalen Gebietskörperschaften müssen die Gewinnung und Bereitstellung von qualifiziertem Personal auf der Grundlage von beruflicher Befähigung und Erfahrung und der Gleichberechtigung der Geschlechter ermöglichen; zu diesem Zweck sind angemessene Ausbildungsmöglichkeiten, Bezahlungs- und Laufbahnbedingungen vorzusehen.

Artikel 7 – Bedingungen für die Wahrnehmung von Aufgaben auf kommunaler Ebene

1. Die Rechtsstellung der gewählten Kommunalvertreter muß die freie Ausübung ihres Amtes garantieren.
2. Sie muß eine angemessene Entschädigung für Ausgaben, die durch die Amtsausübung entstehen, und gegebenenfalls eine Entschädigung für Verdienstausfälle, ein Entgelt für geleistete Arbeit und entsprechende Sozialleistungen beinhalten.
3. Ämter und Tätigkeiten, die mit dem Amt eines gewählten Kommunalvertreters unvereinbar sind, sich durch Gesetz festzulegen.

Artikel 8 – Aufsicht über die Tätigkeit kommunaler Gebietskörperschaften

1. Jede Art von Aufsicht über kommunale Gebietskörperschaften darf nur in der Weise und in den Fällen ausgeübt werden, die durch die Verfassung oder das Gesetz vorgesehen sind.
2. Jede Art von Aufsicht über die Tätigkeit kommunaler Gebietskörperschaften darf nur bezwecken, die Einhaltung der Gesetze und Verfassungsgrundsätze sicherzustellen. Bei Aufgaben, deren Durchführung den kommunalen Gebietskörperschaften übertragen wurde, kann die Verwaltungsaufsicht durch übergeordnete Behörden jedoch über die rechtliche Kontrolle hinausgehen, um die Vereinbarkeit mit der nationalen Politik sicherzustellen.
3. Die Aufsicht über kommunale Gebietskörperschaften muß, falls erforderlich, so ausgeübt werden, daß die Verhältnismäßigkeit mit den von ihr zu schützenden Interessen gewahrt bleibt.
4. Falls die Verfassung oder innerstaatliche Gesetze die Suspendierung oder Auflösung kommunaler Räte oder die Suspendierung oder Entlassung kommunaler Bediensteter gestatten, müssen diese im Einklang mit den gesetzlichen Verfahrensvorschriften erfolgen. Ihre Arbeitsfähigkeit ist so schnell wie möglich wieder herzustellen, was durch Gesetz vorzuschreiben ist.

Artikel 9 – Finanzielle Ressourcen kommunaler Gebietskörperschaften

1. Kommunale Gebietskörperschaften haben Anspruch auf angemessene Eigenmittel, über die sie in Ausübung ihrer Zuständigkeiten frei verfügen können.

2. Die Finanzmittel kommunaler Gebietskörperschaften müssen in angemessenem Verhältnis zu ihren Aufgaben und Zuständigkeiten stehen.

3. Ein angemessener Anteil der Finanzmittel kommunaler Gebietskörperschaften muß aus kommunalen Steuern, Abgaben und Gebühren stammen, bei denen sie das Recht haben, den Hebesatz festzusetzen.

4. Die Steuern, die kommunale Gebietskörperschaften erheben dürfen oder von denen sie einen garantierten Anteil erhalten, müssen ausreichend allgemein, dynamisch und flexibel gestaltet sein, damit sie [i. e. die kommunalen Gebietskörperschaften] in die Lage versetzt werden, mit ihren Aufgaben Schritt zu halten.

5. Der Schutz finanziell schwächerer kommunaler Gebietskörperschaften erfordert ein System des vertikalen und horizontalen Finanzausgleichs.

6. Kommunale Gebietskörperschaften müssen an der Ausarbeitung der Regeln über die allgemeine Zuteilung umverteilter Mittel beteiligt werden.

7. Soweit möglich werden bei Zuweisungen an kommunale Gebietskörperschaften deren Prioritäten berücksichtigt und die Mittel nicht zur Finanzierung bestimmter Vorhaben zweckgebunden. Die Gewährung von Zuweisungen darf die grundsätzliche Freiheit der kommunalen Gebietskörperschaften, die Politik in ihrem eigenen Zuständigkeitsbereich zu bestimmen, nicht beeinträchtigen.

8. Um Kredite für Investitionen aufzunehmen, haben kommunale Gebietskörperschaften Zugang zum nationalen und zu den internationalen Kapitalmärkten.

Artikel 10 – Bürgerbeteiligung und Partnerschaft

1. Kommunale Gebietskörperschaften haben das Recht, angemessene Formen der Beteiligung und des Engagements der Bürger an der Entscheidungsfindung und bei der Erfüllung ihrer Funktion als Führungsinstanz in der Gemeinschaft festzulegen.

2. Kommunale Gebietskörperschaften werden ermächtigt, Partnerschaften mit allen Akteuren der Bürgergesellschaft einzugehen und zu entwickeln, insbesondere mit nichtstaatlichen Organisationen und Organisationen mit Sitz in der Gemeinschaft, sowie mit dem privaten Sektor und anderen Interessenten.

Artikel 11 – Vereinigungen kommunaler Gebietskörperschaften

1. Die kommunalen Gebietskörperschaften sind bei der Ausübung ihrer Zuständigkeiten berechtigt, Vereinigungen zur Wahrung und zur Förderung ihrer gemeinsamen Interessen zu bilden, ihren Mitgliedern bestimmte Dienstleistungen anzubieten mit anderen kommunalen Gebietskörperschaften zusammenzuarbeiten und juristische Personen zu bilden, um Aufgaben von gemeinsamem Interesse durchzuführen.

2. Andere staatlichen Ebenen konsultieren Vereinigungen kommunaler Gebietskörperschaften bei der Ausarbeitung von Rechtsvorschriften, die die kommunale Selbstverwaltung betreffen.

Artikel 12 – Internationale Zusammenarbeit

1. Das Recht von kommunalen Gebietskörperschaften, Vereinigungen zu bilden, schließt das Recht ein, internationalen Vereinigungen von Gebietskörperschaften anzugehören.

2. Kommunale Gebietskörperschaften sind durch Gesetz oder internationale Verträge auch berechtigt, mit analogen Körperschaften anderer Länder, grenzüberschreitende Regionen eingeschlossen, zusammenzuarbeiten.

3. Kommunale Gebietskörperschaften sind im Geiste der Partnerschaft an der Aushandlung und Umsetzung internationaler Aktionspläne im Hinblick auf ihre Funktionen und Zuständigkeitsbereiche zu beteiligen.

Artikel 13 – Rechtsschutz der kommunalen Selbstverwaltung

Kommunalen Gebietskörperschaften muß der Rechtsweg offenstehen, um ihre Eigenständigkeit und die Einhaltung der Gesetze sicherzustellen, in denen ihre Funktionen festgelegt sind und ihre Interessen geschützt werden.

Teil II

Verschiedenes

Artikel 14 – Verpflichtungen

1. Jeder Vertragsstaat versichert, daß er sich an mindestens zwanzig Absätze des Teiles I der Charta gebunden fühlt, von denen mindestens zehn aus den nachstehenden Absätzen zu wählen sind:

- Artikel 2,
- Artikel 3, Absätze 1 und 2
- Artikel 4, Absätze 1, 2 und 4
- Artikel 5
- Artikel 7, Absatz 1
- Artikel 8, Absatz 2
- Artikel 9, Absätze 1,2 und 3
- Artikel 11, Absatz 1
- Artikel 13

2. Jeder Vertragsstaat notifiziert bei der Hinterlegung seiner Ratifikations- oder Beitrittsurkunde dem Generalsekretär der Vereinten Nationen die nach Absatz 1 dieses Artikels ausgewählten Absätze.

3. Jeder Vertragsstaat kann zu jedem späteren Zeitpunkt dem Generalsekretär notifizieren, daß er sich an weitere Absätze dieser Charta gebunden fühlt, die er noch nicht nach Absatz 1 dieses Artikels angenommen hatte.

Diese späteren Verpflichtungen gelten als Bestandteil der Ratifikation oder des Beitritts durch den notifizierenden Vertragsstaat und treten am dreißigsten Tag nach dem Eingang der Notifikation beim Generalsekretär ebenfalls in Kraft..

Artikel 15 – Gebietskörperschaften, auf welche die Charta Anwendung findet

Die in dieser Charta enthaltenen Grundsätze der kommunalen Selbstverwaltung gelten für alle Arten von kommunalen Gebietskörperschaften, die im Hoheitsgebiet des Vertragsstaates bestehen. Jedoch kann jeder Vertragsstaat bei der Hinterlegung seiner Ratifikations- oder Beitrittsurkunde die Kategorien von kommunalen oder regionalen Gebietskörperschaften bezeichnen, auf die er den Anwendungsbereich der Charta beschränken oder die er von ihrem Anwendungsbereich ausschließen möchte. Er kann ferner durch spätere Notifikation an den Generalsekretär der Vereinten Nationen weitere Kategorien von kommunalen oder regionalen Gebietskörperschaften in den Geltungsbereich der Charta einbeziehen.

Artikel 16 – Übermittlung von Information

Jeder Vertragsstaat übermittelt dem Generalsekretär der Vereinten Nationen in regelmäßigen Abständen alle relevanten Informationen über Rechtsvorschriften und sonstige Maßnahmen, die er zum Zwecke der Einhaltung der Bestimmungen dieser Charta getroffen hat.

Artikel 17 – Überwachung

Um Fortschritte bei der Umsetzung dieser Charta zu verfolgen, wird von den Vertragsstaaten ein Kontrollausschuß eingerichtet. Diesem Ausschuß gehören Vertreter der kommunalen Gebietskörperschaften an. Sein Sekretariat wird von den Vereinten Nationen zur Verfügung gestellt.

Teil III

Artikel 18 – Unterzeichnung und Ratifikation

1. Diese Charta liegt für alle Staaten zur Unterzeichnung auf.
2. Diese Charta bedarf der Ratifikation. Die Ratifikationsurkunden werden beim Generalsekretär der Vereinten Nationen hinterlegt.
3. Der Beitritt zu dieser Charta steht jedem Staat offen. Die Beitrittsurkunden werden beim Generalsekretär der Vereinten Nationen hinterlegt.

Artikel 19 – Inkrafttreten

1. Diese Charta tritt am dreißigsten Tag nach dem Eingang der zwanzigsten Ratifikations- oder Beitrittsurkunde beim Generalsekretär der Vereinten Nationen in Kraft.
2. Für jeden Staat, der die Charta nach der Hinterlegung der zwanzigsten Ratifikations- oder Beitrittsurkunde ratifiziert oder ihr beitritt, tritt die Charta

am dreißigsten Tag nach der Hinterlegung der Ratifikations- oder Beitrittsurkunde durch diesen Staat in Kraft.

Artikel 20 – Gebietsklausel

1. Jeder Vertragsstaat kann bei der Unterzeichnung oder bei der Hinterlegung der Ratifikations- oder Beitrittsurkunde einzelne oder mehrere Hoheitsgebiete bezeichnen, auf die diese Charta Anwendung findet.

2. Jeder Vertragsstaat kann danach jederzeit durch eine an den Generalsekretär der Vereinten Nationen gerichtete Erklärung die Anwendung dieser Charta auf jedes weitere in der Erklärung bezeichnete Hoheitsgebiet erstrecken. Die Charta tritt für dieses Hoheitsgebiet am dreißigsten Tag nach dem Eingang dieser Erklärung beim Generalsekretär in Kraft.

3. Jede nach den Absätzen 1 und 2 abgegebene Erklärung kann in bezug auf jedes darin bezeichnete Hoheitsgebiet durch eine an den Generalsekretär gerichtete Notifikation zurückgenommen werden. Die Rücknahme wird am dreißigsten Tag nach dem Eingang der Notifikation beim Generalsekretär wirksam.

Artikel 21 – Kündigung

Jeder Vertragsstaat kann diese Charta durch schriftliche Notifikation beim Generalsekretär der Vereinten Nationen kündigen. Die Kündigung wird ein Jahr nach dem Eingang der Notifikation beim Generalsekretär wirksam.

Artikel 22 – Notifikation

Der Generalsekretär der Vereinten Nationen wird als Verwahrer dieser Charta bestellt.

Der Generalsekretär notifiziert den Mitgliedstaaten der Vereinten Nationen:

a) jede Unterzeichnung;
b) die Hinterlegung jeder Ratifikations- oder Beitrittsurkunde;
c) jeden Zeitpunkt des Inkrafttretens dieser Charta gemäß Artikel 19;
d) jede gemäß Artikel 14 Absätze 2 und 3 eingegangene Notifikation;
e) jede gemäß Artikel 15 eingegangene Notifikation;

f) jede andere Handlung, Notifikation oder Mitteilung im Zusammenhang mit dieser Charta.

Artikel 23 – Verbindlichkeit des Wortlauts

Die Urschrift dieser Charta in arabischer, chinesischer, englischer, französischer, russischer und spanischer Sprache, - wobei jeder Wortlaut gleichermaßen verbindlich ist, - wird beim Generalsekretär der Vereinten Nationen hinterlegt.

Zu Urkund dessen haben die hierzu von ihrer jeweiligen Regierung gehörig befugten Bevollmächtigten diese Charta unterschrieben.

Literaturverzeichnis

ACIR Handbook, Advisory Commission on Intergovernmental Relations, 1967

Antieau on Local Government Law, 2. Aufl., Loseblatt

Barron, David J.: The Promise of Cooley's City: Traces of Local Constitutionalism, 147 U. Pa. L. Rev., 1999

Bauer, Martin / Böhle, Thomas / Masson, Christoph / Samper, Rudolf: Bayerische Kommunalgesetze, 4. Aufl., Loseblatt, Stand 2000

Been, Vicki: "Exit" as a Constraint on Land Use Exactions: Rethinking the Unconstitutional Conditions Doctrine, 91 Columb. L. Rev. 473, 1991

Binder, Bruno / Kotzmann, Edith: Länderbericht Österreich zur Akzeptanz der Europäischen Kommunalcharta, in: Knemeyer, Franz-Ludwig (Hrsg.): Die Europäische Charta der kommunalen Selbstverwaltung, 1989

Blair, Philip: Vorbereitung der Charta im Rahmen des Europarats und gegenwärtiger Stand der Unterzeichnung und Ratifikation, in: Knemeyer, Franz-Ludwig (Hrsg.): Die Europäische Charta der kommunalen Selbstverwaltung, 1989

Blumenwitz, Dieter: Einführung in das anglo-amerikanische Recht, 2003

Bohner, Ulrich: Entstehung und Bedeutung der Europäischen Charta der kommunalen Selbstverwaltung, in: Knemeyer, Franz-Ludwig (Hrsg.), Die Europäische Charta der kommunalen Selbstverwaltung, 1989

Briffault, Richard: Who Rules at Home? One Person/One Vote and Local Governments, 60 U. Chi. L. Rev. 339, 1993

Briffault, Richard: Our Localism: Part I – The Structure of the Local Government Law, 90 Columb. L. Rev. 1, 1990

Briffault, Richard: The Local Government Boundary Problem in Metropolitan Areas, 48 Stan. L. Rev., 1115, 1996

Briffault, Richard: The Rise of Sublocal Structures in Urban Governance, 82 Minn. L. Rev. 503, 1997

Briffault, Richard: Voting Rights, Home Rule, and Metropolitan Governance: The Secession of Staten Island as a Case Study in the Dilemmas of Local Self-Determination, 92 Columb. L. Rev. 775, 1992

Burnham, William: Introduction to the Law and Legal System of the United States, 3. Aufl., 2002

Calaba: The Analysis and Application of the State and Local Fiscal Assistance Act of 1972

Casino, Bruce J.: Federal Grants-in-Aid: Evolution, Crisis, and Future, 20 Urban Law. 25, 1988

Chang, Karen I.: The Party's over: Establishing Nonpartisan Municipal Elections in New York City, 11 JLPOL 579, 2003

Cole, Kevin R.: Civil Rights: A Call for Qualified Immunity for City Council Members under 42 U.S.C. 1983, 66 WALR 169, 1991

Colton, Roger D. / Sheehan, Michael F.: Raising Local Government Revenue through Utility Franchise Charges: If the Fee Fits, 21 Urban Law. 55, 1989

Cooley, Thomas: A Treatise on Constitutional Limitations, 8. Auflage, 1927

Curran, Michael P.: Forms of Municipal Government and Methods of Governance, Massachusetts Municipal Law, Volume I, MLI MA-CLE 2-1, Massachusetts Continuing Legal Education Inc., 2002

Dickerson, Derby: ALWD Citation Manual, A Professional System of Citation, 2000

Dillon, John F.: The Law of Municipal Corporations, 2. Aufl., 1873

Dreier, Horst: Grundgesetz, Kommentar, 1998

Dols, Heinz / Plate, Klaus: Kommunalrecht, 5. Aufl., 1999

Engel, Gerhard: Struktur und Umsetzung der EKC in den Mitgliedstaaten des Europarats und die Kontrolle durch den Kongreß der Gemeinden und Regionen Europas, in: Knemeyer, Franz-Ludwig (Hrsg.): Kommunale Selbstverwaltung in Ost und West, 2003

Erichsen, Hans-Uwe: Die Wahlgrundsätze des Grundgesetzes, Jura, 1983, 635

Erlenkämper, Friedel: Entwicklungen im Kommunalrecht, NVwZ 1990, 116

Falconer, Mary Kay / Barrow, Lynda K. / O'Cain, Steven: Local Government Revenues Post 1993 Legislative Session: A Combination of New and Approved, 21 Fla. St. U. L. Rev. 585, 1993

Fordham, Jefferson, B.: Local Government Law, 2. Aufl., 1986

Fromme, Jochen-Konrad: Nachfolgeregelung für die Gewerbesteuer – der dritte Weg, ZRP 2003, 198

Frowein, Jochen: Gleichheit der Wahl und Größe der Wahlkreise, DÖV 93, 857, 1993

Frug, Gerald: Empowering Cities in a Federal System, 19 Urban Law 553, 1987

Frug, Gerald: Property and Power: Hartog on the Legal History of New York City, 1984 Am. B. Found. Res. J. 673, 1984

Frug, Gerald: The City as a Legal Concept, 93 Harvard Law Review 1057, 1980

Gaines, Larry K.: Policing in America, 1994

Galette, Alfons: Europäische Aspekte der kommunalen Selbstverwaltung – Zum Entwurf einer Europäischen Kommunalcharta der Europa-Konferenz der Gemeinden und Regionen, in: Selbstverwaltung im Staat der Industriegesellschaft, Festgabe zum 70. Geburtstag von Georg Christoph v. Unruh, Hrsg.: Mutius, Albert v., 1983

Garner, Bryan A.: Black's Law Dictionary, 8. Aufl., 2004

Gehring, Ingo: „Innere Sicherheit – USA", 1999

Gern, Alfons: Deutsches Kommunalrecht, 3. Aufl., 2003

Gern, Alfons: Die Entwicklung des kommunalen Abgaberechts, NVwZ 1982, 416

Gillette, Clayton P. / Baker, Lynn A.: Local Government Law, Cases and Materials, 2. Aufl., 1999

Greimel, Fritz / Waldmann, Thaddäus: Finanzausgleich, Erläuterte Handausgabe, Loseblatt

Hermer, Laura D.: Municipal Home Rule in New York: Tobacco Control at the Local Level, 65 Brook. L. Rev. 321, 1999

Hoffschulte, Heinrich: Globalisierung der Lokalen Demokratie, in: Knemeyer, Franz-Ludwig: Kommunale Selbstverwaltung in Ost und West, 2003

Hyltoft, Christian: Die Arbeit des Europarats-Ausschusses für lokale Strukturen, in: Knemeyer, Franz-Ludwig (Hrsg.): Die Europäische Charta der kommunalen Selbstverwaltung, 2003

Jarik, Charles L. / Ansani, A. G. / Morris, William B. / Schraid, James A.: Municipal Financial Distress: A Case Study of a Partnership between the Village of Maywood and Illinois Development Finance Authority, 25 Urban Law. 995, 1993

Jones, Matthew C.: Fraud and the Franchise: The Pennsylvania Constitution's "Free and Equal Election" Clause as an Independent Basis for State and Local Election Challenges, 68 TMPLR 1473, 1995

Juergensmeyer, Julian Conrad / Roberts, Thomas E.: Land Use and Planning & Control Law, 1998

Kelley, Janet M.: Mandate Reimbursement Measures in the States, 24 A. Rev. of Pub. Admin. 350, 1994

Knemeyer, Franz-Ludwig: Bayerisches Kommunalrecht, 11. Auflage, 2004

Knemeyer, Franz-Ludwig (Hrsg.): Die Europäische Charta der kommunalen Selbstverwaltung, 1989

Knemeyer, Franz-Ludwig (Hrsg.): Kommunale Selbstverwaltung in Ost und West, 2003

Knemeyer, Franz-Ludwig: Staatsaufsicht über Kommunen, JuS 2000, Seite 521

Knemeyer, Franz-Ludwig, Wehr, Matthias: Die Garantie der kommunalen Selbstverwaltung nach Art. 28 Abs. 2 GG in der Rechtsprechung des Bundesverfassungsgerichts, VerwArch 2001, 317

Kushner, James A.: Smart Growth: Urban Growth Management and Land-Use Regulation Law in America, 32 Urban Law. 211, 2000

Lawrence, Michael A.: Do "Creatures of the State" Have Constitutional Rights? Standing for Municipalities to Assert Procedural Due Process Claims against the State, 47 VLLR 93, 2002

Lefcoe, George: An Introduction to American Land Law, Cases and Materials, 1974

Libonati, Michael E.: The Law of Intergovernmental Relations: IVHS Opportunities and Constraints, 22 TRANLJ 225, 1994

Lissack, Gernot: Bayerisches Kommunalrecht, 2. Aufl., 2001

Maltz, Earl M.: Sovereignty, Autonomy and Conditional Spending, 4 Chap. L. Rev. 107, 2001

Mangoldt, Hermann v. / Klein, Friedrich: Das Bonner Grundgesetz, 4. Aufl., 2000

Maunz, Theodor / Dürig, Günter: Grundgesetz, Kommentar, Band IV, Loseblatt, Stand 2004

Münch, Ingo v. / Kunig, Philip: Grundgesetz-Kommentar, 5. Aufl., 2001

McQuillin, Eugene: The Law of Municipal Corporations, Loseblatt

McQuillin, Eugene: Limitations of Legislative Control of Municipal Corporations – Cause and Effect of State Interference with Local Control, 34 Am. L. Rev. 505, 1900

Mizerk, Donald J.: The Coercion Test and Conditional Federal Grants to the States, 40 Vand. L. Rev. 1159, 1987

Northup, Nancy: Local Nonpartisan Elections, Political Parties and the First Amendment, 87 Columb. L. Rev. 1677, 1987

Exclusionary Zoning and Equal Protection, 84 Harv. L. Rev. 1645, 1971

Olson, Harold A.: Procedural Barriers to Suits against the State by Local Government, 62 Brook. L. Rev. 431, 1996

Pechstein, Matthias: Kommunaler Finanzausgleich, Grundstrukturen und Grundprobleme, LKV 1991, 289

Püttner, Günter: Handbuch der kommunalen Wissenschaft und Praxis, Band 6, 2. Aufl., 1985

Raskin, Jamin: Legal Aliens, Local Citizens: The Historical, Constitutional and Theoretical Meanings of Alien Suffrage, 141 U. Pa. L. Rev., 1391, 1993

Reader, Scot A.: One Person, One Vote Revisited: Choosing a Population Basis to Form Political Districts, 17 HARV. J.L. & PUB. POL'Y 522, 1994

Reynolds, Osborne M.: Local Government Law, 2. Aufl., 2001

Rhyne, Charles S.: The Law of Local Government Operations, 1980

Rosenschon, Jürgen Ekkehard: Gemeindefinanzsystem und Selbstverwaltungsgarantie – Anspruch und Wirklichkeit, 1980

Saftig, Alexander: Kommunalwahlrecht in Deutschland, 1990

Sands, C. Dallas / Libonati, Michael E.: Local Government Law, Loseblatt

Schaffarzig, Bert: Handbuch der Europäischen Charta der kommunalen Selbstverwaltung, 2002

Schaffer, Robert M.: Unfunded State Mandates and Local Governments, 64 U. Cin. L. Rev. 1057, 1996

Schieder, Hans / Happ, Michael: Bayerisches Kommunalabgabengesetz, Loseblatt, Stand 2002

Schmidt-Jortzig, Edzard / Makswit, Jürgen: Handbuch des kommunalen Finanz- und Haushaltsrechts, 1991

Schneider, Matthias Werner: Die Vorbildfunktion der EKC für eine Weltcharta der kommunalen Selbstverwaltung, in: Knemeyer, Franz-Ludwig (Hrsg.), Kommunale Selbstverwaltung in Ost und West

Schneider, Matthias Werner: Kommunaler Einfluss in Europa, 2004

Seliga, Joseph: Democratic Solutions to Urban Problems, 25 Hamline L. Rev. 1, 2001

Sikkenga, Alicia M.: Detroit School Reform: A Necessary Means to Improve the Schools and End the Cycle of Mismanagement, 77 U. Det. Mercy L. Rev. 321, 2000

Sloan, John, J.: The Modern Campus Police: An Analysis of their Evolution, Structure and Function, in: American Journal of Police 11 Am. J. Police 85, 1992

Stober, Rolf: Kommunalrecht in der Bundesrepublik Deutschland, 3. Aufl., 1996

Sullivan, Edward J.: The Role of the Comprehensive Plan, 31 Urban Law. 915, 1999

Teaford, John C.: The Municipal Revolution in America, 1975

Tiebout, Charles: A Pure Theory of Local Expenditures, 64 J. Pol. Econ 416 1956

The Harvard Law Review Association: Constitutional Law – Due Process of Law, 83 HVLR 679, 1970

The Harvard Law Review Association: The Right to Vote in Municipal Annexations, 88 HVLR 1571, 1975

Tiebout, Charles: A Pure Theory of Local Expenditures, 64 J. Pol. Econ. 416, 1956

Timmons, Michele / Grant, Judy / Popp, Teri / Westby, Heidi: County Home Rule Comes to Minnesota, 19 Wm. Mitchell L. Rev. 811 (1993)

Unruh, Georg-Christoph v.: Gebiet und Gebietskörperschaft, DVBl. 1975, 1

Valente, William D. / McCarthy, David J.: Local Government Law, 4. Aufl., 1992

Vanlandingham Kenneth: Constitutional Municipal Home Rule Since the AMA (NLC) Model, 17 Wm & Mary L. Rev. 1, 1975

Virginia Law Review Association: Dillon's Rule: The Case for Reform, 68 VALR 693, 1982

Vogelgesang, Klaus / Lübking, Uwe / Jahn, Helga: Kommunale Selbstverwaltung, Rechtsgrundlagen – Organisation – Aufgaben, 1991

Wagner, Frank D.: Annotation, Validity of Municipal Regulation More Restrictive than State Regulation as to Time for Selling or Serving Intoxicating Liquor, 51 A.L.R.3d 1061, 1973

Walker, Samuel: The Police in America: An Introduction, 3. Aufl. 1998

Weeks: Issuing or Revoking Liquor Licenses: State and Local Authority under Recent Federal Decisions, 15 Urban Law. 379, 1983

Weiß, Bernd: Einführung und Umsetzung der Europäischen Charta der kommunalen Selbstverwaltung, 1996

Williams, Joan C.: The Constitutional Vulnerability of American Local Government: The Politics of City Statutes in American Law, 1986 Wis. L. Rev. 83, 1986

Wolf, Hans, J. / Bachof, Otto / Stober, Rolf: Verwaltungsrecht Band I, 11. Aufl., 1999

Yokley, E.C.: Municipal Corporations, 1956

Zietlow, Rebecca E.: Federalism's Paradox: The Spending Power and Waiver of Sovereign Immunity, 37 Wake Forest L. Rev. 141, 2002

Zimmerman, Joseph. F.: State-Local Relations, A Partnership Approach, 2. Aufl., 1995

Verzeichnis der Fälle

A.B.C. Distributing Co., Inc. v. City and County of San Francisco, 542 P.2d 625
(1975)
Abate v. Mundt, 403 U.S. 182, 29 L. Ed. 2d 399 (1971)
Addison-Wesley Publishing Co. v. Town of Reading, 236 N.E.2d 188 (1968)
Ainsworth v. Bryant, 211 P.2d 564 (1949)
Alabama Farm Bureau Mut. Cas. Ins. Co., Inc v. City of Hartselle, 460 So.2d 1219 (1984)
Albany County v. Hooker, 204 N.Y. 1 (1912)
Alexander v. Sandoval, 532 U.S. 275 (2001)
Allis-Chalmers Corp. v. Emmet County Council Government, 355 N.W.2d 586 (1984)
American Fork City v. Robinson, 292 P. 249 (1930)
Andrews Espy Realty v. Burton-Rodgers Inc. 116 N.E.2d 14 (1942)
Angell v. Toledo, 91 N.E.2d 250 (1950)
Application of Borough of Saddle River, 362 A.2d 552 (1976)
Veach v. City of Phoenix, 427 P.2d 335 (1967)
Arkansas-Missouri Power Co. v. City of Kennett, 78 F.2d 911 (1935)
Arlington v. Cannon, 263 S.W.2d 299 (1953)
Avery v. Midland County, 390 U.S. 474 (1968)

Baird v. Consolidated City of Indianapolis, 976 F.2d 357 (1992)
Ball v. James, 451 U.S. 355 (1981)
Ballentine v. Willingham, 226 S.E.2d 593 (1976)
Bank v. Bell, 217 P.2d 538 (1923)
Banzer v. City of Wichita, 703 P.2d 812 (1985)
Barlow v. Friendship Heights Citizens' Commission, 344 A.2d 415 (1975)
Barnes v. District of Columbia, 91 U.S. 540 (1875)
Bazell v. Cincinnati, 13 Ohio St. 2d 63, 233 N.E.2d 864 (1968)
Bennett v. Vittum, 194 S.E. 363 (1937)
Bettigole v. Assessors of Springfield, 178 N.E.2d 10 (1961)
Black River Regulating Dist. v. Adirondack League Club, 307 N.Y. 475 (1954)
Bloom v. City of Fort Collins, 784 P.2d 304 (1989)
Board of County Com'rs of Jefferson County v. City and County of Denver, 372 P.2d 152 (1962)
Board of Education v. Secretary of Personnel, 562 A.2d 700 (1989)
Board of Park Commissioners of Detroit v. Common Council of Detroit, 28 Mich. 228 (1873)
Board of Supervisors v. Horne, 216 VA 113, 215 S.E.2d 435 (1975)

Boston Stock Exchange v. State Tax Commission, 429 U.S. 318 (1977)
Boozer v. Johnson, 98 A.2d 76 (1953)
Bowdich v. City of Albuquerque, 416 P2d 523 (1966)
Brandes v. Deerfield Beach, 186 So.2d 6 (1966)
Branson School District RE-82 v. Romer, 161 F.3d 619 (1998)
Brennan v. Black, 104 A.2d 777 (1954)
Bridgman v. Korzen 295 N.E.2d 9 (1972)
Briggs v. Raleigh, 141 S.E. 597 (1928)
Brooklyn & Richmond Ferry Co., Inc., v. United States, 167 F.2d 330 (1948).
Broward County v. Wickman, 195 F.2d 614 (1952)
Bruce v. Riddle, 631 F.2d 272 (1980)
Budget Rent-a-Car of Washington-Oregon, Inc. v. Multnomah County, 597 P.2d 1232 (1979)
Buffalo, Dawson, Mechanicsburg Sewer Com'n v. Boggs, 470 N.E.2d 649 (1984)
Burroughs Corp. v. City of Detroit, 171 NW2d 678 (1969)
Butcher v. City of Philadelphia, 6 A2d 298 (1938)
Byrd v. Martin, Hopkins, Lemon & Carter, P.C., 564 F. Supp. 1425 (1983)

Callaway v. City of Edmond, 791 P.2d 104 (1990)
Cape Motor Lodge, Inc., et al., Respondents, v. City of Cape Girardeau, 706 S.W.2d 208 (1986)
Capella v. City of Gainsville, 377 So. 2d 658 (1979)
Carolina & N.W. Ry. Co. v. Town of Clover, 46 F2d 395 (1931)
Carter Carburetor Corp. v. City of St. Louis, 203 SW2d 438 (1947)
Cf. Gas 'N Shop v. Nebraska Liquor Control Comm'n, 427 N.W.2d 784 (1988)
Cf. Glascock v. Baltimore County, Maryland, 581 A.2d 822 (1990)
Champlain Realty Co., Town of Brattleboro, 260 U.S. 366, 43 S. Ct. 146, 67 L. Ed. 309 (1922)
Chesterfield County v. Berberich, 100 S.E.2d 781 (1957)
Citizens' Savings and Loan Assossiation v. Topeka, 87 U.S. 655 (1874)
City of Bloomington v. Latham, 32 NE 506 (1892)
City of Boca Raton v. State, 595 So 2d 25 (1992)
City of Bridgeton v. Ford Motor Credit Co., 788 S.W.2d 285 (1990)
City of Burlington v. Jay Lee, Inc., 290 A.2d 23 (1972)
City of Chicago v. Blair: 36 NE 829 (1894)
City and County of Denver v. Tax Research Bureau, 71 P2d 809 (1937)
City of Davenport v. Three-Fifths of an Acre of Land, More or Less, Located in City of Moline, 252 F.2d 354 (1958).
City of Detroit v. Detroit & Howell Plank-Road Co., 43 Mich. 140, 5 N.W. 275 (1880)

City of Ecorse v. Peoples Community Hospital Authority, 58 N.W.2d 159 (1953)
City of Ellensburg v. State, 826 P2d 1081 (1992)
City of Englewood v. Weist, 520 P2d 120 (1974)
City of Ft. Collins v. Public Utils. Comm'n, 195 P. 1099 (1921)
City of Glendale v. Trondsen, 48 Cal.2d 93, 308 P2d 1 (1957)
City of Griffin v. Crossfield, 97 SE2d 618 (1957)
City of Hamilton v. Public Water Supply District No. 2 of Caldwell County, 849 S.W.2d 96 (1993)
City of Highland Park v. Fair Employment Practices Commission, 364 Mich. 508, 111 N.W.2d 797 (1961)
City of Hobbs v. Biswell, 473 P.2d 917 (1970)
City of Hoover v. Rocky Ridge Fire District, 460 So.2d 192 (1984)
City of Houston v. Reyes (Tex Civ App), 527 S.W.2d 489 (1975)
City of Houston v. State ex rel. City of West University Place, 176 SW2d 928 (1944)
City of La Grande v. Municipal Court of City of La Grande, 120 Ore 109, 251 P 308 (1926)
City of Lancaster v. Pope, 160 SW 509 (1913)
City of Lexington v. Thompson, 113 Ky. 540, 68 S.W. 477 (1902)
City of Logansport v. Public Service Commission, 202 Ind. 523, 177 N.E. 249 (1931)
City of Long Beach Resort v. Collins, 261 So. 2d 498 (1972)
City of Los Angeles v. Cohen, 268 P2d 183 (1954)
City of McMinniville v. Howenstine, 56 Ore 440, 109 P 81 (1910)
City of Mesa v. Home Builders Association of Central Arizona, Inc., 523 P2d 57 (1974)
City of Milwaukee v. Pub. Serv. Comm'n, 31 N.W.2d 571 (1948)
City of Montgomery v. Crossroads Land Co., Inc., 355 So2d 363 (1978)
City of Mountain View v. Clayton County, 249 S.E.2d 541 (1978)
City of New Orleans v. La Nasa, 88 So.2d 224, 230 La. 289 (1956)
City of New York v. City Civil Service Commission, 458 N.E.2d 354, 470 N.Y.S.2d 113 (1983)
City of New York v. State of New York, 86 N.Y.2d 286, 655 N.E.2d 649 (1995)
City of New York v. Village of Lawrence, 165 N.E. 836 (1929)
City of Omaha v. State, 94 NW 979 (1903)
City of Pasadena v. Los Angeles County, 45 Cal. Rptr. 94 (1965)
City of Rochester v. Macauley-Fien Milling Co., 92 N.E. 641 (1910)
City of St. Louis v. Eskridge, 486 S.W.2d 648 (1972)
City of St. Louis v. Western Union Tel. Co., 149 U.S. 468 (1893)
City of St. Paul v. Kekedakis, 199 N.W.2d 151 (1972)

City of Tacoma v. Taxpayers of Tacoma, 357 U.S. 320 (1958)
City of Trenton v. New Jersey, 262 U.S. 182 (1923)
City of Tucson v. Tucson Sunshine Climate Club, 164 P2d 598 (1945)
City of Waco v. Waco Amicable Life Ins. Co., 248 SW 332 (1923)
City of West Jordan v. Utah State Retirement Board, 767 P.2d 530 (1988)
City of Wilmington by and through Water Dept. v. Lord (Del Super), 340 A2d 182 (1975)
City of Worcester v. Worcester Consol Street Ry. Co., 196 US 539, 49 L Ed 591, 25 S Ct 327 (1905)
Civil Service Merit Bd. Of Knoxville v. Burson, 816 S.W.2d 725 (1991)
Clark v. California, 123 F.3d 1267 (1997)
Clements v. McCabe, 177 N.W. 722 (1920)
Cleveland v. Raffa, 13 Ohio St. 2d 112, 235 N.E.2d 138 (1968)
Coca-Cola Co. v. City of Atlanta, 110 SE 730 (1922)
Coe v. Town of Errol, 116 U.S. 517, 6 S. Ct. 475, 29 L. Ed. 715 (1886)
Columbia County v. Board of Trustees of Wisconsin Retirement Fund. 116 N.W.2d 142 (1962)
Commonwealth v. Caldwell, 515 NE2d 589 (1987)
Commonwealth v. Plaisted, 148 Mass 375 (1889)
Community Bd. 7 v. Schaffer, 84 N.Y.2d 148, 155, 615 N.E.S.2d 644 (1994)
Community Communications Co., Inc. v. City of Boulder, Colorado, 455 U.S. 40 (1982)
Complete Auto Transit Inc. v. Brady, 430 US 274 (1977)
Consolidated Diesel Electric Corp. v. City of Stamford, 238 A2d 410 (1968)
Consumers′ Coal Co. v. Lincoln, 109 Neb 51, 189 NW 643 (1922)
Cook v. Board of Sup'rs of Lowndes County, 571 So.2d 932 (1990)
Corbett v. City of Portland, 48 P 428 (1897)
County of Peoria v. Capitelli, 494 N.E.2d 155 (1986)
County of Rennsselaer v. Regan, 578 N.Y.S.2d 274 (1991)
County of San Bernadino v. San Bernadino, 938 P2d 876 (1997)
County Securities v. Seacord, 15 NE2d 179 (1938)
County Water System v. Salt Lake City, 278 P.2d 285 (1954)
Cox v. Williams, 216 GA 535, 117 S.E.2d 899 (1961)
Coyle v. Gray, 12 Del. 44, 30 A. 728 (1884)
Cromwell-Franklin Oil Co. v. Oklahoma City, 14 F Supp 370 (1930)

Davis v. City & County of Denver, 342 P.2d 674 (1959)
Davis v. Tayler, 67 S.W.2d 1033 (1934)
Dearborn v. Johnson, 173 So 864 (1937)
Decatur Transit v. City of Gadsden, 31 So.2d 339 (1947)
Department of Public Works v. City Los Angeles, 179 Cal.App.2d 558 (1960)
Dolan v. City of Tigard, 512 U.S. 374 (1994)

Dome Reality Inc. v. City of Paterson, 416 A.2d 334 (1980)
Dooley v. City of Detroit, 121 NW2d 724 (1963)
Doyle v. Municipal Commission of State of Minn., 340 F. Supp. 841 (1972)

Early Estate, Inc. v. Housing Board of Review of City of Providence, 174 A.2d 117 (1961)
East Jackson Public Schools v. State, 348 N.W.2d 303 (1984).
Education/Instruccion, Inc. v. Moore, 503 F.2d 1187 (1974)
Edye v. Robertson („The Head-Money Cases"), 18 F 135 (1883)
Ehrlich v. City of Culver City, 911 P2d 429 (1996)
Elliot v. Detroit, 121 Mich 611, 84 N.W. 820 (1899)
Emerson College v. City of Boston, 462 NE2d 1098 (1984)
Envirosafe Service of Idaho, Inc. v. County of Owyhee, 735 P.2d 998 (1987)
Essex Theatres Cp. v. Commonwealth, 163 NE 747 (1928)
Eugene Theater Co. v. Eugene, 243 P.2d 1060 (1952)
Ex Parte Galusha, 195 P. 406 (1921)
Ex Parte Marler 282 P 353 (1929)

Ferrel v. Doak, 275 SW 29 (1925)
Fisher v. City of Minot, 188 NW2d 745 (1971)
Fisher v. City of Pittsburgh, 118 A.2d 157 (1955)
Fleur de Lis Motor Inns, Inc., v. Bair, 301 NW2d 685 (1981)
Forrester v. White, 484 U.S. 219 (1988)
Fox Bakersfield Theatre Corp. v. Bakersfield, 222 P2d 879 (1950)
Frank v. City of Cody, 572 P.2d 1106 (1977)

Gallup v. City of Saginaw, 170 Mich 195, 135 NW 1060 (1912)
Galvan v. Superior Court, 452 P.2d 930 (1969)
Geja's Cafe v. Metropolitan Pier and Exposition Authority, 606 NE2d 1212 (1992)
Goethal v. Board of Sup'rs Kent County, 104 NW2d 794 (1960)
Gomillion v. Lightfoot, 364 U.S. 339 (1960)
Goodyear Farms v. City of Avondale, 714 P2d 386 (1986)
Gorman Towers Inc. v. Bogoslavski, 626 F.2d 607 (1980)
Goreham v. Des Moines Metropolitan Area Solid Waste Agency, 179 N.W.2d 449 (1970)
Gould v. Gould, 245 US 153, 62 L Ed 211 (1917)
Gould v. Grupp, 536 P2d 1337 (1975)
Graham v. Township of Edison, 35 N.J. 537, 173 A.2d 403 (1961)
Greensboro-High Point Airport Authority v. Johnson, 36 S.E.2d 803 (1946)

Hackleburg v. Northwest Alabama Gas Dis., 170 So.2d 792 (1965)

Haefner v. Youngstown, 68 NE2d 64 (1946)
Harder v. City of Springfield, 192 Ore 676, 236 P.2d 432 (1951)
Hare v. City of Wheeling, 298 S.E.2d 820 (1982)
Harsha v. City of Detroit, 246 NW 849 (1933)
Hatfield v. Prince, 23 So. 2d 481 (1945)
Hawaii Government Employees Assossiation v. Maui, 576 P.2d 1029 (1978)
Hawlett-Packard Co. v. Santa Clara, 50 Cal App 3d 74 (1975)
Headington v. North Winneshiek Community School. District., 254 Iowa 430, 117, N.W.2d 831 (1962)
Heart of Atlanta Motel v. United States, 379 U.S. 241 (1964)
Herman v. Mayor & City Council of Baltimore, 55 A2d 491 (1947)
Hile v. Cleveland, 107 Ohio St. 144, 141 N.E. 35 (1923)
Hillsborough Tp. v. Cromwell, 326 US 620 (1946)
Hill v. Stone, 421 US 289, 95 S. Ct. 1637 (1975)
Hogan v. South Dakota State Bd. Of Transp., 245 N.W.2d 493 (1976)
Holt Civic Club v. City of Tuscaloosa, 439 U.S. 60 (1978)
Holt v. City Maumelle, 786 SW2d 581 (1990)
Home Builders Ass'n of Central Arizona, Inc. v. Riddel, 510 P2d 376 (1973)
Houston Compressed Steel Corp. v. State, 456 S.W.2d 768 (1970)
Hudson Valley Light Weight Aggregate Corp. v. Schovel, 316 N.Y.2d 477 (1970)
Hunter v. City Pittsburgh, 207 U.S. 161 (1907)
Huron Portland Cement Co. v. City of Detroit, 362 U.S. 440 (1960)
Hussey v. City of Portland, 64 F.3d 1260 (1995)
Hylton Enterprise, Inc. v. Board of Supervisors, 220 VA 435, 258 S.E. 2d 577 (1979)
Hylton v. United States, 1 L Ed 556 (1796)

Imbler v. Pachtman, 424 U.S. 409 (1976)
In re Annexation Ordinance No. D-21927 of Winston-Salem, N.C. 278 S.E.2d 224 (1981)
In re Annexation to the City of Anchorage, Alaska, of certain Property 146 F. Supp. 98 (1956)
In re Annexation to Anchorage, Alaska, of Eastchester Area Number Three, 129 F Supp 551 (1955)
In re City Council of City of Mechanicville v. Town Board of Town of Half-moon, 267 NE2d 96 (1971)
In re Environmental Planning Commission, 531 P.2d 949 (1974)
In re Pfahler, 150 Cal 71, 88 P 270 (1906)
In re Public Serv. Elec. & Gas Co., 173 A.2d 233 (1961)
In re Raymond Plaza West, Newark, 189 A 105 (1937)
In re Village of Burnsville, 245 NW2d 445 (1976)

In re Village of Spring Valley, 71 NYS2d 848 (1947)

Jackson v. Consolidated Gov't of Jacksonville, 225 So.2d 497 (1969)
Jersey City v. Hague, 115 A.2d 8 (1955)
Jones v. City of Lubbock, 727 F.2d 364 (1984)
Johnson v. City of Hastings, 241 Neb 291, 488 NW2d 20 (1992)

Kalodimos v. Village of Morton Grove, 470 N.E.2d 266 (1984)
Kansas City v. Kindle, 446 S.W.2d 807 (1969)
Kansas City v. Querry, 511 SW 2d 790 (1974)
Katzenbach v. McClung, 379 U.S. 294 (1964)
Kaufmann v. Swift County, 30 N.W.2d 34 (1947)
Kaulakis v. Boyd, 138 So.2d 505 (1962)
Kennedy v. City of Nevada, 281 S.W. 56 (1926)
Kern County Land Co. v. Lake County, 375 P.2d 817 (1962)
Kiker v. City of Philadelphia, 31 A2d 289 (1943)
King v. Smith, 392 U.S. 309 (1968)
Krumberg v. City of Cincinnati, 29 Ohio St 69 (1875)
Krumpelman v. Louisville & Jefferson County Metropolitan Sewer Dist., 314 SW.2d 557 (1958)

Lacoe v. San Diego County, 92 P2d 809 (1939)
Lake Country Estates, Inc. v. Tahoe Regional Planning Agency, 440 U.S. 391 (1979)
Lakewood Pawnbrokers, Inc. v. City of Lakewood, 517 P.2d 834 (1973)
Laramie County Comm'rs v. Albany County Comm'rs, 92 U.S. 307, 23 L. Ed. 552 (1875)
Larcom v. Olin, 160 Mass 102, 35 N.E. 113 (1893)
Larkins v. City of Denison, 683 S.W.2d 754 (1984)
LaSalle Nat. Bank v. Village of Burr Ridge, 225 NE2d 33 (1967)
LaSalle Nat. Trust, N.A. v. Village of Mettawa, 249 Ill App 3d 550 (1993)
Lawrence County v. Lead-Deadwood School District No. 40-1, 469 U.S. 256 (1985)
Lehnhausen v. Lake Shore Auto Parts Co., 410 US 356 (1973)
Liberman v. Cervantes, 511 S.W.2d 835 (1974)
L.I.F.E. Committee v. Cuty of Lodi, 213 Cal App 3d 1139 (1989)
Litman v. George Mason University, 186 F.3d 544 (1999)
Little Rock Sch. Dist. v. Mauney, 183 F.3d 816 (1999)
Loeb v. City of Jacksonville, 101 Fla 429, 134 So 205 (1931)
Logan City v. Public Utilities Commission, 271 P. 961 (1928)
Longview Co. v. Lynn, 108 P2d 365 (1940)
Loomis v. Rodgers, 163 NW 1018 (1917)

Maher v. City of New Orleans, 371 F.Supp. 653 (1974)
Mann v. Scott, 182 P. 281 (1919)
Marsland v. First Hawaiian Bank, 764 P.2d 1228 (1988)
Marston v. Lewis, 410 US 679 (1973)
Marxen v. Saginaw, 270 Mich 256, 258 NW 627 (1935)
Mastrangelo v. Buckley, 250 A.2d 447 (1969)
Matter of City of Rochester v. Public Service Com., 83 N.Y.S.2d 436
Matthews v. Fayette County, 210 S.E.2d 758 (1974)
McCain v. Lybrand, 465 U.S. 236, 79 L.Ed.2d 271 (1984)
McConnell v. Lebanon, 314 S.W.2d 12 (1958)
McCulloch v. Maryland, 17 U.S. 316 (1819)
McFarlane v. Hotz, 82 NE2d 650 (1948)
McGowan et al. v. Maryland, 366 U.S. 420 (1961)
Memphis & Charleston Ry. Co. v. Pace, 282 U.S. 241 (1931)
Metropolitan Government of Nashville v. Hillsboro Land Co., 222 Tenn 431, 436 SW2d 850 (1968)
Mid-County Future Alternatives Committee v. City of Portland, 795 P.2d 541 (1990)
Moore v. Election Comm'rs of Cambridge, 309 Mass. 303, 35 N.E.2d 222 (1941)
Mullins v. City of El Dorado, 436 P2d 837 (1968)
Mullins v. Wilson, 138 SW2d 484 (1940)
Munro v. City of Albuquerque, 93 P2d 993 (1939)

Naperville v. City of Wehrle, 173 NE 165 (1930)
Nash v. Town of Tarboro, 42 S.E.2d 209 (1947)
National Adver. Co. v. Monterey County, 464 P.2d 33; 398 U.S. 26 L. Ed 286 (1970)
National League of Cities v. Usery, 426 U.S. 833 (1976)
New Jersey Builders Ass'n v. Mayor & Township Committee of Bernards Tp., Somerset County, 528 A2d 555 (1987)
Newport Home Water Co. v. Pennsylvania Pub. Utils. Comm'n, 102 A.2d 221 (1954)
New York v. United States, 505 U.S. 144 (1992)

Oak Park Federal Sav. and Loan Assn't v. Village of Oak Park, 296 NE2d 344 (1973)
O'Connor v. Memphis, 6 Leea 730 (1881)
O'Donnell v. Bailey, 24 Miss 386 (1852)
Opinion of the Justice (Weirs Beach), 134 N.H. 711, 598 A.2d 864 (1991)
Osborn v. Cohen, 4 N.E.2d 189 (1936)

Palomar Pomerado Health System v. Belshe, 180 F.3d 1104 (1999)
Patch Enters. v. McCall, 447 F.Supp. 1075 (1978)
Paul Scotton Contracting Co., Inc. v. Mayor and Council of City of Dover, 301 A2d 321 (1972)
People ex rel. Armentrout v. City of Aurora, 420 N.E.2d 833 (1981)
People ex rel. Gallenbach v. Franklin, 58 NE2d 555 (1945)
People ex rel. Griffin v. Mayor of Brooklyn, 4 N.Y. 419 (1851)
People ex rel. Hatfield v. Grover, 258 Ill 124, 101 NE 216 (1913)
People ex rel. Landwer v. Village of North Barrington, 237 NE2d 350 (1968)
People ex rel. Le Roy v. Hurlbut, 24 Mich. 44 (1871)
People ex rel. Metropolitan St. R.R. v. Tax Commissioners, 417, 67 (1903)
People ex rel. Sanitary Dist. Of Chicago v. Schlaeger, 63 NE2d 382 (1945)
People ex rel. S.F. Bay Conservation and Dev. Comm'n v. Town of Emeryville, 446 P.2d 790 (1968)
People of the State of California v. City of Los Angeles, 179 Cal. App. 2d 558 (1960)
People v. Ames, 51 P 426 (1897)
People v. City of Los Angeles, 4 Cal.Rptr. 531 (1960)
People v. Hurlbut, 22 Mich 44 (1871)
People v. Mahaney, 13 Mich 481 (1865)
People v. Roth, 94 NE 953 (1911)
Perrysburg v. Ridgway 108 Ohio St. 245, 140 N.E. 595 (1923)
Peterson v. City of San Diego, 34 Cal. 3d 225, 666 P.2d 975 (1983)
Philson v. Omaha, 167 Neb 360, 93 N.W.2d 13 (1958)
Pierson v. Ray, 386 U.S. 547 (1967)
Pitre v. Baker et al., 111 S.W.2d 359 (1937)
Pittman v. Chicago Board of Education, 64 F.3d 1098 (1995)
Plymouth v. Elsner, 135 N.W.2d 799 (1965)
Pomponio v. City of Westminster, 178 Colo. 80, 496 P.2d 999 (1972)
Port of Peninsula v. Bendiksen, 429 P.2d 859 (1967)
Priddy v. City of Tulsa, 882 P.2d 81 (1994)

Radiophone v. City of New Orleans, 616 So.2d 1243 (1993)
Ragsdale v. Hargraves, 129 S.W.2d 967 (1939)
Ratigan v. Davis, 175 Neb. 416, 122 N.W.2d 12 (1963)
Regents of University of California v. City of Los Angeles, 100 Cal App 3d 547 (1979)
Reynolds v. Sims, 377 U.S. 533, 12 L.Ed.2d 506 (1964)
Ridgewood Country Club v. Borough of Paramus, 259 A2d 218 (1969)
Roberts v. City of Maryville, 750 S.W.2d 69 (1988)
Roberts v. City of Mesa, 760 P.2d 1091 (1988)

Roehl v. Public Utility Dist. No. 1, 261 P.2d 92 (1953)
Rogers v. City and County of Denver, 419 P.2d 648 (1966)
Romanowski v. Foley, 521 A2d 601 (1987)
Ross v. Stackhouse, 16 NE 501 (1888)
Ruel v. Rapid City, 167 NW2d 541 (1969)
Rutgers, The State University v. Piluso, 60 N.J. 142, 286 A.2d 697 (1972)

Sabaugh v. City of Dearborn, 167 N.W.2d 826 (1969)
Sailors v. Board of Education of Couty of Kent, 387 US 105 (1967)
Salyer Land Co. v. Tulare Lake Basin Water Storage District, 410 US 719 (1973)
Sapulpa v. Land, 101 Okla 22, 223 P 640 (1924)
Seal Tanning Co. v. City of Manchester, 393 A.2d 1382 (1978)
Seiler v. Board of Sewer Com'rs of Hingham, 233 NE.2d 306 (1968)
Seven-Eleven, Inc. v. McCain, 422 P.2d 455 (1967)
Shanbour v. Oklahoma City, 422 P.2d 444 (1967)
Sherlock v. Village of Winnetka, 68 Ill. 530 (1873)
Shurch v. City of Los Angeles, 214 P2d 550 (1950)
Simpson v. City of Brooksville, 188 So 794 (1939)
Sinclair Refining Co. v. Bergen County, 247 A.2d 484 (1968)
Skafte v. Rorex, 191 Col. 399, 553 P.2d 830 (1976)
Ski Acres, Inc. v. Kittitas County, 827 P2d 1000 (1992)
Smith v. Town of Caroline Beach, 175 S.E. 313 (1934)
South Dakota v. Dole, 791 F.2d 628 (1986)
Sports Comm. v. San Bernardino County, 113 Cal.App.3d 155 (1980)
Squantum Gardens, Inc. v. Assessors of Quincy, 140 NE2d 482 (1957)
State ex rel. Baer v. City of Milwaukee, 148 N.W.2d 21 (1967)
State ex rel. Carrol v. King County, 474 P.2d 877 (1970)
State ex rel. Dade County v. Brautigam, 224 So.2d 688 (1969)
State ex rel. Fire Fighters Local No. 946 v. City of Laramie, 437 P.2d 295 (1968)
State ex rel. Gordon v. Rhodes, 100 N.E2d 225 (1951)
State ex rel. Heinig v. City of Milwaukie, 373 P.2d 680 (1962)
State ex rel. Mueller v. Thompson, 149 Wis 488, 137 N.W. 20 (1912)
State ex rel. White v. Barker, 116 Iowa 96, 89 N.W. 204 (1902)
State v. Barker, 116 Iowa 96, 89 N.W. 204 (1902)
State v. Board of County Com'rs of Johnson County, 642 P.2d 456 (1982)
State v. City of Milwaukee, 190 Wis 633, 209 NW 860 (1926)
State v. City of Orange (NJ) 36 A 706 (1897)
State v. Curtis, 4 SW2d 467 (1928)
State v. Dade County, 142 So.2d 79 (1962)
State v. Denny, 118 Ind 449, 21 N.E. 274 (1889)

State v. Horn, 250 N.W.2d 912 (1977)
State v. Jost, 175 SW 591 (1915)
State v. Larson, 299 P.2d 568 (1956)
State v. Owen, 88 S.E.2d 832 (1955)
State v. Standford, 66 P 1061 (1901)
State v. van Every, 75 Mo 530 (1882)
State of Washington ex rel. Seattle Title Trust Co. v. Roberge, 278 US 116 (1928)
State of Utah v. Hutchinson, 624 P.2d 1116 (1980)
Stepan Chemical Co. v. Town of Wilmington, 391 NE2d 1247 (1979)
Steward Machine Co. v. Davis, 301 U.S. 548 (1937)
Stewart v. City of Cheyenne, 154 P.2d 355 (1944)

Taylor v. Thompson, 42 Ill. 9 (1866)
Tax Increment Financing Commission of Kansas City v. J.E. Dunn Const. Co., Inc., 781 SW2d 70 (1989)
Tenney v. Brandhove, 341 U.S. 367 (1951)
The Other Place of Miami, Inc. v. City of Hialeah Gardens, 353 So.2d 861 (1977)
Thompson v. South Carolina Commission on Alcohol and Drug abuse, 229 S.E.2d 718 (1976)
Thornburg v. Gingles, 478 US 30 (1986)
Town of Black Brook v. State of New York, 362 N.E.2d 579, 41 N.Y.2d 486 (1977)
Town of Lexington v. Simeone, 134 N.E.2d 123 (1956)
Town of Moreau v. County of Saratoga, 531 N.Y.S.2d 274 (1988)
Town of Morehead City v. North CarolinaDept. Of Transportation, 327 S.E.2d 602 (1985)
Town of Morristown v. Shelton, 1 Head 24 (1858)
Town of Wickenburg v. State, 565 P.2d 1326, 1330 (1977)
Town of Winthorp v. Winthorp Housing Authority, 541 NE2d 582 (1989)
Township of Chester v. Panicucci, 299 A.2d 385 (1973)
Treadwell Realty Co. v. City of Memphis, 116 SW2d 997 (1938)
Tucker v. State Bd., 240 N.C. 177, 81 S.E.2d 399 (1954)
Tulsa Tribune Co. v. Commissioner of Internal Revenue, 58 F2d 937 (1932)

Uhls v. State ex rel. City of Cheyenne, 429 P.2d 74 (1967)
United States Risley v. City of Utica, 179 F 875 (1910)
United States v. Butler, 297 U.S. 1 (1936)
United States v. Chester, 144 F.2d 415 (1944)
United States v. City of Huntington, West Virginia, 999 F2d 71 (1993)
United States v. City of New Orleans 98 U.S. 381 (1878)

United States v. La Franca, 282 US 568 (1931)
United States v. Lopez, 514 U.S. 549 (1995)
United States v. Marengo County Commission, 731 F.2d 1546 (1984)
United States v. Merriam, 263 US 179 (1923)
United States v. Northern Pac. Ry. Co., 256 U.S. 51 (1921)

Van Gilder v. City of Madison, 267 N.W. 25 (1936)
Veach v. City of Phoenix, 427 P.2d 335 (1967)
Ventura County v. Southern California Edison Co., 193 P2d 512 (1948)
Vermont Department of Public Service v. Massachusetts Municipal Wholesale Electric Co., 558 A.2d 215 (1989)
Village of Beachwood v. Board of Elections, 148 N.E.2d 921 (1958)
Village of Burnsville v. Onischuk, 222 NW2d 523 (1974)
Village of Downers Grove v. Bailey, 156 NE 362 (1927)
Village of Euclid v. Ambler Realty Co., 272 U.S. 365 (1926)
Village of Union v. Southern California Chemical Co., 375 N.E.2d 489 (1978)
Visina v. Freeman, 89 N.W.2d 635 (1958)
Vrooman v. St. Louis, 88 S.W.2d 189 (1935)

Wabash R. Co. v. City of Defiance, 167 U.S. 88 (1897)
Walker Field, Col., Public Airport Authority v. Adams 606 F.2d 290 (1978)
Ward v. State, 79 US 418 (1870)
Weber v. City of Helena, 297 P 455 (1931)
Wenzlaff v. Lawton, 653 SW2d 215 (1983)
Westring v. James, 238 NW.2d 695 (1976)
Westside Mothers v. Haveman, 133 F.Supp.2d 549 (2001)
Westwood Forest Estates, Inc. v. Village of South Nyack, 244 N.E.2d 700 (1969)
White v. City Chatfield, 133 N.W. 962 (1911)
White v. City of Danville, 465 S.W.2d 67 (1971)
Wilks v. Mouton, 42 Cal. 2d 400, 722 P.2d 187 (1986)
Williams v. Mayor and City Council of Baltimore, 289 U.S. 36 (1933)
Williamson v. State of New Jersey, 130 US 189 (1889)
Wisconsin v. J.C. Penney Co., 311 US 435 (1940)

Yellow Cab Transit Co. v. Tuck, 115 S.W.2d 455 (1938)

Zielonka v. Carrel, 124 N.E. 134 (1919)
Zoercher v. Agler, 172 NE 186 (1930)

AUGSBURGER SCHRIFTEN ZUM STAATS- UND VÖLKERRECHT

Begründet von Professor Dr. Dieter Blumenwitz

Band 1 Fritz-Harald Wenig: Rechtsprobleme des innerdeutschen Handels.

Band 2 Wilfried Niedermeier: Der Beitritt der Bundesrepublik Deutschland zum Statut des Internationalen Gerichtshofes unter besonderer Berücksichtigung der obligatorischen Gerichtsbarkeit.

Band 3 Johann G. Gleich: Die Anerkennung der DDR durch die Bundesrepublik.

Band 4 Matthias Weigand: Der Vertrag über die gegenseitigen Beziehungen zwischen der Bundesrepublik Deutschland und der Tschechoslowakischen Sozialistischen Republik vom 11. Dezember 1973 - Eine völkerrechtliche Analyse.

Band 5 Werner Trützschler von Falkenstein: Die sich ändernde Bedeutung der Feindstaatenartikel (Artikel 53 und 107 der Satzung der Vereinten Nationen) für Deutschland.

Band 6 Reiner Schenk: Die Viermächteverantwortung für Deutschland als Ganzes, insbesondere deren Entwicklung seit 1969.

Band 7 Wolfgang Wagner: Die Verwirklichung der Menschenrechte im Pakt der Vereinten Nationen über bürgerliche und politische Rechte vom 16. Dezember 1966, im Grundvertrag und den ihn begleitenden Nebeninstrumenten.

Band 8 Ulrich Wacker: Der Konflikt verschiedener Rechtssysteme vor, während und nach der Kolonialzeit in Kenia.

Band 9 Wolfgang Enders: Der mexikanische Bundesstaat. Die politische und sozioökonomische Problematik eines föderalen Verfassungssystems in einem Land der "Dritten Welt".

Band 10 Heiner Hasford: Die Jurisdiktion der Europäischen Gemeinschaften. Zur extraterritorialen Wirkung des Gemeinschaftsrechts.

SCHRIFTEN ZUM STAATS- UND VÖLKERRECHT

Begründet von Professor Dr. Dr. h.c. mult. Dieter Blumenwitz
Herausgegeben von Gilbert Gornig, Burkhard Schöbener
und Winfried Bausback

Band 11 Wolf Dieter Remmele: Die Selbstdarstellung der Bundesrepublik Deutschland im Ausland durch den Rundfunk als Problem des Staats- und Völkerrechts.

Band 12 Elisabeth Lichtenstern: Die Gesetzgebung im Spannungsverhältnis zwischen Bund und Ländern.

Band 13 Peter Gassner: Kollektivmacht und Individualschutz im amerikanischen Arbeitsrecht.

Band 14 Helga Walter: Das Selbstverständnis des modernen Algeriens. Die historisch-nationalen und islamischen Elemente.

Band 15 Dieter Schütz: Der internationale ordre public. Der Ausschluß völkerrechtswidrigen fremden Rechts im Internationalen Privatrecht der Bundesrepublik Deutschland.

Band 16 Klaus-Peter Kißler: Die Zulässigkeit von Wirtschaftssanktionen der Europäischen Gemeinschaft gegenüber Drittstaaten.

Band 17 Rainhardt Freiherr von Leoprechting: Die neue Rohrwaffen-Artillerie-Munition im Lichte des I. Genfer Zusatzprotokolles vom 12. Dezember 1977. Zur Frage der Völkerrechtskonformität der Verteidigung der Bundesrepublik Deutschland mit modernen konventionellen Artilleriesystemen.

Band 18 Roland Steinmeyer: Die Schiffsgläubigerrechte im südafrikanischen nationalen und internationalen Privatrecht. Eine rechtsvergleichende Darstellung unter Einbeziehung des englischen und deutschen internationalen Privatrechts und unter besonderer Berücksichtigung des ordre public.

Band 19 Martin C. Ney: Der Einsatz von Atomwaffen im Lichte des Völkerrechts. Summary: The Use of Nuclear Weapons and International Law.

Band 20 Teodoro Ribera Neumann: Das chilenische Verfassungsgericht und das deutsche Bundesverfassungsgericht - Ein Rechtsvergleich -. 1985.

Band 21 Theodora Antoniou: Europäische Integration und griechische Verfassung. 1985.

Band 22 Georg Teyssen: Deutschlandtheorien auf der Grundlage der Ostvertragspolitik. 1987.

Band 23 Karin Klüpfel: Selbstbestimmung durch Assoziation. Die Assoziation als Verwirklichung des Selbstbestimmungsrechts der Völker - dargestellt am Beispiel von Puerto Rico. 1987.

Band 24 Friedrich Dehner: Die Stellung Berlins im Bundesrat. 1987.

Band 25 Thilo Morhard: Die Rechtsnatur der Übereinkommen der Internationalen Arbeitsorganisation. Zugleich ein Beitrag zur Lehre vom "soft law". 1988.

Band 26 Ralf Jahn: Ansiedlung von Einzelhandelsgroßprojekten (§ 11 Abs. 3 BauNVO 1977). Zur Frage der Bestimmtheit grundrechtsbeschränkender Eingriffsnormen. 1988.

Band 27 Wolfgang Götzer: Der völkerrechtliche Status der Donau zwischen Regensburg und Kelheim. Eine völkerrechtliche Untersuchung des Donauabschnittes Regensburg - Kelheim unter Einbeziehung der gesamten deutschen Donau. 1988.

Band 28 Michael Hakenberg: Die Iran-Sanktionen der USA während der Teheraner Geiselaffäre aus völkerrechtlicher Sicht. 1988.

Band 29 Renate Oxenknecht: Der Schutz ethnischer, religiöser und sprachlicher Minderheiten in Art. 27 des Internationalen Paktes über bürgerliche und politische Rechte vom 16. Dezember 1966. 1988.

Band 30 Raphael Quarshie Avornyo: Deutschland und Togo. (1847-1987). 1988.

Band 31 Friedrich Frhr. Waitz von Eschen: Die völkerrechtliche Kompetenz der Vier Mächte zur Gestaltung der Rechtslage Deutschlands nach dem Abschluß der Ostvertragspolitik. 1988.

Band 32 Gisela Süß: Die Zulassung von Zahnärzten aus dem EG-Bereich zur deutschen Kassenarztpraxis. Ein Beitrag zu Standort und Bedeutung der Grundrechte im Europäischen Gemeinschaftsrecht. 1988.

Band 33 Meggy Steffens: Die deutsche Ostpolitik im Spiegel publizistischer Stellungnahmen in den USA 1969-1973. 1988.

Band 34 Norbert Karl Riedel: Der Einsatz deutscher Streitkräfte im Ausland - verfassungs- und völkerrechtliche Schranken -. 1989.

Band 35 Heidi Dünisch: Der Mundatwald - Zur Bereinigung letzter Kriegsfolgenprobleme zwischen Deutschland und Frankreich.1989.

Band 36 Sabine Niedermeyer-Krauß: Kommunalwahlrecht für Ausländer und Erleichterung der Einbürgerung. Integrationsmöglichkeiten für Ausländer aus verfassungs- und europarechtlicher Sicht. 1989.

Band 37 Dirk-Hermann Voß: Regionen und Regionalismus im Recht der Mitgliedstaaten der Europäischen Gemeinschaft: Strukturelemente einer Europäischen Verfassungsordnung. 1989.

Band 38 Tilo Klinner: Satellitenfernerkundung im Völkerrecht. Inwieweit existiert ein völkerrechtlicher Datenschutz? 1989.

Band 39 Barbara Schmidt: Die Erweiterung der seewärtigen Hoheitsrechte der Bundesrepublik Deutschland und der DDR unter besonderer Berücksichtigung deutschlandrechtlicher Probleme. 1989.

Band 40 Hans-Joachim Brauns: Wiedervereinigung und europäische Integration. 1990.

Band 41 Gilbert-Hanno Gornig: Der Hitler-Stalin-Pakt. Eine völkerrechtliche Studie. 1990.

Band 42 Gudrun Lehnberger: Kommunale Entwicklungshilfe. Eine Aufgabe der Gemeinden? - Bestandsaufnahme und rechtliche Würdigung unter besonderer Berücksichtigung der bayerischen Verwaltungspraxis. 1990.

Band 43 Heike Kaup: Der Schwangerschaftsabbruch aus verfassungsrechtlicher Sicht. Eine rechtsvergleichende Untersuchung anhand des deutschen und des amerikanischen Rechts. 1991.

Band 44 Bernadette Steinmeyer: Verfassungsrechtliche Ansätze zur Neuordnung der multirassischen Gesellschaft Südafrikas unter Berücksichtigung des Vorschlages des Verhandlungsforums der "KwaZulu/Natal Indaba". 1991.

Band 45 Burkhard Schöbener: Die amerikanische Besatzungspolitik und das Völkerrecht. 1991.

Band 46 Christian Raap: Die Souveränität der Bundesrepublik Deutschland unter besonderer Berücksichtigung des militärischen Bereichs und der deutschen Einheit. 1992.

Band 47 Andrea Wagner: Der argentinisch-chilenische Konflikt um den Beagle-Kanal. Ein Beitrag zu den Methoden friedlicher Streiterledigung. 1992.

Band 48 Ralf Wittkowski: Die Staatensukzession in völkerrechtliche Verträge unter besonderer Berücksichtigung der Herstellung der staatlichen Einheit Deutschlands. 1992.

Band 49 Michael Piazolo: Das Recht auf Abtreibung als Teilaspekt des Right of Privacy. 1992.

Band 50 Silke Wenk: Das konfiszierte deutsche Privatvermögen in Polen und der Tschechoslowakei. Die Rechtslage nach Abschluß des deutsch-polnischen und deutsch-tschechoslowakischen Nachbarschaftsvertrages. 1993.

Band 51 Antje Kießwetter: Die Verfassungsentwicklung in Namibia. 1993.

Band 52 Angelika Kleffner-Riedel: Regionalausschuß und Subsidiaritätsprinzip. Die Stellung der deutschen Bundesländer nach dem Vertrag über die Europäische Union. 1993.

Band 53 Jerzy Kranz: Entre l'influence et l'intervention. Certains aspects juridiques de l'assistance financière multilatérale. 1994.

Band 54 Knut Kettwig: Rechtsgrundlagen dezentraler grenzüberschreitender Zusammenarbeit im deutsch-polnischen und deutsch-tschechischen Grenzraum. 1994.

Band 55 Ulrich Seidenberger: Die diplomatischen und konsularischen Immunitäten und Privilegien. Ein Beitrag zur Diskussion über die Reformbedürftigkeit des Diplomaten- und Konsularrechts aus staats- und völkerrechtlicher Sicht. 1994.

Band 56 Christian Schede: Bundesrat und Europäische Union. Die Beteiligung des Bundesrates nach dem neuen Artikel 23 des Grundgesetzes. 1994.

Band 57 Florian Prugger: Die Nachfolge in das Vermögen der ehemaligen DDR. Ein Beitrag zu Art. 21 ff Einigungsvertrag unter besonderer Berücksichtigung der Firma F.C. Gerlach des Bereichs Kommerzielle Koordinierung. 1994.

Band 58 Mark Zimmer: Einsätze der Bundeswehr im Rahmen kollektiver Sicherheit. Staats- und völkerrechtliche Grundlagen unter Berücksichtigung des BVerfG-Urteils vom 12.07.1994. 1995.

Band 59 Gerd von Laffert: Die völkerrechtliche Lage des geteilten Zypern und Fragen seiner staatlichen Reorganisation. 1995.

Band 60 Wolfram Schneeweiß: Die rechtliche Stellung der Indianerstämme innerhalb der Vereinigten Staaten von Amerika. Ein Modell für den Schutz der *indigenous peoples*. 1995.

Band 61 Marianne Janik: Möglichkeiten und Grenzen einer gemeinsamen Exportkontrolle für sensitive Waren und Dienstleistungen im Lichte des europäischen Gemeinschaftsrechts. 1995.

Band 62 Michael Brems: Die politische Integration ethnischer Minderheiten aus staats- und völkerrechtlicher Sicht. 1995.

Band 63 Martin Vocke: Verfassungsinterpretation und Normbegründung - Grundlegung zu einer prozeduralen Theorie der Verfassungsgerichtsbarkeit. 1995.

Band 64 Stefan von der Beck: Die Konfiskationen in der Sowjetischen Besatzungszone von 1945 bis 1949. Ein Beitrag zu Geschichte und Rechtsproblemen der Enteignung auf besatzungsrechtlicher und besatzungshoheitlicher Grundlage. 1996.

Band 65 Stephanie Baer: Der Zerfall Jugoslawiens im Lichte des Völkerrechts. 1995.

Band 66 Christine Sauerwald: Die Unionsbürgerschaft und das Staatsangehörigkeitsrecht in den Mitgliedstaaten der Europäischen Union. 1996.

Band 67 Silke Buchner: Die Rechtswidrigkeit der Taten von "Mauerschützen" im Lichte von Art. 103 II GG unter besonderer Berücksichtigung des Völkerrechts. Ein Beitrag zum Problem der Verfolgung von staatlich legitimiertem Unrecht nach Beseitigung des Unrechtssystems. 1996.

Band 68 Bernd Weiß: Einführung und Umsetzung der Europäischen Charta der kommunalen Selbstverwaltung in Deutschland, insbesondere in Bayern und Nordrhein-Westfalen. 1996.

Band 69 Gesine Katharina Neumann: Boliviens Recht auf freien Zugang zum Pazifik. Zur völkerrechtlichen Problematik des Zugangs der Binnenstaaten zum Meer. 1997.

Band 70 Elvira Pfrang: Das Verhältnis zwischen Europäischem Gemeinschaftsrecht und deutschem Recht nach der Maastricht-Entscheidung des Bundesverfassungsgerichts. Eine Studie zu den Konflikten beider Rechtsordnungen auf dem Gebiet des Grundrechtsschutzes und der Kompetenzen. 1997.

Band 71 Dieter Blumenwitz / Burkhard Schöbener: Stabilitätspakt für Europa. Die Sicherstellung mitgliedstaatlicher Haushaltsdisziplin im Europa- und Völkerrecht. 1997.

Band 72 Matthias Weinberg: Schutz der deutschen Minderheit in Polen nach den Weltkriegen. Ein Vergleich unter Berücksichtigung der aktuellen Rechtslage. 1997.

Band 73 Reinhard Müller: Der "2+4-Vertrag und das Selbstbestimmungsrecht der Völker. 1997.

Band 74 Stefan Strobl: Das Nichtverbreitungsregime für Kernwaffen nach 1995 und der freie Zugang zu nuklearen Technologien und Materialien. 1997.

Band 75 Christine Weber: Das Gegenzeichnungsrecht unter besonderer Berücksichtigung der Verfassung des Fürstentums Liechtenstein. 1997.

Band 76 Stephan Semrau: Die Gemeinsame Außen- und Sicherheitspolitik der Europäischen Union. 1998.

Band 77 Marcus Schultz: Die Auslandsentsendung von Bundeswehr und Bundesgrenzschutz zum Zwecke der Friedenswahrung und Verteidigung. Völker- und verfassungsrechtliche Analyse unter besonderer Berücksichtigung der Entscheidung des Bundesverfassungsgerichtes zum Einsatz deutscher Streitkräfte vom 12. Juli 1994. 1998.

Band 78 Benedikt P. Kuttenkeuler: Die Verankerung des Subsidiaritätsprinzips im Grundgesetz. Ein Beitrag zur Bedeutung des Subsidiaritätsprinzips für die Kompetenzabgrenzung im Bundesstaat. 1998.

Band 79 Winfried Bausback: Verfassungsrechtliche Grenzen des Wahlrechts zum Deutschen Bundestag. 1998.

Band 80 Elvira Pfrang: Towards Liberalisation of the European Electricity Markets. The Directive concerning Common Rules for an Internal Market in Electricity in the Frame of the Competition and Internal Market Rules of the EC-Treaty. 1999.

Band 81 Alexander Wolf: Prozessuale Probleme des »Maastricht"-Urteils des Bundesverfassungsgerichts. 1999.

Band 82 Jürgen Bartl: Die humanitäre Intervention durch den Sicherheitsrat der Vereinten Nationen im "Failed State". Das Beispiel Somalia. 1999.

Band 83 Thomas Gnielinski: Die Reform des deutschen Staatsangehörigkeitsrechts. Eine Analyse und Bewertung der vorliegenden Gesetzesvorhaben. 1999.

Band 84 Margarita González: Der völkerrechtliche Status des Panamakanals nach Ablauf der Übergangszeit im Jahr 1999. 2000.

Band 85 Petra Johnen: Die Verfassungsentwicklung Südafrikas unter besonderer Berücksichtigung der verfassunggebenden Gewalt des Volkes. 2001.

Band 86 Markus Allstadt: Die offene Völkerrechtslage im deutsch-tschechischen Verhältnis und ihre Bedeutung für die Osterweiterung der Europäischen Union. Zugleich Überlegungen zu den Auswirkungen zwingenden Völkerrechts in der Vertriebenenfrage. 2000.

Band 87 Gerrit Aschmann: Europol aus Sicht der deutschen Länder. 2000.

Band 88 Mark Weber: Der Berlin-Status im intertemporalrechtlichen Konflikt. Dargestellt am Beispiel von Grundstücksenteignungen im Ostteil Groß-Berlins. 2001.

Band 89 Heidi Hellwig: Die Staatsangehörigkeit als Anknüpfung im deutschen IPR. Unter besonderer Berücksichtigung des Gesetzes zur Reform des Staatsangehörigkeitsrechts. 2001.

Band 90 Aline Bruer-Schäfer: Der Internationale Strafgerichtshof. Die Internationale Strafgerichtsbarkeit im Spannungsfeld von Recht und Politik. 2001.

Band 91 Andreas Rosenfeld: Die Verfassungsentwicklung von Mosambik. Ein Beitrag zur rechtsstaatlichen Transformation im südlichen Afrika. 2001.

Band 92 Markus Pallek: Der Minderheitenschutz im deutschen Verfassungsrecht. Eine analytische Untersuchung des Begriffs sowie der bundes- und landesverfassungsrechtlichen Stellung der ethnischen, nationalen, sprachlichen, kulturellen und religiösen Minderheiten in der Bundesrepublik Deutschland vor dem Hintergrund der völker- und europarechtlichen Rahmenbedingungen. 2001.

Band 93 Ansgar Firsching: Die Samen, ihre Rechtsstellung in Schweden und ihre Rechtsstellung im Lichte der Indigenous Peoples weltweit. 2002.

Band 94 Jörg Dunker: Regionale Integration im System des liberalisierten Welthandels. EG und NAFTA im Vergleich. 2002.

Band 95 Katharina Wodarz: Gewaltverbot, Menschenrechtsschutz und Selbstbestimmungsrecht im Kosovo-Konflikt. 2002.

Band 96 Grit Hokema: Immunität von Staatsoberhäuptern. 2002.

Band 97 Tido Oliver Hokema: Mehrfache Staatsangehörigkeit. Eine Betrachtung aus völkerrechtlicher und verfassungsrechtlicher Sicht. Unter Berücksichtigung des Staatsangehörigkeitsreformgesetzes vom 15. Juli 1999. 2002.

Band 98 Janet Kerstin Butler: Die Beteiligung von Privatpersonen am WTO-Streitbeilegungsverfahren. Bestandsaufnahme und Entwicklungsperspektiven. 2002

Band 99 Tobias H. Irmscher: Die Behandlung privater Beschwerden über systematische und grobe Menschenrechtsverletzungen in der UN-Menschenrechtskommission. Das 1503-Verfahren nach seiner Reform. 2002.

Band 100 Markus Voltz: Menschenrechte und ordre public im Internationalen Privatrecht. 2002.

Band 101 Sabine Schorer: Das Konsensprinzip in der internationalen Gerichtsbarkeit. 2003.

Band 102 Anja Weisgerber: Das Beweiserhebungsverfahren parlamentarischer Untersuchungsausschüsse des Deutschen Bundestages. 2003.

Band 103 Stephan Anstötz: Perspektiven zur staatlichen Neuordnung Zyperns. 2003.

Band 104 Eva Stumpf: Kulturgüterschutz im internationalen Recht unter besonderer Berücksichtigung der deutsch-russischen Beziehungen. 2003.

Band 105 Christian Malzahn: GATT-widrige *Treble Damages*-Klagen auf der Grundlage des US Antidumping Act 1916. Eine Untersuchung der Rechtsstellung beklagter deutscher Unternehmen im US-amerikanischen und deutschen Recht. 2003.

Band 106 Susanne Giannios: Ein Wasserregime im Nahen Osten. Rechtliche und politische Grundlagen und Perspektiven der internationalen Wasserverteilung im Jordanbecken. 2004.

Band 107 Jan Hübner: Das Verbrechen des Völkermordes im internationalen und nationalen Recht. 2004.

Band 108 Benjamin Krenberger: Deutschland im Spannungsfeld zwischen Europäischer Menschenrechtskonvention und nachzubefolgendem Besatzungsrecht. Reichweite der Verpflichtungen des souveränen Deutschlands nach der Liechtenstein-Entscheidung des Europäischen Gerichtshofes für Menschenrechte. 2004.

Band 109 Matthias Werner Schneider: Kommunaler Einfluß in Europa. Die Einflußnahme der Kommunen beim Europarat als Modell für die Europäische Union. KGRE, AdR und EKC als Säulen eines europäischen Kommunalschutzes. 2004.

Band 110 Bettina Gerber: Die Asylrechtsharmonisierung in der Europäischen Union. Unter besonderer Berücksichtigung der Richtlinie zur Festlegung von Mindestnormen für die Aufnahme von Asylbewerbern in den Mitgliedstaaten. 2004.

Band 111 Markus Lintner: Die verfassungsrechtlichen Grenzen des horizontalen Länderfinanzausgleichs nach Art. 107 Abs. 2 GG. 2004.

Band 112 Daniel Volk: Die Begrenzung kriegerischer Konflikte durch das moderne Völkerrecht. 2005.

Band 113 Eugenie Trützschler von Falkenstein: Mittelosteuropa – Nationen, Staaten, Regionen. Die Erweiterung der Europäischen Union aus der historischen Perspektive. 2005.

Band 114 Angela Kaiser: Minderheitenschutz in der Europäischen Union. Eine Untersuchung des „doppelten Standards" des EU-Minderheitenschutzes unter besonderer Berücksichtigung der Europäischen Grundrechtecharta. 2005.

Band 115 Kerstin Liesem: Die Reparationsverpflichtungen der Bundesrepublik Deutschland nach dem Zweiten Weltkrieg unter besonderer Berücksichtigung der Zwangsarbeiterentschädigung. 2005.

Band 116 Christoph Holthusen: Der Nordirlandkonflikt. Geschichte, zentrale Aspekte und Lösungsmodelle unter völkerrechtlicher Betrachtung. 2005.

Band 117 Christoph Junck: Die Gerichtsbarkeit des Internationalen Strafgerichtshofs. Vorbedingungen und Auslösemechanismen nach dem Römischen Statut vom 17. Juli 1998. 2006.

Band 118 Corinna Margit Hartmann: Staatliche Beteiligung an terroristischen Gewaltaktionen. Neue Herausforderungen für das Friedenssicherungssystem der Vereinten Nationen. 2006.

Band 119 Dagmar Wurst: Eigentums- und Investitionsgüterschutz im Völkerrecht. Das Beispiel der Landenteignung in Zimbabwe. 2006.

Band 120 Türkmen Tezcan: Der Zypernkonflikt vor dem Europäischen Menschenrechtsgerichtshof. Eine Analyse unter besonderer Berücksichtigung der Loizidou-Rechtsprechung und ihrer Auswirkung auf die zwischenstaatlichen Beziehungen. 2006.

Band 121 Dorothee von Arnim: Der Standort der EU-Grundrechtecharta in der Grundrechtsarchitektur Europas. 2006.

Band 122 Alexander Brexendorff: Rohstoffe im Kaspischen Becken. Völkerrechtliche Fragen der Förderung und des Transports von Erdöl und Erdgas. 2006.

Band 123 Markus A. Meckler: Der Kleinstaat im Völkerrecht. Das Fürstentum Liechtenstein im Spannungsfeld zwischen Souveränität und kleinstaatenspezifischen Funktionsdefiziten. 2006.

Band 124 Björn Hoppenstedt: Kommunale Selbstverwaltung in den USA. Im Lichte europäischer Standards. 2007.